JN312435

シリーズ・現代の世界経済 6

現代インド・南アジア経済論

石上悦朗／佐藤隆広 編著

ミネルヴァ書房

『シリーズ・現代の世界経済』刊行のことば

　グローバリゼーションはとどまることを知らず，相互依存関係の高まりとともに，現代の世界経済は大きな変貌を見せている。今日のグローバリゼーションは，瞬時的な情報の伝播，大規模な資金移動，グローバルな生産立地，諸制度の標準化などを特徴としており，その影響は急激であり多様である。たとえば，一部の新興市場諸国は急激な経済発展を遂げその存在感を強めているが，他方で2008年の世界金融危機による同時不況から，いまだに抜け出せない国々も多い。国内的にもグローバリゼーションは勝者と敗者を生み出し，先進国，途上国を問わず，人々の生活に深い影を落としている。

　グローバリゼーションの進展によって世界の地域や国々はどのように変化し，どこに向かっているのであろうか。しかし，現代の世界経済を理解することは決してたやすいことではない。各地域や各国にはそれぞれ固有の背景があり，グローバリゼーションの影響とその対応は同じではない。グローバリゼーションの意義と限界を理解するためには，様々な地域や国々のレベルで詳細にグローバリゼーションを考察することが必要となる。

　このため，本シリーズは，アメリカ，中国，ヨーロッパ，ロシア，東アジア，インド・南アジア，ラテンアメリカ，アフリカの8つの地域・国を網羅し，グローバリゼーションの下での現代の世界経済を体系的に学ぶことを意図している。同時に，これら地域・国とわが国との関係を扱う独立した巻を設定し，グローバリゼーションにおける世界経済と日本とのあり方を学ぶ。

　本シリーズは，大学の学部でのテキストとして編纂されているが，グローバリゼーションや世界経済に強い関心を持つ社会人にとっても読み応えのある内容となっており，多くの方々が現代の世界経済について関心を持ち理解を深めることに役立つことができれば，執筆者一同にとって望外の喜びである。なお，本シリーズに先立ち，ミネルヴァ書房より2004年に『現代世界経済叢書』が刊行されているが，既に7年が経ち，世界経済がおかれている状況は大きく変貌したといって決して過言ではない。本シリーズは，こうした世界経済の変化を考慮して改めて企画されたものであり，各巻ともに全面的に改訂され，全て新しい原稿で構成されている。したがって，旧シリーズと合わせてお読み頂ければ，この7年間の変化をよりよく理解できるはずである。

2011年2月

編著者一同

はしがき

　本書は，大学生や社会人を対象に，インドと南アジア4カ国——パキスタン，スリランカ，バングラデシュおよびネパール——の経済発展と各国経済がかかえている問題を平易に論じたものである。最近10年ほどインドを筆頭にしてバングラデシュなど南アジア諸国が経済発展というトピックで人々の注目を集めるようになった。インドと南アジア諸国への一般の関心は，長い間どちらかといえば経済は停滞基調であり，「発展」という用語よりは「貧困」がキーワードとなり，しかも経済よりは宗派間の対立やカーストに代表される社会問題さらに国家間の対立などにあった。まさに隔世の感である。

　本書編集の姿勢は，発展著しい経済や産業の一部を切り取り拡大してこれを読者に示そうというものではない。インドと4カ国の経済発展を適切に理解するための手続きとして，まず，各国の開発政策を歴史的展開として跡づけ，次いで経済発展と産業発展さらに開発に伴う諸問題をバランスよく要論する，これが本書において重視した姿勢である。ただ，当該対象の経済はインドが突出して大きいがゆえに，構成上インドを取り扱う章が全体の6，7割を占めている。インドに関しては，本書は類書と比較して産業（農業，工業，サービス）と個別産業の分析に多くの章をあてた。読者は近年，メディアを通じて産業や企業に関するトピック——例えば，自動車，ITサービスおよびタタ財閥など——に関心を寄せているのではないだろうか。たしかにインド経済を理解するチャネルとして産業の理解が不可欠になってきたといえるし，企業はインド産業発展のダイナミズムの源でもある。しかし，これらの情報はしばしば断片的でありかつ個別産業の発展史とは切り離された一時的なものであることが多いように思われる。本書は個別産業の発展を産業政策の歴史的な展開のなかに位置づけるとともに，当該産業が直面する問題などもバランスよく論じるように努めた。

　本書の構成を簡単に示そう。序章はインドと南アジア4カ国の経済発展について，中国を比較の基準としながら，経済成長・人口・人間開発・産業構造・

対外開放度・統治体制などを取り上げ，特徴点を提示している。順逆になるが，終章は序章で提起したこれらのトピックに対応し，南アジアの今後の課題（生産性，ジェンダー格差，南アジア域内貿易など）を検討する。第1章から第10章がインドに関する諸章である。第Ⅰ部はマクロ経済に関するテーマを取り上げる。ここではインドの経済成長と不平等，貧困削減など（第1章），財政政策と財政制度，財政赤字問題など（第2章），金融システムと金融改革，その変貌など（第3章），さらに国際貿易と資本移動の長期変動（第4章）などが検討される。第Ⅱ部はインドの産業と企業経営に関する諸章である。独立後のインド農業の展開（第5章），産業政策と産業発展のインド的特徴など（第6章）の検討に続き，情報通信産業（ICT産業）とデジタル・ディバイドなど（第7章），自動車産業と部品機械工業などのサポーティング産業（第8章），新興産業としての製薬産業と代表的な伝統産業である繊維産業（第9章）などを論じる。第10章は視点を変え，インド主要民間企業つまり財閥に焦点をあて，その興亡を述べる。最後に第Ⅲ部の各国経済論はパキスタン（第11章），スリランカ（第12章），バングラデシュ（第13章）およびネパール（第14章）を順に取り上げる。

　執筆者はそれぞれの分野で研究の第一線にあり，内外の研究動向と研究水準を十分に熟知している。そのため，ともすれば専門的な議論による本書への貢献ということをつねに意識されている。しかし，本書にあっては，まことに僭越ではあったが，編者の特権とばかりに執筆者に読者が理解しやすい内容に書き改めることをお願いしたことも多々あった。執筆者各位のご協力にあらためて感謝申し上げたい。読者のみなさんが本書により少しでも知的刺激を得て，「インド，南アジア経済はおもしろい」とさらに学習に進まれれば，私たちの望外の喜びである。なお，編者の力不足から本書の内容や事実関係に関して間違い，誤解を見落としているかもしれない。読者のご批判，ご叱正を仰ぎたい。

　本書の編集の過程で，とくに各章原稿の校閲さらに年表の作成などにおいては上池あつ子氏（龍谷大学非常勤講師）に一方ならずご協力をいただいた。最後に，本書の出版に際してはミネルヴァ書房編集部の堀川健太郎氏と安宅悠氏に懇切なお世話をいただいた。心から感謝の意を表したい。

　2011年1月

石上悦朗・佐藤隆広

現代インド・南アジア経済論

目　次

はしがき

序　章　現代インド・南アジア経済をみる眼……………………… 1
　　　1　高成長のインド・南アジアの登場　1
　　　2　人口と出生率　5
　　　3　人間開発の諸指標　6
　　　4　産業構造の変化——サービス経済化の進展　8
　　　5　対外開放度——貿易依存度の増大　10
　　　6　統治体制　12

第Ⅰ部　マクロ経済からみたインド経済

第1章　経済成長と貧困問題………………………………………… 19
　　　1　独立インドの目指したもの　19
　　　2　独立後の経済成長と不平等，貧困削減，人間開発　20
　　　3　経済成長と所得貧困の地域差，階層差　29
　　　4　人間開発の男女差，階層差，地域差　36
　　　5　今後の課題と展望　44

第2章　財政政策と財政制度………………………………………… 48
　　　1　インドの経済発展と財政　48
　　　2　インド財政の基本知識　49
　　　3　財政赤字問題　60
　　　4　財政改革とリーマン・ショック　66
　　　5　残された課題　68

第3章　金融システムと金融政策…………………………………… 72
　　　1　経済発展と金融システム　72
　　　2　経済自由化以前の銀行部門を中心としたシステム　74
　　　3　経済自由化後の商業銀行部門　80

4　証券市場の発展　89
　　　5　世界経済への統合と今後の課題　96

第4章　国際貿易と資本移動……………………………………………99
　　　1　国際貿易と資本移動の長期変動　99
　　　2　近年の国際貿易　106
　　　3　近年の資本移動　113
　　　4　過去と現在のグローバル化　121
　　　コラム　海外送金　122

第Ⅱ部　産業と企業経営からみたインド経済

第5章　農　業……………………………………………………127
　　　1　インド農業の概要と地域的多様性　127
　　　2　独立後インドの農業政策と農業生産の推移　129
　　　3　近代的農業技術の普及と農家の階層構成の変化　135
　　　4　インド経済のグローバル化とインド農業　141

第6章　産業政策と産業発展………………………………………149
　　　1　インド産業発展の視点
　　　　　──インド化・グローバル化・インフォーマル化　149
　　　2　産業政策の展開と開発の概観　150
　　　3　鉄鋼業──国家主導型重工業化とインド化　159
　　　4　IT-BPO産業──新興サービス企業のグローバル化　164
　　　5　「雇用なき成長」とインフォーマル化について　168
　　　6　結びにかえて　176
　　　コラム　小規模工業（SSI）から中小零細企業（MSME）へ　178

第7章　情報通信産業………………………………………………183
　　　1　サービス優位の情報通信産業　183

  2 インドのコンピューター・ソフトウェア産業 184
  3 電気通信サービス産業の分析 188
  4 要約と展望 199

第8章 自動車産業とサポーティング産業　　　　　　　　　　　202
  1 世界トップクラスとなったインド自動車産業 202
  2 インド自動車産業の芽生え
    ——19世紀末～1970年代 205
  3 自由化への第一歩　第一次自由化
    ——1970年代後半～1980年代 210
  4 自由競争時代の自動車産業
    ——1991年代～現在 216
  5 自動車関連サポーティング産業の発展
    ——1990年代～現在 221
  6 今後のインド自動車産業発展の可能性 223
  コラム マルチとナノ　小型車の衝撃 224

第9章 繊維産業と製薬産業　　　　　　　　　　　　　　　　228
  1 グローバル化のなかの伝統産業と新興産業 228
  2 インド繊維産業 229
  3 インド製薬産業 238

第10章 財閥と企業　　　　　　　　　　　　　　　　　　　248
  1 自由化と財閥・企業 248
  2 三大財閥の沿革と動向 249
  3 新興グループの動向と戦略 257
  4 注目される今後の動き 267
  コラム アダニ・グループ 266

第Ⅲ部　南アジア各国経済論

第11章　パキスタン経済……………………………………… 271
 1 パキスタン経済の発展過程　271
 2 産業・貿易・雇用構造　279
 3 マクロ経済不均衡——財政赤字と経常収支赤字　283
 4 経済成長と貧困　288

第12章　スリランカ経済……………………………………… 291
 1 歴史的に形成されてきたスリランカ経済の特徴
   ——1948～77年　291
 2 第一次経済自由化改革とマクロ経済パフォーマンス
   ——1977～89年　296
 3 第二次経済自由化とマクロ経済パフォーマンス
   ——1989～2001年　300
 4 産業構造と貿易構造の変化　303
 5 内戦と開発　308
 コラム　スリランカの世界遺産　311

第13章　バングラデシュ経済………………………………… 315
 1 経済成長と産業構造の変化　315
 2 緑の革命　316
 3 就業構造　319
 4 縫製業の発展と外貨獲得　320
 5 実質賃金　322
 6 貧困人口率　324
 7 所得分配　326
 8 社会開発　327
 9 開発政策と経済発展のメカニズム　329
 10 今後の課題　333

コラム　マイクロ・クレジット　337

第14章　ネパール経済……………………………………………339
　　1　一般的背景　339
　　2　ネパール経済——導入　342
　　3　ネパールの将来性のある主要産業　346
　　4　対外関係の影響　350
　　5　今後の課題と可能性　357
　　6　課題克服のための提言　358

終　章　現代インド・南アジア経済の課題と展望………………361
　　1　経済成長の課題　361
　　2　人口と人間開発の課題　367
　　3　産業構造と対外開放度の課題　370
　　4　統治体制の課題　377
　　5　マクロ経済問題　378
　　6　インド・南アジア経済の展望　381

資　料　387
索　引　403

序章
現代インド・南アジア経済をみる眼

　序章では，本書を読み進めていくうえで前提となる現代インド・南アジア経済の基礎知識を整理したい。ここでは，南アジアのなかでも，バングラデシュ，インド，ネパール，パキスタンおよびスリランカを取り上げる[1]。以下では，東アジアの大国である中国を比較の基準としながら，南アジアの経済成長・人口・人間開発・産業構造・対外開放度・統治体制の6つを取り上げる。

1　高成長のインド・南アジアの登場

　南アジアのなかでも，国土面積と人口で他を圧倒しているのがインドである。インドは上記5カ国の国土面積全体の74％を，全人口の75％を占めており，南アジアにおける地域大国であり，かつその国民所得はこの地域の80％に達しており，経済力の点でも抜きん出ている（2008年）。インドは，西がアラビア海，南がインド洋，東がベンガル湾に囲まれている。スリランカは周囲をインド洋に取り囲まれており，バングラデシュがベンガル湾に，パキスタンがアラビア海に面しているのに対して，ネパールは完全な内陸国である。また，インドはバングラデシュ，ネパール，パキスタンおよびスリランカと隣接している唯一の国である。すなわち，バングラデシュ，ネパール，パキスタンおよびスリランカにとって，面積・人口・経済規模でみて地域大国であるインドが圧倒的な存在感をもっているわけである。

　さて，人類の文明史を遡ると，インド（あるいはインド亜大陸）と中国を中心としたアジアが世界経済の中心となっていた時代があった。端的にいうと，13世紀まではインドの1人当たり国民所得はその後宗主国となる英国より高く，経済先進国であった。この点を明らかにするために，アンガス・マディソンの

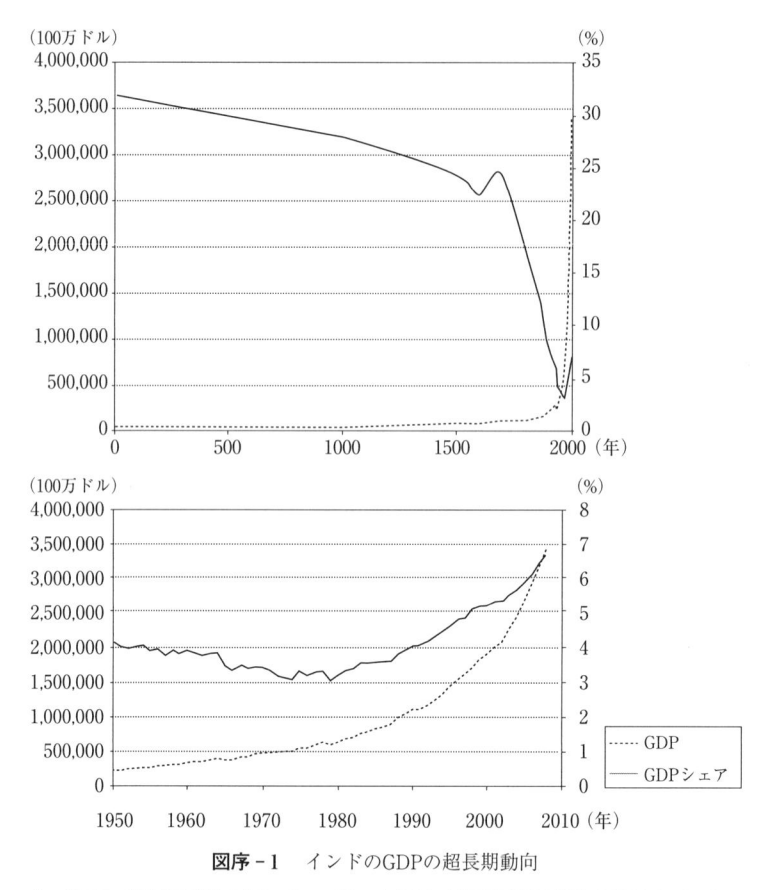

図序-1 インドのGDPの超長期動向

注：GDPは，百万ドル単位であり，Geary-Khamis方式による1990年ドル価格で表示されている。
　　GDPシェアは，世界全体のGDPに対するインドのそれを％単位でみたものである。
出所：Maddison, Angus (2010), *Historical Statistics of the World Economy: 1-2008 AD* (http://www.ggdc.net/MADDISON/oriindex.htm).

研究を紹介する。マディソンは過去2000年にわたる超長期的な経済成長の推移を国民所得推計の整理によって示している。**図序-1**によれば，西暦1年でみると，インドは世界全体のGDPの3割を超える水準にあったが，その後，一貫してシェアを低めている。とりわけ，東インド会社統治時代と英領直轄統治時代を通じて，急激にシェアを落としている。シェア低下は，英国からの独立（1947年）後も継続していたが，1980年を契機に反転上昇する。すなわち，1980年の3％から2008年には7％にまでシェアを拡大させている。こうしたシェア

図序-2　インドの1人当たりGDPの超長期動向

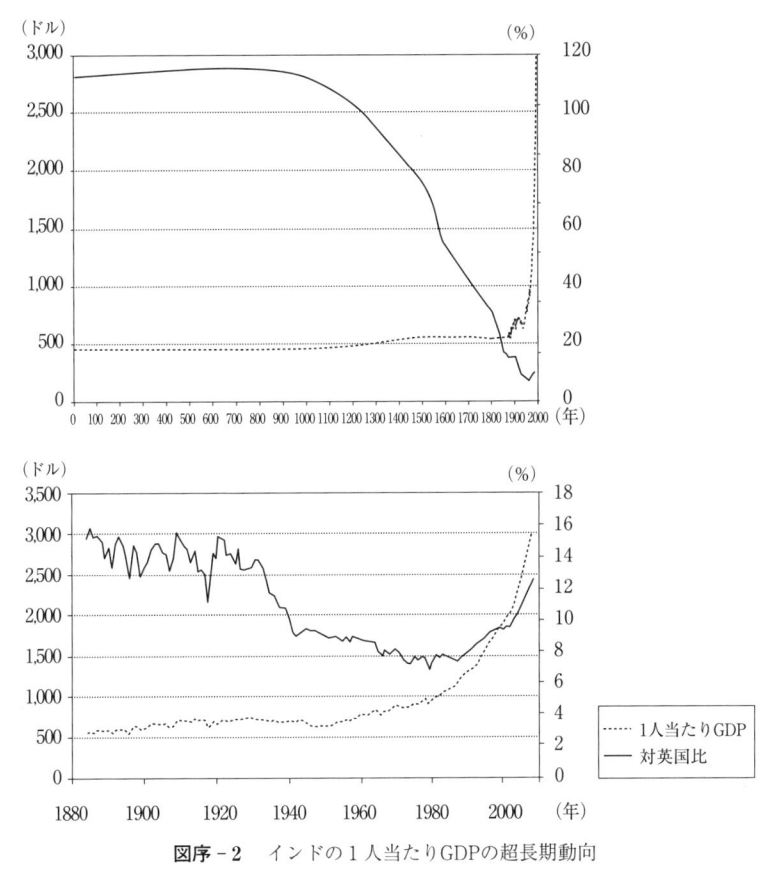

注：GDPの単位はドルであり，Geary-Khamis方式による1990年価格で表示されている。対英国比は，英国の1人当たりGDPに対するインドのそれをみたものである。
出所：図序1-1と同じ。

上昇は，ムガール帝国の最盛期だった17世紀以来のことである。GDPの水準自体は，1980年から2008年までに，約7倍にまで増加している。

図序-2は，1人当たりGDPの超長期的な推移を示している。20世紀に入るまで500ドル程度であったのが，20世紀初頭以降，上昇している。とりわけ，英国からの政治的独立以降，1人当たりGDPは500ドルをやや超える水準から2008年の3000ドルにまで急増している。また，英国の1人当たりGDPとの比率をみると，13世紀までインドの方が英国よりも所得水準が高かったことがわかる。その後，趨勢的に下落する。ボトムは1970年代末であり，当時，インド

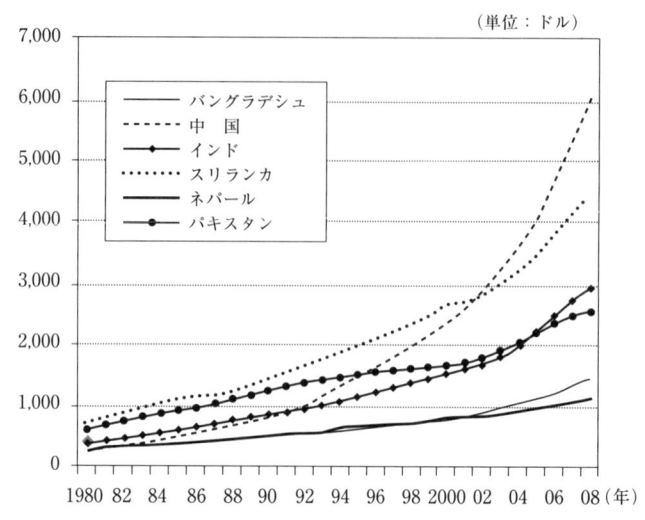

図序-3 1人当たり国民総所得（購買力平価換算，2005年ドル価格表示）

出所：The World Bank (2010), *World Development Indicators & Global Development Finance*, 19 April, 2010.

の所得は英国の所得のわずか8％程度に過ぎなかった。しかし，1980年を契機に反転上昇し，2008年には12％にまで上昇している。こうした趨勢的な上昇傾向は，史上初めてのことである。

図序-3は，南アジア主要5カ国の1人当たり国民総所得（購買力平価）の推移を示したものである。比較のために図示している中国の急激な成長には及ばないが，南アジア諸国も1980年以降，着実に成長していることがわかる。また，2008年時点でみると，1000ドル台前半のバングラデシュとネパール，2000ドル台後半のインドとパキスタン，4000ドル台半ばのスリランカと3つのグループに区別できる。南アジア域内においても，無視できないほどの所得格差が存在しているわけである。

以上要するに，インドは独立後とくに1980年代以降，超長期的なもののいい方をすればおよそ千年にも及ぶ長い眠りから覚め，高い経済成長を経験している。インドに限らず，南アジア諸国は概して近年高い成長を実現しており，発展途上国のなかで東アジア地域と並んで高成長地域として存在感を高めている。[2]

図序 - 4　人口（中位推計値）

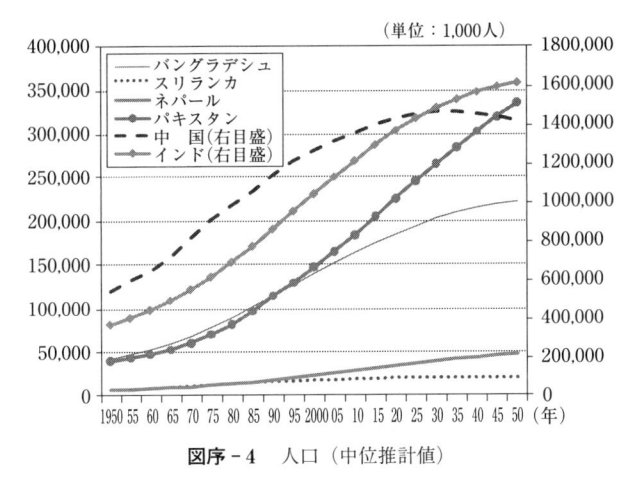

出所：Population Division of the Department of Economic and Social Affairs of the United Nations Secretariat (2010), *World Population Prospects: The 2008 Revision*, May 24, 2010.

2　人口と出生率

　インド（11億4000万人，2008年）は中国に次ぐ人口大国であり，パキスタン（1億6600万人）とバングラデシュ（1億6000万人）もアジアではインドネシアに次ぐ規模の人口を有する。人口の規模と年齢構成は経済発展と密接な関係をもつ。**図序 - 4** は，人口の長期的推移をみたものである（右目盛がインドと中国を，左目盛がその他諸国の人口を示している）。2006年以降の値については標準的な出生率を仮定した場合の推計（中位推計）に基づく予測値である。図序 - 4 によれば，中国が2030年に人口のピークを迎えるのに対して，スリランカを除く南アジア諸国はその後も人口が増加し続ける。しかも，インドは2030年に中国を凌ぐ世界最大の人口大国になる（ここでは図示しないが，実際，2010年時点での人口ピラミッドを描くと，南アジア諸国が綺麗な三角形を示すのに対して，中国は釣鐘型になる）。現代の南アジアの「年齢」は相対的に「若い」，ということである。したがって，大量の「若い」人口が今後経済活動人口として継続的に労働市場に参入してくることを意味し，彼らが教育や職業訓練で技能を身につけることができれば「人口配当（ボーナス）」を実現する人的資源となりうるのである。

　図序 - 5 は，1960年から2008年の期間における出生時平均余命（横軸）と合

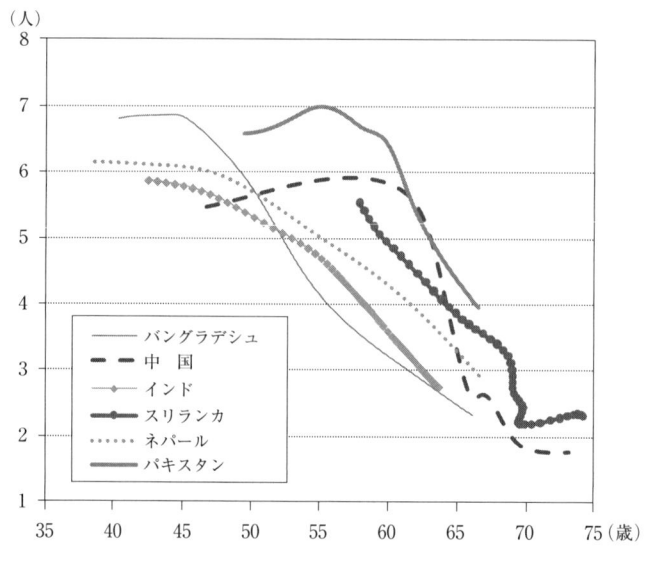

図序-5 出生時平均余命と合計特殊出生率（1960～2008年）

出所：図序-4と同じ。

計特殊出生率（縦軸）の推移を示している。すべての国において，趨勢的には出生時平均余命が上昇する一方で合計特殊出生率が下落しており，その動きは右下がりの軌跡によって特徴づけられる。また，中国では合計特殊出生率の低下が著しいのに対して，南アジアではより緩慢に低下している。インドで数値を確認すると，1960年には出生時平均余命がわずか42歳，合計特殊出生率が6程度もあったのが，2008年にはそれぞれ64歳，2.7にまで変化している。これに対して，中国は1960年の47歳，5.5から2008年の73歳，1.8となっている。南アジア域内において，2008時点でみると，出生時平均余命はスリランカが74歳，合計特殊出生率はパキスタンが4と群を抜いて高いことがわかる。

3　人間開発の諸指標

人間開発（human development）を考えるうえで重要であると思われる3つの指標を取り上げる（**表序-1**）。すべての国において，趨勢的に乳幼児死亡率と貧困比率が低下し，成人識字率が上昇していることがわかる。インドで数値を

表序-1 乳幼児死亡率・成人識字率・貧困比率

	バングラデシュ	中国	インド	スリランカ	ネパール	パキスタン
乳幼児死亡率（‰）						
1960	166	-	157	73	197	-
1970	160	83	129	56	158	136
1980	140	46	107	34	130	117
1990	103	37	83	23	99	101
2000	67	30	68	17	63	85
2008	43	18	52	13	41	72
成人識字率（％）						
1981	29	66	41	87	21	26
1991	35	78	48	-	33	-
2001	47	91	61	91	49	43
2008	55	94	63	91	58	54
貧困比率（1人1日消費支出1.25ドル基準，％）						
1985	43	69	56	20	78	66
1991	67	60	54	15	-	65
1996	59	36	49	16	68	48
2005	50	16	42	14	55	23

注：網掛けの数値は，表示年の前後で利用可能なデータを挿入したものである。
出所：図序-3と同じ。

確認すると，乳幼児死亡率は1960年の157‰から2008年の52‰，貧困比率は1985年（実際の年は1983年）の56％から2005年の42％にまで低下し，成人識字率は1981年の41％から2008年（実際の年は2006年）の63％にまで上昇している。しかしながら，中国と比較すると，南アジアの人間開発のスピードが緩慢である。平均してほぼ10％の高成長を30年間続けた中国には大きく水をあけられたことになる。ただし，スリランカが中国とほぼ同じ程度の人間開発の段階にある。2005年の貧困比率を例外とすれば，南アジアにおいて，人間開発が最も進んでいるスリランカ，次にバングラデシュ・インド・ネパール，最も遅れているパキスタンと3つに区別できる。

先に，インド・南アジア諸国における1980年代以降の高成長について触れたが，スリランカを除く4カ国にとっては貧困の削減と緩和は依然として重要な開発上の課題である。このような高成長がさらに持続しなければ貧困線以下人口比率の大幅な減少には至らないということである。ちなみに，世界銀行によれば，2005年における貧困者（消費支出1日1.25ドル未満）の絶対数は世界で14

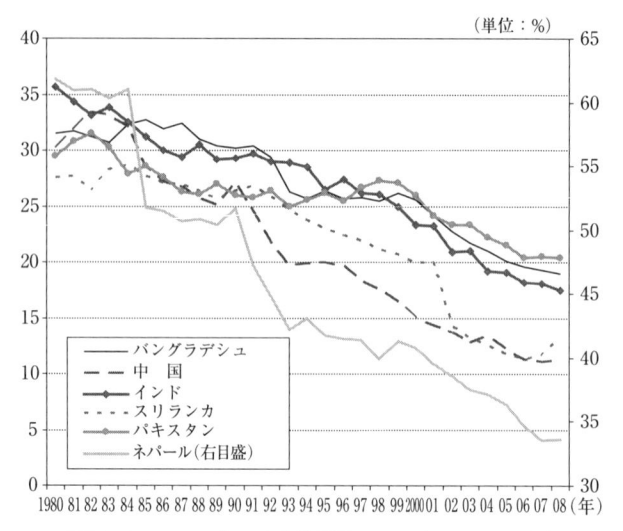

図序-6 GDPに占める農業部門シェア（1980～2008年）

出所：図序-3と同じ。

億人を数えたが，このうち南アジアが6億人を占めている[3]。

4 産業構造の変化——サービス経済化の進展

　経済発展に伴って，経済史が示すところでは，一国の産業構造は伝統的な農業から近代的な工業へ，さらにはサービスへと産業構造が変化し，高度化してきた（「ペティ＝クラークの法則」）。労働力もこの過程において産業間で対応する動きを示す。インド・南アジア諸国ではどうであろうか。**図序-6**は，GDPに占める農業部門シェアの推移をみたものである。中国のみならず南アジアにおいても1980年以降，着実に農業部門シェアが低下していることがわかる。インドで数値を確認すると，1980年の36％から2008年の17％にまで低下している。また，2008年時点でみると，34％のネパール，20％前後のバングラデシュ・インド・パキスタン，13％のスリランカと，3つグループに区別できる。さらに，スリランカと中国のシェアがほぼ同程度であることもわかる。
　図序-7は1980年から2008年の期間におけるGDPに占める工業部門（鉱業，製造業，建設，電力などの公益事業）のシェアを，**図序-8**は同期間におけるサー

序　章　現代インド・南アジア経済をみる眼

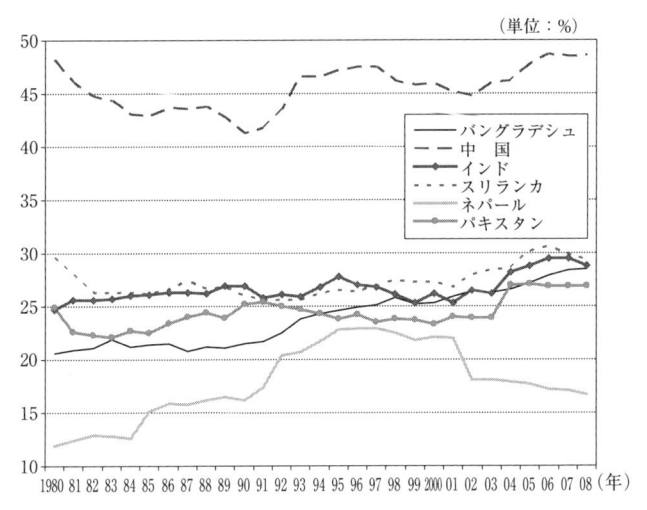

図序-7　GDPに占める工業部門シェア（1980～2008年）
出所：図序-3と同じ。

ビス部門シェアの推移を示している。中国と南アジアの両方において，サービス部門シェアが着実に高くなっていることがわかる。これに対して，工業部門シェア増大の動きは緩慢であり，近年のネパールにおいてはシェアが大幅に低下している様子すら窺える。インドで工業部門シェアの数値を確認すると，1980年には25％，1990年に26％，2000年に26％，2008年に28％と推移している。図序-6でみたように，この間，農業部門シェアが20％ポイント程度低下しているが，その低下分のほとんどがサービス部門のシェア上昇に対応しているわけである。また，中国と比較すると，南アジアの工業部門が小さく，サービス部門が大きいことがわかる。2008年時点の南アジア域内で比較すると，サービス部門のシェアはスリランカが57％と高く，ネパールが50％未満と低く，工業部門シェアはネパールが17％と群を抜いて低いことがわかる。サービスではインドのITサービス輸出が世界でも突出して発展して注目を集めている。ITサービスは知識集約型の高度な技術を伴うが，ここで言及しているサービスは，行政サービスに加えて，商業や小売など概して，小規模かつ技術水準と効率性が低い（その多くがインフォーマルセクターに属するような）伝統的なそれである。

　以上要するに，南アジア諸国においては「ペティ＝クラークの法則」に即し

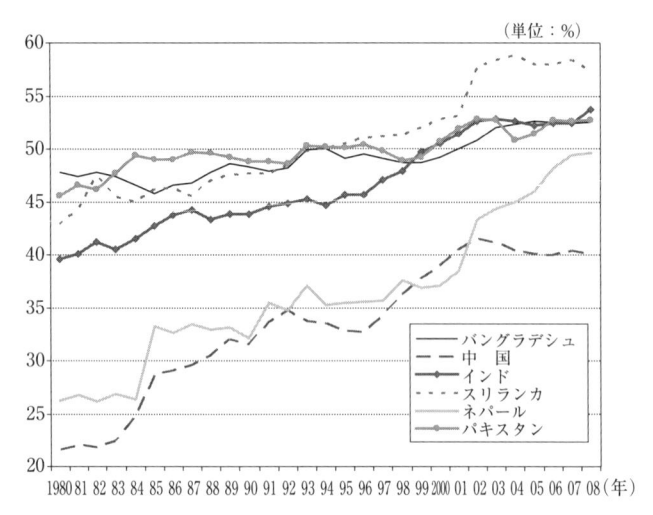

図序-8 GDPに占めるサービス部門シェア（1980～2008年）

出所：図序-3と同じ。

た産業の高度化はみられず，構成比における工業部門の停滞とサービス部門の優勢的な展開が確認できた。これは，南アジア諸国に先行して発展を遂げた今日の先進国や中国，東アジア諸国などと比較するときわめて特異な展開といえる。南アジア諸国は現在においても農業従事者が経済活動人口の6～8割を占め，かつ農村人口も7割前後に達する。インドの場合7割の経済活動人口が付加価値を2割しか生み出していないわけである。先に触れた，世界の貧困問題の焦点としての南アジアという論点は，このような産業構造の面からも検討される必要があるのである。

5 対外開放度──貿易依存度の増大

図序-9と**図序-10**は，1960年から2008年の期間における対外開放の進展を，GDPに占める財・サービス輸出シェアと輸入シェアでみたものである。図序-9をみると，近年，バングラデシュとインドにおいて，輸出シェアが着実に上昇傾向にあるのに対して，ネパール，パキスタン，スリランカにおいては下落傾向にある。輸出加工区を含む経済自由化政策をいち早く採ったスリランカの

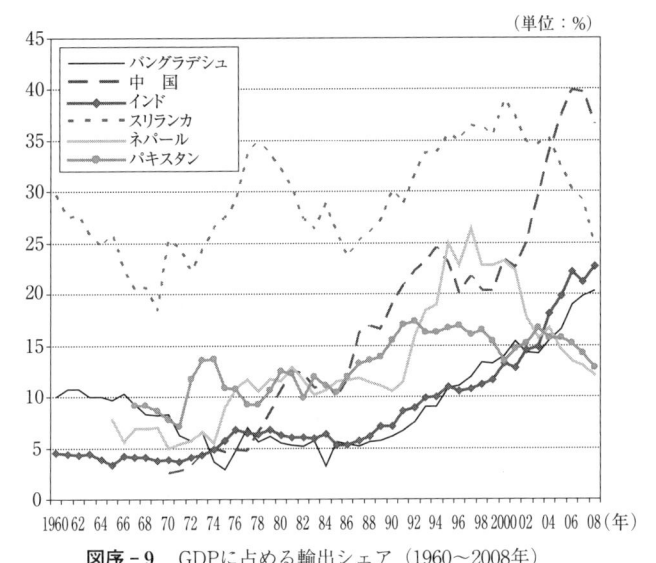

図序-9 GDPに占める輸出シェア（1960〜2008年）

出所：図序-3と同じ。

　輸出シェアが南アジアにおいては群を抜いて高かったが，中国に追い抜かれ，いままさにバングラデシュとインドが追いつこうとしている様子が窺える。図序-10をみると，輸入シェアの水準やトレンドについて，南アジアと中国で大きな相違を観察することができない。スリランカを除いて，近年，南アジアの輸入シェアが上昇傾向にある。しかしながら，依然として，スリランカの輸入シェアは南アジアにおいては群を抜いて高い。

　インドで対外開放度の数値を確認すると，輸出と輸入のシェアは，それぞれ，1960年には5％，7％，1980年に6％，9％，2000年に13％，14％，2008年に23％，28％と推移している。中国と比較するならば，南アジアの場合，対外開放のスピードがとりわけ輸出面でみて緩慢である。また，財・サービス収支でみて南アジアが赤字，中国が黒字となっており，対照的である。南アジア域内で比較すると，対外開放の程度としてはスリランカが群を抜いて高かったが，近年，バングラデシュとインドが追い上げている。

　インドと4カ国の貿易については本書の該当章で詳しく触れるが，ここでは次の点について一言述べておきたい。それは，中国，アジアNIESおよびアセ

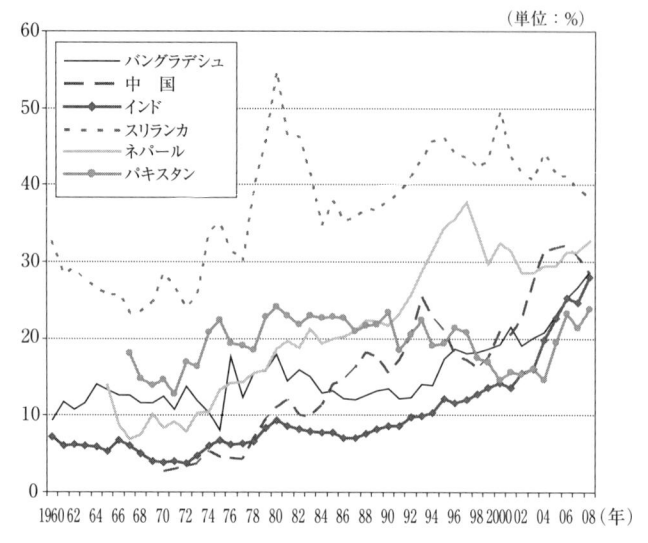

図序-10 GDPに占める輸入シェア（1960〜2008年）

出所：図序-3と同じ。

アン諸国などが直接投資を梃子として労働集約的消費財の輸出志向型大量生産を経験し，さらにマイクロエレクトロニクス革命にも触れることによって技術的な高度化と効率化を実現したのに対して，南アジア諸国はこの面での関与が希薄であったり大幅に時機を失したりした，という両経済間における対外開放と輸出産業構成における相違ということである。この点は南アジア諸国からの輸出に占めるハイテク品（航空宇宙，コンピュータ，医薬品，計測機器，電機等の研究開発集約的製品）の比率が極端に低いことに象徴的に現れる。すなわち，中国のハイテク品輸出比率（ハイテク品／製品輸出）が30％に達するのに対して，インドは5％，スリランカ2％，パキスタン1％に過ぎなかった（2008年，*World Development Report 2010*）。

6　統治体制

最後に，南アジアにおける統治体制を検討したい。**図序-11**は，全世界の統治体制の定量化を試みているシステミックピースセンター（Center for Systemic Peace）の政体Ⅳ（Polity Ⅳ）プロジェクトから得た政体指標を示したもの

序　章　現代インド・南アジア経済をみる眼

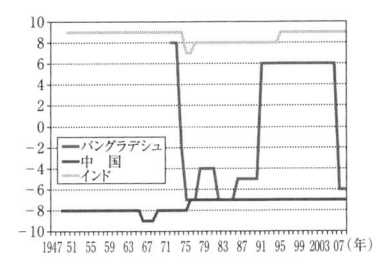

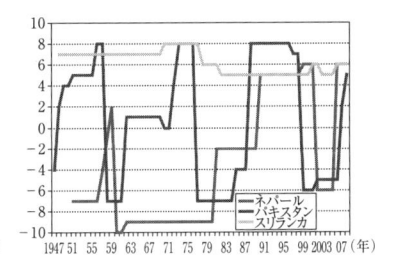

図序－11　政体指標

出所：The Center for Systemic Peace (2010), *Polity IV Project: Political Regime Characteristics and Transitions, 1800-2008* (http://www.systemicpeace.org/polity/gnb2.htm).

である。この政体指標は，民主化の程度を最小のマイナス10からプラス10までの20段階で数値化したものである。図序-11によれば，インドが民主化の程度がきわめて高くかつ安定的に推移しているのに対して，中国のそれがきわめて低く安定的に推移していることがわかる。統治体制の安定性という点でインドと中国は共通しているが，民主化の程度では両極端となっている。これに対して，他の南アジア諸国は統治体制が揺れ動いている。そのなかでも，スリランカは相対的に安定しているが，1970年代後半以降，民主化が後退している。すなわち，インドを除く南アジア諸国における統治体制が不安定であることが浮き彫りになった。

　最近年の南アジアの政治状況では，ネパールにおける民主体制への移行と憲法制定の動き，さらにスリランカにおける内戦の終結など民主主義と平和を基礎に国家建設，経済発展への足がかりをつかむ動きもみられる。東アジア諸国でみられた（あるいは現にある）開発独裁体制・非民主国家による経済開発ではなく，南アジア諸国はまだまだ政治的に不安定で脆弱ではあるものの，民主主義と平和構築による経済発展へと希望のある開発へと大きく歩を進めている。かつて，成長の東アジアに対して，「停滞のアジア」「退行のドラマ」（渡辺1985）の象徴とされたバングラデシュも農民の所得向上や縫製産業の急発展などを通じて，いまや「開発の梯子のいちばん下の段にやっと足を置ける」（サックス 2006）ようになった。しかし，インド，南アジア諸国の経済発展は渡辺利夫が東アジアの成長の動因として強調した「インダストリアリズムの波及」によるものでは必ずしもない。このようなところにも一筋縄ではゆかない

13

インドと南アジア諸国の経済発展を学ぶ難しさと，さらにひとしおの興味が沸いてくるのである。

■　■　■

●注
（1） 現代インド経済に関する研究書としては，絵所（2008），内川（2006），小田（2009），佐藤（2009）を推奨する。辛島（2002）は，南アジアに関する包括的な事典である。南アジアの経済のみならず歴史・文化・社会・政治などを手っ取り早く知るうえで便利である。南アジアに関する平易な歴史書としては，内藤・中村（2006）があり，推薦できる。長崎（2002-2003）は，多数の南アジア地域研究者が5年の歳月をかけて総力を挙げて生み出した研究成果であり，全6巻からなる。その第2巻で，インド経済を取り上げている。
（2） 近年，超長期にわたる世界経済発展史はグローバル・ヒストリーと総称され，興味深い多数の諸研究が生み出されている。グローバル・ヒストリーについてより詳しくは，例えば，斎藤（2008）や水島（2010）などを参照されたい。
（3） 南アジアの貧困や脆弱性の問題を考えるにあたっては，高度内容を含んではいるが，黒崎（2009）を推奨したい。
（4） ここで利用する指標は，民主化指標から専制指標を差し引いて得られた政体指標（POLITY2）である。上記の諸指標は，政治家あるいは官僚の選出にあたっての競争度（Competitiveness of Executive Recruitment），その開放度（Openness of Executive Recruitment），国家元首に対する制限（Constraint on Chief Executive），政治参加の競争度（Competitiveness of Political Participation），政治参加に対する規制（Regulation of Participation）などの状態を各国について調べ，それらを点数化して集計したものである。詳しくは，Marshall, M. G. and Jaggers, K.(2007), *POLITY IV PROJECT: Dataset Users' Manual*. を参照されたい。

●参考文献
内川秀二編（2006）『躍動するインド経済――光と陰』アジア経済研究所。
絵所秀紀（2008）『離陸したインド経済――開発の軌跡と展望』ミネルヴァ書房。
小田尚也編（2009）『インド経済――成長の条件』アジア経済研究所。
辛島昇他監修（2002）『南アジアを知る事典　新訂増補』平凡社。
黒崎卓（2009）『貧困と脆弱性の経済分析』勁草書房。

斎藤修（2008）『比較経済発展論――歴史的アプローチ』岩波書店。
サックス，ジェフリー（2006）『貧困の終焉』鈴木主税・野中邦子訳，早川書房。
佐藤隆広編（2009）『インド経済のマクロ分析』世界思想社。
内藤雅雄・中村平治編（2006）『南アジアの歴史――複合的社会の歴史と文化』有斐閣。
長崎暢子他編（2002-2003）『現代南アジア』全6巻，東京大学出版会。
水島司（2010）『グローバル・ヒストリー入門』山川出版社。
渡辺利夫（1985）『成長のアジア　停滞のアジア』東洋経済新報社。

（石上悦朗・佐藤隆広）

第Ⅰ部

マクロ経済からみたインド経済

第1章
経済成長と貧困問題

　近年の急成長にもかかわらず，インドにはなお深刻な貧困問題が存在する。本章は，経済成長と不平等，貧困削減の3つの間の関係に焦点をあて，インド経済の空間的・階層的特徴を描写する。本章で扱う貧困とは，単に所得や消費水準が低いことだけではなく，教育や健康面での人間開発の遅れも含んだ概念である。家計や個人レベルのミクロデータを用いた分析からは，都市部の生活水準の方が農村部よりもおおむね高いこと，経済成長や貧困の州間格差が大きく，所得格差については近年それが拡大する傾向があること，指定カーストや指定部族，イスラム教徒の生活水準が顕著に低いことなどが判明した。経済成長率の上昇は，とくに所得・消費面での不平等の増大を伴っているため，トリックルダウンにより自動的に貧困削減が実現するには時間がかかることが懸念される。これまで以上に効果的な貧困削減政策が求められているのである。

1　独立インドの目指したもの

　1947年8月14日深夜，独立を直前にした演説のなかでインド初代首相ジャワハルラル・ネルーは次のように述べた。「インドに奉仕するということは，困難を抱える多くの民に奉仕することを意味する。つまり，貧困，無知，病，そして機会の不平等に終止符を打つことを意味するのだ」。そして，貧困と無知を解消し，自由と機会の平等が保障された民主的で豊かな国を築いていくことを高らかに宣言した。その約2年後に採択・施行されたインド憲法の前文には，すべてのインド国民に社会的・経済的・政治的正義，思想・表現・信条および宗教の自由，そして地位と機会の平等を保障する決意が述べられている。このように，英国の植民地支配を脱却した独立インドにとって，貧困と格差をなくすことが経済発展の究極の目的であることに，疑問を挟む余地はなかったので

ある。

　しかしインド政府はその後，国有企業を通じて多様な経済活動に国家が直接的に関与し，民間企業の活動には様々な規制や制約を加える経済システムを作り上げた結果，「眠れる巨象」と揶揄されるような長年の経済低迷を経験し，膨大な貧困層を抱え続けてきた。近年は「新興経済諸国」の1つとして国際的に脚光を浴びているが，そうした変化は独立後40年以上の試行錯誤を経た結果としての，1991年以降のいわゆる「経済改革」まで待たねばならなかったのである（伊藤・絵所 1995）。

　本章は，独立インドが経験した経済成長と貧困削減の軌跡を概観する。インドは人口12億人という巨大経済であるだけでなく，紙幣に示される主要言語が16もあることに象徴される多様な社会でもある。連邦国家としてのインドの基本構成単位である州は，おおむね言語に基づいて分けられている。そこで，本章ではとくに経済成長と貧困削減の地域ごとの差異，社会階層ごとの差異に着目する。また，ネルーの演説にすでに示されているように，貧困を単に所得や消費の不足としてのみ把握することは十分でない。教育や健康など人間開発の不足も貧困の重要な側面である。そこで本章では人間開発の側面も概観する[1]。

2　独立後の経済成長と不平等，貧困削減，人間開発

（1）　経済成長と不平等，貧困削減にかかわる政策・制度

　1950，60年代インドの経済政策は，輸入代替と重化学工業化，五カ年計画というキーワードで特徴づけられる（第6章）。経済成長の成果が国民全員に行きわたり，その結果として貧困も減少していくというトリックルダウンと，経済成長を担うべきは工業部門，とくに資本財生産部門であるという考え方のもと，公共部門投資を核とした五カ年計画が実施されてきた。しかし経済成長実績は五カ年計画の目標値を下回り続けた。

　1970年代になると，インディラ・ガンディー首相の「貧困追放」キャンペーンに象徴される方針転換がなされ，農村開発および公共サービス供給が重視されるようになった。農業部門に関しては，これより早い1960年代後半に，米と小麦の高収量品種が導入された「緑の革命」が始まり，補助金つきの化学肥料や灌漑開発という政策が功を奏して1970年代以降，食料生産が急増した（第5

章および黒崎 2010)。基礎教育，保健医療，安全な水，電気，道路など公共財への普遍的アクセスが重視されるようになるのもこの時期である (Banerjee and Somanathan 2007)。

　農村開発重視の政策は，食料輸入に依存しないという限定的意味での食糧自給を達成させるとともに，食料価格の安定や労働需要の増加をもたらし，貧困削減に大きく貢献した。しかし経済全体の成長率は依然として満足できる水準ではなかった。これを克服すべく，1980年代半ば以降，マクロ経済政策・工業化政策が改革されるとともに，貧困削減政策に多様な制度が付加されていった。前者は1991年以降にそのスピードを早めた「経済改革」と総称される一連の試みの嚆矢となった改革であるが，その経緯と詳細は本書の他の章に譲る。以下では後者の貧困削減政策に焦点を絞り，近年の変化を含めて簡単に説明する。[2]

　インドの貧困は社会階層間格差と密接なかかわりがある。独立直後の指導者たちもその重要性を認識し，インド憲法では格差是正政策として留保政策 (Reservation Policy) が明確に規定された。カースト制度の最下位に位置づけられてきた不可触民を「指定カースト (Scheduled Castes：SC)」と呼び換え，カースト制度の外にある被差別階層として「指定部族 (Scheduled Tribes：ST)」を定義し，彼らの社会経済的地位を引き上げるために，議会の議席，大学の入学者，公職の一定割合をあてたのが留保政策である。SCとSTへの割当枠を合わせると22.5％であった。

　1990年代に入ると，2つの重要な留保政策の拡張が行われた。まず1991年，「その他後進諸階級 (Other Backward Classes：OBC)」が新たに定められ，さらに27％の割当枠がOBCに保証されることになった。その結果，留保枠は5割弱に達し，留保枠の対象とならない階層からは逆差別であるという批判が強まった (辻田 2006)。

　もう1つの拡張は，パンチャーヤット改革の一環として行われた。パンチャーヤット制度は，インド農村社会に伝統的に存在した自治制度を独立後制度化したものだが，1993年の憲法改正により，インドのすべての州に3段階（人口の少ない州では2段階）の直接選挙に基づく地方自治制度が導入された。パンチャーヤット議員の留保枠には，人口比に応じたSC/ST枠に加えて3分の1の女性枠も設けられた。Chattopadhyay and Duflo (2004) は，女性枠が公共投資を住民のニーズに合った方向に変えた可能性を指摘している。

農村の貧困層に農地を確保しようという土地改革は，独立直後より導入されてきたが，中間介在者の廃止を除いては実効を伴わなかった。例外的に小作農の権利強化などの土地改革を進めてきたのが，1977年以降左翼系政権のもとにある西ベンガル州である。次節でみるように，西ベンガル州はインドのなかでとりわけ急速な貧困削減を達成した州であるが，Banerjee et al. (2002) は，土地改革がその要因の1つであったことを計量経済学的に示している。

貧困層にとっての死活問題は，雇用と食料の確保である。1970年代前半に干ばつ対策としてマハーラーシュトラ州で導入された「雇用保証計画」は，低賃金で肉体労働を課すことによって，仕事がなく本当に仕事を必要とする人々のみが雇用を求めることになるという，いわゆる自己ターゲティングのメカニズムを利用して，干ばつによる困窮化に歯止めをかける役目を果たした。1980年代以降，類似の制度がいくつか全インドレベルで施行された後，2006年にそれらが統合され，「全国農村雇用保証計画 (National Rural Employment Guarantee Programme：NREGP)」となった。NREGPは，働くことを国民の権利と宣言した特別立法のもとに，職を求める貧困者すべてに対し，各世帯当たり年間100人日以上の雇用を政府が供給することを目指している。その貧困層への雇用創出効果は大きいと期待されるが，巨額の費用や行政の実施能力上の問題も深刻である（辻田 2006）。

食料に関しては，第二次大戦中導入の配給制度に源をもつ公的分配システム (Public Distribution System：PDS) が重要である。PDSは，パンジャーブ州やハリヤーナー州など米・小麦の生産余剰の多い地域から政府が最低支持価格で買い上げた穀物を，全国各地に立地する公正価格店に配分し，市場価格を下回る低価格で消費者に販売する制度である。1980年代にその規模が拡大したが，主に貧困層が消費する雑穀類を対象とせず，また誰でも購入できる制度であったがゆえに，貧困削減政策というよりも食料補助金政策という意味が強かった。1990年代後半以降は，貧困層への販売の特別割引価格や販売量割当などが強化され，貧困層によりターゲットを絞った政策 (Targeted PDS：TPDS) に変更されている（首藤 2006）。

貧困層の自営業所得向上や消費の安定化を助けるものとして，小規模金融が挙げられる。インドではそのための政策も多く取られてきた。金融政策としての商業銀行の国有化と農村支店設置推進，農業向け融資枠の設定（第3章），農

表1-1 実質経済成長率の推移

期　間	実質GDPの年当たり成長率		期間平均の年当たり成長率（％）			1人当たりNNP
	期間平均（％）	変動係数	第一次産業	第二次産業	第三次産業	
1951/52-1960/61	3.83	0.665	3.05	6.06	4.09	1.88
1961/62-1970/71	3.66	0.876	2.34	5.43	4.64	1.35
1971/72-1980/81	3.04	1.318	1.63	3.81	4.28	0.70
1981/82-1990/91	5.24	0.375	3.64	5.77	6.39	3.00
1991/92-2000/01	5.43	0.313	2.80	5.54	7.06	3.46
2001/02-2007/08	7.40	0.255	3.40	7.98	8.86	6.00

注：期間平均の成長率とは，その期間の毎年の成長率を平均したもの。変動係数は期間平均成長率の標準偏差を期間平均成長率で割ったもの。
出所：インド政府公表の国民所得統計より筆者計算。

村総合開発計画（IRDP）における補助金つき融資政策などが行われてきた。近年では女性の自助グループ（Self-Help Groups）を通じたマイクロファイナンスの提供などが実施されている（須田 2006）。

（2） 経済成長率の推移

　以上の貧困削減政策の財源を考えるうえでも，トリックルダウンという古典的な議論に基づく場合でも，経済成長率が鍵となる。そこで，1950/51年度以降作成されている国民所得統計のデータをもとに成長率を計算した（表1-1）。
　1970年代までの成長率は3％前後，「ヒンドゥー的成長率」と呼ばれた低い値であった。成長率は1980年代前半以降に上昇し，かつその年ごとの変動も小さくなっている。生活水準との関連がより深い指標として，国民1人当たりの実質NNPでみると，人口成長率がこの間下がったため，近年の成長率改善がより著しい。留意すべきは，1991年の経済改革を境に成長率が急上昇したという証左はなく，成長率上昇はむしろこれより早い時期に始まり，成長率の加速化はむしろより遅い2000年代初めに生じていることであろう。2000年代の成長率は年平均7.4％となっており，1人当たりで6％に達する。年平均6％の1人当たり実質所得の成長が続けば，わずか12年で1人当たり所得は倍増する。
　また，経済全体の成長率は，部門別付加価値成長率に部門別シェアをかけた加重平均でもある。そこで表1-1には，農業を中心とした第一次産業と，製

造業，建設業などを含む第二次産業，およびサービス産業中心の第三次産業に分けた実質GDP成長率も示した。第一次産業の成長率は着実であるが，経済全体の成長率を下回り，第二次産業の成長率は時代ごとに変化が大きく，平均ではそれほど経済全体の成長率を上回ってはいない。一方，第三次産業の成長率はつねに経済全体の成長率を上回り，近年の急成長は著しい。サービス産業主導の成長というインド経済の特徴がここに表れている。[3]

（3） 消費で測った貧困の変化と経済成長・不平等

　ある個人が貧困かどうかは，消費生活や教育，健康など多様な側面での剥奪によってとらえるべきであるが，それらとの相関が高い1つの変数で代表させるならば，1人当たり消費支出額の絶対的貧困線からの乖離が適当であろう。これを所得貧困アプローチと呼ぶ（黒崎 2009）。生活水準の把握が目的であるから，家計が実際に現金を支払った支出額だけでなく，農家の自家消費食料などの帰属計算額を詳細に足し上げたものを用いる。インドでは，1950年代以来，全国標本調査（National Sample Survey：NSS）という大規模な家計調査に基づいて，1人1月当たりの消費支出（Monthly Per-capita Consumption Expenditure：MPCE）が調査され，そのミクロデータの分布を用いて貧困指標が計算されている。MPCEの平均，不平等指標，貧困指標を図1-1に示す。[4]

　平均の消費水準が右上がりであればあるほど，高い経済成長を意味する。MPCEの平均は農村部，都市部とも一貫して右上がりであり，1993/94年度から2004/05年度にかけては若干の成長加速が見い出せる。他方，消費の不平等度を示すジニ係数は，農村部で30％程度，都市部で35％程度であり，おおむね横ばいである。絶対的貧困線に基づく貧困指標は，所得分配に変化がないまま経済成長すれば必ず減少するから（黒崎 2009），図1-1の貧困者比率の折れ線は，おおむね平均消費の折れ線をひっくり返した形になっている。1973/74年度には農村部で6割近かった貧困者比率が2004/05年度には3割を切り，都市部ではその間，貧困者比率が約5割から26％程度に下がった。着実な貧困削減と評価できよう。

　しかし図1-1をより詳細にみると，近年において，経済成長の加速ほどには貧困削減の速度が上昇していないようにみえる。図には，いわゆる「貧困の成長弾力性」（経済成長率が1％増加した場合に貧困指標が何％変化するか）を，イ

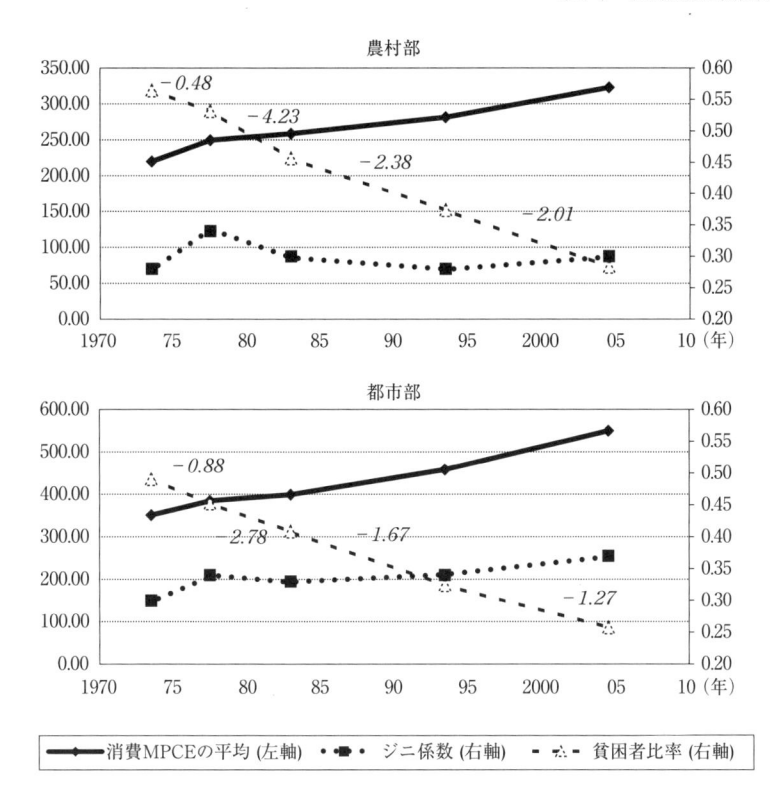

図1-1 1人当たり消費(MPCE)の実質額でみた経済成長と不平等，貧困

注：左軸は，1993/94年価格表記による1人1月あたり実質消費（MPCE）の額（ルピー）を示す。右軸は，ジニ係数と貧困者比率をそのまま比率として示す。貧困者比率の値を100倍すると，パーセント表記の貧困者比率となる。イタリックの数字は，「貧困の成長弾力性」を示す。
出所：インド政府計画委員会のホームページ（http://planningcommission.gov.in/〔2010年1月11日アクセス〕）データをもとに筆者作成。

タリックの数字で示してある。1970年代半ば以降，この弾力性の絶対値が農村部，都市部ともに徐々に小さくなってきている。すなわち，経済成長のもたらす貧困削減効果が近年小さくなっている。その直接的な理由は，同じ図に示されているように，直近年で不平等度が上昇していることである。より根本的な理由は，近年のインドの経済成長は，活発な民間部門，とりわけ技能集約度の高い部門が牽引するものであったため，トリックルダウン効果が小さくなっているということである。

不平等度上昇が，経済成長の貧困削減に与える効果を弱める度合いについて

は，家計の消費に関するミクロデータを用いて，貧困指標の2時点間の実際の変化を，かりに成長せずに所得分配だけが変わった場合や，かりに分配が変わらずに成長した場合と比較することによって，要因分解することが可能である。1983年から1993/94年度にかけては，インドの貧困者比率は9.40％ポイント下がったが，そのうち1.32ポイントは分配の変化に帰せられたのに対し，1993/94年度から2004/05年度にかけては，インドの貧困者比率が8.37％ポイント下がり，そのうち−3.14ポイントが分配の変化によるものだった（Topalova 2008）。いい換えると，かりに不平等の悪化がなかったならば，1993/94年度から2004/05年度にかけての貧困者比率の減少は，3.14ポイントも大きかったことになる。すなわち1980年代までのインド経済の成長は，貧困者に優しいものだったのに，1990年代半ば以降の成長はそうでないものに変わったことになる。同様の変化は，Besley et al.（2007）にも示されている。Topalova（2008）やBesley et al.（2007）は，州レベルの分析に基づき，土地改革や農村部への銀行進出，教育などが進んでいるほど，そして労働規制が労働者側に不利であるほど，経済成長が貧困削減効果を高めた可能性を指摘している。[5]

（4） 人間開発と経済成長

インドを含む南アジアの経済発展過程を特徴づけるのは，所得や消費で測った経済成長ほどには人間開発が進んでいないことであるといわれてきた（Drèze and Sen 1995）。したがって，所得・消費でみた生活水準の変化や格差と，人間開発に関する指標でみたそれらとを比較することが重要になる。

まず健康・教育関連指標の推移をみると，平均的には多くの指標で急速に改善してきたことがわかる。**図1-2**は，教育に関する指標の代表として読み書きができる人の割合を示す識字率，健康に関する指標の代表として平均寿命の変化を示したものである。識字率は1951年の18.3％から2005年には67.6％まで急速に増加してきた。ただし，一貫して女性の識字率は男性の識字率を20％ポイントも下回り続けていることに注意が必要である。

平均寿命は独立直後の32.1歳から2000年代半ばには63.5歳まで大きく改善してきた。男女別にみると，識字率よりも男女の差がないようにみえるが，これはそもそも生物学的に女性が男性よりも長生きする傾向があるためである。先進国では一般に女性の平均寿命が男性よりも長く，例えば総務省統計局のデー

識字率
(単位：％)

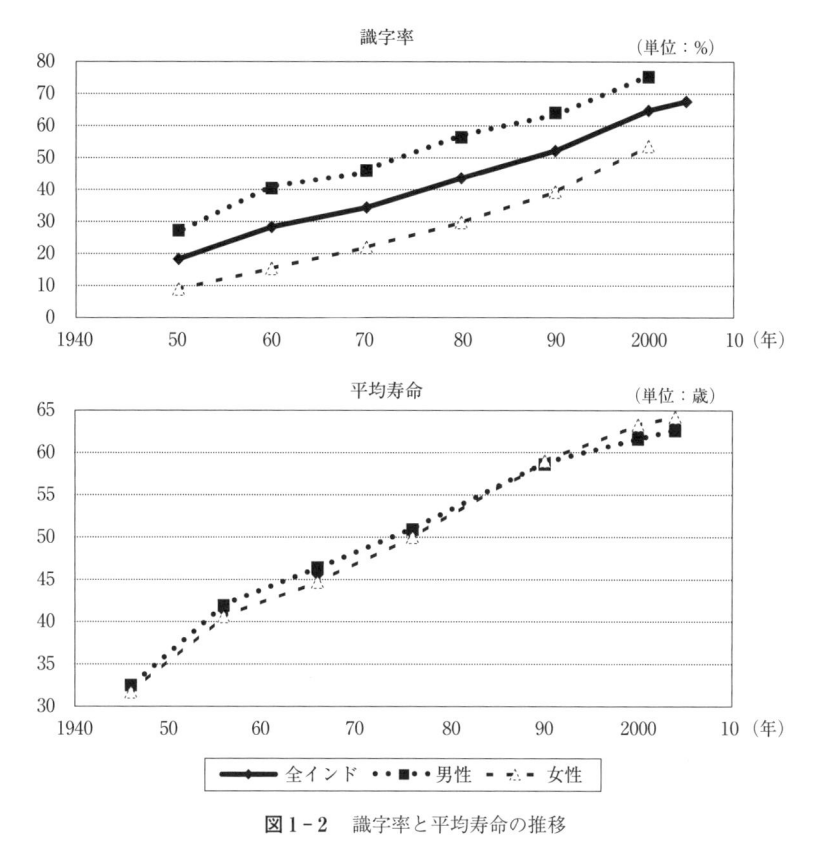

平均寿命
(単位：歳)

━◆━ 全インド　・・■・・ 男性　- -△- - 女性

図1-2　識字率と平均寿命の推移

出所：Government of India (2009), *Economic Survey 2008-2009*, Table 0.1のデータより筆者作成。

タによると日本では女性の平均寿命は男性よりも6年以上長い。この観点からインドの平均寿命をみると，2006年時点でも1.6年の違いしかないことから男女差が小さすぎるといえる。とくに1980年代後半まで男性の平均寿命が女性の平均寿命を上回っていたことは，女性に対する深刻な差別が存在してきたことの証左といえる。男女差については，本章4節でさらに検討する。

健康に関する指標は様々なものがあり，年齢や栄養状態の諸側面に対応して指標を使い分ける必要がある。母親と新生児の健康状態の指標として有益なのは，新生児1000人当たりの1歳未満での死亡率を示す乳児死亡率である。図1-3より1970年代からの推移をみると，1972年の139‰から2008年の53‰まで低下し続けてきたことがわかる。1桁である日本や他の先進国の乳児死亡率と比

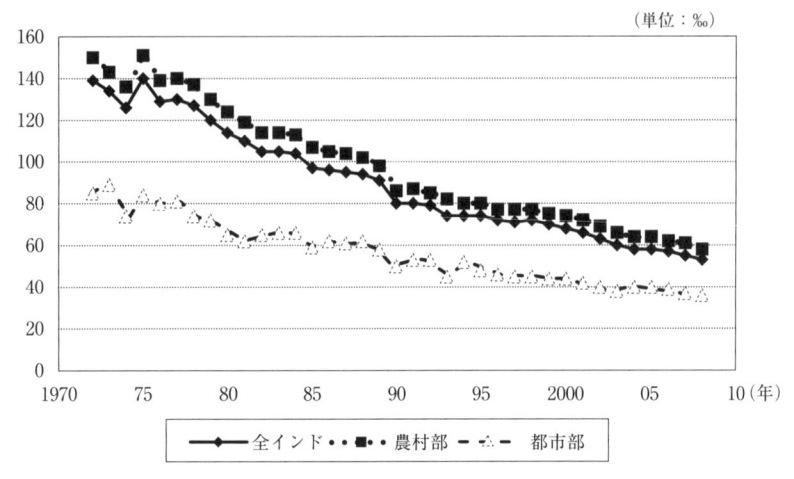

第Ⅰ部　マクロ経済からみたインド経済

図1-3　乳児死亡率の推移

注：縦軸は、新生児1,000人当たりの1歳未満での死亡数を示す。
出所：図1-1と同じ。

べると改善の余地はまだ大きいが、急速な改善を遂げたのは確かである。図には農村部と都市部に分けた乳児死亡率の値も示されている。農村部の乳児死亡率が都市部よりもはるかに高い状況が続いている。格差は縮小しつつあるとはいえ、2008年でも農村部の乳児死亡率は都市部の1.5倍以上あることから、健康・衛生状態の地域格差が依然として大きいことが示されている。

　Deaton and Drèze (2002) は、経済改革後の高成長の時期に健康関連の指標の改善が鈍化したことを指摘し、経済成長が自動的に人間開発をもたらすわけではないことに注意を促している。そこで図1-3の年次データを用いて、経済改革前後で乳児死亡率の低下に有意な差がみられるかどうかを確認した。乳児死亡率の対数値をとり、経済改革前後の時期で異なる傾きの直線をあてはめることで、経済改革前後の変化率の差を検証した。経済改革の開始時期として1985年から1995年の各年を候補にして、それぞれ検定をした。詳細な結果は省略するが、1990年から1995年のどの年を境界年としても、その年の前後の時期で変化率が10％水準で有意に異なっており、経済改革後の時期に乳児死亡率の減少速度が鈍化したことが裏づけられる。統計的に最も有意な1994年を境界年とした場合、年率−2.9％から−2.4％へと減少速度が鈍化したことがわかる[6]。その理由は明確ではないが、1993年にパンチャーヤット改革が始まり、分権化

表1-2 1人当たり州内総生産でみた州間格差

州 名	人口比率 (%, 2001)	名目値		実質値
		2004/05年度の 水準(ルピー)	インド平均に 対する比	1999/00年度から 2006/07年度への年 平均成長率(%)
アーンドラ・プラデーシュ	7.38	23,755	1.02	5.53
アッサム	2.59	16,900	0.73	3.00
ビハール	8.10	7,454	0.32	4.92
チャッティースガル	2.02	17,513	0.75	4.25
グジャラート	4.93	28,846	1.24	5.14
ハリヤーナー	2.06	37,800	1.63	6.77
ヒマーチャル・プラデーシュ	0.59	31,198	1.34	4.56
ジャンムー・カシュミール	0.99	19,337	0.83	2.81
ジャールカンド	2.62	15,555	0.67	3.00
カルナータカ	5.13	24,714	1.07	3.87
ケーララ	3.08	29,065	1.25	6.20
マディヤ・プラデーシュ	5.87	14,471	0.62	0.56
マハーラーシュトラ	9.42	32,481	1.40	4.25
オリッサ	3.57	16,306	0.70	5.50
パンジャーブ	2.37	33,158	1.43	2.27
ラージャスターン	5.51	16,874	0.73	2.71
タミル・ナードゥ	6.05	27,509	1.19	5.38
ウッタル・プラデーシュ	16.18	12,196	0.53	2.15
ウッタラカンド	0.83	23,069	0.99	7.07
西ベンガル	7.78	22,675	0.98	4.49
デリー	1.35	53,639	2.31	4.90
全インド	100.00	23,198	1.00	5.03

注：この表は，人口が少ない8州と6つの連邦直轄地を含まないため，人口合計が100%にならない。含まれない地域の人口は全インドの約1.6%，同地域のSDPは全インドの約2.2%を占める。
出所：インド政府の国民所得統計書を原データとするデータベースより筆者作成。

による公共サービスの向上を目指した時期であることを考えると，制度改革の効果よりも上述の経済的不平等拡大による負の効果が大きかったように思われる。

3 経済成長と所得貧困の地域差，階層差

(1) 1人当たり州内総生産の州間格差

生産力の州間格差を示す指標として，1人当たり州内総生産（State Domestic Product：SDP）のデータを国民所得統計より整理し，州別に示す（**表1-2**）。

インド連邦は，28の州と7つの連邦直轄地（Union Territories：UT）からなるが，SDPは最小の3つのUT以外について公表されている。表には，人口の多い順に20州を選択して州名のABC順に並べ，これにデリー連邦首都特別区を加えてある。

1人当たりSDPが最も低いのはビハール州で，全インド平均のわずか32%，これにウッタル・プラデーシュ州の53%，マディヤ・プラデーシュ州の62%が続く。この3州は，2000年までは，それぞれジャールカンド州，ウッタラカンド州，チャッティースガル州を含んでいた。分離された3州は，すべて全インド平均よりは低いが，元の州よりも高い水準となっている。

1人当たりSDPが高い州を並べると，デリー（231%），ハリヤーナー州（163%），パンジャーブ州（143%），マハーラーシュトラ州（140%）などとなる。ハリヤーナーやパンジャーブは農業主導の経済成長を果たした州，マハーラーシュトラは製造業や金融業主導の経済成長を果たした州である。

（2） 1人当たり消費の州間格差と貧困

生活水準を測る基本指標である1人当たり消費支出MPCEを，最新のNSSのミクロデータを用いて，より詳細にみていく。人口の多い順に20州を選択して，これにデリー連邦首都特別区を加えた計21地域のMPCEおよび貧困線のデータを，州別に集計した結果が**表1-3**である。

表の列（1）を用いて名目の消費水準を州間比較すると，最下位がオリッサ州とビハール州で，これに，チャッティースガル州，ジャールカンド州，マディヤ・プラデーシュ州，ウッタル・プラデーシュ州が続く。ビハール州が低いのは表1-2と同じだが，より詳細にみると，同州のMPCEの全インドに対する比率は，1人当たりSDPでみるよりもはるかに大きい。これは，SDPが州内での生産を測っているのに対し，MPCEのもととなる家計の可処分所得は他州からの送金などを含むため，ビハール州からパンジャーブ州，ハリヤーナー州などへの農業労働者出稼ぎの効果を示していると思われる。ではMPCEを用いるとつねに1人当たりSDPよりも地域間格差が縮まるかというと，そうとは限らない。ケーララ州は1人当たりSDPでみると平均よりやや上の州だが，MPCEでみるとさらに上昇し，全インドのトップクラスとなる。同じ出稼ぎでもビハール州とは異なり，ケーララ州からは教育水準の高い労働者が他州に

表1-3　1人当たり消費（MPCE）でみた州間格差，州内不平等と貧困（2004/05年度）

州　名	MPCE名目値の平均（ルピー）(1)	貧困線でデフレートした実質値の平均(2)	ジニ係数(3)	貧困者比率(4)	貧困ギャップ指数(5)
アーンドラ・プラデーシュ	696.1	1.968	0.316	0.148	0.0291
アッサム	590.0	1.528	0.242	0.205	0.0339
ビハール	443.0	1.216	0.226	0.420	0.0808
チャッティースガル	511.6	1.387	0.329	0.410	0.0971
グジャラート	775.1	1.814	0.292	0.170	0.0301
ハリヤーナー	937.3	2.129	0.348	0.136	0.0258
ヒマーチャル・プラデーシュ	854.1	2.093	0.316	0.098	0.0153
ジャンムー・カシュミール	873.2	2.035	0.248	0.047	0.0078
ジャールカンド	516.0	1.326	0.288	0.421	0.0901
カルナータカ	670.0	1.616	0.304	0.243	0.0467
ケーララ	1078.5	2.345	0.388	0.148	0.0316
マディヤ・プラデーシュ	547.9	1.397	0.304	0.382	0.0896
マハーラーシュトラ	801.4	1.630	0.341	0.306	0.0745
オリッサ	447.9	1.253	0.298	0.466	0.1228
パンジャーブ	1001.5	2.316	0.341	0.082	0.0102
ラージャスターン	674.0	1.610	0.280	0.214	0.0390
タミル・ナードゥ	785.8	1.812	0.342	0.228	0.0414
ウッタル・プラデーシュ	596.3	1.518	0.311	0.327	0.0647
ウッタラカンド	724.5	1.396	0.298	0.397	0.0793
西ベンガル	699.5	1.721	0.334	0.247	0.0462
デリー	1292.2	2.158	0.333	0.157	0.0246
全インド	683.6	1.652	0.325	0.275	0.0568

出所：第61次NSS家計消費支出調査（Sch.1.0）のミクロデータ（MPCE based on the uniform recall period）より筆者推定。

移っている。彼らの送金が，ケーララ州の高い消費水準につながっている。

　生活水準をMPCEによって比較する場合，表1-3の列（1）はややミスリーディングである。物価の地域差を考慮していないためである。そこで列（2）には，農村・都市部別の各州の貧困線を分母とした比率によって実質化したMPCEについて，州内平均を示した。この値はすべての州で1より大きいから，かりにすべての州において州内分配が完全に平等化したならば，インドから所得貧困は消滅することがわかる。また，名目値でみた場合よりも，実質値でみた方が地域間格差は縮小する。これは，名目の消費水準が高い地域では物価も高い傾向があるため，生活水準としての消費生活の差はもう少し小さいことを示している。

第Ⅰ部　マクロ経済からみたインド経済

表1-4　州別貧困指標の推移

州　名	貧困者比率の水準				1973/74年度から2004/05年度までの年平均の減少率(%) (5)
	1973/74 (1)	1983 (2)	1993/94 (3)	2004/05 (4)	
アーンドラ・プラデーシュ	0.489	0.289	0.222	0.148	2.25
アッサム	0.512	0.405	0.409	0.205	1.93
旧ビハール（現ジャールカンド含む）	0.619	0.622	0.550	0.420	1.04
グジャラート	0.482	0.328	0.242	0.170	2.09
ハリヤーナー	0.354	0.214	0.251	0.136	1.99
ヒマーチャル・プラデーシュ	0.264	0.164	0.284	0.098	2.02
ジャンムー・カシュミール	0.408	0.242	0.252	0.047	2.86
カルナータカ	0.545	0.382	0.332	0.243	1.78
ケーララ	0.598	0.404	0.254	0.148	2.43
旧マディヤ・プラデーシュ（現チャッティースガル含む）	0.618	0.498	0.425	0.389	1.19
マハーラーシュトラ	0.532	0.434	0.369	0.306	1.37
オリッサ	0.662	0.653	0.486	0.466	0.95
パンジャーブ	0.282	0.162	0.118	0.082	2.29
ラージャスターン	0.461	0.345	0.274	0.214	1.73
タミル・ナードゥ	0.549	0.517	0.350	0.228	1.89
旧ウッタル・プラデーシュ（現ウッタラカンド含む）	0.571	0.471	0.409	0.330	1.36
西ベンガル	0.634	0.549	0.357	0.247	1.97
デリー	0.496	0.262	0.147	0.157	2.21
全インド	0.549	0.445	0.360	0.275	1.61

注：旧州境に基づく2004/05年度の貧困者比率は，問題となる3旧州に関して，それ以前の貧困者比率と厳密には比較可能ではない。2004/05年度には貧困者比率が新しい州境を単位に設定されているのに対し，それ以前は旧州境を単位に貧困線も設定されていたためである。ただし，この違いによる誤差は無視してよいほど小さいと思われる。

出所：列（1）から（3）は図1-1と同様のデータ，列（4）は表1-3と同様のデータを用い，筆者作成。

　州という単位はインドの場合巨大であり，内部に多くの不平等を含む。このことを示すのが，列（3）のジニ係数である。ジニ係数が最も高いのはケーララ州，最も低いのはビハール州で，0.23から0.39の間に分布している。つまり州間格差だけでなく，州内不平等も同程度に大きいのがインド経済の特徴である。

消費の平均が高いほど，また消費の不平等度が低いほど，その州の貧困指標も小さくなる。表1-3の列（4）-（5）に，州別の貧困者比率と貧困ギャップ指数を示す。[9] 2つの貧困指標とも最も大きな値をとるのはオリッサ州である。これに続くのは，貧困ギャップ指数でみると，チャッティースガル州，ジャールカンド州，マディヤ・プラデーシュ州，ビハール州，ウッタラカンド州である。2000年に分離された3州は，1人当たりSDPでみた場合には元の3州よりも高かったが，MPCE実質値の平均でみると差がなくなり，州内不平等度が高いために貧困指標ではむしろ悪くなる。これら3つの新しい州が抱える開発課題の大きさが示唆される。

　以上は直近NSS調査時のスナップショットである。過去30年間の貧困削減の実績を，州別にみたのが**表1-4**である。1973/74年度においても貧困者比率が最も高かったのがオリッサ州であり，旧ビハール州，旧マディヤ・プラデーシュ州，旧ウッタル・プラデーシュ州なども当時から貧困が深刻だった。すなわちこれら4州は，以前から貧しく，かつ，貧困削減の速度も列（5）でみるようにインド平均を下回ったため，2000年代半ばになっても貧しいことがわかる。

　注目されるのは西ベンガル州である。1973/74年度にはオリッサ州に次ぐ貧困州だった同州は，その後の約30年間を通じてインド平均を上回る速度で貧困削減を達成し，2004/05年度の貧困者比率はインド平均を下回るに至った。西ベンガル州は1977年以来，左翼戦線政権が州の与党であり続け，土地改革やパンチャーヤット改革など，貧困層の福祉を高める政策を着実に実行した。その成果がこの貧困削減につながったとみることができる（Banerjee et al. 2002）。他方，左翼戦線政権による低所得者層優遇の再配分政策は，州全体の経済を低迷させた側面もある。表1-2に示されているように，近年の西ベンガル州の州内総生産の伸び率はインド平均をやや下回っている。

（3）　1人当たり消費のグループ間格差，グループ内不平等と貧困

　州以外にインドで強調されることの多いグループ区分として，都市部・農村部，宗教，そしてカーストなどの社会階層に着目した場合，統計的に有意な格差が見い出せるだろうか。**表1-5**に示すように，農村部平均の実質MPCEは都市部平均よりも有意に低いが，ジニ係数も有意に低い。貧困指標は平均消費

第Ⅰ部　マクロ経済からみたインド経済

表1-5　1人当たり消費（MPCE）でみたグループ間格差，グループ内不平等（2004/05年度）

グループ	MPCEの貧困線でデフレートした実質値 平均値（95％信頼区間）	ジニ係数 推定値（95％信頼区間）
地　域		
農村部	1.551（1.532, 1.570）	0.298（0.291, 0.302）
都市部	1.948（1.900, 1.996）	0.379（0.371, 0.390）
宗　教		
ヒンドゥー教	1.650（1.629, 1.671）	0.323（0.317, 0.328）
イスラム教	1.453（1.415, 1.490）	0.304（0.293, 0.313）
キリスト教	2.198（2.100, 2.296）	0.361（0.345, 0.375）
シク教	2.317（2.219, 2.415）	0.317（0.302, 0.333）
その他	1.843（1.658, 2.027）	0.399（0.380, 0.455）
社会階層		
指定カースト（SC）	1.249（1.221, 1.277）	0.277（0.267, 0.285）
指定部族（ST）	1.332（1.311, 1.352）	0.272（0.264, 0.280）
その他後進諸階級（OBC）	1.572（1.551, 1.593）	0.299（0.292, 0.304）
上記3カテゴリー以外	2.075（2.031, 2.120）	0.352（0.344, 0.359）

注：宗教や社会階層は，世帯主の所属によって分類した。
出所：表1-3と同じ。

表1-6　1人当たり消費（MPCE）でみた貧困指標のグループ間格差（2004/05年度）

グループ	貧困者比率 平均値（95％信頼区間）	貧困ギャップ指数 推定値（95％信頼区間）
地　域		
農村部	0.281（0.274, 0.288）	0.0550（0.0531, 0.0569）
都市部	0.258（0.247, 0.270）	0.0622（0.0586, 0.0657）
宗　教		
ヒンドゥー教	0.269（0.263, 0.276）	0.0552（0.0534, 0.0570）
イスラム教	0.357（0.340, 0.375）	0.0752（0.0703, 0.0801）
キリスト教	0.155（0.131, 0.178）	0.0348（0.0277, 0.0419）
シク教	0.087（0.068, 0.107）	0.0124（0.0091, 0.0157）
その他	0.318（0.269, 0.367）	0.0815（0.0647, 0.0983）
社会階層		
指定カースト（SC）	0.438（0.417, 0.459）	0.1068（0.0993, 0.1143）
指定部族（ST）	0.379（0.366, 0.392）	0.0809（0.0771, 0.0847）
その他後進諸階級（OBC）	0.270（0.261, 0.278）	0.0530（0.0508, 0.0551）
上記3カテゴリー以外	0.170（0.161, 0.178）	0.0325（0.0304, 0.0346）

出所：表1-3と同じ。

が高いほど，不平等が低いほど，低い値をとる傾向があるから，これらの数字からは農村・都市間の貧困指標の大小はわからない。そこで**表1-6**には貧困者比率と貧困ギャップ指数を示す。図1-1ですでに示した都市・農村格差，すなわち農村部の方が都市部よりも貧困指標が大きいという関係は頑健でない。貧困者比率は貧困の頻度を示す指標に過ぎず，貧困の深さをまったく考慮しないという点で問題の大きい指標である。これを考慮する貧困ギャップ指数においては，農村部よりも都市部の方が貧困指標の値が大きいのである。表に示した95％信頼区間が重なっていないことから，農村部の貧困者比率が都市部より大きく，都市部の貧困ギャップ指数が農村部より大きいという関係は，統計的にも有意である。

宗教別の作表は，総人口の8割を超えるヒンドゥー教徒，1割強のイスラム教徒，そしてこれらに続く重要なマイノリティーとしてキリスト教徒（総人口の2％強）とシク教徒（同2％弱）までを抜き出し，これら以外をすべてまとめて「その他」とした。MPCE実質値（表1-5），貧困者比率と貧困ギャップ指数（表1-6）の3指標は，イスラム教，ヒンドゥー教，キリスト教，シク教という順に生活水準が上がっていることを示しており，MPCE実質値でのキリスト教とシク教間の比較を除き，すべて統計的にも有意な差である。

貧困削減政策として重要な留保政策との関連からは，SC，ST，OBCと，それら以外の4つの階層間格差が重要になる。MPCE実質値の平均をみると，SC家計の消費水準はSC/ST/OBC以外の家計の消費水準の60％，ST家計のそれは64％にしか達せず，統計的にも経済的にも有意な格差が示されている。2つの貧困指標もこの差を反映し，SC家計で最も高く，次いでST家計，OBC家計となり，これら以外の家計が最も低くなっている。4グループ間の貧困の差は，95％信頼区間がまったく重なっていないことからわかるように統計的にも有意である。

興味深いのは，SC家計よりも平均消費水準が統計的に有意に高いST家計のジニ係数が，SC家計よりやや低いという逆転現象が観察されることである（ただし差は統計的に有意でない）。すなわち，部族社会の所得分配は，平均消費水準から期待される水準に比べて平等度が高いのである。表1-3に示したように，平均消費水準と不平等指標の間には緩やかな正の相関がみられる。

ある国を何らかの基準でグループ別に分けた場合，国全体の不平等は概念的

にグループ間不平等と，グループ内不平等に分けて考えることができる。そこで，表1-3と表1-5で使われた3つの分類軸，すなわち農村・都市別，州別，社会階層別にこの要因分解を行ったところ，3つの分類軸のなかではSC, ST, OBC，その他に分ける分類が，最も大きなグループ間不平等を示すことがわかった(11)。これらの社会階層は，生まれにより決まるものであるから，この要因分解結果は，機会の不平等がインドに根強く残っていることをまざまざと示している。ただし，インド全体の不平等のうち，これらの分類軸のどれかで説明できる部分は1割以下に過ぎず，通常いわれているほどにはインド経済において地域間格差，階層間格差が相対的に大きくなく，グループ内部の不平等の方が深刻であることにも留意が必要であろう。

4　人間開発の男女差，階層差，地域差

（1）　識字率と就学水準

本節では人間開発の進展と男女差，階層差，地域差に関して，2005年から2006年にかけて実施された第3回全国家族健康調査（3rd National Family Health Survey：NFHS-3）(12)のミクロデータを主に用いた検討を加える。所得や消費のデータを用いる場合，通常は家計ごとの集計値しか得られないが，健康・教育関連の指標の多くは個人に関する指標であり，家計内部での格差，とりわけ男女の格差にも焦点をあてることができる。まず教育の指標からみていこう。

既出の図1-2の識字率は全人口を対象としたデータであり，就学年齢を過ぎた多くの世代を含むために変化が遅い印象を与えてしまう。そこで，NFHS-3データから年齢層ごとに識字率を推定した（**表1-7**）。50代後半の世代では，男性の識字率は67.9％と高いが，女性ではわずか29.9％に過ぎず，男女間で大きな格差があったことがわかる。しかし，より若い世代をみると，男性では40代前半から，女性ではすべての世代を通じて識字率が大きく上昇してきたことがわかる(13)。10代後半では男性の9割弱，女性の8割弱が読み書きできる。識字という基本的な教育レベルからみれば，教育が急速に普及しており，男女間格差も縮まりつつあることが確認できる。

識字率の上昇は，学校教育への就学が進んだことによってもたらされた。表1-7から年齢層別就学水準をみると，初等教育しか受けていない人の割合は

第1章　経済成長と貧困問題

表 1-7　年齢層別識字率・就学水準（2005～06年）

(単位：%)

年齢層 (歳)	識字率		就学水準：男性			就学水準：女性		
	男性	女性	初等教育	中等教育	高等教育	初等教育	中等教育	高等教育
15～19	89.8	78.6						
20～24	86.9	69.0	13.3	56.9	17.3	13.5	43.7	12.2
25～29	82.4	59.3	14.1	52.7	15.9	13.5	36.0	10.1
30～34	78.4	51.3	14.4	48.6	15.7	13.8	30.0	8.1
35～39	73.6	45.1	16.9	44.1	12.9	14.3	25.2	5.9
40～44	69.7	43.3	17.8	40.5	11.8	15.3	23.5	5.2
45～49	69.4	40.7	18.9	39.6	11.4	15.5	20.9	4.6
50～54	70.3	36.4	18.6	40.7	11.3	14.2	17.9	4.3
55～59	67.9	29.9	20.0	36.2	11.5	14.0	13.5	2.6

注：就学水準が初等教育の者のなかには若干の非識字者がいるため，就学水準の3カテゴリーの合計比率は，識字率の数字を0.2～0.6%ポイントほど上回る。
出所：National Family Health Survey 2005-06（NFHS-3）のデータより筆者推定。

男女とも40代後半から若い世代になるにつれて減少しており，中等・高等教育を受ける人々が増加していったことが示されている。表には明示していないが，就学経験のまったくない人の割合は男女とも若い世代ほど減少しており，かつ男女の差も若い世代ほど縮小している。その結果，20代前半の世代だけをみると，就学経験のまったくない人の割合は，男性で12.5%，女性で30.7%まで減少している。一方，中等教育以上の教育を受けた人の割合は，男性の74.2%，女性の55.8%にまで増加している。

このように，少なくとも初等・中等教育は急速に普及してきたといえるが，まだいくつかの残された課題もある。第一に，識字率，就学率は平均的に上昇してきたとはいえ，まだ識字率・就学率の低い特定の地域や集団が存在していることである。第二に，初等教育粗就学率は100%を超えたが，初等教育を修了するまでにドロップアウトしてしまう児童の割合が高いことである。例えば2006年度において，初等教育では男児で就学児童の24.4%，女児では26.6%がドロップアウトしている。[14] 学校教育は卒業することで得られる資格としての意味も大きいものであり，ドロップアウトする児童を減らす対策が急務となっている。

第一の点について，さらにデータをみていこう。NFHS-3には世帯所得や消費水準に関する調査が含まれていないが，資産所有の程度から資産指数が作成され，全世帯が5分位に分けられている。これを用いて，世帯の資産水準ごと

表1-8　資産階層別識字率（2005～06年）

(単位：%)

資産階層	年齢層：15歳～59歳 平均値（95％信頼区間）	年齢層：20歳～24歳 平均値（95％信頼区間）	年齢層：15歳～19歳 平均値（95％信頼区間）
下位20％以下	34.5（33.5, 35.6）	43.5（41.5, 45.5）	61.8（59.7, 63.8）
下位20-40％	51.6（50.6, 52.5）	64.5（62.7, 66.2）	76.4（74.9, 78.0）
中位20％	64.3（63.5, 65.2）	76.9（75.4, 78.3）	86.1（85.0, 87.2）
上位20-40％	79.9（79.2, 80.5）	89.6（88.7, 90.5）	93.7（93.0, 94.5）
上位20％以上	93.3（92.9, 93.7）	97.3（96.9, 97.7）	98.2（97.9, 98.6）

出所：表1-7と同じ。

に識字率の違いをみる（**表1-8**）。15歳から59歳までの男女では，上位20％の世帯の識字率が93.3％であるのに対して，下位20％の世帯の識字率はわずか34.5％に過ぎない。信頼区間を比較すると，5分位ごとの識字率が，それぞれ5％の有意水準で異なることが検証できる。表には10代後半および20代前半それぞれについての推定結果も示してある。これらの数値から急速に識字率の格差が縮まりつつあることが確認できる。しかし10代後半の若い世代でも，下位20％に属する階層では識字率が61.8％にとどまり，他の資産階層との有意な格差が存在し続けていることがわかる。数字は省略するが，下位20％の世帯のみを対象に，年齢層別の就学水準を推定すると，若い世代ほど初等教育，中等教育を受けた人の割合がこの階層でも増加しているものの，未就学者の割合は依然として高く，とりわけ女性の就学状況の遅れが目立っている。資金の制約が厳しい貧困世帯にとって，近年の経済機会の拡大を上手くとらえるために男児に優先的に教育を受けさせ，女児の優先順位が低く置かれている状況がデータから推測できるのである。

最後に，様々な社会階層間に識字率の格差が見い出せるかどうかを検討しておこう（**表1-9**）。まず男女間の差異は統計的に有意であり，同様に農村部と都市部の間にも，有意な統計的差異があることが確認できる。女性であり，また農村部に居住することは，識字率の低さの点で明確な区分基準となっている。宗教間格差では，ヒンドゥー教徒よりもイスラム教徒の方が有意に低い識字率となっている。一方で，ケーララ州に集中しているキリスト教徒やパンジャーブ州に集中しているシク教徒は，ヒンドゥー教徒やイスラム教徒よりも識字率が高い集団となっており，明確な宗教間格差が存在する。社会階層に関しても，指定カースト（SC），指定部族（ST），その他後進諸階級（OBC）に属する人々

表1-9　グループ別識字率と乳児死亡率

グループ	15歳～59歳の識字率 (2005～06年)，% 平均値（95%信頼区間）	乳児死亡率 (2004～05年)，‰ 平均値（95%信頼区間）
性　別		
男　性	78.8 (78.1, 79.4)	55.1 (49.3, 60.9)
女　性	55.6 (54.6, 56.5)	47.2 (41.6, 52.8)
地　域		
農村部	59.1 (58.3, 60.0)	56.3 (51.1, 61.5)
都市部	81.9 (80.8, 82.9)	36.6 (30.8, 42.5)
宗　教		
ヒンドゥー教	67.1 (66.3, 68.0)	53.6 (48.8, 58.4)
イスラム教	60.6 (58.4, 62.7)	44.0 (33.6, 54.4)
キリスト教	80.3 (78.1, 82.5)	39.7 (19.8, 59.6)
シク教	76.8 (73.6, 80.1)	44.8 (20.5, 69.1)
その他	74.1 (70.2, 78.0)	37.2 (12.9, 61.6)
社会階層		
指定カースト（SC）	58.0 (56.8, 59.3)	57.0 (47.6, 66.4)
指定部族（ST）	47.4 (45.4, 49.4)	56.5 (44.1, 68.9)
その他後進諸階級（OBC）	64.7 (63.6, 65.7)	53.8 (47.1, 60.5)
上記3カテゴリー以外	80.1 (79.0, 81.2)	41.9 (33.9, 49.9)

出所：表1-7と同じ。

は，それら以外の人々に比べて有意に識字率が低くなっている。さらにはSC，ST，OBCの各集団の間にも有意な格差が存在し，識字率が低い順にST，SC，OBCとなっている。貧困指標を用いた場合と異なり，STがSCよりも低い識字率を示しているが，これは居住環境の違いが教育施設など公共サービスの供給に違いをもたらしている結果として解釈できる。以上のように識字率の点からみても，様々な集団間格差が厳然と存在しているのである。

（2）　乳幼児の健康・栄養状態

　乳児死亡率については，全国平均の推移（図1-3）から，平均的には低下してきたことを示した。しかしまだ死亡率の高い特定の地域や集団が存在している。このことを示すのが，前掲の表1-9のグループ別乳児死亡率である。
　まず性別の違いからみると，男児の乳児死亡率は女児よりも高い値になっている。これは生物学的特質からくる違いであり，世界のどの地域でもみられる状況である。しかし95%信頼区間を比較すると，統計的に有意な差異でないことがわかる。一方，農村部と都市部の間には統計的に有意な格差が存在し，農

第Ⅰ部 マクロ経済からみたインド経済

表1-10 幼児の健康・栄養状態（2005～06年）

（単位：％）

	健康・栄養状態に問題のある幼児の比率		
	発育不全児	消耗児	低体重児
性　別			
男　児	50.5	18.2	42.2
女　児	51.4	15.9	43.7
母親の教育水準			
就学なし	60.1	19.6	51.9
初等教育	51.4	17.4	43.1
中等教育	41.1	13.9	32.9
高等教育	21.1	11.4	16.1
資産階層			
下位20％以下	62.5	21.7	56.4
下位20-40％	57.5	18.8	48.9
中位20％	52.3	16.3	42.4
上位20-40％	44.1	14.1	34.9
上位20％以上	26.9	11.3	20.4

注：1歳から5歳までの幼児を対象にした。
出所：表1-7と同じ。

村部の状況が圧倒的に悪くなっている。宗教間でみると，乳児死亡率の数値自体は大きく異なるが，明確な統計的差異は確認できなかった。社会階層間では，SC，ST，OBCの各階層の乳児死亡率がその他の階層よりも高くなっている。どのグループにも属さない階層との統計的差異は，5％水準では有意ではないが，10％水準ではSCが有意に高いという結果が得られた。

　通常，1歳前後から離乳が始まるため，それ以降の幼児期の健康状態は摂取できる栄養水準や水などの衛生環境によって大きく左右されるようになる。**表1-10**は，1歳から5歳までの幼児の健康・栄養状態をまとめたものである。代表的な指標として用いられるのは，年齢に応じた身長（height for age），身長に応じた体重（weight for height），および年齢に応じた体重（weight for age）の3つの指標である。国際的なデータに基づいてWHOにより作成されたそれぞれの指標の分布を判断基準として，平均よりも標準偏差の2倍以上小さい指標を示している幼児を，それぞれ発育不全児（stunting），消耗児（wasting），低体重児（underweight）と呼ぶ。発育不全児は，生まれて以降の長期にわたる栄養状態の慢性的な悪さを示す指標であり，直近の状況にあまり左右されない。一方，消耗児は直近の短期的な栄養状態の悪さを示す指標である。低体重児は，

短期的な栄養不良と慢性的な栄養不良の両方を反映した，より包括的な指標である。
(16)

　国際的にみると，これら幼児の健康・栄養状態を示す指標は，インドを含む南アジア諸国において極端に悪く，平均所得が同じく低いサブサハラ・アフリカよりも劣ることが知られている。表1-10に示すように，長期の慢性的栄養不良を示す発育不全児の割合は，男児で50.5％，女児で51.4％と半数以上の高い割合を示しており，総合的指標である低体重児の割合は男女とも4割以上と高くなっている。発育不全児，低体重児のどちらの割合でも，女児に占める割合が男児に占める割合よりもわずかに高くなっているが，統計的に有意な差ではない。一方，短期的な栄養状態の悪化を示す消耗児の割合は，男児18.2％，女児15.9％で男児の方が高い割合を示しているが，これは男女の生物学的な適応能力の差異を反映していると考えることができる。

　幼児の健康・栄養状態に関して特徴的なのは，母親の教育水準が高まることで子供の健康・栄養状態も改善する傾向があることである。中等教育を受けた母親の子供が発育不全児，低体重児になる割合は，それぞれ平均よりも10％ほど少なくなっていることが確認できる。また資産階層別の集計結果をみると，下位4割の世帯で平均よりも栄養不良になるリスクが高まることがわかる。表には明示していないが，これらの違いは5％水準で統計的にも有意である。資産水準が低く，母親の教育水準も低い世帯に生まれた子供は，栄養不良になる高いリスクを抱えているといえる。

（3）　人間開発の州間格差

　最後に，人間開発の観点から州間格差を検討しよう。**表1-11**は，表1-2と同じ主要州を対象に，4つの指標を示している。これまでもみてきた識字率と乳児死亡率に加えて，男女格差の深刻さを最も明白に示す指標として知られる男女の人口比率（Sen 2003）と，健康状態を左右する重要な公共財である安全な水へのアクセスのある世帯の割合を用いる。

　まず女性・男性比率だが，通常，同じ程度の栄養水準や医療・衛生状態のもとでは女性の方が男性よりも長生きするため，先進国ではどの国でも女性人口が男性人口を上回っている。逆に，女性・男性比率が1を下回っている状態は，女性が不利益な扱いを受けていることの証左となる。2001年のセンサスによれ

表1-11 州別社会指標

	女性・男性人口比率 2001年	識字率 (%) 2001年	乳児死亡率 (‰) 2006年	安全な水へのアクセス(%) 農村部 2001年	安全な水へのアクセス(%) 都市部 2001年
アーンドラ・プラデーシュ	0.978	60.47	56	76.9	90.2
アッサム	0.935	63.25	67	56.8	70.4
ビハール	0.919	47.00	60	86.1	91.2
チャッティースガル	0.989	64.66	61	66.2	88.8
グジャラート	0.920	69.14	53	76.9	95.4
ハリヤーナー	0.861	67.91	57	81.1	97.3
ヒマーチャル・プラデーシュ	0.968	76.48	50	87.5	97.0
ジャンムー・カシュミール	0.892	55.52	52	54.9	95.7
ジャールカンド	0.941	53.56	49	35.5	68.2
カルナータカ	0.965	66.64	48	80.5	92.1
ケーララ	1.058	90.86	15	16.9	42.8
マディヤ・プラデーシュ	0.919	63.74	74	61.5	88.6
マハーラーシュトラ	0.922	76.88	35	68.4	95.4
オリッサ	0.972	63.08	73	62.9	72.3
パンジャーブ	0.876	69.65	44	96.9	98.9
ラージャスターン	0.921	60.41	67	60.4	93.5
タミル・ナードゥ	0.987	73.45	37	85.3	85.9
ウッタル・プラデーシュ	0.898	56.27	71	85.5	97.2
ウッタラカンド	0.962	71.62	43	83.0	97.8
西ベンガル	0.934	68.64	38	87.0	92.3
デリー	0.821	81.67	37	90.1	97.7
全インド	0.933	64.84	57	73.2	90.0

出所:図1-1と同じ。

ばインドの女性・男性比率は0.933であり,過去数十年間にほとんど変化がみられない。表1-11で州別の女性・男性比率をみると,先進国同様の1を上回る比率を示すケーララ州の1.058から,デリーの0.821まで大きな隔たりがある。デリーは他の州からの流入が大きく男女比率を左右していると考えられるが,その周辺のハリヤーナー州(0.861)やパンジャーブ州(0.876)などの豊かな農業州でも0.9を大きく下回る値となっている。概して北部では女性・男性比率が低く,南部では高いという地域的特徴がみられ,所得水準が低いことと男女格差との相関が低いことがわかる。

次に,州別の識字率と乳児死亡率では,ケーララ州の値が突出してすぐれており,他州との格差は明白である。所得水準の高いマハーラーシュトラ州やデリーの他にこれらの指標のすぐれている地域としては,ケーララ州に隣接する

南部のタミル・ナードゥ州，識字率に関しては北部のヒマーチャル・プラデーシュ州やウッタラカンド州，乳児死亡率の点では東部の西ベンガル州など様々な地域にすぐれた州があることがわかる。一方でこれらの指標が劣っている地域は，ビハール州，ジャールカンド州，オリッサ州などの東部から，マディヤ・プラデーシュ州，ウッタル・プラデーシュ州，チャッティースガル州などの中部・北部，そして西部のラージャスターン州へと，インド全体の中央より北寄りを東西に横切る地域が並ぶ。これらの地域は表1−3でみた実質消費額の低い地域とほぼ重なっている。つまり，教育や健康面での指標が劣っている地域は実質消費額の低い地域となっているが，その逆は必ずしも成り立たない。したがって，実質消費額の上昇が自動的に教育・健康面での指標を改善させるわけではないことが示唆される。

　最後に，安全な水へのアクセスのある世帯の割合を農村部・都市部ごとにみると，全インドでの普及率の差は大きく，17％ポイント弱にも達する。州別の違いをみると，都市部では北部，中部，西部の比較的豊かな州で普及率が高く，農村部では北部のデリーやパンジャーブ州，ハリヤーナー州など豊かな農業州と東部の西ベンガル州，ビハール州，北部のウッタル・プラデーシュ州などで普及率が高くなっている。乳児死亡率との相関はあまり高くないようである。

　Banerjee and Somanathan（2007）は，県レベルのセンサス・データを用いて，学校や診療所など公共財へのアクセスの地域差が1970年代後半から改善したことを示している。ここでは安全な水へのアクセスに関して，州別の改善状況を確認しておこう。表は省略するが，表1−11と同じ出所から1981年のデータも得られるため，1981年から2001年にかけての変化を単純平均と変動係数から検討することができる。両年のデータが得られる17州に関する単純平均を比べると，この20年間に農村部では31.4％から74.0％へ，都市部では75.7％から89.6％へと普及率が上昇した。同様に変動係数を計算すると，農村部では69％から26％へ，都市部では20％から15％へと減少してきた。つまり安全な水へのアクセスに関して，平均的に改善するとともに，州間での格差も縮小してきたことが確認できる。同様の計算を19州に関する識字率についても行った結果，単純平均で識字率が43.7％から66.4％まで改善し，変動係数も31％から15％まで減少したことがわかった。つまり教育や健康に関しては，公共財へのアクセスの面でも成果の指標面でも収斂が観察されるのである。消費や所得において

州間の収斂 (convergence) が見い出せず,また貧困削減の程度でも格差が広がりつつある状況とは対照的である。

5 今後の課題と展望

　本章では,経済成長と不平等,貧困削減の3つの間の関係に焦点をあて,インド経済の空間的・階層的特徴を,ミクロデータを活用して描写してきた。所得や消費水準が低いことで定義される所得貧困の観点からは,貧困者比率が農村部において都市部よりも高いが,都市部の方が極端な貧困者が多いために貧困ギャップ指数では農村部よりも深刻な値となること,州間の格差が大きく,かつ近年それが拡大する傾向があること,指定カーストや指定部族など社会的に差別を受けてきた階層およびイスラム教徒の貧困が深刻であることなどが判明した。

　貧困の別の側面として,健康・教育に関連した人間開発の諸指標にも本章は焦点をあてた。分析結果からは,男女間格差が顕著に存在していること,社会階層間格差が大きく,所得貧困とほぼ同じ対比を示していること,州間格差も大きいが,そのパターンは所得貧困のパターンとは一致せず,公共財へのアクセスといった要因による違いを反映しており,州間の収斂もみられることなどが判明した。

　近年のインド経済における経済成長率の上昇は,とくに所得・消費面での不平等の増大を伴っているため,今後,トリックルダウンにより自動的に貧困削減が実現するには時間がかかることが懸念される。とりわけ人間開発は,経済成長によって自動的に実現されるものではない。所得不平等の拡張と緩慢な貧困削減が,近年の経済政策への国民の不満を高め,政治的不安要因となる可能性すら否定できない。本章の検討で明らかになったのは,所得貧困と人間開発の両面で,顕著に遅れている地域・集団が厳然と存在し続けていることである。しかも2つの側面は密接に関連し,貧困の罠を形成している。だが貧困層に直接ターゲットを当てた貧困削減政策は,これまでのインドでは十分に機能してこなかった。これまで以上に効果的な貧困削減政策が求められているのである。

第1章　経済成長と貧困問題

●注
(1) 本章で詳しくカバーできない1970年代までの経済成長と貧困削減については，黒崎・山崎（2002）を参照。
(2) 経済政策や貧困削減政策の詳細についてはBasu（2007）を参照。
(3) 中国とインドの経済成長パターンを成長会計分析によって比較すると，サービス業主導成長というインドの特徴がより明らかになる（Bosworth and Collins 2008）。
(4) 標本数の多いNSSデータのみを用い，直近の2004/05年度データと比較可能な年次についてプロットした。2004/05年度NSSの家計調査ミクロデータには，約12万5000の標本家計が含まれ，個人数では約61万人をカバーする。
(5) 労働規制の効果が逆であるように感じる読者もいるかもしれないが，労働規制が労働者に有利であればあるほど，保護されるのは組織部門にすでに雇用された労働者のみであり，全体の労働需要が減少するため，貧困層にはむしろマイナスになることが多いのである。
(6) 推定方法は最小2乗法，検定にはheteroskedasticity-consistent standard errorを用いた。
(7) これらの地域を選択した別の理由は，都市・農村部・州別に政府の公式貧困線が消費者物価指数を用いて正確に算定されているのが，これらの地域であることである。以下みるように，本章では公式貧困線を用いてMPCEを実質化する。
(8) ジニ係数の他に，一般化エントロピー指標や上位10％と下位10％の消費水準の比率といった不平等指標を用いても，州内不平等の州間順位はまったく同じ結果となる。詳しくはKurosaki（2011）参照。
(9) 代表的貧困指標それぞれの特性と解釈の際の留意点については，山崎（1998），黒崎（2009）を参照。
(10) 貧困の深刻さ（貧困層内部の不平等の深刻さ）を反映する貧困指標である2乗貧困ギャップ指数を用いると，都市部の貧困の方が農村部よりも深刻との結果がさらに強まる。
(11) 詳しくはKurosaki（2011）を参照。一般化エントロピー指標（パラメータ0）を不平等指標に用いた要因分解結果である。
(12) Demographic and Health Surveysの一環として実施されており，以下のホームページで公表されている個票データおよびサンプリング・ウエイトを用いた

（http://www.measuredhs.com/〔2009年12月22日アクセス〕）。この調査はインド全国を対象としており，2005年11月から2006年5月に12州，2006年4月から8月に残りの17州の調査が実施された。15歳から49歳までの女性約12万人と15歳から54歳までの男性約7万人にインタビューが行われ，家族や出生，健康状態などに関する詳細な情報や検査結果が含まれている。GOI（2007）も参照。

(13) 男性，女性とも図1-2のデータより大幅に高い識字率となっているが，これは1950年代の平均寿命が40歳代前半であったことを考慮して解釈する必要がある。つまり平均寿命よりも長生きをしている人しか調査対象にならないため，サンプル・セレクション・バイアスが生じている結果である。長生きをしている人は，栄養・健康状態が平均よりも優れている人が多いため，親の教育費用の負担能力も高く，学習能力も高かったと推測できる。

(14) GOI, Planning Commission, *Data for use of Deputy Chairman, Planning Commission*, 11th January 2010, (http://planningcommission.gov.in〔2010年2月18日アクセス〕), p.97.

(15) 人口の数％に過ぎないキリスト教徒やシク教徒に関してはサンプル数が少ないため，推定誤差が大きくなってしまうことも，統計的に有意な差がみられない1つの要因となっている。

(16) これらの指標の意味については，Deaton and Dréze（2009）およびGOI（2007），Chap.10を参照。

● 参考文献

伊藤正二・絵所秀紀（1995）『立ち上がるインド経済――新たな経済パワーの台頭』日本経済新聞社。

内川秀二編（2006）『躍動するインド経済――光と陰』アジア経済研究所。

黒崎卓・山崎幸治（2002）「南アジアの貧困問題と農村世帯経済」絵所秀紀編『現代南アジア2　経済自由化のゆくえ』東京大学出版会。

黒崎卓（2009）『貧困と脆弱性の経済分析』勁草書房。

黒崎卓（2010）「インド，パキスタン，バングラデシュにおける長期農業成長」『経済研究』第61巻第2号。

首藤久人（2006）「公的分配システムをめぐる穀物市場の課題」内川秀二編『躍動するインド経済――光と陰』アジア経済研究所。

須田敏彦（2006）「食料需給の供給と課題」『インド農村金融論』日本評論社。

辻田祐子（2006）「貧困プログラムの現状と課題」内川秀二編『躍動するインド経済――光と陰』アジア経済研究所。

山崎幸治（1998）「貧困の計測と貧困解消政策」絵所秀紀・山崎幸治編『開発と貧困

――貧困の経済分析に向けて』アジア経済研究所。
Banerjee, A.V., Gertler, P.J. and Ghatak, M. (2002), "Empowerment and Efficiency: Tenancy Reform in West Bengal," *Journal of Political Economy*, Vol.110, No.2.
Banerjee, A.V. and Somanathan, R. (2007), "The Political Economy of Public Goods: Some Evidence from India," *Journal of Development Economics*, Vol.82, No.2.
Basu, Kaushik ed., (2007), *The Oxford Companion to Economics in India*, New Delhi: Oxford University Press.
Besley, T., Burgess, R. and Esteve-Volart, B. (2007), "The Policy Origins of Poverty and Growth in India," T. Besley and L. Cord, eds., *Delivering on the Promise of Pro-Poor Growth: Insights and Lessons from Country Experiences*, Washington DC: World Bank.
Bosworth, B. and Collins, S.M. (2008), "Accounting for Growth: Comparing China and India," *Journal of Economic Perspectives*, Vol.22, No.1.
Chattopadhyay, R. and Duflo, E. (2004), "Women as Policymakers: Evidence from a Randomized Policy Experiment in India," *Econometrica*, Vol.72, No.5.
Deaton, A. and Drèze, J. (2002), "Poverty and Inequality in India: a Reexamination," *Economic and Political Weekly*, September 7.
Deaton, A. and Drèze, J. (2009), "Food and Nutrition in India: Facts and Interpretations," *Economic and Political Weekly*, February 14.
Drèze, J. and Sen, A. K. (1995), *India: Economic Development and Social Opportunity*, Oxford: Oxford University Press.
GOI (Government of India) (2007), *National Family Health Survey (NFHS-3) 2005-06*, Vol.1, New Delhi: Ministry of Health and Family Welfare, GOI.
Kurosaki, T. (2011), "Economic Inequality in South Asia," R. Jha, ed., *Routledge Handbook of South Asian Economics*, Oxon UK: Routledge.
Sen, A.K. (2003), "Missing Women Revisited," *British Medical Journal*, No.327.
Topalova, P. (2008), "India: Is the Rising Tide Lifting All Boats?," IMF Working Paper, No. 08/54.

(黒崎　卓・山崎幸治)

第 2 章
財政政策と財政制度

　インド経済の急速な成長が世界の注目を集める一方，財政赤字問題と，その結果としてのインフラストラクチャーの不足が，今後の持続的成長の阻害要因としてしばしば指摘されている。財政赤字の背景としては，中央からの財源移転に州が大きく依存する財政制度がもたらす歪みや，政治的流動化に伴う補助金の増大などを指摘することができる。財政改革はかねてより最優先の政策課題とされており，近年になってようやく軌道にのり始めていたが，2008年に発生したリーマンショックに伴う世界経済の減速により，一時中断を余儀なくされている。できるだけ早い段階での財政再建路線への復帰と歳出見直しの推進が求められている。

1　インドの経済発展と財政

　一般的な財政の役割として，公共財の供給や所得の再分配，財政政策による経済の安定化を挙げることができる。あるいはインドのような発展途上国においては，経済発展を促進するために，貯蓄・投資の推奨，技術移転の促進，インフラストラクチャーの整備，さらに貧困撲滅政策の実施なども期待されるかもしれない。前章で確認したように，インドの経済発展はここ数年においてとくに目覚ましく，貧困や格差の問題に関しても大きな前進がみられるが，そうしたプロセスにおいて財政もまた一定の役割を果たしてきたといえる。
　しかしながら1980年代にインドの財政赤字は急速に拡大し，1990年には国際収支危機の原因となった。加えて，債務の累積とともに増大する利払い負担は財政政策の機動性を奪い，成長に不可欠なインフラストラクチャーの整備に悪影響をもたらしてきたと考えられている。したがって財政赤字の解消は，最優先の政策課題として繰り返し指摘されるところとなり，2004年に紆余曲折の末，

「財政責任・予算管理法」が施行されると，ようやく財政再建に進展がみられることとなった。しかしながらそうした改革も，2008年秋に発生したリーマンショックに始まる世界的な景気後退により，一時凍結を余儀なくされている。減速する経済を支えるうえで，減税や財政支出の拡大による需要喚起は必要であるものの，2010年現在，公的部門の債務はGDPの約82％と，発展途上国としては異例の大きさに達していることを考えるとき，景気回復後の財政再建路線への復帰に向けた議論が，今後いっそう重要になることは間違いないだろう。

　本章ではこうした問題意識に基づきながら，まずインドの財政制度と，財政の長期的な傾向を概観し，そのうえで財政赤字の背景について制度・政治的な側面から解説する。インド財政が抱える問題点を検討することで，インド経済を理解するうえで重要ないくつかの視点を提供したい。

2　インド財政の基本知識

(1)　財政連邦制度

　多くの言語，宗教，民族を擁する国家として知られるインドは，中央政府と，言語を基準に成立した28州，そして首都デリーをはじめとする6つの連邦直轄地域によって構成される連邦制国家である。したがってインドの財政運営の舵をとるのは連邦を構成する中央政府と州政府であり，両者の権限と責任については，インド共和国憲法（第246条第7附則）に定められている。まず行政上の権限について大きく整理すると，中央政府が国防や外交をはじめ，通貨の発行，鉄道の敷設など，州境をまたいだ国家レベルの事項を管轄し，州政府は，公共秩序の維持，農業，灌漑，公衆衛生，そして1993年の憲法改正により，県・郡・ブロック・村の各レベルに設けられた地方自治組織（パンチャーヤット）など，地域的特性のある事項を管轄している。加えて，人口政策や教育，電力など経済開発を進めるうえで重要な分野については，中央・州政府がともに責任を負う共同専管事項となっている。公共サービスの財源を確保するうえで重要な，課税の権限に関しては，中央政府は法人税，所得税，関税，消費税など幅広く，豊富な税源を有する一方，州政府の税基盤は相対的に小さく，消費税，サービス税など間接税を主要な税源とするにとどまっている。州付加価値税の導入など州の財源強化に向けた改革が進められてはいるが，依然中央に比して

第Ⅰ部　マクロ経済からみたインド経済

表 2-1　中央政府の歳入・歳出（2008年度予算）

		額面(億ルピー)	対GDP比(%)
Ⅰ	総歳出（資本・経常勘定含む）	74,684	14.0
A	非開発支出	40,531	7.6
	うち利子支払	19,081	3.6
	うち国防	10,560	2.0
B	開発支出	30,336	5.7
	1　社会・コミュニティサービス	8,302	1.6
	2　一般経済サービス	2,227	0.4
	3　農業・関連サービス	5,615	1.1
	4　鉱工業	1,293	0.2
	5　肥料補助金	2,014	0.4
	6　電力・灌漑・治水	913	0.2
	7　運輸	3,785	0.7
	8　公的職務	182	0.0
	9　州・連邦直轄地への補助金	6,005	1.1
C	州・連邦直轄地への法定補助金	3,442	0.6
D	貸付金	374	0.1
Ⅱ	経常勘定歳入	60,339	11.3
A	税収（財源移転後：1＋2－3）	50,715	9.5
	1　直接税	35,545	6.7
	うち法人税	22,636	4.3
	うち所得税	12,877	2.4
	2　間接税	33,226	6.2
	うち関税	11,893	2.2
	うち連邦消費税	13,787	2.6
	うちサービス税	6,446	1.2
	3　州のシェア	18,057	3.4
B	税外収入	9,624	1.8
Ⅲ	ⅠとⅡのギャップ	14,345	2.7
Ⅳ	ギャップの補塡（1＋2＋3）	14,345	2.7
	1　国内借入	11,281	2.1
	2　対外借入	1,099	0.2
	3　予算赤字	1,965	0.4

注：中央政府とデリー，ポンディシェリーを除く連邦直轄地域を含む。
出所：インド財務省（2009）*Indian Public Finance Statistics 2008-09* より筆者作成。

州は自主財源に乏しく，その構造からインドの財政制度の特徴として，垂直的な財政不均衡が指摘されている。

　こうした垂直的不均衡と，州の間で存在する財源の格差すなわち水平的不均衡は，中央から州への財源移転制度によって，ある程度まで補正がなされる。「財政委員会（Finance Commission）」は，不均衡を調整するべく財源の移転を

表2-2　州政府の歳入・歳出　（2008年度予算）

	額面(億ルピー)	対GDP比（%）
Ⅰ　総歳出（資本・経常勘定含む）	85,587	16.1
A　非開発支出	32,410	6.1
うち利子支払	11,096	2.1
B　開発支出	51,152	9.6
1　社会・コミュニティサービス	26,997	5.1
2　一般経済サービス	1,119	0.2
3　農業・関連サービス	6,738	1.3
4　鉱工業	996	0.2
5　電力・灌漑・治水	9,569	1.8
6　運輸	4,831	0.9
7　公的職務	902	0.2
C　貸付金	1,488	0.3
D　積立金	536	0.1
Ⅱ　経常勘定歳入	71,873	13.5
A　税収（財源移転後）	52,553	9.9
1　直接税	9,465	1.8
2　間接税	43,088	8.1
B　税外収入	4,772	0.9
C　中央からの補助金	14,547	2.7
D　積立金からの繰り入れ	440	0.1
Ⅲ　ⅠとⅡのギャップ	13,178	2.5
Ⅳ　ギャップの補填（1＋2）	13,178	2.5
1　国内借入	12,658	2.4
2　予算赤字	520	0.1

注：28州とデリー，ポンディシェリーを含む。
出所：表2-1と同じ。

行う機関として5年ごとに組織され，同時に歳出や税制，中央・州間の財政関係など財政政策・制度の改善に向けた提言を行う。財政委員会による財源の移転は，分与税と中央政府補助金とがあり，前者は各州の人口，1人当たり所得，面積，インフラの充実度，財政規律，徴税への努力などを考慮しながら，中央政府が徴収した税収より定率で州に配分され，後者は分与税を得てもなお各州で残る財源の不足を補填すべく交付されるものである。また「計画委員会（Planning Commission）」は中長期的な開発計画である「五カ年計画」の策定を行う機関であり，計画されたプロジェクトを実施すべく，分与税同様に決められた基準に従いながら，中央から州への財源の移転を行う。その他，移転のチャンネルとして，中央政府事業（Central Sector Scheme）と中央政府補助事

業（Central Sponsored Scheme）に対する資金的な補助との形での，中央政府省庁による裁量的移転がある。[(1)]

以上の知識を踏まえながら，歳入・歳出の内訳を確認しておきたい。**表2-1，表2-2**は2008年度予算における中央政府，州政府の歳入と歳出の概要を示すものであるが，まず両政府の総歳出から，対GDP比で州政府は16.1%と中央政府の14%を上回る規模を有しており，財政運営上，中央のみならず州が重要な役割を有していることを確認できる。また，とくに目を引くのは，利払いのシェアの大きさである。それは中央政府でGDP比の3.6%，州政府で2.1%の大きさにのぼっており，総歳出の約25%・13%をそれぞれ占めるなど，大きな負担となっていることがわかる。その他の歳出についてみると，経済開発や社会開発に向けた支出である開発支出の比率が，GDP比で中央政府が5.7%，州政府が9.6%となっていること，とくに州政府の社会・コミュニティサービス分野への支出が5.1%と大きいことがわかる。こうした歳出の内訳からも，中央・州政府がそれぞれ分担する役割を窺うことができるだろう。

一方，税収についてみると，中央では法人税がGDP比で4.3%と税収源として最も大きく，2.6%の連邦消費税，2.4%の所得税がそれに続いている。また中央政府は直接税・間接税併せて12.9%の税収があるが，そのうち4分の1が分与税として州に移転されている。見方を変えると州政府は，補助金と併せ，財源の多くを中央からの移転に依存していることがわかる。加えて，総歳出と経常勘定歳入のギャップが，中央ではGDP比で2.7%に，州では2.5%にのぼっており，内外からの借入に大きく依存した財政運営を行っていることを確認できるだろう。すなわち歳入面における借入への依存が，歳出面における大きな利払いの負担に直結しているといえるだろう。

（2） 税収入と歳出の長期的傾向

さてここで，中央・州財政の長期統計に基づきながら，独立以降の歳出入の傾向を概観しておきたい。**図2-1，図2-2**は，中央・州政府による総歳出の対GDP比率を，その内訳である資本・経常勘定支出とともに示したものである。まず図2-1より，中央政府の総歳出が1980年代中盤まで基本的には上昇を続けた後，1990年代初頭から低下傾向にあることがわかる。加えて歳出の各内訳と折れ線で示された資本勘定支出のシェアの推移から，経常勘定支出につ

第2章 財政政策と財政制度

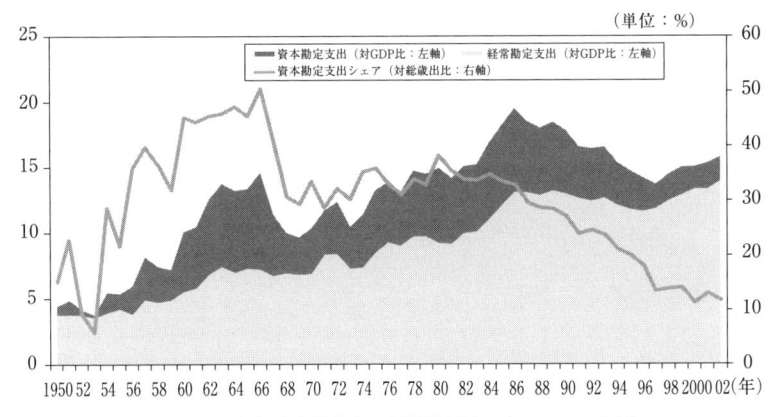

図2-1 中央政府総歳出の長期的傾向（1950～2002年）

出所：Srivastava（2005）より筆者作成。

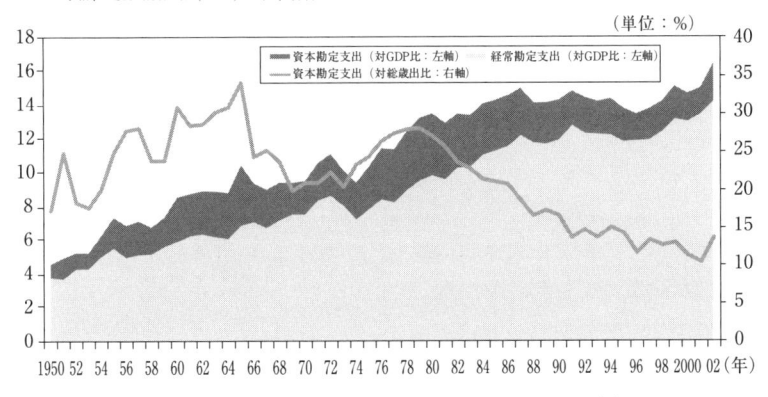

図2-2 州政府総歳出の長期的傾向（1950～2002年）

出所：図2-1と同じ。

いては基本的に増加傾向，資本勘定支出は1960年代中盤をピークに，低下傾向にあることを確認できる。また図2-2から州の総歳出についても中央政府同様に，1990年代初頭に若干の低下傾向がみられるが，1990年代末に主に経常勘定支出の増加による再上昇の兆しがみられること，資本勘定支出のシェアは，1960年代中盤がやはりピークとなっていることをそれぞれ指摘できる。

続いて**図2-3**，**図2-4**は，中央・州政府間で財源移転を行う前の，それぞれの税収の対GDP比率を，その内訳である間接税・直接税収入とともに示したものである。まず図2-3より，中央政府の税収について検討してみると，

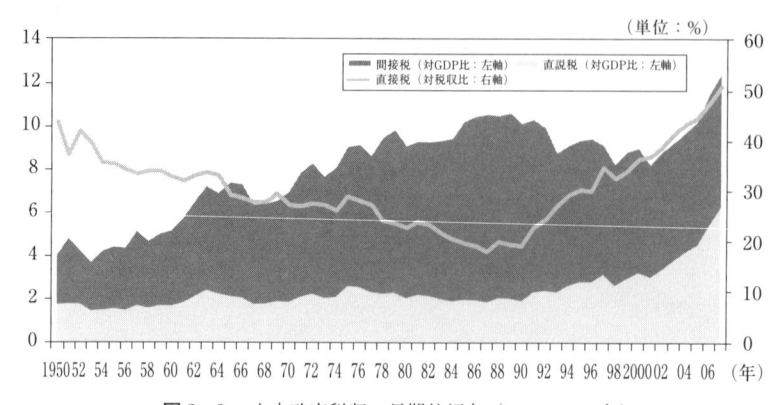

第Ⅰ部　マクロ経済からみたインド経済

図2-3　中央政府税収の長期的傾向（1950～2007年）

出所：表2-1と同じ。

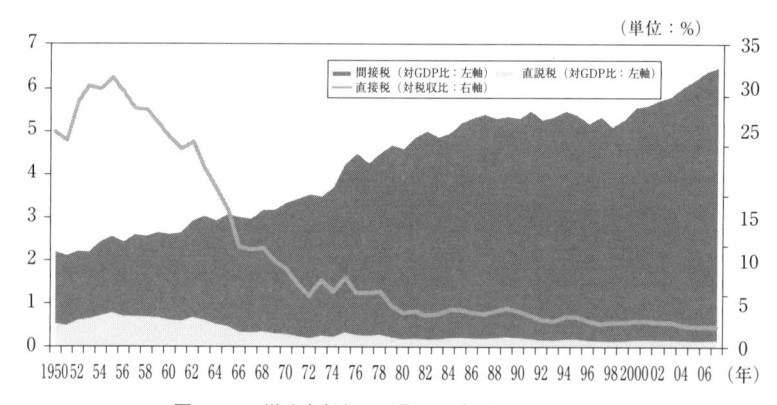

図2-4　州政府税収の長期的傾向（1950～2007年）

出所：表2-1と同じ。

1980年代中盤までは，GDPに占めるシェアは上昇を続けているが，1990年代に入ると，低下傾向がみられ，21世紀に入り再び上昇していることがわかる。また，税収の内訳についてみると，1990年代末までは基本的に間接税のウェイトが大きいものの，21世紀に入り直接税収入が増加し，近年になって直接税と間接税のシェアがほぼ同等となったことがわかる。一方，**図2-4**より，州の税収について1990年代に若干の落ち込みがみられるが，それは中央ほど顕著ではないこと，今世紀に入り増加傾向にあることがわかる。また一見して明らかなように，直接税のシェアはきわめてゼロに近い状況が長年にわたり続いていることがわかる。州政府は憲法の規定上，農業所得に課税する権限を与えられ

第2章　財政政策と財政制度

(単位：％)

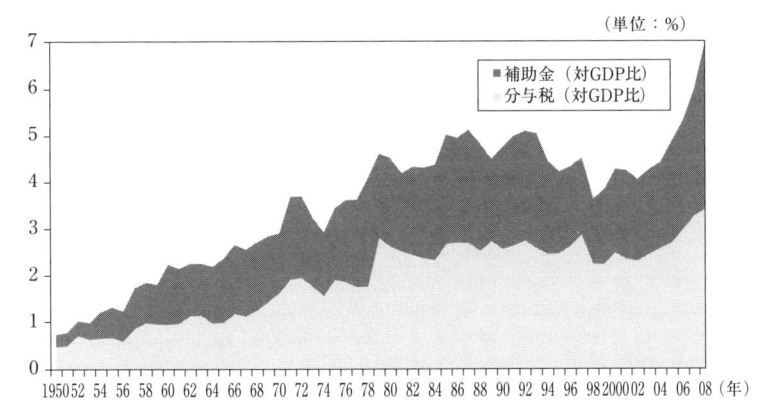

■補助金（対GDP比）
□分与税（対GDP比）

図2-5　中央から州への財源移転の推移（1950～2008年）

出所：Srivastava and Rao 2009, インド財務省（2009）*Indian Public Finance Statistics 2008-2009*より筆者作成。

てはいるものの，農業部門に関しては実質的にほぼ無税の状況であることがわかる。

　以上に確認した財政の傾向は，時の政権の方針や，公務員給与引き上げなどの制度上の変化，戦争や干ばつなど，様々な要因が影響した結果といえるが，ここでは長期的にみてとくに重要と考えられる要因を2つほど指摘しておきたい。第一に挙げられるのは，財政赤字問題との関連である。そもそも財政赤字は歳入を超えた歳出に起因するが，債務累積に伴う利払いの増加は，経常勘定支出の拡大を意味すると同時に，資本勘定支出を圧迫する。図2-1，図2-2に確認した，1980年代以降の，経常・資本勘定支出の上昇・低下傾向は，同時期より財政赤字問題が深刻化したことと表裏の関係にある。財政赤字がもたらす諸問題と財政改革については，第3節以降にそれぞれ詳述する。

　第二に，開発政策の影響を指摘しておきたい。すなわち第6章で詳しく論じられるように，独立から1980年代までのインドの開発政策は基本的に国家主導型であった。なかでも1950年代から60年代半ばは，公共投資による重化学工業化が強く推進された時代であるが，中央・州政府に共通してみられる1980年代中盤までの総歳出・税収の対GDP比率の上昇傾向や，1960年代半ばの資本勘定支出シェアの高さは，そうした政策を反映するものといえるだろう。一方，1991年にインドは，IMF・世界銀行の支援のもとで構造調整を開始し，本格的な経済自由化路線へと大きく舵をきるが，その影響についても，歳出や税収に

55

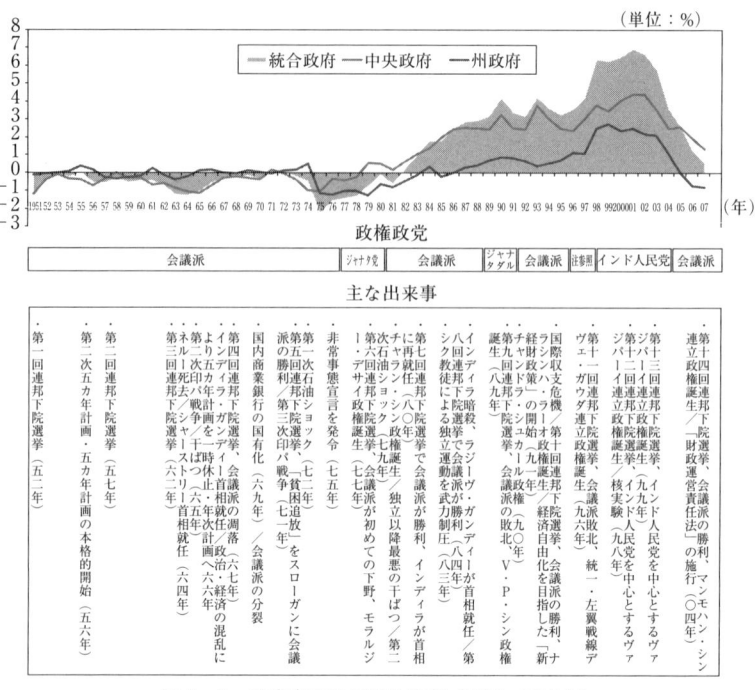

第Ⅰ部　マクロ経済からみたインド経済

図2-6　経常赤字の長期的傾向（1951～2007年）

注：経常赤字はすべて対GDP比率である。
　　首相を輩出した政党をもって政権政党としている。
　　1996年5～6月はインド人民党のA.B.ヴァジパーイ政権，1996年6月～1998年5月まではジャナタ・ダルのデヴェ・ガウダ政権，クマール・グジュラール政権である。
　　分裂以降の「会議派」は，「会議派（インディラ派）」を意味する。
出所：財政データについてはインド財務省(2009) *Indian Public Finance Statistics 2008-2009*，年表については広瀬(2006)を参考に筆者作成。

おける変化にみることができる。例えば図2-1で確認した1990年代前半における，総歳出の対GDP比率の低下傾向は，財政再建が危機後の最優先課題とされたことを反映している。また1990年代にとくに中央政府の税収に減少傾向がみられることを指摘したが，この状況は貿易自由化に伴って関税率が大幅に引き下げられたことに起因している。税基盤の強化と拡大を狙って，脱税の防止やサービス税の導入などの税制改革がなされたが，そうした努力も関税収入の減少をすぐさま補うには至らなかったといえる。

第2章 財政政策と財政制度

表2-3 主要14州への財源移転の概況

	人口(万人)		1人当たり州内総生産(ルピー)		1人当たり自主財源(ルピー)		移転依存率(移転額/総歳出)(%)		中央からの移転額(1000万ルピー)		中央からの1人当たり移転額(ルピー)	
	1981年	2007年	1981年	2007年	1981年	2007年	1981年	2007年	1981年	2007年	1981年	2007年
アーンドラ・プラデーシュ	5,355 (5)	8,155 (6)	1,682 (8)	35,817 (8)	180 (8)	5,268 (7)	27.3 (5)	24.4 (9)	500 (4)	18,285 (4)	93 (8)	2,242 (4)
ビハール	6,991 (2)	12,195 (2)	1,057 (14)	13,355 (14)	71 (14)	1,497 (14)	35.6 (3)	58.2 (1)	666 (2)	29,060 (2)	95 (6)	2,383 (3)
グジャラート	3,409 (10)	5,581 (10)	2,407 (4)	46,175 (4)	249 (4)	5,423 (6)	19.8 (11)	21.5 (11)	310 (11)	9,195 (11)	91 (9)	1,648 (11)
ハリヤーナー	1,292 (14)	2,374 (14)	2,707 (2)	59,639 (1)	332 (1)	7,630 (1)	15.4 (13)	13.7 (14)	107 (14)	3,035 (14)	83 (11)	1,278 (14)
カルナータカ	3,714 (8)	5,691 (9)	1,730 (7)	36,510 (7)	229 (6)	6,040 (4)	22.4 (10)	24.6 (8)	316 (10)	11,806 (10)	85 (11)	2,075 (8)
ケーララ	2,545 (12)	3,354 (12)	1,591 (9)	43,308 (5)	238 (5)	5,086 (8)	22.5 (9)	21.7 (10)	244 (12)	6,229 (12)	96 (5)	1,857 (9)
マディヤ・プラデーシュ	5,218 (6)	9,050 (4)	1,456 (11)	21,381 (12)	158 (9)	3,351 (11)	30.9 (4)	44.1 (3)	518 (3)	22,172 (3)	99 (4)	2,450 (2)
マハーラーシュトラ	6,278 (3)	10,639 (3)	2,707 (3)	47,464 (3)	300 (3)	6,766 (2)	16.2 (12)	18.8 (12)	499 (5)	15,107 (6)	79 (14)	1,420 (13)
オリッサ	2,637 (11)	3,928 (11)	1,458 (10)	26,854 (10)	98 (13)	3,595 (9)	42.1 (1)	54.5 (2)	343 (9)	12,458 (9)	130 (1)	3,172 (1)
パンジャーブ	1,679 (13)	2,639 (13)	3,148 (1)	48,616 (2)	326 (2)	6,541 (3)	13.6 (14)	15.4 (13)	136 (13)	4,084 (13)	81 (13)	1,547 (12)
ラージャスターン	3,426 (9)	6,341 (8)	1,416 (12)	24,239 (11)	142 (10)	3,509 (10)	27.1 (6)	35.6 (5)	369 (8)	13,452 (8)	108 (2)	2,121 (7)
タミル・ナードゥ	4,841 (7)	6,563 (7)	1,792 (6)	40,937 (6)	204 (7)	6,012 (5)	22.7 (7)	26.2 (7)	455 (7)	14,597 (7)	94 (7)	2,224 (5)
ウッタル・プラデーシュ	11,086 (1)	19,612 (1)	1,356 (13)	17,046 (13)	101 (12)	2,338 (12)	38.8 (2)	43.6 (4)	1,143 (1)	42,381 (1)	103 (3)	2,161 (6)
西ベンガル	5,458 (4)	8,613 (5)	1,954 (5)	32,263 (9)	138 (11)	2,257 (13)	25.5 (8)	33.4 (6)	468 (6)	15,568 (5)	86 (10)	1,808 (10)
全州	67,564	11,0871	17,468	30,189	169.7	4,260	27.76	34.6	6,986	260,024	103	2,345

注:額面はすべて名目値である。
括弧内は各年ごとの、14州内での順位を表す。
ビハール、マディヤ・プラデーシュ、ウッタル・プラデーシュの2007年の値については、分離した各州(ジャールカンド、ウッタラカンド、チャッティースガル)を含めて算出している。
2007年の人口は推計値である。
「移転額」は分与税と補助金の和である。
「自主財源」は州の独自財源による歳入を意味する。
全州にはインド全28州を含む。

出所:州内総生産についてはセンサス、財政データについてはインド中央銀行(2004)*Handbook of Statistics on State Government Finances*より筆者作成。

（3） 財源移転の長期的傾向

　財源移転制度は中央・州間の垂直的不均衡と，州間に存在する財源上の格差を補正することで，地域間の公平性を確保することを１つの目的としてなされてきた。その長期的な傾向と成果について，ここで簡単に検討しておきたい。まず図２−５は中央から州への財源移転の対GDP比率を，内訳とともに示したものである。長期的な傾向としては，独立以降，基本的には拡大し続けてきた財源移転が1990年代中盤から末にかけて低下に転じ，近年になって再び上昇していることがわかる。こうした傾向は，中央政府の歳入とそれぞれの時期の財政委員会による提言を反映するものであり，例えば近年の上昇傾向は，高成長による法人税を中心とした中央政府税収の増加と，財政委員会（第12次）が分与税の引き上げを提言したことを反映している。

　続いて表２−３では，水平的な不均衡と財源移転制度の関係を検討するべく，1981年と2007年の各時点における，中央からの財政移転，人口，１人当たり州内総生産などを主要14州間で比較している。まず「移転依存率（移転額／総歳出）」をみると，例えば2007年に14州のなかで最も移転依存率が高いビハール州は歳出の58.2％を中央からの移転によって賄う一方，最も依存率の低いハリヤーナー州のそれは13.7％にとどまるなど，州間で財政力に大きな格差があることがわかる。またこうした財政上の不均衡に関しては，2007年の「一人あたり州内総生産」や「１人当たり自主財源額」をみると，いずれもビハール州が14位，ハリヤーナー州が１位であることからわかるように，各州の経済的な格差を反映している。

　また同じく表２−３からは，州間経済格差が拡大傾向にあることも確認できる。すなわち１人当たり州内総生産でみて，1981年に首位のパンジャーブ州は，最下位のビハール州の約３倍の大きさであったが，2007年には，首位のハリヤーナー州と最下位のビハール州の差は約4.5倍にまで拡大している。したがって州間経済格差の緩和という，財源移転の目的は必ずしも達成されていないといえるだろう。そうした状況の背景を探るべく，1981年に１人当たり州内総生産でみて最下位グループに属する，ビハール州とウッタル・プラデーシュ州の「中央からの移転額」と「中央からの１人当たり移転額」を検討してみると，人口規模の大きさゆえに，移転額では，それぞれ1981年，2007年とも２位，１位ではあるものの，人口１人当たりでみると，1981年値で６位，３位，2007

第2章 財政政策と財政制度

表2-4 主要14州における1人当たり支出

	1人当たり総歳出（ルピー）				1人当たり開発支出（ルピー）			
	1981年		2007年		1981年		2007年	
アーンドラ・プラデーシュ	323	(9)	9,181	(3)	239	(7)	6,272	(2)
ビハール	243	(14)	4,094	(14)	163	(14)	2,729	(13)
グジャラート	403	(4)	7,648	(7)	296	(3)	4,818	(6)
ハリヤーナー	484	(2)	9,300	(2)	367	(1)	6,495	(1)
カルナータカ	352	(8)	8,440	(6)	231	(9)	5,912	(3)
ケーララ	398	(5)	8,556	(4)	268	(5)	3,850	(8)
マディヤ・プラデーシュ	304	(10)	5,557	(11)	204	(11)	3,688	(10)
マハーラーシュトラ	449	(3)	7,542	(8)	288	(4)	4,894	(5)
オリッサ	276	(12)	5,816	(10)	215	(10)	3,354	(11)
パンジャーブ	547	(1)	10,049	(1)	325	(2)	4,501	(7)
ラージャスターン	367	(7)	5,955	(9)	243	(6)	3,793	(9)
タミル・ナードゥ	383	(6)	8,494	(5)	237	(8)	4,943	(4)
ウッタル・プラデーシュ	253	(13)	4,960	(13)	165	(13)	2,996	(12)
西ベンガル	295	(11)	5,416	(12)	191	(12)	2,635	(14)
全　州	373		6,786		266		4,189	

注：額面はすべて名目値である。
　　括弧内は各年ごとの，14州内での順位を表す。
　　ビハール，マディヤ・プラデーシュ，ウッタル・プラデーシュの2007年の値については，分離した各州（ジャールカンド，ウッタラカンド，チャッティースガル）を含めて算出している。
　　いずれも経常・資本勘定歳出の両者を含む。
出所：インド中央銀行（2004）*Handbook of Statistics on State Government Finances*；インド中央銀行（2010）*State Finance: Study of Budget 2009-2010* より筆者作成。

年値で3位，6位となっていることがわかる。すなわち1人当たりの移転額は，貧困州だからといって必ずしも多いわけではないことがわかる。また表2-4では，「1人当たり総歳出」と「1人当たり開発支出」を州間で比較したものであるが，ここからビハール州，ウッタル・プラデーシュ州の支出は1981年，2007年のいずれの時点においても，14州中，最少のグループに入ることがわかる。したがって以上のことから，貧困州になるほど財源に乏しく，その結果として1人当たりの支出も少なくなる傾向にあるといえるだろう。移転後もなお残る財政的な不均衡が，州間経済格差が拡大する1つの背景になっている[2]。

3 財政赤字問題

(1) 財政収支の長期的傾向と背景

独立以降のインドは，1960年代の干ばつや1970年代の石油危機に伴う国際収支の悪化に際して，IMFや世界銀行による融資など，対外借入を行うことはあれ，基本的には均衡主義的な財政運営を行ってきたとされる（Joshi and Little 1994）。しかしながら1980年代に入ると財政赤字問題が顕在化し，以来，赤字削減は最重要課題として繰り返し強調されてきた。図2-6は，そうした財政収支の長期的な傾向を確認すべく，中央・州・統合政府の経常赤字の傾向を，[3]独立以降の主要な出来事とともに示したものである。一見してわかるように，インドの財政運営は1980年代に入り一転し，経常赤字を急拡大させている。とりわけ1990年代末に州財政が急速に悪化し，統合政府の経常赤字もまた2001年には6.9％と，最悪の水準に達している。

財政悪化の原因を考えるとき，まず指摘できるのは，インドの財政連邦制度そのものが抱える問題点が，税収の拡大と歳出の抑制に向けたインセンティブを低下させてきたことである。上述したように，インドの財政制度上，州は中央からの財政移転にその歳入の多くを依存している。こうした構造は，移転する側の中央政府に対しては，たとえ多くの税を集めたとしてもその多くを州へ移転せねばならないことから，徴税へのインセンティブを低下させる一方，受け取り側の州政府に対しては，歳出入のギャップが中央からの移転によって補填されるため，自主財源の充実と歳出の抑制に向けたインセンティブを低下させる，との形で作用することとなった。その結果として，インドで広範にみられる脱税問題の解決や，課税強化による歳入源の確保に向けた努力は十分になされず，財政規律は弛緩し，財政赤字の拡大を招いたと考えられる。

また，1970年代以降に進行した政治的な流動化に伴って，中央・州を問わず，大衆迎合的な財政運営が蔓延したことも，財政赤字の原因となった。植民地時代の独立運動で重要な役割を果たした国民会議派は，独立後インドの中央・地方政界で長きにわたり圧倒的な勢力を有してきたが，1967年に内紛の末に分裂すると，1970年代の政治的・経済的混乱のなかで国民的な支持を失い，1977年には史上初めて非会議派政権の誕生を許すなど，勢力を急速に弱めることと

(単位：％)

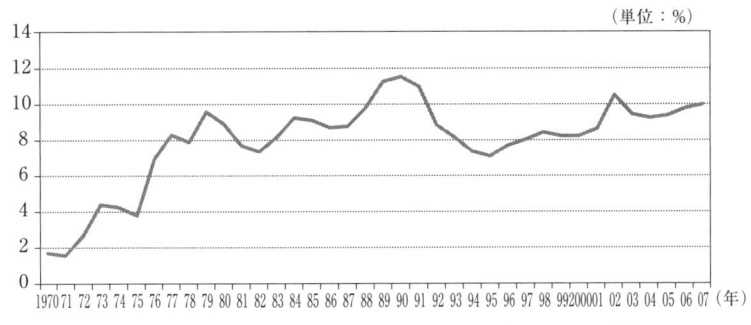

図2-7 中央政府補助金（対総歳出比）の推移（1970～2007年）

出所：インド準備銀行（2009）*Handbook of Statistics on Indian Economy 2008-2009*より筆者作成。

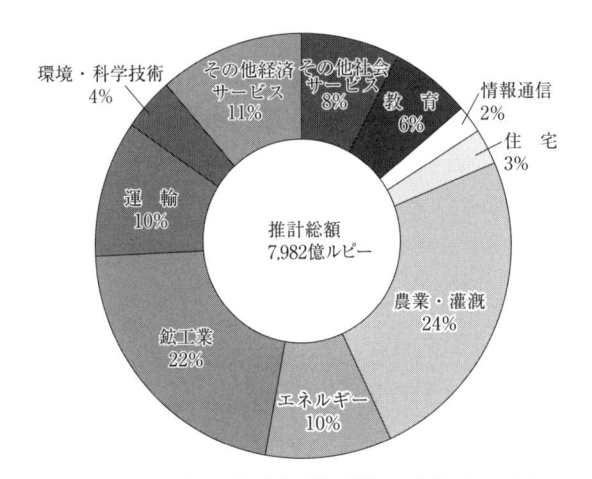

図2-8 中央政府補助金（推計値）の内訳（1998年）

推計総額 7,982億ルピー

- 環境・科学技術 4％
- その他経済サービス 11％
- その他社会サービス 8％
- 教育 6％
- 情報通信 2％
- 住宅 3％
- 農業・灌漑 24％
- エネルギー 10％
- 鉱工業 22％
- 運輸 10％

出所：Srivastava et al. (2003)より筆者作成。

なった。一方，会議派の凋落と平行する形で，カースト，宗教，地域など社会的アイデンティティを基盤とする政党がインド全土で数多く登場することとなる。こうした状況は，幅広い社会階層の政治参加という点で評価するべきではあるが，その一方で政治の不安定化を招き，選挙における得票を目的とした利益誘導政治が蔓延する一因となったと考えられている(4)。

利益誘導の代表的な手段とされたのは，農業・灌漑・食糧・教育・電力・公衆衛生など，各分野に対する補助金である。**図2-7**は1970年以降の中央政府による補助金の推移を示すものであるが，1970年代から1980年代後半にかけて，

2％前後から11％代にまで，補助金が総歳出に占める比率が上昇していることがわかる。1990年代前半の構造調整に伴う削減を経て，21世紀に入ってからは再び約10％前後で推移しているが，ここで留意すべきことは，補助金には公営企業への資金移転や信用供与など，統計として現れにくい形をとるものも多いことである。したがってその全容の把握は困難であるが，目にみえぬ補助金まで含めると，その規模は約3倍から4倍程度になると推計され（Srivastava et al. 2003），財政上の負担も，より大きなものとなっている。図2-8は，1998年の中央政府によるそうした統計に表れぬ補助金も含めた推計値の内訳を示したものである。総額は公式統計の約3.4倍と推計されており，農業部門に対する補助金のシェアが最も大きく，鉱工業部門がそれに続いていることがわかる。

（2） 財政赤字のコスト

　一般的に財政赤字は，借入金が生産性の改善に寄与する長期的な投資をファイナンスするのであれば妥当なものとされるが，その一方で，金利の上昇を通じた民間投資の阻害や，インフレーション，将来世代への負担の移転などの弊害があると考えられている。こうした問題に加えて本節では，財政赤字の拡大により，1980年代以降のインドが直面した以下の事態に言及しておきたい。

　第一に，財政赤字問題は，1990年にインドが国際収支危機に陥る主要因となったと考えられている。1980年代後半のインドは，輸入超過による経常収支の赤字を，海外の資金，とくに湾岸諸国をはじめとする海外へ出稼ぎに出たインド人の本国送金に大きく依存しながらファイナンスする構造となっていた。この状況下，1990年8月にイラク軍がクウェートに侵攻，湾岸戦争が始まると，在外インド人の本国送金が大幅に減少することとなった。加えて，原油価格の高騰と輸出の減少により経常収支はさらに悪化，1991年1月には保有する外貨準備高は輸入の2週間分にまで落ち込み，デフォルト（債務不履行）寸前の状況に追い込まれる。この危機は構造調整を条件とするIMF・世界銀行の緊急融資を得ることで回避されたが，ここで危機の背景を考えると，根本的には，1980年代に続けられた財政赤字にその原因をたどることができる。すなわち財政赤字は，経常収支の赤字をもたらすとともに，対外累積債務への元利払いを通じて，資本収支の赤字化と外貨準備の逼迫を招いた。そうした状況において，湾岸戦争が直接的な引き金となって，国際収支危機が発生したとの構図である。[5]

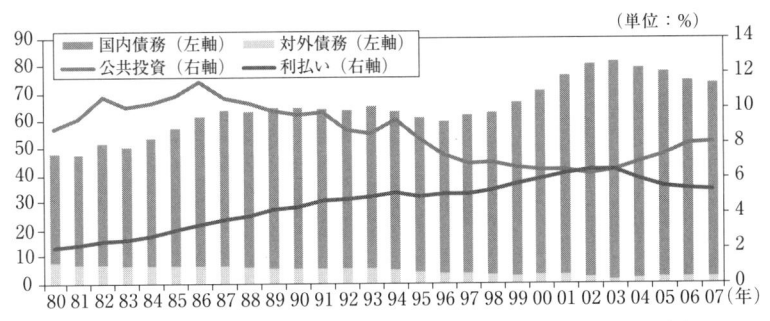

図2-9　統合政府の債務・利払い・公共投資率の推移（1980〜2007年）

注：いずれも対GDP比率である。
　　国内・対外債務は左軸，公共投資・利払い比率は右軸を参照のこと。
出所：インド財務省（2010）*Economic Survey 2009-2010*，インド準備銀行（2009）*Handbook of Statistics on Indian Economy 2008-2009*より筆者作成。

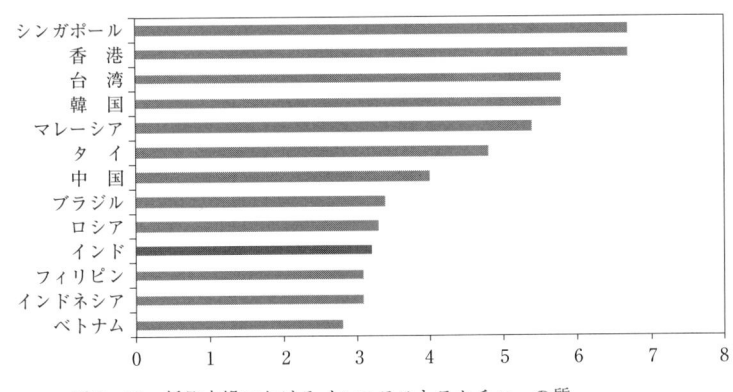

図2-10　新興市場におけるインフラストラクチャーの質

注：この指標は，道路・鉄道・空港・港湾・電力供給など，インフラの質に関する意見調査と，電話回線数などの客観データに基づき作成されている。
出所：World Economic Forum（2009）より筆者作成。

2010年3月現在，インドの外貨準備は2781億ドル（輸入の約1年分）に達しており，1990年3月のそれが約40億ドル（輸入の約2カ月分）であったことを考えると，同様の事態がすぐさま発生するとは考えにくい。しかしながら今後，財政赤字問題が放置され，財政の持続可能性に対する疑念が高まれば，再び同様の混乱に直面する可能性は否定できないだろう。

　第二に，急増する利払い負担が，公共投資をはじめ，経済開発を進めるうえで重要な支出を圧迫してきたことである。**図2-9**は1980年以降の，統合政府

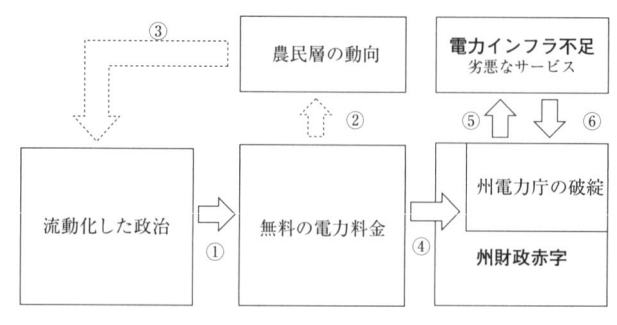

図2-11 電力部門における悪循環

出所：筆者作成。

の債務・利払い・公共投資それぞれのGDP比率を示したものであるが、ここから、①債務の累積とともに、利払いのGDP比率が、80年代から2002年頃までほぼ一貫して上昇を続け、インドが高成長の時期に入る2003年以降、低下に転じていること、②一方で公共投資率については、80年代後半から低下を続けた後、2002年以降になって若干持ち直しており、利払いとほぼ正反対の傾向を示していること、を確認できる。すなわち借入に伴う利払い負担が、さらなる債務と利払い負担の増大をもたらすという悪循環が、公共投資を圧迫してきたといえるだろう。いうまでもなく公共投資の停滞は、インフラストラクチャーの整備を遅延させることになる。**図2-10**は主なアジアの新興国とBRICs諸国におけるインフラストラクチャーの質を比較したものであるが、ここからインドのインフラストラクチャーの質は、フィリピン、インドネシア、ベトナムを上回るものの、BRICsのなかでは最下位となっており、未だ不十分であることが窺えるだろう。

（3） 財政赤字とインフラストラクチャー──**電力部門における悪循環**

さてこれまで、財政赤字の背景としての大衆迎合的な財政運営や財政規律の低下と、その結果としてインフラストラクチャー不足を指摘したが、インドが抱えるそうした病巣の縮図ともいえる電力部門の問題にここで言及しておきたい。すなわち、新興市場としてインドの成長力に期待が高まる一方で、日常的に発生する停電や、ピーク時に15％にのぼる電力不足、60％前後にとどまる農村世帯の電化率などに象徴される電力インフラストラクチャーの遅れに近年注

目が集まっているが，根本的な原因の1つは電力事業の主要な担い手である州電力庁（State Electricity Boards）が，州政治における利益誘導のチャンネルとして利用されてきたことにある（福味 2009）。

　そうした因果関係を簡単に示しているのが，**図2-11**である。まず国民会議派の凋落が政治の流動化をもたらし，結果として大衆迎合的な政策が蔓延することとなったことは先に述べた通りであるが，最大の票田となる農民層の支持を獲得するための1つの手段とされたのが，電力料金の無料化である（矢印①）。第5章で詳述されるように，インドでは1960年代から1970年代にかけて「緑の革命」が推進されたが，その際，導入された高収量品種は多量の水を要することから，灌漑設備の整備も併せて行われた。その後，灌漑用ポンプの主要な動力が当初のディーゼルから電力へと移行したことで，電力料金が農民の利害と直結することとなる。電力料金の無料化は農民層の歓心を買い，支持基盤を固める可能性がある一方（矢印②・③），州電力庁を事実上の経営破綻に追い込むこととなった（矢印④）。また州電力庁が産み出す巨額の損失は州からの財政補填によって埋め合わされ，当然のことながらそれは州財政の大きな負担となる。こうした状況のもとで州電力庁は，設備投資はおろか維持管理費の捻出にすら事欠くことから，電力インフラの改善は進まず（矢印⑤），サービスは劣悪な水準にとどまることになる。同時に，発電・送電・配電設備の劣化は，技術的な損失率を高め，盗電を蔓延させることで，それが州電力庁の経営をさらに圧迫するという悪循環に帰結している（矢印⑥）。

　この状況を打破する政策として期待されているのが，州電力庁の分割・民営化であり，2003年には州電力庁の改革を義務づけた電力法が施行されるなど，改革に向け法的な基盤の整備も進められている。また，インド政府は官民パートナーシップの積極的な利用をインフラ整備の重要な方針としており，電力部門においても，タタ・パワーやリライアンス・エナジーの参画によるデリー電力庁の分割・民営化などの成功例も報告されている（小島 2008）。しかしながら全体としてみると，技術的な要因や盗電・料金未納などによる損失率は30％程度と依然として高く，電力事業におけるコスト回収率も80％程度にとどまっている（Power Finance Corporation 2009）。したがって今後，州財政改革を進めるうえで，電力料金の合理化を含めた電力部門改革は不可欠ではあるが，農民層をはじめとする利益集団の反発が予想される。電力部門におけるこうした状

第Ⅰ部　マクロ経済からみたインド経済

表2-5　中央政府財政改革の成果（対GDP比）

（単位：％）

		2004	2005	2006	2007	2008	2009
Ⅰ	経常勘定歳入（1＋2）	9.72	9.69	10.52	11.47	10.56	10.49
	1. 税収	7.14	7.54	8.50	9.31	8.76	8.10
	2. 税外収入	2.58	2.15	2.02	2.17	1.81	2.40
Ⅱ	経常勘定歳出	12.20	12.26	12.46	12.58	15.10	15.32
	うち利子支払	4.03	3.70	3.64	3.62	3.62	3.85
Ⅲ	資本勘定歳出	3.62	1.85	1.67	2.50	1.83	2.11
Ⅳ	総歳出（Ⅱ＋Ⅲ）	15.82	14.11	14.13	15.09	16.93	17.43
	経常赤字（Ⅱ－Ⅰ）	2.49	2.57	1.94	1.11	4.53	4.83
	粗財政赤字	3.98	4.08	3.45	2.69	6.14	6.85
	プライマリー赤字	－0.05	0.38	－0.19	－0.93	2.51	3.00

出所：財政委員会（第13次）報告書より筆者作成。

表2-6　州政府財政改革の成果（対GDP比）

（単位：％）

		2004	2005	2006	2007	2008	2009
Ⅰ	経常勘定歳入（A＋B）	11.49	11.99	12.92	13.20	13.87	13.60
A	自主税源による歳入（1＋2）	7.25	7.24	7.73	7.70	7.70	7.60
	1. 税収	5.78	5.91	6.11	6.07	6.21	6.27
	2. 非税収	1.47	1.33	1.62	1.63	1.50	1.33
B	中央からの移転（1＋2）	4.24	4.75	5.18	5.50	6.16	6.00
	1. 税収	2.49	2.65	2.92	3.22	3.26	3.17
	2. 補助金	1.75	2.10	2.27	2.29	2.90	2.83
Ⅱ	経常勘定歳出	12.73	12.18	12.21	12.26	13.59	14.09
	うち利子支払	2.75	2.36	2.29	2.12	1.96	1.95
Ⅲ	総歳出	14.62	14.33	14.53	14.73	16.53	16.73
	経常赤字（Ⅱ－Ⅰ）	1.25	0.19	－0.71	－0.94	－0.27	0.50
	粗財政赤字	3.40	2.56	1.69	1.51	2.64	3.23
	プライマリー赤字	0.65	0.20	－0.60	－0.61	0.68	1.28

出所：表2-5と同じ。

況は，インドにおける公企業改革や財政再建の困難さを象徴するものといえるだろう。

4　財政改革とリーマン・ショック

（1）財政改革の概要と成果

これまでみてきたように，中央・州財政はともに深刻な状況にあるが，2003年以降，ようやく改善の兆しもみえ始めることとなった。とくに大きな契機と

なったのが，2000年に連邦議会で提案され，議論が続いていた「財政責任・予算管理法（Fiscal Responsibility and Budget Management Act）」が2003年に成立し，2004年に施行されたことである。この法案の最大の特徴は，2004年以降，経常赤字を毎年最低でも対GDP比で0.5％削減し，2008年度末までにゼロとすることなど，財政赤字削減に向けた数値目標を具体的に設け，中央政府に対しその実現を迫るところにある。財政再建の柱としては，非課税対象の見直しや消費税改革が見込まれており，歳出面においては経常勘定支出の改革と公共投資の引き上げが提案された。また中央に続いて州レベルにおいても同様の趣旨をもつ法案である「財政責任法（Fiscal Responsibility Legislation）」が，西ベンガル州とシッキム州を除くすべての州で施行されている（2010年3月現在）。法案の施行による効果は，2004年以降の州・中央政府の財政状況を示した**表2-5**，**表2-6**より確認することができる。

　まず表2-5より，中央政府の経常赤字についてみると，2005年には財政委員会（第12次）の提言を受け入れ州への移転額を増やしたため，「毎年0.5％の削減」という目標は達成できなかったものの，2007年には，高成長による，法人税をはじめとした直接税の増加もあり経常赤字は対GDP比で1.11％に低下しており，この年度までは比較的順調な削減ペースであったといえる。また表2-6より，州政府についても，財政責任法の成立を条件とした中央政府の債務減免措置や，財源移転の増額，州付加価値税の導入などもあって，2006年にはすでに経常赤字の解消に成功するなど，2007年までは順調に推移してきたことがわかる。

（2）　リーマン・ショックと景気対策

　以上のように成果をみせつつあった財政改革であったが，2008年秋に発生したリーマン・ショック以降，状況は一変することとなる。世界的に景気が低迷するなか，2007年に9.2％を記録したインドの経済成長率は，2008年には6.7％まで低下した。こうした状況のもとでインド政府は，財政再建路線を一時凍結し，景気を下支えするべく2008年12月に，最大2000億ルピー規模の追加支出の実施，物品税の引き下げ，輸出企業支援などを発表，2009年1月，2月にもサービス税の引き下げなどの景気刺激策の追加に踏み切った。歳出拡大と減税措置，そして景気低迷による税収の減少は，当然のことながら財政赤字の増加

をもたらす。先の表2-5，表2-6より，2008年以降，中央・州政府財政はともに再び悪化に転じ，2009年には中央・州の経常赤字がそれぞれ4.83%・0.50%にまで達するなど，1990年代末の最悪期に迫る状況となっていることがわかる。また統合政府債務（GDP比）は82%と過去最悪の水準となり（Finance Commission 2009），2004年から2007年までの財政改革の成果がほぼ帳消しとなった。

ただし幸いなことに，赤字拡大を顧みぬ世界的な景気刺激策が功を奏してか，インドの国内消費やソフトウェアを中心とする輸出は回復をみせた。状況の好転を受けGDP成長率は，2009年については干ばつの影響もあり7.2%にとどまるものの，2010年，2011年にはそれぞれ7.5%・8.0%まで回復すると見込まれている（World Bank 2010）。

5　残された課題

景気に回復傾向がみられるなかで，財政委員会（第13次）は状況に応じた柔軟な対応を認めながらも，2010年を準備期間として位置づけ，2011年度より財政再建路線へ復帰することを提案している（Finance Commission 2009）。したがって今後，出口戦略に向けた議論が一層重要となるが，これまでの経緯を踏まえ，以下の留意点を指摘しておきたい。

1つは，2007年までの改革の成果が，歳入面での改善に大きく依存していることである。Simone and Topalova（2009）は，中央政府が2003年から2007年までに達成した成果のうち約3分の2が，高成長による法人税収の増加など歳入面での改善によって，残りの3分の1については，利払いの減少によって説明できると指摘している。また州政府についても，その成果の約4分の3は，州付加価値税の導入による税収の増加と，中央からの税分与率の引き上げに伴う歳入面での改善に帰すると指摘している。

また，財政赤字が2008年以降に再拡大した背景には，景気対策や税収の減少以外の要因が存在していることにも注意したい。国民会議派を中心とする統一進歩連盟（UPA）政権は，"包括的な成長"を掲げ，貧困対策を重視する傾向にある。政策の目玉の1つが農村の貧困世帯各1人に100日の雇用を保証する「全国農村雇用保証計画」である。この計画は2006年に最も開発の遅れた県で

スタートしたが，2008年度より対象範囲を全国に拡げ，それに合わせ予算規模も2007年度の1200億ルピーから2008年度の1600億ルピーへと急拡大した。その他，中・零細農家が抱える5000億ルピーの債務減免措置，所得税の課税対象となる年収の引き上げ，中央政府賃金委員会（第6次）の勧告を受け入れる形で決定され，年間3713億ルピーの支出増加が見込まれる中央政府公務員給与の引き上げなど，リーマン・ショック発生以前に決定されたこうした措置については，農村の貧困緩和や消費の拡大に寄与したと評価される一方，2009年に行われた連邦下院選挙を意識した政策であるとの批判もなされている。

　財政委員会は，今後の財政再建の方針として歳入面では財・サービス税の導入による間接税制の整理，直接税法の改定，公企業売却の推進を提案する一方，不適切な補助金の整理，地方自治組織（パンチャーヤット）の機能強化による公共サービスの効率化など，歳出面での改革の必要性を強調している。今なお3億ともいわれる貧困人口を抱えるインドにとって，農村貧困対策や立ち後れた教育や医療分野への投資は不可欠である。一方で現行の公共サービスや補助金が真にそれを必要とする貧困層に必ずしも届いておらず，むしろ逆進的でさえあるとの批判も根強く，見直しの必要性もつねに指摘されてきた。したがってインド経済の最大のアキレス腱ともなりえる財政赤字を解消するためには，歳入面のみならず，補助金を含めた歳出の見直しが一層重要となる。どの政党が政権を担うにせよ，貧困問題，マクロ経済環境，政局，財政リスクをにらみながらの困難な舵取りが，今後も求められるだろう。

●注
（1）　インドの財政制度や財政改革に関する基本文献として，山本（1997, 2007a），(2007b）がある。
（2）　この点についてはすでに佐藤（1994）がより詳細な分析に基づき指摘している。換言すれば十数年経た今なお，1人当たり財政支出が貧困州ほど乏しいという状況に，大きな変化がみられないということである。
（3）　統合政府とは中央・州を合わせた政府部門を意味する。またインドにおける財

政赤字の代表的な指標としては，①「経常赤字＝経常勘定歳出－経常勘定歳入」の他，②「粗財政赤字＝（経常勘定歳出＋資本勘定歳出）－（経常勘定歳入＋借入を除く資本勘定歳入）」，③「プライマリー赤字＝粗財政赤字－純利子支払い」がある。図2-5では長期データの利用が可能な経常赤字を採用した。表2-5，表2-6では3種類の指標をいずれも掲載している。

(4) この時期におけるインド政治の流動化については，堀本（1997）に詳しい。また佐藤・金子（1998）は政治と補助金に関するより厳密な分析を行っている。

(5) 国際収支危機とその後の経済改革については佐藤（2002），絵所（2008）を参照のこと。

●参考文献

絵所秀紀（2008）『離陸したインド経済──開発の軌跡と展望』ミネルヴァ書房。
小島眞（2008）『タタ財閥』東洋経済新報社。
佐藤隆広（2002）『経済開発論──インドの構造調整計画とグローバリゼーション』世界思想社。
佐藤宏（1994）『インド経済の地域分析』古今書院。
佐藤宏・金子勝（1998）「自由化の政治経済学──会議派政権期（1980-1996年）における政治と経済（1）・（2）」『アジア経済』第39巻第3・4号。
広瀬崇子（2006）「インド民主主義と選挙」広瀬崇子・南埜猛・井上恭子編著『インド民主主義の変容』明石書店，第1章。
福味敦（2009）「インドにおける電力補助金の決定要因」『国民経済雑誌』第199巻第1号。
堀本武功（1997）『インド現代政治史──独立後半世紀の展望』刀水書房。
山本盤男（1997）『インドの構造調整と税制改革』中央経済社。
山本盤男（2007a）『連邦国家インドの財政改革の研究』九州大学出版会。
山本盤男（2007b）「インド州政府の財政赤字と財政責任法」『エコノミクス』第12巻第1・2号。
Finance Commission (2009), *Report of the Thirteenth Finance Commission 2010-2015*.
Joshi, Vijay and Little, I. M. D. (1994), *India : Macroeconomics and Political Economy 1964-1911*, World Bank.
Ministry of Finance, Government of India (2009), *Indian Public Finance Statistics 2008-2009*.
Ministry of Finance, Government of India (2009), *Union Budget 2009-2010*.

Ministry of Finance, Government of India (2010), *Economic Survey 2009-2010*.
Power Finance Corporation Limited (2009), *Report on the performance of the state power utilities for the years 2005-06 to 2007-08*.
Reserve Bank of India (2004), *Handbook of Statistics on State Government Finances*.
Reserve Bank of India (2009), *Handbook of Statistics on Indian Economy 2008-09*.
Reserve Bank of India (2010), *State Finances: A Study of Budgets of 2009-10*.
Simone, Alejandro S. and Petia, Topalova (2009), "India's Experience with Fiscal Rules: An Evaluation and The Way Forward," *IMF Working Paper* No.09/175.
Srivastava, D.K., Rao, C. Bhujanga, Chakraborty, Pinaki and Rangamannar, T.S. (2003), *Budgetary subsidies in India*, National Institute of Public Finance and Policy.
Srivastava, D.K. (2005), *Issues in Indian Public Finance*, New Century Publication.
Srivastava, D.K. and Rao, C. Bhujanga (2009), *Review of Trends in Fiscal Transfers in India*, Madras School of Economics.
World Bank (2010), *Global Economic Prospects 2010: Crisis, Finance, and Growth*, World Bank.
World Economic Forum (2009), *The Global Competitiveness Report 2009-2010*, World Economic Forum.

（福味　敦）

第3章
金融システムと金融政策

　いかなる経済開発も資金的な裏づけなしには実現できない。独立後のインドの金融システムは，輸入代替工業化のもとでの自立的で均整がとれた経済発展を遂行するために形作られてきた。とくに銀行部門はすべての地域・国民に金融サービスが行き届くように，また社会的な弱小部門に十分な信用を供給するために，政府から多くの介入を受けながら，ソーシャルバンキングの役割を担ってきた。しかし，経済自由化後の金融部門改革に伴い，それまでの多くの統制的な規制が撤廃される一方で，新たな銀行の参入が許可され，銀行部門の構造や業務は大きく変化してきている。また，停滞していたアジア最古の証券市場も動き出し，企業の資金調達手段として，家計や海外機関投資家の投資先として魅力を高めている。

　本章では，経済自由化後，ダイナミックに変貌してきたインドの金融システムを概観する。インドの金融システムやインドが実施してきた金融改革の歩みを理解するためには，経済発展と金融システムの関係や他の途上国の経験を理解しておくとわかりやすいため，最初にそれらを簡単に説明してから，インドの文脈に入る。

1　経済発展と金融システム

（1）　銀行部門と証券市場

　経済発展と金融システムの発展には相関関係があるといわれている。とくに，経済発展の初期段階においては，銀行の役割が大きく，銀行は資金の余剰主体から資金の不足主体へ資金を仲介する「金融仲介機能」を通じて，経済発展に貢献することができる。

　発展段階の初期に銀行中心の金融システムとなる理由の1つに，途上国では一般的に証券市場が未発達・低発達であることが挙げられる。もう1つは，資

金供給者は流動性が高くかつ安全な資産の運用を望む傾向がある一方，資金需要者は資金調達のコストが低く，長期的な資金の供給を望む傾向があるためでもある。銀行は資金取引における規模の経済を利用することによって，こうした両者の選好の相違を調整することができる(1)。

しかし，経済発展とともに株式・債券など証券市場が発展し，金融システムの比重は銀行から証券市場へ移る傾向にあり，多くの途上国と同様に，インドもその経路をたどっている。

（2）　途上国の金融政策の変遷とインドへの教訓

それでは，第二次世界大戦後の途上国の金融政策や金融改革はどのような変遷をたどってきたのであろうか。

戦後，植民地支配から独立した多くの途上国は，開発戦略として輸入代替工業化を採用した。これを金融面から支えるために，政府が未発達な金融システムに介入して工業化に必要な長期的な資金を人為的に創造する政策がとられた。具体的には，政府が人為的に金利を低めたり，開発の中核と考える産業に銀行の信用を優先的に配分したり（政策的信用割当），財政収入を高める目的で銀行に対して高い準備率を課したりした。また，商業銀行の国有化や長期融資を供給するために開発金融機関が創設された場合も多い。

しかし，1970年代に入ると，このような預金金利を低める政府の介入は，金融システムの効率的な仲介機能を妨げているとして，金融抑圧と批判されるようになった。金利規制は，資金需要者に対して低コストで投資資金が供給される状況を作り出すことが目的だったが，実際には資金供給者の貯蓄意欲を減退させ，資金供給はむしろ減少した。また，政府が優先的に銀行の信用を割当てた部門は，必ずしも生産性が高い部門ではなかったため，しばしば非効率的な資金配分につながった。

このような反省から，1970年代後半〜80年代にかけて，多くの途上国で金融自由化が実施された。ラテンアメリカや東アジアの開発戦略が輸出志向工業化へシフトするなかで，IMFや世界銀行の構造調整政策の一環としても金融自由化が推奨された。

ラテンアメリカ諸国では，金利規制や外資規制の除去，政策的信用割当の廃止，商業銀行民営化など大幅な自由化が実行された。しかし，マクロ経済が不

安定なもとで実施された金利規制の撤廃は，名目金利の大幅な上昇をもたらしたため，健全な借手が市場から退出し，より高リスクの借手を市場に残すことになった（逆選択）。また，銀行は預金保険など政府から保証や救済を当てにして，こうした高リスクの高いプロジェクトに貸出しを続けた（モラルハザード）。このような貸付の多くは不良債権化し，銀行は経営危機に陥り，実体経済にも大きな影響を与えた。他方，国際的な金融自由化の潮流下でも，規制を残しながら段階的に金融自由化を行った日本や韓国，台湾といった東アジア諸国の経験は，世界銀行（1993）の『東アジアの奇跡』などで成功例と評された。これらの対照的な経験は，金融自由化に際しては，財政赤字やインフレ率などマクロ経済運営が安定していることや，銀行部門において適切な会計制度や自己資本規制など健全性規制が事前に整備される必要性を示している。

今日ではグローバル化が進行し，情報やお金の動きが一層容易に，敏速になった。グローバル化は，途上国にとって，海外から低コストで資金を調達できるなどメリットをもたらす一方で，巨額な資金流入が外国為替高や資産バブルの要因となり，金融システムの脆弱性や通貨・金融危機のリスクを高めるというデメリットをもたらす可能性がある。1997年のアジア通貨危機や2010年のドバイショックは，まさにその一例である。今日途上国は，世界経済に統合されながら，いかに金融システムおよびマクロ経済の安定を維持するかという課題に直面している。

2　経済自由化以前の銀行部門を中心としたシステム

（1）インドの金融システムの概要

インドの金融システムは，中央銀行であるインド準備銀行（Reserve Bank of India, 以下，RBI）の管轄下にある銀行部門と非銀行金融機関，インド証券取引委員会（Securities and Exchange Board of India, 以下，SEBI）の管轄下にある証券取引所，大蔵省管轄下にある郵便局貯蓄銀行などから構成される。ボンベイ証券取引所（Bombay Stock Exchange, 以下，BSE）はアジア最古の証券市場として有名であり，今では世界最大の上場企業数を誇るが，インドの証券市場は長らく未整備で問題も多かったため，家計の貯蓄や企業の借入は銀行部門や非銀行金融機関といった金融仲介機関に依存してきた（図3-1a）。

第3章 金融システムと金融政策

```
                        ┌──────────┬─ 商業銀行
                        │ 銀行部門  │
                        │          └─ 協同組合銀行
インド準備銀行 ─────────┤
    (RBI)               │              ┌─ 開発金融機関
                        │ 非銀行金融  │
                        └ 機関       ├─ 非銀行金融会社
                                       │
                                       └─ プライマリー・ディーラー
```

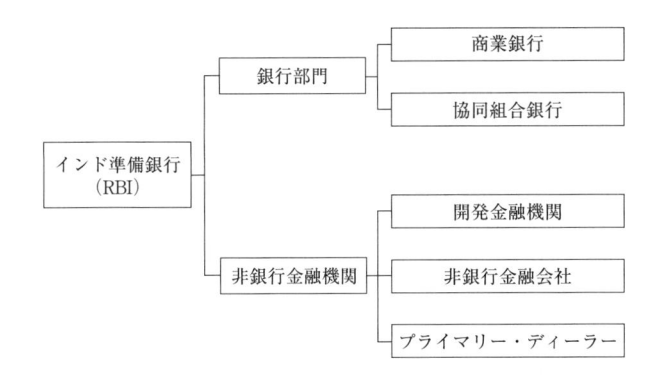

図3-1a 金融仲介機関

出所：絵所(1998)およびRBI資料を参考に筆者作成。

銀行部門と非銀行金融機関の違いは，規制や監督の程度・性質にある。とくに，今日非銀行金融機関の最大のプレーヤーである非銀行金融会社についていえば，①規制が相対的に弱く，②預金保険やリファイナンスの対象外，③小切手を発行できず支払・決済システムの一部にないことである。開発金融機関は，他の途上国の経験と同様に，証券市場の未発達を補い，安定的な長期資金を供給するために設立され，全国・州レベルの長期貸出金融機関や投資機関，住宅金融機関から構成される。プライマリー・ディーラーは，政府証券市場の発達に向けて1995年に創設された。

銀行部門は，中央銀行RBIのもとに商業銀行と協同組合銀行から構成される。また，商業銀行は指定商業銀行と非指定商業銀行とに分類され，指定商業銀行は，無料あるいは低額の送金便宜やRBIからの資金融通などの特典がえられる一方で，RBIに一定の法定準備金を収める義務をもつ（絵所 1998）。商業銀行に占める指定商業銀行のシェアは，支店数・預金額・貸出額のいずれも9割超を占めるため，以下では指定商業銀行（地域農村銀行は除く）を中心に銀行部門を記述していく（**図3-1b**）。

経済自由化以前，商業銀行が短期融資を，開発金融機関が中長期融資を担うというような業務の棲み分けができ上がっていた。しかし，経済自由化以降，商業銀行と開発金融機関の業務の垣根が低くなり，相互参入が起こっている。とくに銀行の新規参入にかかわるRBIのガイドライン改定により，全国レベル

第Ⅰ部　マクロ経済からみたインド経済

```
商業銀行 ─┬─ 指定商業銀行 ─┬─ 公共部門銀行
          │                │     国有銀行
          │                │     SBIグループ
          │                │     その他公共部門銀行
          │                ├─ 民間部門銀行
          │                │     旧民間銀行
          │                │     新民間銀行
          │                ├─ 外国銀行
          │                └─ 地域農村銀行
          └─ 非指定商業銀行
```

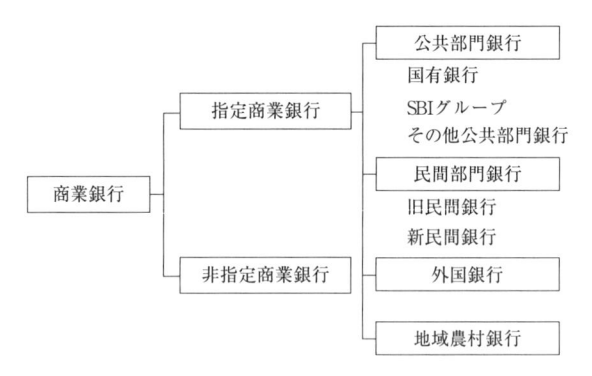

図3-1b　商業銀行部門

注：経済自由化前から営業していた民間地場銀行を旧民間銀行，経済自由化後に参入が許可された地場銀行を新民間銀行と呼ぶ。同じく経済自由化後に参入した外国銀行も民間銀行だが，規制体系が異なるので，分類が分かれている。また，公共部門銀行と民間部門銀行を合わせて，国内銀行と呼ぶこともある。
出所：RBIの資料をもとに筆者作成。

の開発金融機関ICICI（Industrial Credit and Investment Corporation of India）や投資機関UTI（Unit Trust of India），住宅金融機関HDFC（Housing Development Finance Corporation）がそれぞれ1994年に民間銀行を子会社として設立し，商業銀行業務に参入した。

（2）　商業銀行部門

　商業銀行部門は，公共部門銀行を中心に，経済開発を実現するためのソーシャルバンキングの役割を果たしてきた。とくに，植民地時代の銀行業は貿易や大企業向けの運転資本融資に偏重がみられ，農村地域や多くの国民にとって融資は得られにくいものであった。このような問題を解決するためにも，1955年にインド帝国銀行がステート・バンク・オブ・インディア（SBI）として国有銀行に再編され，その後，かつての藩王国内に設立された州立銀行が準SBI銀行としてその傘下に収められた（以下，SBIグループと呼ぶ）。その後，1960年代中葉から産業政策が一段と統制色の強いものへと変化していくなかで，1969年に主要14商業銀行が，1980年に6商業銀行が国有化され，政府は総預金の92％を占める22行をそのコントロール下に置いた。そして，それ以降公共部門銀行は社会経済開発を達成するための促進役として形作られていった。

とくに，商業銀行の活動に影響を与えたのは，次のような規制である。

1つ目は民間銀行の参入規制と支店・ATMのライセンス規制である。国全体を通じて制度金融を浸透させるため，公共部門銀行を中心とした既存の商業銀行は農村地域に支店を拡大することを求められてきた。銀行規制法のもとで，商業銀行は新たな支店・ATMを開設する際には，事前にRBIから許認可を得なくてはならない。とくに，1977年以降都市部に新しい支店を1つ設立するためには，農村部に4つの支店を設立することが義務づけられた（「1：4支店ライセンス政策」）。

2つ目は厳格に管理された金利規制である。貸出金利は，貸出規模や用途，借手のタイプにより複雑に分類されていたほか，預金金利に関しても，貯蓄性預金は固定され，定期預金は期間ごとに上限が設定されていた。これらの預金・貸出金利構造は，調達コストを抑えるための低利での政府証券（具体的には政府債券や大蔵省証券〔Treasury Bills，以下，TB〕）の発行や優先部門への低金利融資の影響を受けて形作られていた。ただし，対外的なショック時を除けばインフレ率が低く抑えられていたことや農村部への支店拡大が奏功したことで貯蓄は増大し，金融抑圧の最悪の事態は回避された。

3つ目は準備率規制である。商業銀行が課せられる準備率規制には，現金準備比率（Cash Reserve Ratio，以下，CRR）と法定流動性比率（Statutory Liquidity Ratio：SLR）という2つの種類がある。

まずCRRとは，商業銀行がその預金総額の一定割合を中央銀行へ預け入れる法定比率のことであり，1985年にRBIはCRRを3～15％の範囲で自由に変更する権限を得た。図3-2aのように，CRRはそれ以降上昇し，1989年7月には上限の15％に達した。CRR上昇の要因は，財政赤字のファイナンスである。1990年代中葉まで，政府の財政赤字の多くは，中央銀行であるRBIに91日ものTBを売却して埋め合わされてきたが（こうした政府勘定を補充する目的で発行されるTBを「アドホックTB」という），これはリザーブマネーとマネーサプライの増大をもたらし[2]，インフレ圧力となった。後述するようにインドの金融政策は物価の安定を重視してきたので，政府はマネーサプライをコントロールするためにもCRRを引き上げて対応した。

次にSLRとは，商業銀行がその預金総額の一定割合を政府証券へ投資する法定比率のことであり，1983年の銀行規制法によってSLRの上限は40％と定めら

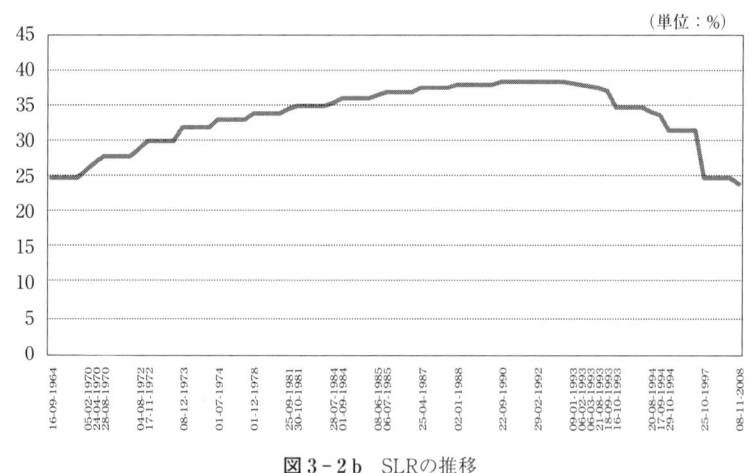

第Ⅰ部　マクロ経済からみたインド経済

図3-2a　CRRの推移

図3-2b　SLRの推移

注：横軸は日－月－年を示す
出所：RBI(2009), *Handbook of Statistics on Indian Economy, 2008-09.*

れている。**図3-2b**のように，SLRは1970年代から徐々に上昇し続け，1990年9月には38.5％に達した。

　経済自由化前夜の1991年5月時点では，CRRは15％，SLRは38.5％であったことから，銀行預金（銀行資源）の53.5％がRBIを経由して政府の財政赤字ファイナンスのために先取りされたことになる。また，CRR・SLRの金利・利回りは低く抑えられていたため，銀行の低収益と金利構造の歪みをもたらした。

4つ目は優先部門への信用割当である。貧困削減や雇用創造のため，1974年以降商業銀行は農業や小規模工業（Small Scale Industries，以下，SSI），その他の弱小部門から構成される優先部門に純信用の一定割合を割当てなければならないという規制を課せられ，1985年にはそのターゲットは40％まで引き上げられた。また，純信用のうち18％を農業部門，10％をその他の弱小部門に，というようにサブセクターごとのターゲットも設定された。

（3）　金融政策

　閉鎖経済下にあったインドの金融政策の目的は，物価安定の維持と生産分野への十分な信用供与にあった。とくに，物価の高騰はすぐさま政権批判につながりやすいため，物価の安定はかなり重視されてきた。

　一般的な金融政策の手段として，公定歩合操作や公開市場操作，準備率操作が挙げられるが，上述のようにインドの場合では，公定歩合操作は各種金利規制が細かくかつ厳密に規制されてきたので有効な手段になりえなかった。公開市場操作についても，政府債券やTBの発行が実質的に金融機関に対する割当となっており，これら政府証券の流通市場も形成されなかったために有効性をもたなかった。RBIへのアドホックTB売却を通じた自動的な財政赤字ファイナンスは，リザーブマネーの増大と信用創造を通じてマネーサプライの増大をもたらしたが，それをコントロールするために行われたCRRを通じた準備率操作が金融政策として唯一有効に機能していた手段であった。

（4）　商業銀行部門への政府介入の影響

　このように，金融自由化前のインドの商業銀行は，①政府証券の低い利回りを維持するために預金金利は管理され，②銀行資源の大半を準備率として先取され，③低利子で優先部門に貸し出さなければならなかったことから，収益が低かったばかりか，経営の自立性を欠いていた。また，与えられた量的目標を達成することに注力していたため，会計基準の緩さも伴い，ポートフォリオの悪化を防ぐようなスクリーニングやモニタリングには配慮してこなかった。また，信用市場はたびたび政治的な影響をうけ，選挙時の債務帳消しは，借手に返済しない文化（culture of non-repayment）をもたらし，モラルハザードを引き起こした。

表3-1 商業銀行の拡大

	1969	1974	1979	1984	1989	1994
1．商業銀行総数	89	83	136	247	278	276
指定商業銀行（(i)を除く）	73	74	75	81	78	76
(i) 地域農村銀行	−	−	56	162	196	196
非指定商業銀行	16	9	5	4	4	4
2．商業銀行の支店数*	8,262	16,936	30,202	45,332	57,699	61,803
農　村	1,833	6,166	13,337	25,380	33,014	35,329
準都市	3,342	5,116	7,889	9,326	11,166	11,890
都　市	1,584	3,091	5,037	6,116	7,524	8,745
大都市	1,503	2,563	3,939	4,510	5,995	5,839
3．1支店当たりの人口（千人）	64	35	22	16	14	15
4．指定商業銀行の預金額(千万ルピー)	4,646	10,756	28,671	64,620	147,854	323,632
5．指定商業銀行の融資額(千万ルピー)	3,599	7,858	19,116	43,613	89,080	166,844

注：＊農村は人口が9,999以下，準都市は1万〜9万9,999，都市は10万〜99万9,999，大都市は100万以上の地域。
出所：RBI(1998)，*Banking Statistics 1972-1995*.

ただし，政府による商業銀行の国有化や金融市場への介入は，ネガティブな効果ばかりではなかった。表3-1のように，全国的に支店が拡大するにつれて，1支店当たりの人口も減少し，預金を通じて人々にバンキング・ハビットが浸透していった。また，都市部の大規模工業ばかりに融資が集中せずに農業やSSIへの融資が増大したこともポジティブな影響として評価されている。

3　経済自由化後の商業銀行部門

（1）段階的な金融改革の進行

部分的な経済自由化に合わせて金融改革も1980代中葉から開始された。そして，一連の金融改革は，特定の問題に対処するために設立された委員会やワーキンググループの分析や勧告に沿って，段階的に進行してきた。

最初に着手された改革は，金利メカニズムの導入に向けた短期金融市場であった。例えば，1989年5月にはコール市場の金利が自由化され，同年6月に譲渡性定期預金証書（NDC），1990年1月にコマーシャル・ペーパー（CP），1992年4月にはマネーマケット・ミュチュアル・ファンド（MMMFs）がそれぞれ導入された。前述のように金利構造は財政赤字をファイナンスするために歪められてきたので，政府証券市場では，利回りの引上げや償還期間が異なる（182日・364日）TBの段階的導入，入札制度が開始されたほか，流通市場の育

成のために1988年4月にインド割引金融公社（DFHI）が設立された。

　金融改革がより大きな進展をみせたのは，本格的な経済自由化が開始された1991年以降である。金利メカニズムの導入にとどまらず，CRR・SLRの段階的な削減や民間銀行の参入規制緩和，収入認定および資産評価分類・貸倒引当金に関する新基準や自己資本規制の導入がなされた。これらは，これまで軽視されてきた商業銀行の収益性や健全性を強化するものであり，商業銀行が国際金融市場にさらされる前に基盤を整備する意図があった。その後，アジア通貨危機の教訓を精査しながら，収入認定や資産分類，自己資本規制は段階的に国際基準に沿うように強化され，自己資本規制は1999/00年度から国際決済銀行（BIS）基準を上回る9％に設定された。

　こうして，これまで商業銀行の経営に影響を与えていた規制も以下のように緩和の動きがみられる。

　まず，銀行の新規参入については，段階的に新たな民間部門銀行や外国銀行の参入が許可された。他の途上国の経験とは異なり，公共部門銀行の民営化は実施されていないものの，公共部門銀行は払込資本の49％まで民間（株式市場）から資金調達が可能になったほか，民間部門銀行との合併も可能になった。ただし，外国銀行に対する規制はいまだに強く，外国銀行は民間部門銀行の払込資本の74％，公共部門銀行の払込資本の20％を超えて所有することができない。2009年3月現在，指定商業銀行は公共部門銀行28行，民間部門銀行23行，外国銀行31銀行から構成される。公共部門銀行の内訳は，国有銀行が19行，SBIグループが8行，その他の公共部門銀行（IDBI銀行）が1行である。民間部門銀行の内訳は，旧民間銀行が15行，新民間銀行が8行である。この新民間銀行のなかには，政府系開発金融機関として出発したICICI銀行やHDFC銀行，非銀行金融会社から転換したKotak Mahindra銀行やYes銀行が含まれる。[4]

　支店・ATM設立に関してはいまだにRBIの許認可が必要であり，とくに外国銀行は近年まで都市部にしか支店・ATMを設立できなかった（表3-2）。しかし1990年代以降，1：4支店ライセンス政策は撤廃され，条件を満たせば収益が悪い農村部の支店は閉鎖が可能になるなど徐々に規制が緩和されている。その結果，図3-3のように農村の支店数は減少傾向を示す一方で，郊外や大都市の支店が増大している。表3-2で近年の銀行グループ別の動きをみてみると，いずれのグループも農村よりも大都市の支店数がより高い成長率で増加

第Ⅰ部　マクロ経済からみたインド経済

表3-2　指定商業銀行のグループ別支店・ATM数・預金額（3月末時点）

銀行グループ		年	支店数				ATM数	預金額（1億ルピー）
			農村	準郊外	郊外	大都市		
公共部門銀行	国有	2007	12,986	7,573	7,612	7,465	9,888	131,737
		2008	13,198	8,140	8,440	7,997	13,355	160,699
		2009	13,381	8,669	8,951	8,375	15,038	199,330
	SBI	2007	5,126	4,155	2,556	2,193	6,441	63,348
		2008	5,328	4,545	2,820	2,412	8,433	77,387
		2009	5,560	4,835	3,043	2,624	11,339	100,704
	IDBI	2007	48	81	125	179	520	4,335
		2008	53	93	166	188	755	7,300
		2009	54	96	171	189	900	11,240
民間部門銀行	旧民間	2007	855	1,510	1,294	947	1,607	13,825
		2008	808	1,498	1,270	874	2,100	16,559
		2009	842	1,554	1,344	933	2,674	18,971
	新民間	2007	130	554	824	989	8,192	41,374
		2008	223	870	1,147	1,285	9,867	50,944
		2009	271	1,084	1,371	1,478	12,646	53,711
外国銀行		2007	−	2	44	227	960	15,075
		2008	−	2	49	226	1,034	19,144
		2009	4	4	52	233	1,054	21,408

出所：RBI, *Trend and Progress of Banking in India*, various issues；Indian Banks' Association（http://www.iba.org.in/homepage.asp〔2010年5月17日アクセス〕）．

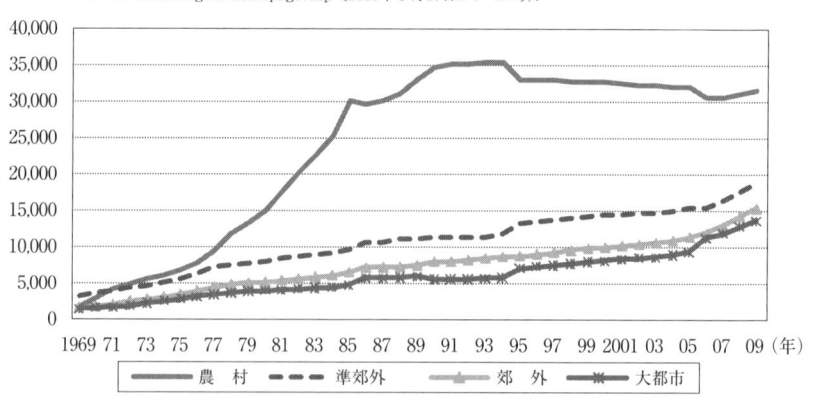

図3-3　指定商業銀行の店舗数

出所：RBI(2009), *Handbook of Statistics on Indian Economy, 2008-09*.

している。とくにそれが顕著なのは，経済自由化後に参入した新民間銀行である。また，新民間銀行のATM数はすでにSBIグループのATM数を凌駕し，国有銀行に迫る勢いで成長を続けている。特筆すべきは，新民間銀行のATMの

第3章　金融システムと金融政策

（単位：%）

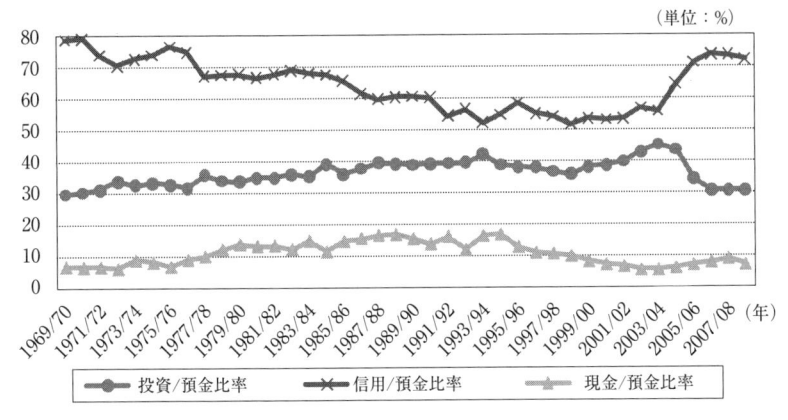

図3-4　指定商業銀行の各比率

注：投資は，政府証券と政府認定証券の合計。
出所：RBI(2009), *Handbook of Statistics on Indian Economy, 2008-09.*

3分の1がICICI銀行のATMであることである（ICICI銀行の2009年3月末時点のATMは4721カ所）。ただし，国全体を通じて広範な支店網をもつ国有銀行やSBIグループの預金額における優位性は変わっておらず，とりわけ，SBIは個別行として，最大の預金額を誇っている。

次に，金利の自由化はラテンアメリカ諸国の教訓を踏まえて注意深く段階的に進められてきた。貸出金利について，唯一残存していた20万ルピー以下の小規模借手に対する金利上限規制も2010年7月に撤廃され，完全に自由化された[5]。預金金利については，いまだに貯蓄預金が固定されているが，それ以外はほぼ自由化されている。

政府による銀行資源の先取りと批判されてきた準備率（CRR・SLR）も前掲図3-2a, bのように段階的に削減されてきた。これは，政府の財政赤字削減に向けた努力や財政赤字のファイナンスを金融機関に頼るのではなく（政府債券・TBを金融機関に割当てるのではなく），市場を通じた借入にシフトさせたことで可能になった。とくに，アドホックTBのRBI引受けを通じた財政赤字の貨幣化は，1997年に政府とRBIの同意で廃止された。また，財政責任・予算管理法（Fiscal Responsibility and Budget Management Act）の制定を受けて，2006年4月以降，RBIは政府証券の発行市場に参加することができなくなった[6]。こうして，中央・州政府の市場からの借入れ比率は，1991/92年度の20.7％から

表3-3 指定商業銀行の優先部門融資（調整済み純信用比）

(単位：%)

部門	2007年3月			2008年3月			2009年3月		
	公共	民間	外国*	公共	民間	外国	公共	民間	外国
優先部門融資合計	39.7	42.9	33.4	44.7	47.8	39.5	42.5	46.8	34.3
Ⅰ　農業	15.4	12.7	n.a.	17.5	15.4	n.a.	17.2	15.9	n.a.
Ⅱ　小規模工業(零細・小企業)	7.8	3.9	10.3	11.1	13.7	12.2	11.3	12.0	11.2
Ⅲ　その他	15.7	22.9	n.a.	n.a.	n.a.	n.a.	n.a.	n.a.	n.a.
Ⅳ　小売業	n.a.	n.a.	n.a.	3.0	2.4	n.a.	2.5	1.8	n.a.
Ⅴ　マイクロクレジット	n.a.	n.a.	n.a.	0.2	0.7	n.a.	0.2	1.1	n.a.
Ⅵ　教育	n.a.	n.a.	n.a.	1.4	0.1	n.a.	1.6	0.2	n.a.
Ⅶ　住宅	n.a.	n.a.	n.a.	10.8	13.8	n.a.	9.2	13.2	n.a.
Ⅷ　輸出信用	**	**	18.3	**	**	22.7	**	**	19.4

注：＊外国銀行の量的割当は32％で，優先部門のカテゴリーもやや異なる。
　　＊＊優先部門の対象外であることを示す。
　　2008年から住宅や教育などサブセクターへの融資も反映されるようになった。
出所：RBI, *Trend and Progress of Banking in India*, various issues.

2001/02年度の62.2％に上昇した（Mohan 2004）。

　しかし，政策的信用割当の量的目標は変化していない。農業やSSIの多くがいまだにインフォーマルなマネーレンダー（高利貸し）に依存している問題や優先部門融資における不良債権比率の高さが商用銀行の収益に影響を与えているという問題は各種委員会で指摘され，優先部門の対象を絞り，量的目標を段階的に削減することが勧告されてきた。しかし，優先部門融資の対象セクターは選挙票に大きく影響するだけに手がつけられていない。現在では，外国銀行も純信用の32％をSSIや輸出信用などの優先部門に割当てるように規定されている。

　ただし，1990年代後半以降，幾度となく優先部門融資のガイドラインが改定され，優先部門の対象がぼやけてきているのも事実である。まず，商業銀行が優先部門融資の量的目標に達しなかった場合，その不足分に等しい額を農業・SSI専門開発金融機関へ預金ないしその債券へ投資すればよいというオプションができた。そのため，2000年代前半までは図3-2bのようにSLRが低下していたのにもかかわらず，自己資本規制への対応や不良債権の処理を進めていた商業銀行は，優先部門に直接貸し出すよりもリスクウェイトの低い債券保有を選好した（図3-4）。次に，優先部門の対象セクターや融資上限が拡大され，住宅や教育，マイクロクレジットへより融資が流れるようになった。住宅や教

育の融資限度額は200万ルピーとやや高めに設定されているため，本来銀行融資を受けられる層も対象になっている。そのため，2000年中葉以降不良債権処理が進み，9％の自己資本比率をクリアした商業銀行はより利益が得られる住宅への融資を増大させている（表3－3，図3－4）。さらに，2007年4月からSSIが中小零細企業（MSME，第6章コラム参照）に再定義されたことに伴い，零細・小企業のみが優先部門融資の対象となったが，RBIの指導が行き届いていないため，実施には中企業向け融資が優先部門融資にカウントされていると指摘されている。

（2） 金融政策

経済自由化後の金融政策の目的は，適切な外貨流動性を確保しながら，物価の安定と生産部門へ適切に信用を供給することにある。金融政策の運営基準としては，長らくマネーサプライ（M3）を中間目標としてきたが，1998年以降は，実質GDP，卸売物価指数（WPI），M3，銀行信用，銀行預金などの複数の指標に注目して金融政策が運営されている。ただし，物価を重視する姿勢は変わっていない（小林 2009）。

金融政策の手段としては，公定歩合操作や準備率操作，公開市場操作のほか，短期金融市場の流動性を調整し，かつ短期金利に影響を与えるシグナルとして流動性調整ファシリティ（Liquidity Adjustment Facility：LAF）が導入されたことに伴い，レポレートとリバースレポレート操作が挙げられる。レポレートとはRBIが短期金融市場に資金を供給する際の金利であり，リバースレポレートとは，逆に資金を吸収する際の金利である。レポレートを上限，リバースレポレートを下限とする範囲に短期市場金利のコールレートが誘導される。現在の金融緩和・引締政策の多くは，CRRとレポ・リバースレポレート操作を中心に行われている。

経済自由化以前，インフレ圧力につながるリザーブマネー増大の要因は，政府に対するRBI純融資額増大（RBIへのアドホックTB売却）であったが，前述のように，このような財政赤字の貨幣化はなくなった。代わりに，経済自由化後にリザーブマネーの増大をもたらしているのは，RBIの純外国資産増大である。資本自由化は外国資本の流入を通じてインドの経済成長を促進している一方で，ルピー高をもたらしている。RBIはインドの国際競争力を低下させないために，

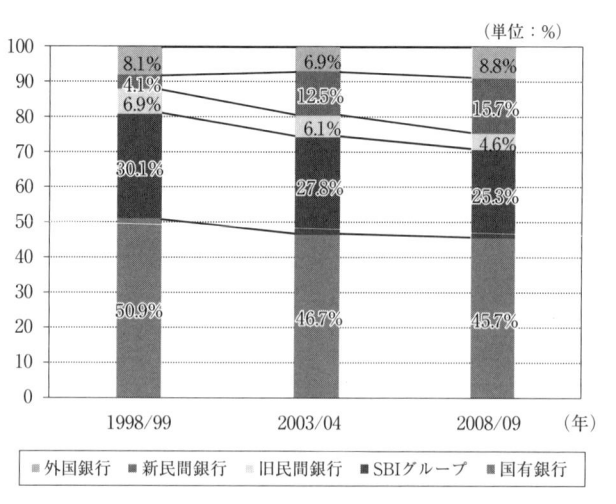

第Ⅰ部 マクロ経済からみたインド経済

図3-5 指定商業銀行総資産に占めるグループの比率

(単位:%)

年	外国銀行	新民間銀行	旧民間銀行	SBIグループ	国有銀行
1998/99	8.1%	4.1%	6.9%	30.1%	50.9%
2003/04	6.9%	12.5%	6.1%	27.8%	46.7%
2008/09	8.8%	15.7%	4.6%	25.3%	45.7%

出所:RBI, *Trend and Progress of Banking in India*, various issues.

表3-4 指定商業銀行グループ別の金融比率

(単位:%)

純利益比率*	2000/01	2001/02	2002/03	2003/04	2004/05	2005/06	2006/07	2007/08	2008/09
国有銀行	0.3	0.7	1.0	1.2	0.9	0.8	0.8	0.9	0.9
SBIグループ	0.6	0.8	0.9	1.0	0.9	0.9	0.8	0.9	0.9
旧民間銀行	0.6	1.1	1.2	1.2	0.3	0.6	0.7	1.0	1.0
新民間銀行	0.8	0.4	0.9	0.8	1.1	1.0	0.9	1.0	1.1
外国銀行	0.9	1.3	1.6	1.7	1.3	1.5	1.7	1.8	1.7
不良債権比率**	2000/01	2001/02	2002/03	2003/04	2004/05	2005/06	2006/07	2007/08	2008/09
国有銀行	7.0	6.0	4.7	3.1	1.9	1.2	0.9	0.7	0.7
SBIグループ	6.3	5.5	4.1	2.7	2.2	1.6	1.3	1.4	1.5
旧民間銀行	7.3	7.1	5.5	3.9	2.7	1.7	0.9	0.7	0.9
新民間銀行	3.1	4.9	4.6	2.4	1.9	0.8	1.0	1.1	1.3
外国銀行	1.8	1.9	1.8	1.5	0.9	0.8	1.0	0.9	1.7
自己資本比率***	2000/01	2001/02	2002/03	2003/04	2004/05	2005/06	2006/07	2007/08	2008/09
国有銀行	10.2	10.9	12.2	13.1	13.2	12.3	12.4	n.a.	n.a.
SBIグループ	12.7	13.3	13.4	13.4	12.4	12.0	12.3	n.a.	n.a.
旧民間銀行	11.9	12.5	12.8	13.7	12.5	11.7	12.1	n.a.	n.a.
新民間銀行	11.5	12.3	11.3	10.2	12.1	12.6	12.0	n.a.	n.a.
外国銀行	12.6	12.9	15.2	15.0	14.0	13.0	12.4	n.a.	n.a.

注:* 純利益比率=純利益/総資産。
** 不良債権比率=純不良債権/貸出額。
*** Basel Ⅰに基づく。Basel Ⅱへの移行期のため2007/08, 2008/09年度のデータはいまだ公表されていない。

出所:RBI, *Trend and Progress of Banking in India*, various issues.

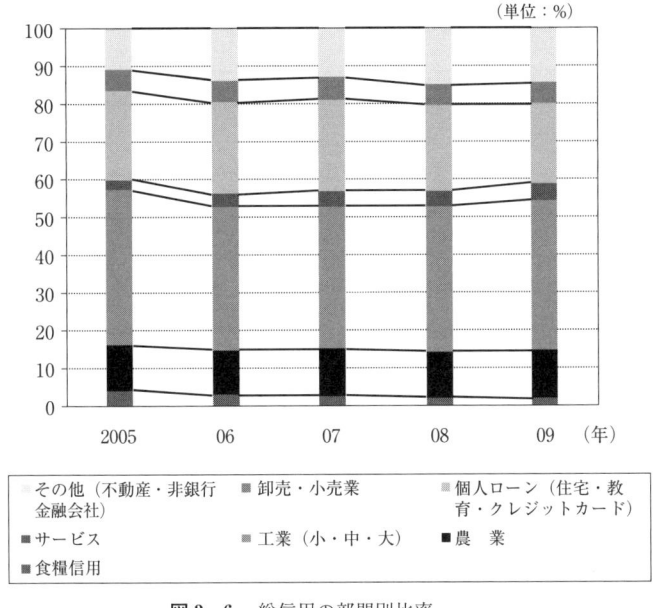

図3-6 総信用の部門別比率

注：2004年以前とは貸出分類が異なるので比較ができない。
出所：RBI, *Trend and Progress of Banking in India*, various issues.

外国為替相場に介入してドル買いを実施しているが，それは市中の過剰流動性を高め，インフレ圧力にもなっている。

（3）金融改革の影響——競争の顕在化とソーシャルバンキングからの乖離

このように，インドは他の途上国の経験を踏まえて注意深く段階的に金融改革を行ってきた。とくに，1990年代前半までは，これまでの統制的な規制を除去し，商業銀行に経営の柔軟性と自立性を与えながら，効率的な金融サービスを提供させることに重点が置かれた。その後，1997年のアジア通貨危機とその伝播を目の当たりにした1990年代後半からは，世界経済に統合されながら経済成長を続けるために金融システムの強化を図ってきた。

こうした金融改革の進展につれて，商業銀行部門において以下のような変化が確認できる。

第一に，銀行間の競争が顕在化してきたことである。図3-5のように国有銀行やSBIグループ，旧民間銀行の総資産が指定商業銀行総資産に占めるシェ

表3-5　所得グループによる借入源

(単位：%)

	低位所得四分位	第二所得四分位	第三所得四分位	高位所得四分位
親戚・友人	39.2	34.4	33.2	32.0
マネーレンダー	39.8	33.2	25.8	14.8
銀　行	9.6	20.7	33.3	45.8
SHG・マイクロファイナンス機関	10.8	9.8	4.5	4.3
共同組合	5.4	4.9	6.5	7.4
チットファンド*／非銀行金融会社	1.6	1.9	1.5	1.2
その他	1.0	0.9	0.8	1.4

注：＊無尽に類似していると言われている。
　　各所得グループにおいて，過去2年間にこれらの借入源から借入した人々の比率。
出所：GOI (2009).

アは低下傾向にある一方，経済自由化以後に参入した新民間銀行と外国銀行のシェアが上昇している。

　第二に，新規参入や競争が進むなかでも，**表3-4**のように確実に不良債権処理を進め，自己資本比率を改善させてきたことは特筆すべきことである。労働組合の反対によりIT化が遅れていた公共部門銀行においてもリストラが進み，純利益率は他の地場銀行に匹敵するようになってきた。

　第三に，優先部門融資のガイドライン改定や近年の建設ラッシュ・消費ブームに後押しされて，**図3-6**のように住宅・教育・クレジットカードなどの個人ローンや不動産融資が拡大している。その一方で，**表3-5**のように多くの所得層がいまだに銀行にアクセスできずにいる。とくに低所得者層の大半がマネーレンダーや親戚・友人からの借入に依存している。近年では，農村部ばかりでなく都市部の貧しい人々が制度金融にアクセスできないことも深刻な問題として取り上げられるようになった。

　このような変化は，もはやこれまでのように大規模な公共部門銀行を中心としたソーシャルバンキングが困難になってきていることを意味するのではないだろうか。

　こうしたなか，すべての人を制度金融に取り組む「金融包括 (financial inclusion)」に向けた新しいパラダイムとしてインドで注目されているのが，マイクロファイナンスやモバイルバンキングである。

　まず，マイクロファイナンスについて，インドでは2つのモデルが実施されている。1つは，商業銀行が形成された自助グループ (Self-Help Group：SHG)

に直接貸し出すものであり、もう1つは、マイクロファイナンス機関（Micro Finance Institutions：MFIs）が商業銀行から借り入れ、マイクロファイナンスの顧客に貸出すものである（GOI 2008; 2009）。

前者はSHG-Bank Linkageモデルと呼ばれ、インドに特有のマイクロファイナンスである。SHGの90％が女性のグループであることから、女性のエンパワーメント向上も期待されている。2007年3月末時点で、290万のSHGが形成され、それらのグループへの融資残高は1000億ルピーにのぼっている。州政府の促進的な役割やよく機能するNGOの存在、社会文化的な背景から、アーンドラ・プラデーシュ州やケーララ州、カルナータカ州、タミル・ナードゥ州といった南部を中心に発達してきたのも特徴である。

後者は、バングラデシュのグラミン銀行の成功もあり、国際的にもよく知られているモデルである。現在、インドのMFIsは、会社やNGO、協同組合など様々な法体系・事業形態下で運営されているため、正確なMFIs数は得られないが、2007年3月末時点のMFIsへの融資の残高は、350億ルピーにのぼっている。ただし、MFIsはNGOを通じて運営されていても営利目的であるため、取引費用を反映して金利が高いのが一般的である。借手がMFIsへ返済をするためにマネーレンダーから借り入れるケースや返済を執拗に迫られて自殺するケースも報告されている。そのため、いかにMFIsを監督・規制していくかが課題となっている。

次に、インドでは年間1億人の割合で携帯加入者が増大しており、2010年4月現在、携帯保有者はすでに6億人に達している。つまり、家計は少なくとも1つの携帯電話を保有していることになり、携帯電話のネットワークを通じた制度金融の拡大に期待が集まっている。銀行間の共通の決済システムの構築や費用、セキュリティーの問題など課題も多いが、現在、銀行や通信業界などが協力してその実現可能性に向けて検討している。

4　証券市場の発展

（1）　証券市場の再興

経済自由化前の（一握りの財閥が支配的だった）インド民間企業の資金調達は、主に①親会社、②銀行や開発金融機関などの金融仲介機関、③株式市場を通じ

て行われてきた（Shah et al. 2009）。前節でみたように，経済自由化後も銀行は度々政府・RBIの介入を受けているほか，企業の中長期融資を担ってきたICICIなど開発金融機関は民間銀行に転じ，個人ローンや不動産融資に傾斜している。こうした状況は，企業の金融仲介機関を通じた資金調達をより困難にしている。そして，1992年以降の証券市場改革は，こうした問題を抱える銀行をバイパスし，インドの金融システムの比重を証券市場へとシフトさせている。

インドの証券市場の歴史は長く，1875年に約300のブローカーがボンベイ（現ムンバイ）にトラスト（Native Shares and Stock Brokers' Association）を結成したことに遡る。これがBSEの始まりであり，BSEがアジア最古の証券市場といわれる所以である。これ以降，戦前から戦後にかけて主要都市に証券取引所が設立されていったが，独立後の不況により，多くの取引所が閉鎖された。1956年に証券取引所の認可や取引について定めた証券契約（規制）法が制定され，この法のもとで，ムンバイ（BSE）やアフマダーバード，コルカタ（旧カルカッタ），チェンナイ（旧マドラス），ハイダラーバード，デリー，バンガロール，インドールの8つの取引所が認可を受けた。

その後，1973年の外国為替規制法（FERA）の制定に伴い，外国企業の出資比率を低下せざるをえなくなった多国籍企業が株式を放出したことや1980年代前半にリライアンスなどの企業が株式市場にアクセスを始めたことで，市場はにわかに活況を呈してくる。

しかし，株式市場の再興は，経済自由化を待たなければならなかった。主要な証券取引所であるBSEの取引方法は不透明で，度々インサイダー取引などの不正・詐欺行為を引き起こし，投資家の信頼を損ねていた。また，株式市場は，1947年に制定された資本発行（統制）法のもとで，企業の株式発行数や発行価格は大蔵省下の資本発行統制官によって厳格にコントロールされていた。

こうした状況に，経済自由化は4つの新しい風を吹き込んだ。

1つ目は，証券市場の強力な監督・規制機関としてのSEBIの誕生である。SEBIは1988年に政府により設立されていたが，1992年1月のSEBI法（SEBI Act）の制定により，SEBIは投資家を守り，証券市場の発展を促進し，規制するための機関として法的権限を与えられた。その目的のために，SEBIは，すべての仲介業者の登録や業務を監督するほか，不正・詐欺行為や企業の大規模な合併や買収を規制したり，投資家の教育を行ったりしている。また，裁判所と

表3-6　企業部門による資金調達

(単位：1,000万ルピー)

	株式発行	債券発行			合　計
		公　募	私　募	小　計	
1995/96	14,830	5,974	13,361	19,335	34,165
1996/97	7,853	6,286	15,066	21,352	29,205
1997/98	1,892	2,678	30,099	32,777	34,669
1998/99	935	4,652	49,679	54,331	55,266
1999/00	4,566	3,251	61,259	64,510	69,076
2000/01	3,368	2,740	67,836	70,576	73,944
2001/02	1,272	6,271	64,876	71,147	72,419
2002/03	1,457	2,613	66,948	69,561	71,018
2003/04	18,948	4,324	63,901	68,225	87,173
2004/05	24,388	3,867	83,405	87,272	111,660
2005/06	27,372	10	96,473	96,483	123,855
2006/07	32,903	605	145,866	146,471	179,374
2007/08	79,739	7,290	212,725	220,015	299,754

出所：SEBI(2010), *Handbook of Statistics on the Indian Securities Market 2009*.

同様な権限をもち，不正・詐欺行為を行ったものに対しては，調査・起訴を行う。

またSEBI法の制定により，株式の発行と発行価格をコントロールしてきた資本発行（統制）法は廃止され，企業は自由に株式を発行し，市場メカニズムを通じて価格づけがなされるようになった。

2つ目は，証券市場に外国機関投資家（Foreign Institutional Investors, 以下，FII）の参入が許可され流動性が高まったことである。1992年の規制緩和以来，SEBIに登録している年金基金・投資信託・投資ファンドなどFIIによる純投資額は，1993/94年度の16億3400万ドルから金融危機の影響が及ぶ前の2007/08年度には，164億4200万ドルへ増加した。現在FIIは，投資上限つきながらも，株式・社債のほか，政府証券（公債）への投資も可能になっている。

3つ目は，新しい近代的なナショナル証券取引所（National Stock Exchange of India, 以下，NSE）が誕生したことである。NSEは，1992年11月に設立され，1993年4月に証券契約（規制）法のもとで証券取引所として認可を受けた。1994年6月から国全体をITで結びスクリーンベースの取引を開始するやいなや，その取引の透明性は評判になった。これにはスクリーンベースの取引に反対していたBSEも導入せざるをえなくなった。そして，NSEとBSEが競争しあ

表3-7　BSEとNSEの比較

	BSE		NSE	
株式（参照年は2009年）				
上場企業数	4,955	(1)	1,453	(10)
IPO企業数	60	(3)	17	(13)
時価総額（100万ドル）	1,306,520	(11)	1,224,806	(14)
売買代金（100万ドル）	263,352	(24)	786,684	(16)
売買高（100万株）	105,773	−	216,023	−
債券（参照年は2008年）				
時価総額（100万ドル）	n.a.	−	514,645	(9)
売買代金（100万ドル）	4,610	(20)	64,010	(13)

注：括弧は世界52証券取引所のなかでの順位を表す。
出所：World Federation of Exchanges（www.world-exchanges.org/〔2010年5月1日アクセス〕）。

うことで，証券市場の飛躍につながった。

　4つ目は，大きな債券市場が動き出したことである。経済自由化前もインドは財政赤字が大きかったため，大きな公債市場が存在していた。しかし，前述したように政府債券やTBは，実質的に商業銀行やRBIへの割当となっており，これらの金融機関は償還期間まで保有する傾向にあった。したがって，市場は存在してはいたが，活動停止の状態にあったといえる。しかし，金利の自由化や政府債券・TBの入札制度導入により，リスクの最も低い公債が社債の値付け・利回りのベンチマークとして機能するようになり，眠っていた市場が徐々に動き始めた。

　このような証券改革の進展により，**表3-6**のように証券市場を通じた資金調達は増大した。また，若くて新しい企業が新規株式公開（Initial Public Offering，以下，IPO）を通じて発行市場にアクセスできるようになったことも重要である。2007/08年度のIPO企業は85社，その資金調達額は4259億ルピーにのぼり，インドは世界で5番目に大きなIPO市場になった（Shah et al. 2009；SEBI 2009）。さらに，インド企業は国内での資金調達に加えて，米国預託証券（American Depository Receipts：ADR）の発行を通じてニューヨーク証券取引所（New York Stock Exchange：NYSE）とNASDAQから，グローバル預託証券（Global Depository Receipts：GDR）を通じて欧州からも資金調達が可能になった。

　ただし，表3-6のように，社債市場では企業は公募よりも，発行要件が緩い私募を好む傾向にあり，社債市場の育成は課題として残っている。

(2) BSEとNSE

　SEBIのホームページをみると，2010年4月30日現在，SEBIのもとには24の証券取引所が登録されて，営業を行っている。しかし，2008/09年度にインド全体で取引された株式の99％はBSEとNSEを通じたものである。他の証券取引所は，BSEとNSEの会員となった子会社を通じた取引に限定されている。BSEとNSEはともにインドの金融センターであるムンバイ（旧ボンベイ）に本拠地を置き，1日の取引時間は9時55分〜15時30分である。

　表3-7はBSEとNSEを比較したものである。まず，株式市場をみてみよう。上場企業数は，BSEが4955，NSEは1453であり，それぞれ世界1位，10位の規模である。ほとんどの上場企業がBSEに上場している一方，NSEの上場要件が厳しいため，多くの企業がそれを満たすことができない。IPO企業数もBSEの方が多い。時価総額では，BSEが1兆3065億ドルであるのに対し，NSEが1兆2248億ドルで，それぞれ世界11位，14位の大きさである。ただし，売買代金と売買高になると，NSEがBSEを上回っており，NSEでは大半の株式がより活発に取引されていることがわかる。

　次に，債券市場をみてみよう。いずれも株式市場に比べると，債券市場の規模は小さい。ただし，NSEの時価総額（5146億ドル）は世界9位，売買代金（640億ドル）も世界13位の大きさである。また，NSEは個別株先物や株価指数オプションなどデリバティブ市場では，世界屈指の取引所である。

(3) 代表的な株価指数

　BSEは，主要30銘柄を対象にしたセンシティブ指数（SENSEX）を1986年に開始して以来，上場企業数の増加に合わせて対象銘柄も拡大したBSE-100・BSE-200・BSE-500という指数やAUTOやBANK，ITなどの業種別指数，主要な公共部門企業を対象にしたBSE-PSUを公表している。また，近年ではIPOを通じて上場した企業を対象にしたBSE-IPOも開始した。

　こうした多くの株価指数のなかで，インドで最も古くそして最も有名な株価指数がSENSEXである。SENSEXは，BSEに上場する主要30銘柄を対象にした浮動株基準株価指数である。SENSEXは1978/79年度を100とした指数で，1979年4月からデータが入手可能である。以前は，時価総額加重平均方式によってSENSEXは算出されていたが，時価総額加重平均方式では，創業者や政

表3-8 SENSEX構成銘柄（2010年5月3日改定）

会社名	業　種	備　考
ACC	セメント	
バーラート重電機（BHEL）	重電機器	
バルティ・エアテル	通信（携帯電話）	
シプラ	製　薬	
DLF	不動産開発	
グラシム・インダストリーズ	セメント・繊維	アディティヤ・ビルラ財閥
HDFC	住宅金融	
HDFC銀行	商業銀行	
ヒーロー・ホンダ	二輪車	ヒーロー財閥
ヒンダルコ・インダストリーズ	アルミニウム精錬	アディティヤ・ビルラ財閥
ヒンドゥスタン・リーバ	食品・日用品・化粧品	
ICICI銀行	商業銀行	
インフォシス・テクノロジーズ	IT	
ITC	タバコ・食品・製紙	
ジャイプラカシュ・アソシエイツ	建設・セメント	
ラーセン&トゥブロ	重電機器・建設	
マヒンドラ&マヒンドラ	自動車・農業機械	マヒンドラ財閥
マルチ・スズキ・インディア	自動車	
NTPC（国有火力発電公社）	電　力	
ONGC（石油天然ガス公社）	石油・ガス	
リライアンス・コミュニケーションズ	通　信	リライアンス財閥(弟)
リライアンス・インダストリーズ	石油・ガス	リライアンス財閥(兄)
リライアンス・インフラストラクチャー	電　力	リライアンス財閥(弟)
SBI	商業銀行	
スターライト・インダストリーズ	アルミニウム・銅・亜鉛・鉛	
タタ・コンサルタンシー・サービス（TCS）	IT	タタ財閥
タタ・モーターズ	自動車	タタ財閥
タタ・パワー	電　力	タタ財閥
タタ・スチール	製　鉄	タタ財閥
ウィプロ	IT	

注：リライアンス財閥は，兄（ムケシュ）グループと弟（アニル）グループに分割されている。
出所：BSE（http://www.bseindia.com/〔2010年5月10日アクセス〕）。

府の保有，株式持ち合いなどで実際に取引されない株式も含まれてしまうため，2003年9月1日から，実際に市場で取引可能な（浮動性のある）株式の時価総額で算出する方式に変更した。30銘柄は，取引頻度や時価総額，産業・業種などを考慮して選ばれ，四半期に一度銘柄の確認・見直しが行われる。

　他方NSEも，S&P CNX Nifty・CNX Nifty Junior・S&P CNX 500といった主要銘柄の株価指数やCNX IT・CNX Bank・CNX Energyなど業種別の株価指数を公表している。これらの株価指数は，NSEとCRISILとの合弁会社であ

第3章 金融システムと金融政策

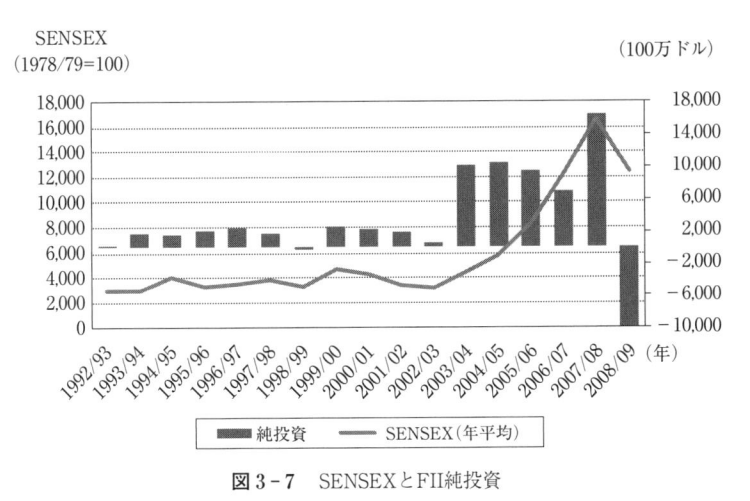

図3-7 SENSEXとFII純投資

出所：SEBI(2010), *Handbook of Statistics on the Indian Securities Market 2009.*

るIISL (India Index Service & Product Ltd.) によって所有・管理されている。ちなみに，指数の名前に使われているCNXの"C"はCRISILを，"N"はNSEを表している。

これらのなかで最も有名なのが，1996年から開始されたS&P CNX Niftyである。S&P CNX NiftyはNSEに上場する主要50銘柄を対象にした，浮動株基準株価指数である。1995年11月3日を1000としたS&P CNX Niftyは，22業種をカバーし，NSEの浮動調整済み時価総額の約65％を代表している。データは1990年7月から利用可能であり，半年に一度銘柄の確認・見直しが行われている。S&P CNX Niftyは，当初はNSE-50という名前で，時価総額加重平均方式で算出されていた。しかし，1999年からStandard & Poor'sとライセンス契約を結び，現在の名前に変更された。

表3-8は2010年5月現在のSENSEX30銘柄である。ほとんどすべての銘柄がS&P CNX Niftyの50銘柄でもあり，まさに今のインドを代表とする企業から構成されている。建設ブームを反映して，資源・建設・インフラ・不動産等の業種が比較的多い。また，2007年にIPOにより上場したDLF（モールなどを手掛ける不動産開発会社）を除けば，タタやリライアンスなど財閥の企業が目立つ。

図3-7はSENSEXとFIIによる投資との関係を示している。とりわけ，FIIによる投資の引き上げが目立った，アジア通貨危機後の1998/99年度や印パ危

95

機があった2002/03年度，そして金融危機の影響を受けた2008/09年度は，SENSEXにネガティブの影響を与えていることがわかる。

今後もインドの証券市場はFIIにとって魅力的な市場の1つであることから，投資は増大すると思われる。ただし，非居住インド人（NRI）を除く海外の個人投資家による投資は認められていない。また，参入が認められているFIIについても，株式・社債・公債それぞれにいまだ投資の上限があり，政府はFIIの完全な自由化に対しても慎重である。FIIは，インド企業の払込資本の10％までしか投資できず，複数のFIIが同一企業の株式を保有する場合もFIIの株式保有分は合計で24％までとなっている。社債と公債に対するFIIの投資上限は，それぞれ年間150億ドル（2009年3月改定）と50億ドル（2008年6月改定）に定められている。

5　世界経済への統合と今後の課題

経済自由化以前，経済的な自立のためにも，また健全なマクロ経済運営のためにも，インドは外国資本を厳格にコントロールしてきた。しかし，今日のインド経済の成長を支えているのは他でもない外国資本である。インドは，増大する海外からの投資と世界経済へのさらなる統合により，2012年まで毎年9％台の実質経済成長率を目標に設定している。

ただし，海外からの資本流入は，ルピー高をもたらし，インドの国際競争力を弱める。これまでのように，RBIが外国為替市場で過度のドル買い介入を行えば，国内で過剰流動性が発生し，不動産バブルやインフレを引き起こす要因にもなる。対外的な競争力の維持と国内のマクロ安定化のバランスをいかにとっていくかが今後の課題であろう。もちろん，マクロ安定化のためには効率的に機能する金融システムが必要であり，同様に，さらなる金融部門改革のためには健全なマクロ経済運営が必要であることはいうまでもない。

●注
（1）　資金取引には，借手の情報を収集して審査（スクリーニング）し，貸付後には

借手を監視（モニタリング）するなど一定の取引費用を要するが，これに規模の経済が働くならば，銀行は多数の少額資産保有者から預金を集め，それを多様な貸付先へ運用することによって資金供給者の取引費用とリスクを減少させることができる。また，一定の準備を残すことによっていつでも預金者の流動性に答えられると同時に，残りの預金を長期の貸付に回すことが可能になり，資金の供給者と需要者の流動性に関する選好を調整できる（堀内 1990）。

（2）　絵所（1998）によれば，インドではハイパワードマネーをリザーブマネーと呼び，それは「政府に対するRBI純融資額＋銀行に対するRBI融資額＋商業部門に対するRBI融資額＋RBIの純外国資産＋公衆に対する政府の貨幣債務－RBIの純非貨幣債務」と定義される。マネーサプライに関しては，狭義の貨幣（M1）は「現金通貨＋銀行の要求払預金＋給与所得者信用組合預金＋RBIのその他の預金」，広義の貨幣（M3）は「M1＋銀行の定期性預金」と定義される。

（3）　インドのCPI（消費者物価指数）には，CPI（工業労働者）とCPI（農業労働者），CPI（非肉体労働者）の3種類ある。ただし，CPI（非肉体労働者）は近くCPI（都市）に変更される。他方，インドのWPI（卸売物価指数）は，435品目を対象としている。具体的には，①食糧・原材料・鉱物から構成される第一次産品（Primary article）93品目，②燃料や電気，潤滑油（Fuel, power, light and lubricants）19品目，③製造業製品（manufactured products）318品目，を加重平均した指数である。対象品目の多さからWPIがインド全体のインフレ率を表す際によく利用されている。

（4）　ICICIは，1955年に世界銀行や政府，産業界のイニシアチブのもと設立され，全国レベルの政府系開発金融機関として工業部門の大規模プロジェクトに中長期融資を行ってきた。ICICI銀行は1994年にその子会社として設立され，1999年には日本を除くアジアの金融機関として初めてニューヨーク株式市場に上場した。その後，ICICIとICICI銀行は，2002年に合併が認められ，現在は民間金融機関として機能している。2010年3月現在，ICICI銀行は，資産規模においてSBIに次ぎインドで2番目に大きい銀行である。

（5）　正確には，すべてのカテゴリーの借手にとってベンチマークとなる金利を各行が設定するBase Rate Systemへ移行した。

（6）　そのかわりに市場安定化スキーム（MSS）という，RBIが政府に代わって発行できるMSS債の制度ができた。

（7）　ただし，インドで最も新しい証券取引所としてUnited Stock Exchange of India（USE）が設立され，SEBIから2010年3月に通貨デリバティブの営業を許可されていることを踏まえれば，実際は25の証券取引所が存在するといってよいだろう。USEの大株主はBSEで，USEは2010年6月から取引を開始する予定であ

る。

● **参考文献**

絵所秀紀（1998）「インド型金融システムの形成と構造」*Discussion Paper* No. D97-14, Institute of Economic Rescarch, Hitostubashi University.

奥田英信・三重野文晴・生島靖久（2006）『開発金融論』日本評論社。

小林公司（2009）「インドにおける『国際金融のトリレンマ』について——中長期的なマクロ安定化を脅かす要因」『みずほ総研論集』2009年1月。

世界銀行（1993）『東アジアの奇跡——経済成長と政府の役割』東洋経済新報社。

堀内昭義（1990）『金融論』東京大学出版会。

Government of India (GOI) (2008), *Report on Committee on Financial Inclusion*.

Government of India (GOI) (2009), *A Hundred Small Steps: Report of the Committee on Financial Sector Reforms*.

Mohan, Rakesh (2004), "Financial Sector Reforms in India: Policies and Performance Analysis," *Reserve Bank of India Bulletin*, October.

Securities and Exchange Board of India (2009), *Annual Report 2007-08*.

Shah, Ajay, Susan Thomas and Michael Gorham (2009), *India's Financial Markets*, ELSEVIER and IIT Stuart.

Bombay Stock Exchange (BSE) (http://www.bseindia.com/〔2010年5月16日アクセス〕)。

National Stock of Exchange of India (NSE) (http://www.nseindia.com/〔2010年5月10日アクセス〕)。

Reserve Bank of India (RBI) (www.rbi.org.in/〔2010年5月12日アクセス〕)。

（二階堂有子）

第4章
国際貿易と資本移動

　インドの近年の高度経済成長を背景にして，急激に拡大する膨大な国内市場や安価で大量に存在する労働力が日本企業にとってもますます魅力的になってきた。実際，四輪車のマルチ・スズキや二輪のヒーロー・ホンダなどの既存日本企業の成功に加えて，近年，NTTドコモによる業界第4位のタタ通信への資本参加，第一三共による業界1位の製薬メーカーであるランバクシーラボラトリーズの買収，野村證券グループによるプライマリーディーラー資格の獲得やトヨタと日産によるインドでの小型車販売構想など，日本企業のインド進出が目覚ましい。また，21世紀に入ってからは，インド現地企業が海外に積極的に事業展開するようになってきたことも注目に値する。経済のグローバル化とは，「ヒト，モノ，カネが国境を越えて自由に動けるようになること」といわれるが，インドも1991年から本格的に経済のグローバル化を推し進めている。本章と関係するグローバル化は，モノとカネの自由化すなわち貿易と資本自由化である。貿易と資本自由化はインド経済に対してどのような意義をもっているのだろうか。本章は，具体的なデータを示すことによって，インドの国際貿易と資本移動の全体像の理解につながる解説を試みたい。

1　国際貿易と資本移動の長期変動

(1)　国際貿易の長期変動

　まず，国際貿易の長期的な趨勢を考えたい。着実に貿易自由化を進めているインドは，1991年の経済自由化がスタートするまで世界経済のなかでマージナルな存在でしかなかったのが，近年その存在感を高め，その貿易依存度も急激に上昇している。**図4-1**で確認できるように，1990年には貿易依存度（GDPに対する輸出入合計の比率）はわずか15％未満に過ぎなかったのが，2008年には43％にまで増加している。こうして，インド経済は，世界経済の動向に対して

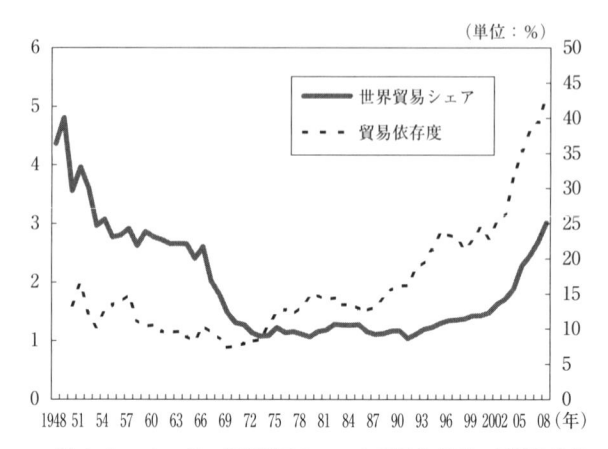

第Ⅰ部 マクロ経済からみたインド経済

図4-1 インドの世界貿易シェアと貿易依存度の長期的推移

出所：世界貿易シェア（左目盛）：International Monetary Fund(2009), *International Financial Statisitcs*.
貿易依存度（右目盛）：Reserve Bank of India(2009), *Handbook of Statistcs on the Indian Economy 2008-09*.

以前よりも影響を受けやすくなっている。さらに，世界貿易に占めるインドの貿易（輸出と輸入合計）シェアを確認すれば，次のような動きが観察できる。1950年代前半に，インドのシェアは大きく落ち込む。1948年の4％から1954年の3％と1％ポイントもの低下である。その後，1950年代後半に漸減し，1969年には1％にまで低下する。この時期，インド経済が拡大する世界貿易の趨勢から取り残されたことが決定的となる。その後，1970年代から1980年代まで1％前後を推移する。これに対して，1991年以降，インドのシェアは趨勢的に拡大し，2008年には3％にまで上昇している。

インドの貿易政策は，政府主導で自国産業を保護育成することによって，輸入工業製品の国産化を通じて工業化を図るという計画的輸入代替工業化開発戦略によって基本的に規定されてきた。輸入は，伝統的貿易政策原則といわれている「必要不可欠でしかも国内で得られない品目に限って認める原則（the principle of 'essentiality' and 'indigenously non-availability')」がとられてきた。この原則のもとで構築された輸入規制体系は，①キャナライゼーション（canalization）と呼称される政府関係機関ルートによる独占的輸入制度，②煩瑣で複雑な輸入ライセンス制度，③輸入代替産業の保護育成を図るための傾斜関税構造と高水準の関税率，の3点に集約することができる。

しかし，1970年代後半以降，輸入代替工業化の枠組みのもとで，漸進的な貿易自由化措置が実施されるようになる。具体的には，①包括的輸入許可品目の拡大を通じる輸入自由化，②輸入ライセンス取得優遇をはじめとする輸出および輸出産業重視政策，③産業ライセンス規制・独占および制限的商慣行法適用の輸出産業に対する例外措置などをはじめとする輸出向け生産の自由化，の3点にまとめることができる。同時に，1970年代後半以降の貿易自由化が既存の輸入代替工業化政策の枠組みを超えるものでは決してなかったことに注意しなければならない。それが大転換するのが，1991年以降の経済改革によってである。

その貿易自由化措置は，伝統的輸入政策原則の廃棄を意味するものであり，具体的には①輸入ライセンス制度の廃止，②輸出補助金の撤廃，③関税率の引下げ，④経常勘定の交換性の実現とも呼称される経常勘定における外国為替規制の撤廃，などが盛り込まれている。2001年3月に，国際収支上の理由で行ってきた輸入数量制限を全廃しGATT11条国に移行した。現在では，GATT20条と21条で認められている安全保障・健康・安全性・環境・公徳の理由による輸入数量制限しか行っていない。関税率（関税収入を輸入金額で割り算して算出した）は，1990年の約50％から最近年は1桁台にまで大幅に低下している。1995年にスタートしたWTO体制にコミットしながら，インドは着実に貿易自由化を推進している。すなわち，1991年以降の貿易政策改革は，インドの計画的輸入代替工業化を転換させ，経済のグローバル化を強く志向している。

1991年以前においては，旧ソ連との貿易が全体の2割近くを占めており，インド側が主として原油を，旧ソ連側が主として軽工業製品を輸入する関係にあった。貿易決算も，ドルを介在させないルーブルによる振替勘定によって行われていた。1991年のハードカレンシー（ドル）決済への移行と旧ソ連そのものの崩壊も，1991年以降の貿易自由化の重要な背景となっていることを付記したい。

インドの貿易政策は，1950年代から1970年代までの計画的輸入代替工業化政策，1980年代の漸進的な貿易自由化政策，1991年以降から現在までのGATT＝WTO体制に積極的にコミットした貿易自由化政策となる。1980年代からの貿易自由化はインドの貿易依存度を高めたものの，世界貿易シェア拡大には有効な効果を発揮せず，1991年以降の経済改革こそが計画的輸入代替工業化から

(単位：%)

図4-2　工業製品の輸出比率

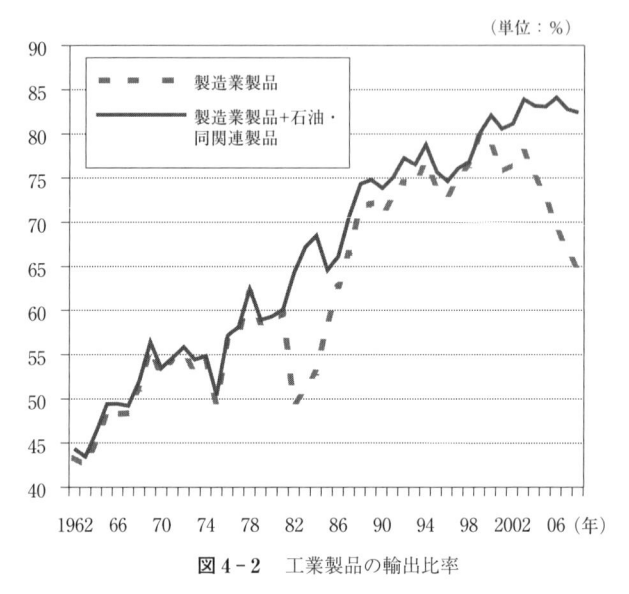

注：製造業製品：標準国際貿易分類（SITC Rev. 1）コードの2桁番号5から8
の合計．石油・同関連製品：SITCコードの2桁番号3。
出所：United Nations, UN Comtrade.

の本質的な転換であり，経済のグローバル化を本格化させたといえよう。

それでは，インドの貿易構造はこの間どのような変化を遂げたのか。**図4-2**は，工業製品の輸出シェアを示している。1962年に輸出のわずか4割程度しか占めていなかった製造業製品がその後，着実に増加し，1990年代後半には8割にまで達し，近年減少傾向にあるとはいえ，2008年においても6割を維持している。また，近年，石油製品輸出が急増しており，石油・同関連製品と製造業製品の合計が2008年においても8割となっている。いずれにしても，インドは，もはや，先進国に対して熱帯産品や原材料を供給している，とはとてもいえなくなっている。ここでは，インドの輸出の8割が工業製品になっている事実をおさえておきたい。**図4-3**は，輸入に占める食料と石油・石油関連製品を示している。インドはたしかに商品作物を海外に輸出していたが，1970年代末まで食料を恒常的に輸入していた食料純輸入国であった。このため，旱魃などが発生するとインフレが昂進するだけではなく食料輸入が急増し，国際収支危機に発展してきた。実際，旱魃が深刻であった年には食料輸入が3割を超えることがあったことが，図4-3から読み取れる。こうした状況は，1960年代

第 4 章　国際貿易と資本移動

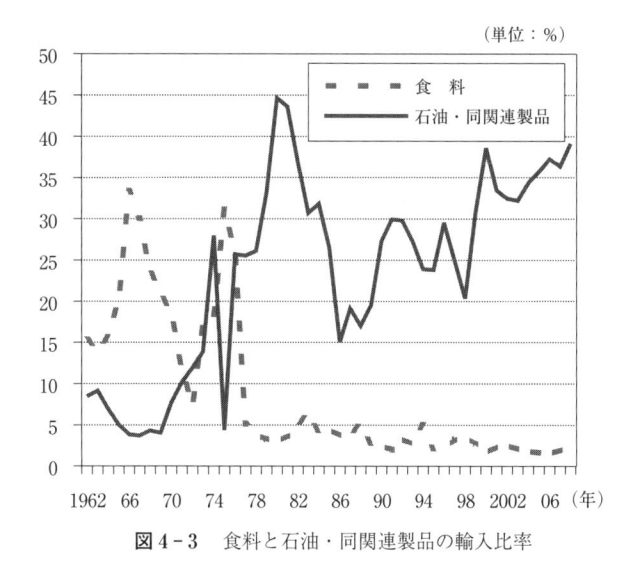

図 4-3　食料と石油・同関連製品の輸入比率

注：食料：標準国際貿易分類（SITC Rev. 1）コードの 2 桁番号 0，石油・同関連製品：SITC コードの 2 桁番号 3。
出所：図 4-2 と同じ。

後半から進展する緑の革命によって劇的に変化する。緑の革命によって，1970年代末にインドは食糧穀物の輸入をほぼゼロに抑えることに成功し，実際，図 4-3 からもわかるように，輸入に占める食料の割合がほぼ無視できる水準にまで低下している。これに対して，国内における工業化と経済成長に伴うエネルギー需要の拡大が原油輸入を趨勢的に増加させている。図 4-3 によれば，実際，1962 年には輸入の 1 割にも満たなかったのが，2008 年には 4 割にまで増加していることがわかる。インドは，石油消費の 8 割を輸入に頼っている。ここから，石油価格の動向がインドの国際収支にかなり大きな影響を与えることが理解できる。

（2）　国際資本移動の長期変動

次に，国際資本移動の長期的な趨勢を考えたい。**図 4-4** は，国際収支表における資本勘定の主要項目の長期的な推移をみたものである。対外経済援助は左目盛，外国投資・対外商業借款・非居住者インド人預金は右目盛によって，対 GDP 比での大きさを示している。1960 年代の対外経済援助の規模が他の資

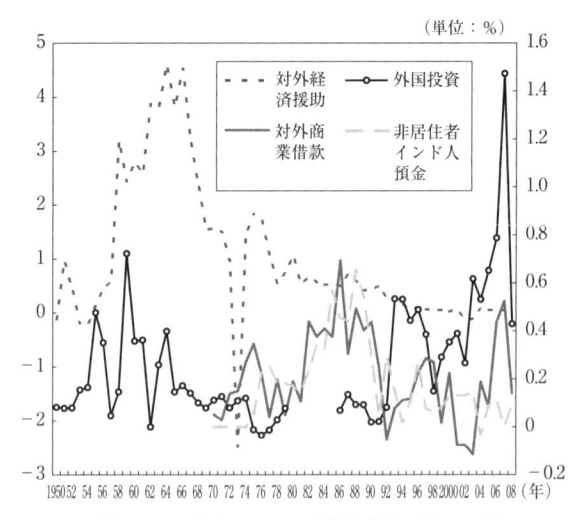

第Ⅰ部　マクロ経済からみたインド経済

図4-4　資本フローの長期的推移（対GDP比）

注：対外経済援助の数値のみ，左目盛で示している。
出所：Reserve Bank of India(2009), *Handbook of Statisitcs on the Indian Economy 2008-09.*

本項目よりも1桁大きく，同じスケールの目盛軸を利用すると他の資本項目の動きを識別できなくなるので，対外経済援助のみ左目盛で示した。数値がプラスのときには資本の純流入を，マイナスのときには純流出を意味する。図4-4をみると，1950年代から1970年代までは先進国や国際機関からの対外経済援助が，1980年代からは銀行融資などの対外商業借款と非居住者インド人預金などの民間の債務性資金が，1990年代以降は外国直接および証券投資などの民間の非債務性資金が国際収支ファイナンスをリードしてきたことがわかる。以下で，こうした資本移動の長期的な趨勢を手短に解説したい。

　国際資金市場の発達はブレトンウッズ体制が崩壊して以降のことであり，インドは長期間にわたってインド債権国会議・世界銀行・国際通貨基金などの先進国や国際機関からの対外経済援助を得ることで国際収支ファイナンスを行ってきた。実際，図4-4によれば，1960年代には対外経済援助は対GDP比3％から5％程度にものぼっている。そもそも，ブレトンウッズ体制のもとでは，途上国のみならず先進国においてすら，厳格な資本移動管理が実施されており，公的資金による国際収支ファイナンスが常態であった。

　1973年には外国為替規制法（Foreign Exchange Regulation Act）が改正され，

外資出資比率を40％に制限するという厳格な資本規制が実施され，外国投資の流入が抑制されるようになった。他方，1970年代には経常収支赤字が縮小し，1975年から1977年まで黒字化を実現したため，インドは国際資金市場に依存することなく国際収支運営を実現できた。

　しかしながら，1980年代には経常収支赤字が急激に拡大し，そのファイナンスのために，国際資金市場の発達を背景として，銀行融資などの対外商業借款や海外に居住しているインド人の預金を動員した非居住者インド人預金への依存を高めた。これらの資金は民間の債務性資金であり，元金と利払いを保証するものであった。実際，図4-4によれば，1980年代にこれら民間の債務性資金の合計は対GDP比1％程度に達している。こうした債務性資金への過度の依存のため，インドは1990年には途上国としては世界で第3番目の対外債務国へ転落することになる。1990年までには，対外債務の満期構造が短期化し，ロールオーバーという短期債務の借り換えを通じて国際収支ファイナンスを行うという綱渡りのような状態に陥った。1990年から1991年にかけて，国際資金市場においてインドの債務支払い能力に疑念が生じ，国際収支ファイナンスをリードしてきた非居住者インド人預金が資本逃避し，インドは深刻な国際収支危機に直面した。

　1991年からのインドの経済改革は，この国際収支危機を乗り切るために国際通貨基金と世界銀行からの融資を得て実行されたものである。資本移動の自由化について，画期となる重要な改革としては，1991年における特定35業種における外資出資比率51％までの外国直接投資の自動認可，1992年における外国機関投資家（Foreign Institutional Investor：FII）による外国証券投資の認可，1994年の経常勘定における外国為替規制の撤廃，の3つである。その後，外国投資の自由化もさらに進展し，資本流入だけではなく流出における自由化も実現されるようになった。実際，図4-4をみると，1990年にはほぼゼロであった外国投資が2000年から急激に増加し始め，2007年のピーク時点では対GDP比1.5％にまで上昇している（2008年はリーマン・ショックがあり，急減している）。1990年代以降，民間の債務性資金から，株式などの非債務性資金の流入が国際収支ファイナンスをリードしている。

2　近年の国際貿易

（1）　貿易構造

表4-1と**表4-2**は，2008年における輸出と輸入の主要15品目を「商品分類に関する統一システム」（HSコード）の2桁と8桁分類ごとに示したものである。あえて8桁での主要15品目を取り上げた理由は，インドの貿易構造の具体的なイメージを掴みたいからである。2桁分類でみると，主要輸出15品目で輸出全体の7割を，主要輸入15品目で輸入全体の9割近くを示している。輸入が特定品目に偏っていることがわかる。2桁でみた輸出品目の第1位は，端的にいうならば小粒ダイヤモンドのことである。インドは，海外から未加工ダイヤモンドを輸入し，それにカッティングと研磨を施すことによって加工ダイヤモンドを輸出している。ダイヤモンド研磨は，きわめて労働集約的な作業を必要とする。第2位が，石油・石油製品である。近年，石油・天然ガス公社，インド石油公社，ヒンドゥスタン石油公社やバーラット石油公社など石油関連の公企業のみならず，リライアンスやエッサールなどの民間の石油化学メーカーが大型の製油所を次々と建設し，精油能力を著しく高めている。インドは，西がアラビヤ海，南がインド洋，東がベンガル湾に囲まれており，アジアにおけるタンカー輸送の要衝にあることに加えて，高成長に伴って燃料の国内需要が急増している。地理的な優位性と国内市場の拡大が，こうした製油能力の急激な向上の背景にある。2001年以前においては石油製品の輸出は無視できるような水準であったが，2001年以降，中東から原油を輸入し，それを精油して石油製品として国内で消費するのみならず大規模に輸出するようになっている。第3位以下をみると，電器，機械，繊維（8桁分類をみると綿のTシャツが14位に入っている），鉄鋼，鉄道関係の製造品，医薬品，船舶関係の製造物などの工業製品がランクインしている。14位に，農産物である穀物が入っている（8桁分類を確認すると，最高級インディカ米であるバスマティ米が12位に入っている）。意外なことに，8桁分類でみると携帯電話が4300万台で10位に入っている。また，8桁分類をみると，小型自動車が13位に入っており，27万台も輸出されている。実際，インド最大の自動車メーカーであるマルチ・スズキはインドを小型自動車の輸出拠点とみなしている。8桁分類の11位は有機化合物の一種である。

2桁でみた輸入品目の第1位は，原油である。輸入全体に占めるシェアが34.2％にも達している。第2位は，ダイヤモンドである。インドがダイヤモンド加工貿易を行っていることを反映している。第3位以下をみると，第5位の肥料と第8位の航空機が特徴的である。ここから，インドは，肥料と航空機を海外に依存していることがわかる。15位は，マレーシアやインドネシアからの食用油（ヤシ油）輸入を反映している。8桁分類をみると，輸入ダイヤモンドの詳細な内訳がわかるだろう。また，金や白金などの貴金属の輸入が8位と11位に入っている。8桁でみても，携帯電話が4100万台で12位になっている。2010年に，インドの携帯電話加入者総数が6億人を超えたが，こうした携帯電話の普及が活発な貿易の背景になっているものと思われる。

　以上のような貿易構造は，国内の産業構造に基本的に規定されている。自動車，繊維，製薬，鉄鋼および情報通信技術などについては，本書の当該個所が参考になるだろう。

　次に，国別の貿易をみたのが，**表4-3**である。インドの最大の貿易相手国は，アラブ首長国連邦（UAE）である。インドはUAEから原油を輸入し，UAEがインドから石油製品を輸入するという関係になっている。また，多数の非居住者インド人が建設労働者として居住しており，近年は石油製品以外の製品輸出も急激に増加している。第2位が中国である。中国は，インドの最大の輸入相手国となっている。インドと中国の貿易関係は，インド側の大幅な入超となっている。インドの全貿易赤字の2割を占めるほどの水準である。また，インドの輸入に占める原油輸入の割合が高いことを表4-2で確認したが，実際に，産油国であるサウジアラビアとイランの2カ国を合わせてインド貿易赤字全体の2割を占めている。2008年時点でみて世界第2位の経済大国である日本は，インドの貿易相手国としては13位に甘んじている。

　上位10カ国のなかで，2010年時点でみて，インドはシンガポール（2005年）と韓国（2010年）との間で，関税率引き下げ，技術協力や投資優遇などの面で相互に便宜を供与しあう地域貿易協定を結んでいる。また，この他に，インドは，スリランカ（2000年），アフガニスタン（2003年），ネパール（1991年），ASEAN（2010年）などの国や地域と地域貿易協定を締結している。また，タイ（2004年，2005年）とチリ（2007年）とは包括的な地域貿易協定の締結には至っていないが，特定品目の関税率引き下げが前倒しで実行されている。現在，

第I部　マクロ経済からみたインド経済

表 4-1　2008/09年に

順位	HSコード(2桁)	商品名	億ドル	%	HSコード(8桁)
1	71	天然または養殖の真珠，貴石，半貴石，貴金属および貴金属を張つた金属並びにこれらの製品，身辺用模造細貨類並びに貨幣	284.7	15.4	71023910
2	27	鉱物性燃料および鉱物油並びにこれらの蒸留物，歴青物質並びに鉱物性ろう	284.4	15.3	27101930
3	85	電気機器およびその部分品並びに録音機，音声再生機並びにテレビジョンの映像および音声の記録用または再生用の機器並びにこれらの部分品および附属品	95.4	5.1	27101119
4	84	原子炉，ボイラーおよび機械類並びにこれらの部分品	79.9	4.3	27101920
5	72	鉄鋼	75.3	4.1	27101190
6	29	有機化学品	74.6	4.0	71131930
7	87	鉄道用および軌道用以外の車両並びにその部分品および附属品	60.0	3.2	27101950
8	62	紡織用繊維のその他の製品，セット，中古の衣類，紡織用繊維の中古の物品およびぼろ	59.0	3.2	26011130
9	73	鉄鋼製品	57.8	3.1	71131910
10	26	鉱石，スラグおよび灰	54.6	2.9	85171290
11	30	医療用品	50.8	2.7	29420090
12	61	衣類および衣類附属品（メリヤス編みまたはクロセ編みのものに限る）	50.5	2.7	10063020
13	89	船舶および浮き構造物	37.2	2.0	87032291
14	10	穀物	33.4	1.8	61091000
15	52	綿および綿織物	31.5	1.7	23040030
	計		1,329.1	71.7	計

出所：Government of India（2009），*Export and Import Data Bank Version 6.0.*

おける輸出構造

商品名	億ドル	%	数量	(単位:1,000)
工業用ダイヤモンド以外のダイヤモンド（加工してあるかないかを問わないものとし，取りつけたものを除く）	152.0	8.2	46,551	(カラット)
ハイスピードディーゼル油（HSD）	112.5	6.1	14,977	(トン)
その他の内燃機関用燃料	42.8	2.3	5,826	(トン)
航空タービン燃料（ATF）	35.2	1.9	4,371	(トン)
揮発油，灯油，軽油以外のその他軽質油およびその調製品	32.9	1.8	4,445	(トン)
ダイヤモンドつきの金製の身辺用細貨類，細工品その他の製品	32.5	1.8	792	(キログラム)
燃料油	26.4	1.4	5,357	(トン)
鉄鉱の粉鉱（鉄分が62%以上のもの）	25.9	1.4	29,562	(トン)
金製の身辺用細貨類，細工品その他の製品	23.2	1.3	138	(キログラム)
プッシュボタン式以外のその他携帯電話	22.9	1.2	43,467	(数)
その他のフロン酸ジロキサニド，ドシメチジン，ファモチジン，他に記載のないもの	22.4	1.2	115,459	(キログラム)
バスマティ米	20.7	1.1	1,556,411	(キログラム)
シリンダー容積が1000cm³を超え1500cm³以下の火花点火エンジン付き乗用自動車	18.6	1.0	270	(数)
綿製のTシャツ，その他	17.5	0.9	550,948	(数)
溶剤抽出（脱脂）性の大豆かす	16.8	0.9	4,480,748	(キログラム)
	602.3	32.5		

第Ⅰ部　マクロ経済からみたインド経済

表4-2　2008/09年に

順位	HSコード （2桁）	商品名	億ドル	％	HSコード （8桁）
1	27	鉱物性燃料および鉱物油並びにこれらの蒸留物，歴青物質並びに鉱物性ろう	1039.3	34.2	27090000
2	71	天然または養殖の真珠，貴石，半貴石，貴金属および貴金属を張った金属並びにこれらの製品，身辺用模造細貨類並びに貨幣	439.3	14.5	71081200
3	84	原子炉，ボイラーおよび機械類並びにこれらの部分品	266.4	8.8	71023910
4	85	電気機器およびその部分品並びに録音機，音声再生機並びにテレビジョンの映像および音声の記録用または再生用の機器並びにこれらの部分品および附属品	252.1	8.3	71023100
5	31	肥料	120.1	4.0	31053000
6	72	鉄鋼	102.7	3.4	27011910
7	29	有機化学品	86.1	2.8	26030000
8	88	航空機および宇宙飛行体並びにこれらの部分品	53.8	1.8	71081300
9	90	光学機器，写真用機器，映画用機器，測定機器，検査機器，精密機器および医療用機器並びにこれらの部分品および附属品	48.6	1.6	88023000
10	26	鉱石，スラグおよび灰	47.8	1.6	27101190
11	28	無機化学品および貴金属，希土類金属，放射性元素または同位元素の無機または有機の化合物	47.3	1.6	71101110
12	89	船舶および浮き構造物	45.7	1.5	85171290
13	39	プラスチックおよびその製品	44.8	1.5	27011920
14	73	鉄鋼製品	36.7	1.2	27111100
15	15	動物性または植物性の油脂およびその分解生産物，調製食用脂並びに動物性または植物性のろう	34.6	1.1	31042000
	計		2665.2	87.8	計

出所：表4-1と同じ。

おける輸入構造

商品名	億ドル	%	数　量	(単位：1,000)
石油および瀝青油	773.1	25.5	130,043	(トン)
その他の非貨幣用の未加工の金	175.3	5.8	631	(キログラム)
カットされたか，あるいは装飾されてはいないが加工されたダイヤモンド（工業用ダイヤモンドを除く）	97.2	3.2	45,928	(カラット)
加工しておらず，かつ，または，単にひき，クリーブしまたはブルーチした工業用以外のダイヤモンド	66.6	2.2	97,088	(カラット)
肥料用オルトりん酸水素二アンモニウム（りん酸二アンモニウム）	61.5	2.0	5,632,411	(キログラム)
原料炭	49.8	1.6	21,080	(トン)
銅鉱（精鉱を含む）	39.7	1.3	2,264,732	(キログラム)
その他の半製品の非貨幣用金	37.9	1.2	140	(キログラム)
飛行機その他の航空機（自重が2000キログラムを超え15000キログラム以下のもの）	37.0	1.2	0.05	(数)
その他の軽油およびその調製品	34.7	1.1	4,950	(トン)
白金（塊，片および粒）	31.6	1.0	50	(キログラム)
プッシュボタン式以外のその他携帯電話	30.0	1.0	41,074	(数)
一般炭	28.7	0.9	28,659	(トン)
液化天然ガス	28.2	0.9	8,306,769	(キログラム)
肥料用塩化カリウム	26.2	0.9	4,691,149	(キログラム)
	1,517.3	50.0		

表4-3　2008年における二国間貿易構造

(単位：%)

順位	国名	貿易額	輸出	輸入	貿易赤字
1	アラブ首長国連邦	9.9	13.2	7.8	−0.6
2	中国	8.6	5.0	10.7	19.5
3	米国	8.1	11.4	6.1	−2.2
4	サウジアラビア	5.1	2.8	6.9	12.6
5	ドイツ	3.8	3.4	4.0	4.7
6	シンガポール	3.3	4.6	2.5	−0.7
7	イラン	3.0	1.4	4.1	8.3
8	香港	2.7	3.6	2.1	−0.2
9	スイス	2.6	0.4	3.9	9.4
10	韓国	2.6	2.1	2.9	4.0
	上位10カ国計	49.6	47.9	50.7	54.9

注：表の数値は，総額に対する各国の割合を%単位で示している。また，貿易額は輸出と輸入を合計したものである。
出所：表4-1と同じ。

インドは，日本，中国やEUをはじめとする多くの国や地域と地域貿易協定の締結に向けた話し合いを行っている。今後のインドの貿易構造の変化を考えていくうえで，地域貿易協定の影響に注目する必要があるだろう。

（2） IT関連のサービス輸出

次に，1990年代後半から急激に増大してきたサービス輸出の動向を確認したい（海外送金についてはコラムを参照されたい）。国際収支表におけるサービス項目は旅行，運輸，保険，他では掲載されない政府取引，雑項目の5種類になっている。雑項目のなかに，近年，注目されているITES-BPO（IT-Enabled Service and Business Process Outsourcings）と呼称しているIT活用サービス（ソフトウェア開発）とビジネスプロセスアウトソーシング（コールセンターやバックオフィス業務）が含まれている。具体的には，雑項目は，ソフトウェアサービス，ビジネスサービス，金融サービス，通信サービス，その他，の5つに細分化されている。表4-4は，ソフトウェアサービスの統計が整備された2000年以降のITES-BPOに相当するソフトウェアサービスとビジネスサービスの輸出の推移をみたものである。2000年に63億ドル（財輸出の14%）であったソフトウェアサービスが2008年には470億ドル（財輸出の27%）にまで増大している。また，2008年には，ビジネスサービスとあわせると633億ドル，実に財輸出の36%に

表 4-4　IT関連サービス輸出

	ソフトウェアサービス		ビジネスサービス		合　計	
	億ドル	%	億ドル	%	億ドル	%
2000	63	14.0	−	−	−	−
2001	76	16.9	−	−	−	−
2002	96	17.9	−	−	−	−
2003	128	19.3	−	−	−	−
2004	177	20.8	52	6.1	229	26.8
2005	236	22.4	93	8.9	329	31.3
2006	313	24.3	145	11.3	458	35.6
2007	403	24.3	168	10.1	571	34.3
2008	470	26.8	163	9.3	633	36.1

注：財輸出総額に対するIT関連サービス輸出の割合を%単位で示した。
出所：図4-4と同じ。

も達している。インドのITES-BPOの急激な発達を確認できよう。

3　近年の資本移動

（1）　外国直接投資

表4-5は，産業別の外国直接投資残高を示している。1991年8月から1999年12月までの累計値をみると，6345億ルピーで全体の30.3%を占めている「燃料」が第1位となっている。燃料は，発電や石油精製などの固定費が巨大な外国投資プロジェクトを含む。第2位が3664億ルピーの「通信」，3位が1743億ルピーの「輸送機器」，第4位が金融保険部門を意味する「サービス部門」となっている。この期間における「通信」は主として固定電話事業であった。輸送機器については，海外の主要な自動車メーカーが，この時期，インドに進出を果たしている。この他に，「金属」「電機機器」「化学」「食品加工」「ホテルと旅行」「工業用機械」が上位10位に入っている。これに対して，2000年1月から2009年11月までの累計値をみると，1兆111億ルピーで全体の21.7%を占めている「サービス部門」が第1位となっている。第2位は，インドのIT産業の台頭を反映して「コンピュータソフトおよびハード」，第3位は，現在，6億人の携帯電話加入者数を誇る「通信」となっている。「住宅と不動産」が第4位，「建設業」が第5位となっており，近年のインドにおける不動産開発と建設ラッシュを反映している。「自動車」「電力」「金属加工」「石油と天然ガ

表4-5 産業別にみた外国直接投資累積残高

順位	1991年8月～1999年12月			2000年1月～2009年11月		
	産業分野	億ルピー	%	産業分野	億ルピー	%
1	燃料（電力・石油精製・その他）	6,345	30.3	サービス部門（金融保険）	10,111	21.7
2	通信	3,664	17.5	コンピュータソフトおよびハード	4,236	9.1
3	輸送機器	1,743	8.3	通信	3,919	8.4
4	サービス部門（金融保険・病院診断センター・その他）	1,386	6.6	住宅と不動産	3,435	7.4
5	金属（鉄・採掘・その他）	1,255	6.0	建設業	3,056	6.6
6	電機機器（コンピューターソフトも含む）	1,206	5.8	自動車	2,024	4.4
7	肥料以外の化学	1,204	5.7	電力	2,019	4.3
8	食品加工	848	4.1	金属（採掘は含まない）	1,304	2.8
9	ホテルと旅行	428	2.0	石油と天然ガス	1,127	2.4
10	工業用機械	223	1.1	肥料以外の化学	1,062	2.3

出所：Government of India (2000, 2009), *SIA Newsletter*, January 2000 and December 2009.

ス」「化学」が上位10に入っている。

表4-6は，上位10カ国の外国直接投資累積残高を示したものである。1991年から1999年までは4618億ルピーの米国が第1位であるのに対して，2000年から2009年までは2兆250億ルピーのモーリシャスが圧倒的なシェアで第1位になっていることがわかる。これは，インドとモーリシャスの間に締結されている二国間租税条約のため，外国企業がいったんモーリシャス籍を獲得しインドへ外国直接投資を行えば，インド国内で租税上の恩恵が受けられるためである。また，これは，インドと2005年に地域貿易協定を結んだシンガポールからの投資にもあてはまる。このため，シンガポールからの直接投資が2000年以降では第2位になっている。貿易などでは存在の薄い日本が直接投資では5位ないしは6位の地位につけており，それなりの存在感を示している。

（2） 外資系金融機関

さて，近年の外国直接投資において，米国と英国がインドへの最大の投資国の1つとなっており，かつ，金融部門が最大の受け入れ産業になっていることがわかったが，これは金融のグローバル化とも密接に関係している。そこで，次に，外国機関投資家（FII）と外国銀行の進出を検討したい。

表4-6 国別でみた外国直接投資累積残高

順位	1991年1月～1999年12月			2000年1月～2009年11月		
	国 名	億ルピー	%	国 名	億ルピー	%
1	米 国	4,618	22.0	モーリシャス	20,250	43.5
2	モーリシャス	2,220	10.6	シンガポール	4,144	8.9
3	英 国	1,598	7.6	米 国	3,580	7.7
4	韓 国	969	4.6	英 国	2,474	5.3
5	日 本	911	4.3	オランダ	1,927	4.1
6	ドイツ	790	3.8	日 本	1,655	3.6
7	オーストラリア	656	3.1	キプロス	1,607	3.5
8	マレーシア	556	2.7	ドイツ	1,184	2.5
9	フランス	504	2.4	アラブ首長国連邦	669	1.4
10	オランダ	470	2.2	フランス	666	1.4
	世界計	20,976	100.0	世界計	46,505	100.0

出所：表4-5と同じ。

インド証券取引委員会（Securities and Exchange Board of India：SEBI）は外国の証券会社や投資信託などに対して，インド国内の株式や債券などの売買が可能となるFIIの資格を与える権限をもっている。2010年時点における総数1697社にのぼるSEBIによって認可されたFIIの国籍を，上位10カ国までみたものが表4-7である。表4-7によれば，第1位の米国が576社で圧倒的なシェアを誇っている。英国は第2位と第4位をあわせると，262社となり，英米でFIIのほぼ半数を占める。このことは，金融部門において，アングロサクソン2カ国の国際競争力が高いことを反映している。また，大陸欧州の金融センターであるルクセンブルクが113社となっている。外国直接投資と同様，租税回避のために，モーリシャスからのFIIが多いこともわかる。ちなみに，日本はわずか23社に過ぎない。FII総数1697社のうち，7割以上が2004年以降に認可されている。したがって，近年の外国直接投資で金融部門のシェアが高いことの原因は，FIIの増加が重要な要因の1つである。

インド準備銀行の統計によれば，2010年現在，民間外国銀行の総数は31行となっている。表4-8は，預金額でみて上位5行の外国銀行を示している。預金額5168億ルピー，従業員数4795人，41支店数を誇るシティバンクが第1位，旧植民地銀行である香港上海銀行とスタンダード・チャータード銀行がそれぞれ第2位，第3位，オランダのABNアムロ銀行が第4位，ドイツ銀行が第5位になっている。シティバンクの預金規模は，インド指定商業銀行全体の平均

表4-7　国別でみた外国機関投資家（FII）数

順位	国名	数	%
1	米国	576	33.9
2	英国（United Kingdom）	160	9.4
3	ルクセンブルク	113	6.7
4	英国（Great Britain）	102	6.0
5	モーリシャス	84	4.9
6	シンガポール	78	4.6
7	カナダ	70	4.1
8	香港	67	3.9
9	オーストラリア	66	3.9
10	アイルランド	62	3.7
	世界計	1,697	100.0

出所：Security and Exchange Board of India のホームページ，(http://sebi.gov.in/HomePage.jsp〔2010年2月16日アクセス〕)。

とほぼ同じくらいの大きさである。日本からは，東京三菱UFJ銀行とみずほ銀行が外国銀行としてインドで業務を行っているが，預金規模が1桁小さく，それぞれ208億ルピー，115億ルピー，従業員数もそれぞれ150名，113名，支店に至ってはそれぞれ3つ，2つしか存在しない。

　政府証券市場において，インドではプライマリーディーラー制度が採用されている。プライマリーディーラーとして認可された金融機関は，政府証券の入札などに一定程度の義務を負い，政府による国債管理政策のパートナーとなる。欧米においても，プライマリーディーラーになることは，金融機関のステータスとなっている。2009年12月時点で，19の金融機関がプライマリーディーラーとして認可されているが，外資系としては，ドイツ証券，PNB・ギルツ，モルガンスタンレー（Morgan Stanley Indian Primary Dealer），野村證券（Nomura Fixed Income Securities），ABNアムロ銀行，バンク・オブ・アメリカ，シティバンク，香港上海銀行，JPモルガンチェース銀行，スタンダード・チャータード銀行などが挙げられる。すなわち，プライマリーディーラーの過半が外資系なのである。外資系金融機関を抜きには，政府は国債管理政策を円滑に行うことが難しくなっている。

　株式市場においてはFIIが，銀行市場においては外国銀行が，政府証券市場においては外資系プライマリーディーラーが，もはや無視できない存在になっている。外資系金融機関は，インドの金融システムのすでに切り離すことがで

表4-8 上位5行の民間外国銀行

順位	銀行名	預金額 (億ルピー)	従業員数	支店数
1	シティバンク	5,168	4,795	41
2	香港上海銀行	4,997	7,446	47
3	スタンダード・チャータード銀行	4,180	7,825	90
4	ABNアムロ銀行	1,596	3,241	30
5	ドイツ銀行	1,415	2,005	13

出所：Reserve Bank of India (2009), *A Profile of Banks : 2008-09*.

きない一部となっているといえよう。以上から，世界的な金融グローバル化の潮流とシンクロしながら，インドの資本自由化が国内金融システムを徐々に変容させながら着実に進んでいることが理解できよう。

（3） インド企業の海外進出

さて，インドは，資本流入のみならず資本流出の自由化も推し進めている。そこで，**表4-9**によって，資本流出の自由化の1例としてインドの対外直接投資の動向を確認するために，海外で事業展開している海外資産でみた上位10位までのインドの事業会社をみてみたい。第1位の石油・天然ガス公社は，海外資産47億ドル（総資産の22％），海外売上16億ドル（全売上の10％），海外支店数4つとなっている。同企業は，公企業であり，石油・天然ガス資源開発のために海外展開している。2位は，タタ・グループである。タタはインド最大のコングロマリットの1つである。欧州大手鉄鋼メーカーであるコーラスの買収や英国の自動車メーカーであるジャガーとランド・ローバーの買収など，積極的な海外事業を行っている。また，タタ・コンサルタンシー・サービシズ（TCS）はインドのIT企業のなかで最大の存在であり，多国間支店網を誇っている。タタ・グループは，2万人を超える海外従業員数を抱えている。この他に，後発医薬品の世界市場において国際的なプレイヤーであるランバクシー・ラボラトリーズ（現在は第一三共の完全子会社），ドクター・レッディーズ・ラボラトリーズやサン・ファーマシューティカルズが上位に入っていることもインド産業の特徴をよく反映している。ビデオコムが電器メーカー，HCLがIT企業，ヒンダルコがアルミニウム製造，リライアンスインダストリーズが石油化学分野をはじめとするインド最大のコングロマリット，スズロン・エナジーが重電機メー

第Ⅰ部　マクロ経済からみたインド経済

表4-9　2006年におけるインド多国籍企業上位10社

順位	企業名（産業分野）	海外資産 (100万ドル)　(％)		海外売上 (100万ドル)　(％)		海外雇用　(％)		海外支店数
1	石油天然ガス公社（ONGC、石油・天然ガス開発と生産）	4,724	(22)	1,645	(10)			4
2	タタ・グループ（コングロマリット）	4,169	(51)	3,576	(37)	24,682	(21)	157
3	ビデオコン・インダストリーズ（電器）	1,626	(71)	966	(59)			16
4	ランバクシー・ラボラトリーズ（製薬）	1,077	(69)	859	(94)			47
5	ドクター・レッディーズ・ラボラトリーズ（製薬）	869	(63)	362	(66)	2,000	(27)	27
6	HCLテクノロジー（IT）	111	(12)	780	(75)	4,032	(12)	31
7	ヒンダルコ・インダストリーズ（アルミニウム）	581	(14)	147	(6)			5
8	サン・ファーマシューティカルズ（製薬）	281	(34)	157	(40)	1,100	(22)	11
9	リライアンス・インダストリーズ（コングロマリット）	250	(1)	414	(2)	22	(0)	3
10	スズロン・エナジー（重電機）	135	(15)	70	(8)	227	(4)	14

注：括弧内の数値は海外および国内合計に占める海外の割合を示している。
出所：Jaya Prakash Pradhan (2009), "Emerging Multinationals from India and China", *MPRA Paper*, No. 18210, p.18.

カーである。

（4）ドル化

　さて，金融のグローバル化はしばしば経済のドル化と関連づけて議論されることが多い。そこで，次に，インドにおけるドルの比重を一瞥しよう。インド大蔵省の対外債務統計によれば，2009年12月時点における対外債務残高の52％がドル建て債務から構成されている。また，グローバル化直前の1989年の数値であるが，貿易契約通貨の60％以上がすでにドル建てであった。インドの中央銀行であるインド準備銀行（Reserve Bank of India：RBI）の資料によれば，インドにおける介入通貨も，以下のような変遷を経て，ポンドからドルに変更されている。RBIによるドル買いは1972年10月9日以降，ドル売りは1987年2月2日以降実施されている。マルク買いは1974年3月4日，円買いは1974年5月27日以降行われている。1992年3月1日の二重為替レート制度導入後，ポンド

に代えてドルが介入通貨となった。RBIはドル・ポンド・マルク・円を買い続けているが，売る通貨はドルだけである。以上から，外貨準備残高もドル建てで運用しているものと推察される。実際，米国財務省統計によれば，インドの米国財務省証券保有残高は1994年12月には多く見積もっても14億ドル程度であったのが，2002年1月の58億ドル，2010年1月の327億ドルにまで増加している。

したがって，契約通貨・介入通貨・準備通貨としてドルが利用されていることから，インドにおけるドルの存在がきわめて大きいことがわかる。

(5) 政策トリレンマ

インド経済の資本自由化の意味を考えるために，「政策トリレンマ（Policy Trilemma）」を解説したい。政策トリレンマが意味することは，「1国が固定相場制度，自由な資本移動および自立的な金融政策の3つを同時に追求することはできない」ということである。また，政策トリレンマは「不可能な三位一体（Impossible Trinity）」とも呼称されることがある。1国が採用しうる政策選択肢は，①自立的な金融政策を放棄して国際資本移動の自由を認め，固定相場制度を採用する場合，②資本移動を管理することで固定相場制度と自立的な金融政策を維持する場合，③変動相場制度，自由な資本移動と自立的な金融政策を組み合わせる場合，の3つに大別することができる。

それでは，政策トリレンマからみたとき，インド経済をどのように考えればよいのであろうか。1991年以前とそれ以後のマクロ経済政策のフレームワークを峻別する最重要な要素は，資本自由化である。1973年改正外国為替規制法によって外資出資比率が40％にまで制限されてきた外国直接投資を，1991年以降自由化したことは画期的なことだった。さらに，それにもまして重要なことは，外国証券投資の自由化措置である。とりわけ，1993年から外国機関投資家（FII）による外国証券投資の流入が急増し，これ以降，FIIを中心とする外国証券投資の流出入が外国為替市場のみならず株式市場などの証券市場にも甚大な影響を与えるようになる。すなわち，インドのマクロ経済政策のフレームワークは，金融グローバル化のもと，これまでの厳格な資本移動管理から資本移動の自由化に向けて大きく変化したのである。

したがって，インドは，政策トリレンマの観点からすれば，固定相場制度か

自立的な金融政策のどちらか一方を放棄しなければならない。実際、インドは、FIIが急増する1993年から「変動相場制度」を採用したことを内外に公表しているが、実態はまったく異なる。対ドル名目為替レートを示している**図4-5**によれば、対ドルペッグ制度を1993年3月に導入し、それを1995年7月まで厳格に維持している。そして、その後においても、資本自由化を着実に進展させながらも、1996年7月から1997年7月までの期間、1998年6月から1999年3月までの期間、1999年6月から2000年3月までの期間などの複数期間において対ドルレートに自国通貨ルピーを固定させる努力を続けるのである。

ここで再確認したいが、当然、資本移動が自由化されている状況下においては、固定相場制度と自立的な金融政策を両立させることは不可能である。この矛盾が顕在化するのが、1994年のメキシコ通貨危機のときであった。1ドル＝31.37ルピーで安定していた為替レートが31.79ルピーにまで減価し、さらに闇市場レートは36ルピーにまで大幅に減価した。このとき、為替レート安定化のために実施された外国為替市場介入の結果、コールレートがそれまでの7～10％程度から10～20％にまで急上昇した。幸運なことに、この小規模な通貨不安はすぐに沈静化した。しかしながら、その後、1995年9月に為替レートがそれまでの31.37ルピーから一挙に34ルピーに減価する。これ以降、1年にわたって為替レートは不安定な動きをするが、インド準備銀行（RBI）が為替レートの安定化のために行う外国為替市場介入によって、コールレートが一時的にせよ、85％にまで急騰する異常事態が発生する。すなわち、1990年代後半以降、為替レートと短期金利の安定化（すなわち自立的な金融政策）との間に深刻なトレードオフが存在することが明らかになったのである。

景気変動をならす経済安定化政策を実施するためには、金融政策が決定的に重要である。対ドルレートでルピーの趨勢的な増価を認めてこなかったRBIは、2002年になって方針を転換する。図4-5によれば、2002年からはルピーは緩やかな増価傾向をみせ始めるのである。すでに、2000年以降からルピーはドルに対して減価し、RBIは以前のように厳格な対ドルレートの安定化に固執しなくなったことをもあわせて考えるならば、2000年から2002年にかけて、インドは、資本自由化・変動相場制度・自立的な金融政策という政策選択肢を大枠において採用するようになったといえるだろう。

実際、2003年から2008年前半にかけての原油価格の世界的な高騰や2008年9

第4章　国際貿易と資本移動

（単位：ルピー）

図4-5 ルピーの対ドル名目為替レート（ルピー建て表示）

出所：Werner Antweiler, PACIFIC Exchange Rate Service, 2010.

月のリーマンショックを契機とする世界同時不況などの対外経済危機などにも，RBIが機動的な金融政策を実行し，経済が深刻なインフレやデフレに陥ることを阻止してきた。とりわけ，世界同時不況下において，インドは世界的にみて最も早く景気回復を実現した国の1つである。整合的なマクロ経済政策のフレームワークをインドが採用していることが，近年における持続的な高度経済成長の重要なマクロ要因であるといえよう。

4　過去と現在のグローバル化

19世紀後半から第一次世界大戦終了直後まで，インド経済が比較的高い経済成長を実現したことが知られている。第一次大戦が勃発する1914年まで，世界経済はヒト・モノ・カネが自由に行き来することができたという意味で，今日のグローバル化を先取りしていた。当時まだパスポートが存在せず，国境を越える移民が頻繁にみられたし，貿易についても英国による自由貿易体制に多くの国が組み込まれていた。さらに，国際金本位体制下で金の輸出入が自由であり，かつ，海外投資が活発に行われていた。当時，インドでは世界経済が拡大するとともに商業的開発が進展し一定程度の経済成長がみられたが，ほぼ10年

■□コラム□■

海外送金

　世界銀行の資料（*Migration and Development Brief*, No. 12, 2010）によれば，2009年のインドの海外送金受取額は490億ドルとなっており，世界最大である。ちなみに，第2位が480億ドルの中国，第3位が220億ドルのメキシコ，第4位が200億ドルのフィリピン，第5位が150億ドルのフランスとなっている。2001年に公表されたインド政府による調査レポート（High Level Committee on the Indian Diaspora）によれば，海外に在住しているインド人やインド系人の数は2000万人を超えていると推定されている。近年の海外労働移動としては，1970年代から中東湾岸諸国へ建設労働者として移動する流れと，1980年代から米国へコンピュータ関係の技術者として移動する流れが重要である。前者が肉体労働に従事する未熟練労働者，後者が高度な専門知識をもった熟練労働者の労働移動を代表している。インドの海外送金受取額が世界最大であることの背景には，上記のようなインドからの活発な国際労働移動が存在するわけである。

　さて，私には，米国の大学で職を得たインド人の友人がいるが，彼によれば，米国からインドへの海外送金はウェブ上でボタンをクリックするだけで簡単に行うことができ，送金手数料がきわめて安いそうだ。実際，調べてみると，1000ドル程度の送金なら5ドル程度だ（日本の銀行に依頼したら，5000円もとられてしまう）。現在，ICICI銀行のmoney2india.comと新聞社系のTimesグループのremint2india.comが送金ビジネスで鎬を削っている。何事によらず，競争というのは偉大なものである。彼はまだ30歳になったばかりだが，実家への仕送りをしていて，昨年，両親と弟のためにタミル・ナードゥ州の田舎にとても立派な家を建てた。

に1度の頻度で100万人規模の飢饉が発生したことも厳然たる歴史的事実である。多数の人々が飢えと疫病に苦しめられていた飢饉の年においてすら，海外向けに食料をはじめとする農産物輸出が相当程度なされたことは，飢餓輸出として歴史的に有名である。

　もちろん，英国の植民地であった過去の時代におけるグローバル化の経験と，独立した国民国家となった現代のそれを同等に論じることはできない。にもかかわらず，植民地時代を振り返ることによって，グローバル経済のなかで高度成長している現代インド経済を歴史的な視点から相対的にみることが可能になるだろう。それでは，過去のグローバル化の時代と比較してみて，いまのインド経済のグローバル化をどのようにみることができるのだろうか。この点については，本章を手掛かりにして，読者と一緒に，私もじっくり考えてみたい。

●参考文献

石上悦朗（2009）「グローバル化とIT-BPO産業の発展」赤羽新太郎・夏目啓二・日髙克平編『グローバリゼーションと経営学』ミネルヴァ書房。

石上悦朗（2010）「インド産業発展における二つの傾向——インフォーマル化とグローバル化について」『比較経営研究』第34号。

佐藤隆広（2002）『経済開発論——インドの構造調整計画とグローバリゼーション』世界思想社。

佐藤隆広編（2009）『インド経済のマクロ分析』世界思想社。

佐藤隆広（2011）「新興国経済——インド経済」神戸大学経済経営学会編『ハンドブック経済学』ミネルヴァ書房。

二階堂有子（2009）「対外自由化と経済成長」小田尚也編『インド経済——成長の条件』アジア経済研究所。

二階堂有子（2010）「グローバル化とインドの経済自由化」横川信治・板垣博編『中国とインドの経済発展の衝撃』御茶の水書房。

西口章雄（1982）『発展途上国経済論——インドの国民経済形成と国家資本主義』世界思想社。

西口章雄・浜口恒夫編（1990）『新版 インド経済』世界思想社。

吉岡昭彦（1975）『インドとイギリス』岩波書店。

（佐藤隆広）

第Ⅱ部
産業と企業経営からみたインド経済

第5章
農　業

　独立当初，インド政府が農業政策の中心に据えたのは，農地改革と食料増産（食料自給）であった。このうち農地改革が所期の目的を達成することはなかったが，食料増産政策は，かなりの地域差を伴いながらもインド農業への近代的農業技術の導入を促し，米と小麦にみられる「緑の革命」や油糧作物にみられる「黄の革命」をもたらした。1990年代以降，インド農業は農産物輸入の自由化に伴う世界市場との結合の強まりや，穀物在庫変動の拡大といった新たな問題に直面している。

1　インド農業の概要と地域的多様性

（1）　インド農業の素描

　本章では独立以降のインド農業を，農業政策の動向，農業生産と農業技術の変化，農家の階層構成の推移といった側面から検討する。本格的な検討に入る前に，あらかじめインド農業のアウトラインを示すとともに，本章での検討対象を明確にしておきたい。

　2000年代初めにおけるインド農村部の世帯数は，農家と非農家を合わせて1億5000万戸であり，そのうち農家は1億戸であった（NSSO 2006a）。また，農村部で仕事に就いている人は3億1000万人であり，このうち自家の農業を営む耕作者は1億2000万人，他の農家に雇用される農業労働者は1億人であった（GOI 2010d）。この合計2億2000万人の人々が，1億haあまりの農地を耕作するとともに，牛1億6000万頭，水牛8000万頭，ヒツジもしくはヤギ9900万頭などの家畜を飼育している（NSSO 2006b）。

　栽培されている作物は，米，小麦などの穀物，ヒヨコ豆やレンズ豆などの豆類，落花生やナタネなどの油糧作物，サトウキビや綿花，茶，コーヒー，タバ

コなどの工芸作物，コショウなどのスパイス類，野菜・果樹，飼料作物である。インドは世界有数の農業大国であり，2003年における穀物生産量は米国，中国に次いで世界第3位であるが，そのほとんどは国内で消費される。近年穀物輸出が増えてきたとはいえ，インドの穀物生産量全体に占める輸出の割合は4.6％に過ぎない（FAO）。

多くの農家は作物栽培のかたわら牛や水牛を飼育している。これらの家畜を飼育する主な目的は，食肉生産ではなくミルク生産にある。畜産経営を専門的に行う農家は今のところまだ珍しい。かつては多くの農家が役畜として牡牛を飼育していたが，トラクターの普及とともにそうしたことは少なくなった。インドでは1970年に大がかりな酪農振興策が実施され，ミルク流通網の整備，乳価の安定化，ミルク生産に関する技術的支援などが，各地の酪農協同組合をベースとして取り組まれた。オペレーション・フラッドと名づけられたこのプロジェクトは大きな成功を収め，ミルク生産量は大幅に増加した。後に触れる「緑の革命」になぞらえて，これは「白の革命」と呼ばれる。

食肉の生産量は人口の割には非常に少ない。その背景にあるのは菜食主義の影響と所得水準の低さである。しかし近年では鶏肉生産の拡大などが注目されている。

以上がインド農業の最も簡単なアウトラインである。しかしここで言及したことでさえ，その1つ1つを検討するにはかなりのスペースが必要である。そこで本章では，農業生産の担い手としては農家を，また，農産物としては穀物と油糧作物をそれぞれ主な検討対象とする。換言すると，農業労働者や，商品作物，畜産については本格的な検討を行わない。したがって本章での叙述によってインド農業の全体像を描き出すことにはならないが，それでもある程度それを見通すことは可能であろう。農業経営を中心的に担うのは農家であり，また穀物と油糧作物は延作付面積の70％程度を占めており，耕種農業の中心をなすからである（GOI 2010a）。

（2） インドの自然と農業

インド農業について理解を深めるためには，農業と自然との関係についても目配りをしておく必要がある。ここでは2つのことに触れておきたい。1つはインドの農業生産が依然として気象条件，とりわけ毎年の降雨量に大きく左右

されることである。インドでは年間降雨量の大半が雨季に集中する。この降雨をもたらすのは南西モンスーンであり，6月に到来して9月頃までインド上空を覆う。モンスーンが通常の時期に到来しなかったり，降雨量が少なかったりすると，干ばつが発生する。干ばつが広範囲に発生した場合，農業生産は大きな打撃を被る。

　いま1つは，インド農業の地域的多様性についてである。現在の日本では，ほとんどの地域で水稲作が農業生産の中心となっているが，インド農業をそのように単一の作物で特徴づけることは難しい。インドでは地域ごとに栽培される作物や栽培時期が異なるからである。インドの農業地域については詳細な分類も可能だが，ここではごく簡単に3つの地域を区別しておきたい。すなわち，①降雨量が多く夏作として栽培される米が農業の中心となる東部諸州（西ベンガル州，ビハール州，オリッサ州など），②降雨量が少なく基幹作物として冬作の小麦が栽培されてきたが，灌漑と高収量品種が普及したことによって，小麦栽培とともに夏季の水稲栽培が発展してきた北西部諸州（パンジャーブ州，ハリヤーナー州，ウッタル・プラデーシュ州の西部など），③同様に降雨量が少なく基幹作物として雑穀を多く栽培してきたが，近年油糧作物栽培の拡大もみられる南部諸州（マハーラーシュトラ州，アーンドラ・プラデーシュ州，カルナータカ州など）と西部諸州（ラージャスターン州，グジャラート州など）である。

　予備的な考察はここまでにしておいて，そろそろ本論に入ろう。以下では次のような順序で議論を進める。まず第2節では独立後のインド農業の歴史を大まかに把握するために，農業政策と農業生産の推移を検討する。第3節では農業部門における技術進歩の内容を具体的に考察したうえで，農業構造の変化を明らかにする。第4節では近年のインド経済のグローバル化が農業に及ぼしている影響を検討するとともに，インド農業が現在直面している課題を指摘して本章を締めくくる。

2　独立後インドの農業政策と農業生産の推移

（1）　独立直後の農業政策

　1947年に英国の植民地支配から独立したとき，インドの農業は2つの問題を抱えていた。1つは慢性的な農産物生産量の不足である。独立当時インド国民

は厳しい食料不足に直面しており，穀物価格は第二次世界大戦前と比べて数倍に上昇していた。また，150万人とも300万人ともいわれる犠牲者を出したベンガル飢饉はわずか4年前，1943年の出来事であり，まだ人々の記憶に新しかった。さらに，植民地期に灌漑農業が進展していた西パンジャーブ地方がパキスタンの一部としてインドから分離したために，生産性の高い灌漑地のかなりの部分がパキスタンの領土となり，独立前と比べて食料の生産能力が減退していた（Dantwala 1991）。

いま1つは地主制が農村社会を広く覆っていたことである。英領植民地下のインドでは農地のほとんどを地主が所有しており，小作人は高率の小作料に苦しめられていた。このため当時多くの人々は，農村が貧困で農業生産が停滞していることの原因が地主制にあると考えていた。独立後のインドでは，国民の間で農地改革の実施に向けた気運が大いに高まっていたといってよい（Chandra 1990）。

こうして独立後のインド政府は2つの農業政策に取り組んだ。1つは食料増産政策，いま1つは平等で公正な農村社会を創り出すための農地改革である。これらについて簡単に紹介しておこう。

まず食料増産政策とは，1つには農業インフラの整備であり，1948年に着工され，1963年に完成したバークラ・ダムはその一例である。インド最大級の規模をもつこのダムの完成は，パンジャーブ州やハリヤーナー州における灌漑農業の拡大をもたらし，後の穀物増産に大きく貢献した。

農業生産の拡大を目指したいま1つの政策は，農業技術普及プロジェクトである。第二次世界大戦期に開始されたグロー・モア・フード運動が独立後も継続して取り組まれたのはその一例である。また，1960年には灌漑など農業生産条件の整った地域を選択して，その地域で集中的に近代的農業技術の普及を進める集約的農業地区計画（Intensive Agricultural District Programme：IADP）が開始された。この事業は1968年までにインドの耕地面積全体の5％で実施されたといわれる（Dantwala 1991）。

次に農地改革は，中央政府の提示したガイドラインに沿って各州が法律を制定したため，州ごとに内容が異なるが，中心となるのは土地所有者と耕作者との間に介在する中間介在者の排除，土地所有上限の設定，土地所有上限を超えて所有されている余剰地の政府による接収，政府が接収した土地の小作人への

分配である。農地改革は1950年代に相当の熱意をもって実施された後、さらに1970年代になってもう一度取り組まれたが、期待された成果を上げたとはいい難い。その結果をごく大まかにいうと、①中間介在者の排除には成功した、②土地所有の上限設定には失敗した、③小作人が土地所有者になることはほとんどなかった、ということになろう。はかばかしい成果が上がらなかった主な理由は、農地改革関連法の欠陥にある。土地所有の上限が高く設定されたことや、地主が小作人から小作地を取り上げて自ら農業経営を行うことが認められたことなどが、小作人の土地取得を困難にしたとみてよい（GOI 1976）。そして後に再び触れるように、農地改革はむしろ地主による小作人からの小作地取り上げを促進した可能性が高い。

　農地改革は進捗しなかったが、1950年代初めから1960年代半ばまで、インドの食料供給は比較的潤沢であり、食料価格は安定していた。その理由はインドの穀物生産が順調に拡大していたことにある。モンスーンがおおむね良好であったことと、すでに触れた各種の農業生産拡大政策が奏功したことがその背景にあったと考えてよい。しかしこの時期にインドの農業生産について懸念材料がなかったわけではない。1950年代末にインドの食料需給を調査したフォード財団の専門家チームは、インドの食料供給基盤は脆弱であり、ごく近い将来にきわめて深刻な食料不足が生じるであろうとの報告書を提出している。

　またこの時期インドは、国内生産だけで食料需要を満たすことはできず、大量の穀物を輸入していた。1951年から1960年までの年平均穀物輸入量は296万トンに及んでおり、その大半は公法480号を活用した米国産小麦であった。1950年代から1960年代初めにかけての食料価格の安定は、モンスーンの恵みと米国産小麦の輸入によって支えられていたといってよい（Dantwala 1991）。

（2）　2度の大干ばつと新農業戦略の開始

　しかし、1966年と1967年に連続して起こった大干ばつは、インドの食料供給構造の脆弱性を白日の下にさらすことになった。この干ばつによって東部から西部にかけての広い地域で農作物の生産量が減少し、国内生産の不足を補うために1966年には1030万トンもの穀物が輸入された。大量の輸入にもかかわらず食料品価格は高騰し、とくにビハール州ではビハール飢饉ともいわれるきわめて深刻な食料不足が生じた。

この干ばつの後，インドは「緑の革命」の時代を迎える。1960年代後半にインドで「緑の革命」が進展したのは，まさにその時期に小麦と米の高収量品種の栽培が開始されたことと，1960年代初めから「新農業戦略」が実施されていたことによる。
　「新農業戦略」とは，必ずしも体系性をもつものではなく，1960年代に食料増産を目的として実施されてきた種々の政策の総称である。その主な内容は，①すでに触れたIADPの強化，②食料管理制度の強化，③補助金の支出による化学肥料や電力などの農業投入財の供給拡大と価格の抑制である。
　ここではこの3つの政策のうち，食料管理制度の強化について触れておきたい。インドの食料管理制度の原型は1943年のベンガル飢饉の際に形成されていたが，1965年に農産物の政府買い上げ価格を決定する農産物生産費・価格委員会（Commission for Agricultural Cost and Prices：CACP）と，農産物の買い上げを実施するインド食料公社（Food Corporation of India：FCI）とが設置されることによって，体制が一新された。CACPの勧告に基づいて政府は農産物買い上げ価格を設定し，FCIおよびその他政府機関はこの価格で農民から無制限に農産物の買い入れを行う。買い上げ価格は資本利子，自家労賃，自作地地代を含む生産費と利潤を保障する水準に設定されており，FCIなどに農産物を販売する農家は高い収益を得ることができた。ただし，FCIなどが穀物の買い上げを行うのは北西部諸州など一部の地域に限られており，インドの農民全体が買い上げ制度の恩恵に浴してきたわけではない。この農産物買い上げによって政府は，①食料不足時のための緩衝在庫を形成し，②貧困層への安価な食料供給を目的とする公共配給制度を運営するとともに，③農産物の市場価格を安定させるために適宜自由市場での販売を行ってきた。
　「新農業戦略」はインドにおける農業政策の転換点を示すといってよい。独立直後に取り組まれた農業政策では，食料増産とともに，平等な農村社会の実現を目指す農地改革も重視され，後進地域を含むインド全体の農業の発展が目指されたが，「新農業戦略」ではそうした政策が後景に退き，特定地域で短期間に農業生産を拡大する政策に力点が置かれるようになった。こうした政策のもとでパンジャーブ州，ハリヤーナー州，ウッタル・プラデーシュ州西部などインド北西部諸州の農民は，高収量品種，化学肥料，灌漑といった近代的農業技術の導入に成功し，小麦と米の生産量を大きく伸ばした。これが，いわゆる

「緑の革命」である。

(3)「緑の革命」による穀物生産の拡大

「緑の革命」によってインドの穀物生産は大きく拡大した。**図5-1**に示されているように，1950年に650万トンだった小麦生産量は，1990年代後半には7000万トン前後へと10倍以上増加した。また，米生産量も同じ期間に約2000万トンから9000万トン近くにまで増加した。

穀物生産の拡大がとくに著しかったのは先に触れた北西部諸州である。1970年代における米の生産拡大の42％，小麦の生産拡大の35％はパンジャーブ州とハリヤーナー州という北西部の小さな州で生じた。インドにおける「緑の革命」の要素を，①高収量品種と化学肥料，②灌漑，③政府による農産物買い上げ制度の3つに分けると，これらの州には3つすべてがそろっていたといってよい。このため急速に穀物生産を増加させることができたのである。

しかしこうした地域でのみ穀物生産の急速な拡大がみられたわけではない。3つの要素のうちどれかが欠けているにもかかわらず，穀物生産量が大きく増加した地域も存在する。東部諸州はその例である。米を主要な作物とするこの地域では，1980年代に米の生産量の急速な拡大がみられた。とくに西ベンガル州における米生産量の年平均増加率は5.7％に及び，1980年代におけるインド全体の米生産量の増加の19％はこの州で発生した。東部諸州では政府による農産物の買い上げがほとんど行われていないが（GOI 2000：163），それにもかかわらずこうした穀物の増産が実現したのである。

米と小麦の生産量が増大したことによって，インドは一応の穀物自給を達成した。米と小麦の純輸出量を示した**図5-2**にみられるように，1966年と1967年の干ばつ年を含む1960年代から1970年半ばにかけて，インドはほぼ毎年200万トンから700万トンの小麦を輸入してきたが，1970年代後半になると大量の小麦輸入はあまりみられなくなる。また米はもともと輸入依存度が小さかったが，1970年代末からは純輸出を記録する年が多くなった。このことが当時のインドの国際収支に少なからぬ好影響を与えたことは第4章で指摘されているとおりである。

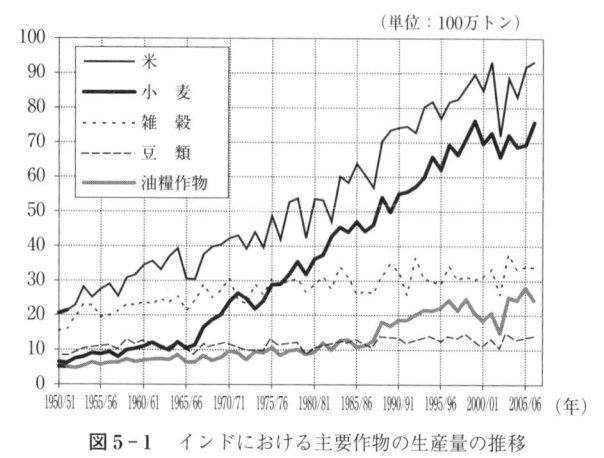

第Ⅱ部　産業と企業経営からみたインド経済

図5-1　インドにおける主要作物の生産量の推移

出所：GOI (2008), *Agricultural Statistics at a Glance 2008*, Academic Foundation.

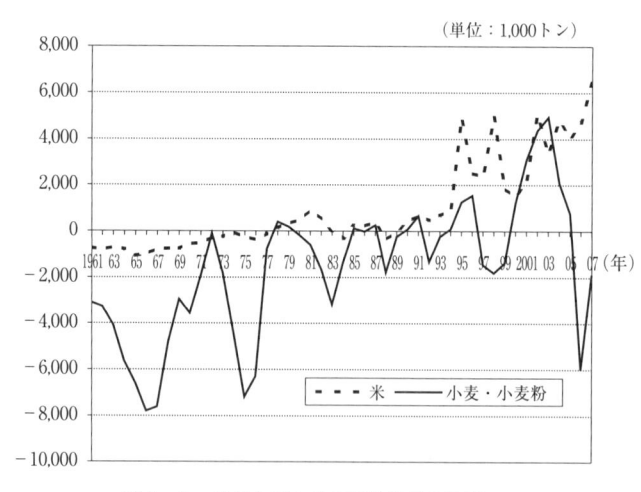

図5-2　米および小麦の純輸出量の推移

出所：FAO, *FAOSTAT*.

（4）もう1つの食料増産政策──「黄の革命」

「緑の革命」は，穀物生産の不足に対応した食料自給政策の成功例であるが，インドにはもう1つそうした事例が存在する。油糧作物の生産拡大がそれであ

り，「緑の革命」になぞらえて「黄の革命」と呼ばれる。

　食料消費パターンの変化とともに，インドでは1970年代後半に食用油の需要が増加し，1976年にはそれまで最大でも10万トン程度だった食用油の輸入量が100万トン超へと拡大した。輸入の急増にもかかわらず，食用油価格は高騰し，1975年から1980年までの5年間で卸売物価指数は44.8％上昇した。同じ時期における小麦と米の卸売物価指数上昇率はそれぞれ0.3％と7.1％であり，食用油の価格高騰はきわめて激しかったといえる（Bansil 1992）。

　食用油の供給不足が物価上昇を引き起こすとともに，経常収支の圧迫要因となったため，政府は1970年代末から種々の食用油増産政策に取り組み始めた。最も有名なものは1986年に開始された「油糧種子技術ミッション」であり，落花生，ナタネ・カラシナ，大豆などの油糧作物の品種改良や栽培方法，加工技術などに関する各種の支援策が農民や食用油製造業者に対して講じられた。こうした支援策の結果，図5-1にみられるように油糧作物の生産量は1980年代後半から顕著に増加し，食用油の輸入量は1990年代初めにはゼロに近づいた。

　油糧作物の生産が拡大した地域は米，小麦の場合と異なり，南部諸州と西部諸州である。これらの地域では米の消費が増加する一方で，主要作物である雑穀の消費が減少しており，このことを重要な背景として油糧作物の栽培が拡大したとみられる。落花生などの油糧作物は要水量が少なく無灌漑で栽培できるため，灌漑率の低いこれらの地域でも十分に生産が可能であった。

　米，小麦，油糧作物の生産量は政策的支援のもとで大きく拡大したが，その一方で図5-1に示されているように雑穀と豆類の生産は停滞もしくは減少している。豆類については油糧作物とよく似た政府支援策が講じられてきたが，高収量を実現する技術が確立しておらず，十分な成果を上げるには至っていない。近年豆類は輸入量が増加しており，2001/02年以降100～200万トンの輸入が続いている。

3　近代的農業技術の普及と農家の階層構成の変化

（1）インドにおける近代的農業技術の普及

　小麦や米，油糧種子といった作物の生産量が増加したのは，インドで営まれてきた伝統的な農業生産の方法に，近代的農業技術の要素が取り入れられてき

たためである。ここでは化学肥料，灌漑，農薬，農業機械に注目してその普及動向を検討する。

まず化学肥料は，伝統農業には存在しない近代的農業特有の地力維持手段である。インドにおける耕地1ha当たりの化学肥料消費量は1963年の8kgから2001年の155kgへと増加した。現在ではインドにおいてもかなりの量の化学肥料が使用されているといってよい。ただし，地域間の格差は大きく，2001年の1ha当たり化学肥料消費量を州ごとにみると，穀物生産の拡大が著しかったパンジャーブ州やハリヤーナー州，西ベンガル州はそれぞれ331kg，276kg，213kgであるが，ラージャスターン州は47kg，マディヤ・プラデーシュ州は53kg，オリッサ州は59kgに過ぎない（Fertiliser Association of India 1964, GOI 2004b）。

次に灌漑は主に2つの理由から農業の生産性を高めることができる。第一に，灌漑を施すことによって，作物の収穫量は増加し安定する。このこととの関連で重要なことは，灌漑によって，より多くの農業用水を必要とする高収量品種の栽培が可能になることである。例えばパンジャーブ州では，小麦の在来品種は無灌漑でも栽培できるが，灌漑を行えば高収量品種の栽培が可能となり，生産量が増加する。

第二に灌漑が可能になると，農業用水を適切な時期に供給できるようになる。例えば夏季に天水田で稲作を行う場合，7月を過ぎても十分な降雨が得られなければ農民は通常，稲作をあきらめて他の作物を作付けするか，あるいは作付けをやめなければならない。しかし，6～7月に確実に水を供給できる灌漑設備があれば，安定的に稲を作付けすることが可能となる。

インド全体の灌漑率は1950年から2005年にかけて18％から42％に上昇した。灌漑についてもやはり地域差は大きく，2005年の灌漑率は主要17州のうち10州で50％を下回っているが，その一方でパンジャーブ州，ハリヤーナー州，ウッタル・プラデーシュ州の灌漑率は非常に高く，順に95％，82％，78％である。灌漑水源別の灌漑面積をみると，1960年代までは水路灌漑，井戸灌漑，ため池灌漑がそれぞれ40％，30％，20％程度を占めていたが，その後管井戸の普及によって井戸灌漑が大きく拡大した。管井戸とは金属製の管を地中に打ち込み，動力ポンプで地下水を揚水するものであり，揚水用の動力にはディーゼル・エンジンや電動ポンプが用いられる。現在インドの灌漑面積全体に占める管井戸

灌漑面積のシェアは40％である。また1960年から2005年にかけてインドの灌漑面積は3500万ha増加したが，このうちの2300万haが管井戸によるものであり，増加寄与率は61％に達する。灌漑率の高いパンジャーブ州やウッタル・プラデーシュ州ではこの管井戸が灌漑の中心となっている（GOI 2010a）。

なお灌漑の普及に関して近年注目されているのは，農家間での農業用水の売買やポンプの賃借である。1998年に政府が実施した調査の結果によると，インド全体の灌漑面積のかなりの部分は売水やポンプの賃借によるものであり，とくに西ベンガル州やウッタル・プラデーシュ州，ビハール州ではその割合が高い（NSSO 1999）。

次に農薬の使用も徐々に広まっている。化学肥料の増投と灌漑用水の供給が創り出す作物の生育に好適な環境は，農作物の生産量を増やすとともに，皮肉にも雑草の生育と病虫害の発生を促す。このため化学肥料や灌漑といった技術の普及とともに，雑草や病虫害を抑制する技術の必要が増し，農薬の使用が拡大した。1998年の調査の結果によると，作付面積全体に対する除草剤散布面積の割合は22％，殺虫剤散布面積の割合は47％である（NSSO 1999）。

最後にインドの伝統的な農業では様々な作業に牛を利用してきたが，最近では農業の機械化が進展しつつある。1998年の調査の結果によると，作付面積全体のうち54％で耕耘作業のためにトラクターが使用されている。もちろん地域間の差は大きく，パンジャーブ州とハリヤーナー州では90％以上がトラクターで耕耘されているが，オリッサ州，マハーラーシュトラ州，ケーララ州では10％にとどまっている（NSSO 1999）。農業の機械化を促した大きな理由は，機械作業請負の広がりであり，これを通じて多くの農家が安価に農業機械を利用できるようになった。

こうした近代的農業技術の普及は農業生産の拡大に貢献したが，その貢献の仕方は多様である。例えばある技術は単位面積当たりの収穫量の拡大をもたらし，別の技術は作付回数の増加をもたらし，さらにまた別の技術は労働投入量を減少させる。また，このように明確に区分できず，複数の経路で生産の拡大に貢献する技術もある。しかしどのような役割を果たすせよ様々な近代的農業技術が普及した結果，全インド平均の米の1ha当たり収量は1950年から2005年にかけて0.7トンから2.2トンへと3.1倍に，小麦は0.7トンから2.8トンへと4.0倍に，油糧作物は9作物全体で0.5トンから1.1トンへと2.1倍にそれぞれ増加し

た。また，耕地面積はこの間1.2倍にしか増加しなかったが，作付回数が増加して耕地利用率が111％から136％へと上昇したため，延作付面積は1.5倍に増加した。たしかにインドにおける農作物の単位面積当たり収量は，国際的にみれば見劣りするものではある。しかし，インドが1960年代以降穀物自給率を上昇させ，現在それが100％を超える数少ない国の1つとなっていることは強調されてよい。厳しい自然条件や開発資金の制約にもかかわらず，インド農業はかなりの発展を遂げたのである（GOI 2004b）。

（2） 近代的農業技術の普及と環境問題

　近代的農業技術の適用は生産の拡大をもたらす一方で，いくつかの環境問題を引き起こしてきた。ここでは灌漑農業の発達に伴う環境問題の発生について触れておきたい。

　1つは塩類集積である。高温で乾燥した季節をもつ地域では水分の蒸発が激しいために，灌漑農業を行うと灌漑水が呼び水のように作用して，土中の塩分が地表に引き上げられる。この塩分が地表に集積するのが塩類集積であり，進行すれば農産物の収量が低下し，最悪の場合には農業生産を行うことができなくなる。塩類集積の被害を受けている農地面積や被害の程度を正確に示すことは難しいが，いくつかの研究によると1980年代にインドで比較的軽微なものも含めて塩類化の被害を受けていた土地は，700万haから800万ha程度であった（Sengupta 2002）。インド全体の耕地面積からすれば大きくはないが，当時の灌漑面積に占める割合は約20％である。生産性の高い灌漑農地で作物の栽培ができなくなるため，面積で表す以上に塩類集積の被害は大きい。塩類集積の防止には排水路を整備して余分な水が圃場にたまらないようにすることが重要だが，用水路の効果が収量の増加という形で明確に示されるのに比べると，排水路の効果はわかりにくいため，一般にその整備も遅れがちである（田中 1997）。

　もう1つは管井戸灌漑が普及したことによる地下水位の低下である。インド政府が1995年に実施した調査によると，全国7063ブロックのうち，4％が地下水の汲み上げ量が回復量を上回る過剰揚水の状態にあるとされた。ブロックの区割りや調査方法が若干変化しているため厳密な比較はできないが，2004年に実施された同種の調査では，過剰揚水の状態にあるブロックの割合は15％へと大幅に増加した。こうしたブロックの割合はパンジャーブ州とハリヤーナー州

でとくに高く，それぞれ75％と49％である（CGWB 2008）。これらの州で地下水の枯渇が深刻化している理由は，管井戸灌漑が広く普及するとともに，電力料金が無料もしくはきわめて安価に設定されてきたことにある。パンジャーブ州内の，地下水位の低下が深刻な地域ではすでに，農民が既存管井戸を深掘りしたり，揚水ポンプを渦巻型から揚程の大きい潜水型に取り替えたりしている。地下水灌漑のあり方を見直さない限り地下水位の低下は進行し，穀倉地帯をなすこの地域の農業は大きな打撃を受けることになろう。

こうした地下水の枯渇への対応として政府は2005年に「地下水の人工的涵養のためのマスタープラン」を発表した。これは透水層への地下水の涵養を促すために，現在一部の地域で散発的に行われているチェック・ダムなどのインフラ建設をインド全体で計画的に進める計画であるが，現在のところ実施には至っていない（Shah 2008）。

(3) 農家の階層構成と小作関係の変化

ここまで検討してきた農業政策の展開や農業の技術進歩を背景として，インドにおける農家の階層構成や小作関係は大きく変化してきた。**表 5-1**はこの点に関するいくつかの指標をまとめたものである。まず農家数は1960/61年から2002/03年にかけて，5077万戸から1億127万戸へとほぼ2倍に増加した。ここで参照している「全国標本調査」では，どんなに規模が小さくても農業を営んでいる世帯は農家としてカウントされている。

農家数が大幅に増加した結果，農家1戸当たりの平均経営面積は1960/61年から2002/03年にかけて2.7haから1.1haへと半分以下に減少した。表5-1によって経営面積規模別の農家シェアをみると，農家数の構成比が上昇したのは経営面積1.0ha未満層のみであり，経営面積がそれ以上の階層はいずれもシェアを低下させている。2002/03年における経営面積1ha未満層のシェアは70％であり，表には示されていないが0.5ha未満層のシェアは50％である。インドでは経営面積の著しい零細化が進行している。

また，1960/61年には経営規模が大きな階層ほど経営面積シェアが高まる傾向がみられたが，2002/03年には10ha以上層が12％，それ以下の4つの階層がほぼ20％ずつという構成に変化している。先進国では，大規模層により多くの農地が集中する傾向がみられるが，インドではむしろ経営面積に占める大規模

第Ⅱ部　産業と企業経営からみたインド経済

表5-1　農地保有構造の推移

経営面積階層		1960/61	1970/71	1981/82	1991/92	2002/03
総農家数（万戸）		5,077	5,707	7,104	9,345	10,127
農家数構成 (％)	1.0ha未満	39.1	45.8	56.0	62.8	69.8
	1.0～2.0ha	22.6	22.4	19.3	17.8	16.2
	2.0～4.0ha	19.8	17.7	14.2	12.0	9.0
	4.0～10.0ha	14.0	11.1	8.6	6.1	4.2
	10.0ha～	4.5	3.1	1.9	1.3	0.8
	合　計	100.0	100.0	100.0	100.0	100.0
総経営面積（万ha）		13,489	12,839	11,857	12,510	10,765
経営面積構成 (％)	1.0ha未満	6.4	9.4	11.5	15.6	22.6
	1.0～2.0ha	11.6	14.4	16.6	18.7	20.9
	2.0～4.0ha	20.3	22.8	23.6	24.1	22.5
	4.0～10.0ha	31.3	30.0	30.1	26.4	22.2
	10.0ha～	30.3	23.3	18.2	15.2	11.8
	合　計	100.0	100.0	100.0	100.0	100.0
平均経営面積（ha）		2.7	2.2	1.7	1.3	1.1
小作農家率（％）		23.5	24.7	15.2	11.0	9.9
小作地率（％）		10.7	10.6	7.2	8.5	6.5

注：小作農家率は，全農家数に対する農地の一部もしくは全部を小作している農家数の割合である。
出所：NSSO（1968），*Tables with Notes on Some Aspects of Land Holdings in Rural Areas*, NSS Report, No. 144；NSSO（1976），*Tables on Land Holdings, All India*, NSS Report, No. 215；NSSO（1988），*Sarvekshana*, Vol. 12, No. 1, Jul.；NSSO（1990），*Sarvekshana*, Vol. 13, No. 3, Jan.-Mar.；NSSO（1997），*Sarvekshana*, Vol. 20, No. 3, Jan.-Mar.；NSSO（2006），*Some Aspects of Operational Land Holdings in India, 2002-03*, NSS Report, No. 492.

層のシェアが低下した。

　農家数の増加と経営面積の零細化が進行する背景としては，①農村部において農業以外の産業の発達が緩慢なため，農家の子弟が自分の家の農業経営を継承する以外に就業機会を見出せないこと，②大幅な人口増加が続くなかで，男子均分相続が行われており，相続のたびに農地が細分化される傾向にあること，③すでに指摘した灌漑水の売買や揚水ポンプの貸借，機械作業請負などによって，小規模農家が投資額の大きな農業技術にもアクセスできたこと，の3点を挙げることができる。

　次に，独立前に広範に存在した地主制は，独立後急速に後退したと考えてよい。小作農家率は1960/61年の24％から2002/03年の10％へと低下した。農地全体に占める小作地の割合も1960/61年の11％から低下を続け，2002/03年には7％となっている。このことの原因は必ずしも明確ではないが，少なくとも農地改革のもとで多くの小作人が小作地の所有権を獲得して自作農になったためで

はない。すでに触れたように農地改革関連法には欠点が多く，また実施体制も脆弱だったからである。地主制が後退した1つの契機として無視できないのは，地主の小作地取り上げが頻繁に報告されていることである。つまり，地主が小作人から小作地を取り上げて，農地を自ら耕作したり，労働者を雇用して農業経営を行うようになったりしたことが，小作農家率と小作地率を低下させたと考えられる。1950年代になって農地改革が本格化する前に，その実施を察知した地主がこうした行為に出たほか，実施された農地改革諸法そのものが，地主側の権利を尊重する内容を含んでおり，法律上も小作地の取り上げがかなりの程度認められていたといってよい。

4　インド経済のグローバル化とインド農業

(1)　農産物輸入とWTO協定

　1991年に開始された経済自由化政策は，製造業部門や金融部門との関連で議論されることが多いが，農業部門とも無縁ではない。財政赤字縮小を目的として導入された化学肥料関連施策の改革や電力部門の改革は難航しているが，それでも農業部門に少なからず影響を与えつつある。しかしそうした政策については，それらが実施されていることを指摘するにとどめ，以下ではインド農業と世界市場との結合が，近年急速に強まっていることについて述べたい。

　インド経済のグローバル化が農業に顕著な影響を及ぼした例としてまず注目されるのは，食用油の輸入が大きく増加していることである。「黄の革命」の成功によって1980年代末には食用油はほぼ自給されるようになっていたが，1990年代に入って輸入が増加し，1999年以降は毎年450万トン以上の輸入が続いている。輸入食用油が国内消費量に占めるシェアも約40％に達しており，食用油供給の極端な輸入依存構造が定着した。インドは1990年代後半から中国と並ぶ世界有数の食用油輸入国となっている（FAO）。

　食用油の輸入がこのように増加した最も大きな理由は，所得水準の上昇とともに食用油の消費量が拡大し続けたことにある。インド政府の推計によると食用油の1人当たり消費量は，1991/92年から2007/08年にかけて，5.4kgから11.4kgへと2倍以上に増加しており，消費量の増大を国内生産でまかなうことは現状ではきわめて困難となっている（GOI 2010a）。

しかしもう一方で，食用油輸入の増大を，WTO協定を前提とした農産物の輸入自由化という近年のインドの農業政策の潮流に位置づけて考える視点も重要である。従来食用油はインド貿易公社のみが輸入できる国家貿易品目であったが，1994年から1995年にかけて，食用油のほとんどは輸入が関税化された。同じ時期には砂糖と綿花の輸入も関税化されている。当時の経済白書には，食料や農産物の相次ぐ輸入自由化が，インフレ抑制のためであったと述べられている。しかしそこに，WTO協定を遵守するための貿易自由化措置という意味合いがあったことは否定できないだろう。さらに1999年にはWTOパネルでの敗訴により，インドは国際収支問題を理由とする輸入の数量制限を実施することができなくなった。農産物の国境保護は食料自給政策の前提だが，その実施はかつてよりも困難になっている。

　こうしたなかでインドの農民は，安価な輸入農産物との競争や，国際農産物市場の価格変動にさらされるようになった。とくに「黄の革命」を経て油糧作物生産への依存を深めた南部の農民は，安価な外国産食用油が大量に輸入されるなかで，困難な状況に直面することが多くなっている。

（2）　食料管理制度の不安定化

　インド農業のグローバル化は農産物輸入の側面にみられるだけではない。それは米と小麦の輸出量の増加にも表れている。図5-2に示されているように，米の純輸出量は1990年代半ばから急増し，多い年には500万トン以上に上っている。小麦の場合は純輸出国になる年と純輸入国になる年があって不安定だが，2002年と2003年にはそれぞれ440万トンと500万トンの輸出を記録している。図5-2が示しているのはかつての穀物輸入大国が輸出国化していくプロセスである。

　穀物輸出が増加した理由の1つは，経済自由化政策のもとで為替レートが切り下げられたために，インド産穀物の価格競争力が増し，それまで難しかった国際市場での販売が可能になったことにある。いま1つは食料管理制度のもとで形成される政府の穀物在庫の膨張である。**図5-3**にみられるように，政府の穀物在庫は，1995年7月には適正在庫量2200万トンに対して過去最高となる3600万トンにまで膨張した。その後穀物在庫は一端減少するが，1998年から再び増加し，2001年7月には6300万トンへとかつてない水準に達した。このよう

第5章 農業

(単位：万トン)

図5-3 政府穀物在庫量の推移

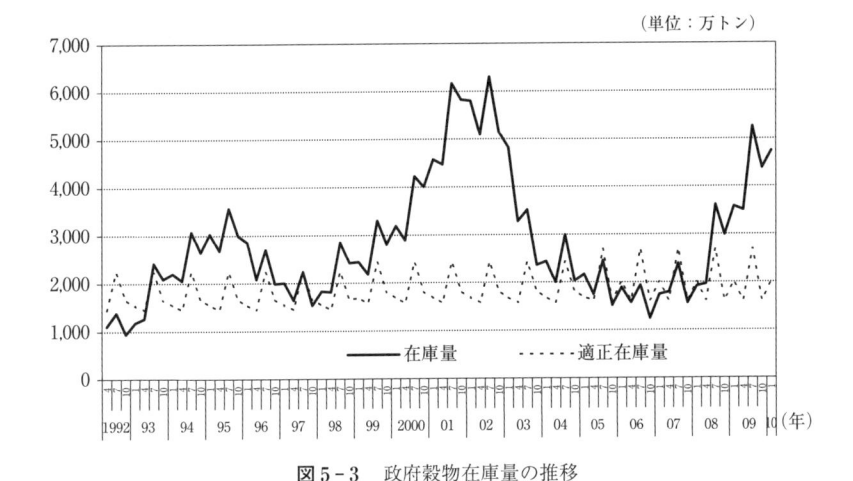

注：各年の1月1日，4月1日，7月1日，10月1日の米と小麦の政府在庫量の合計。適正在庫量は各時期ごとに政府が定めており，本図に掲載されている期間では，1999年と2005年に改訂されている。
出所：GOI (2009), *Report of the Commission for Agricultural Costs and Prices for the Crops Sown during 2008-2009 Season*; GOI (2010), Department of Food and Public Distribution, *Annual Report 2009-2010*.

に周期的に膨張する穀物在庫の削減を目的として，政府は穀物の輸出を行っている。また2002年には，輸出による在庫処理からさらに一歩進んで，小麦と米の栽培を抑制するために，これらの作物の政府買い上げ価格を初めて据え置いた。

政府在庫が膨張した理由として指摘されるのは，農民団体の圧力によって穀物の政府買い上げ価格が大きく上昇したことである。このほか1998年から2001年にかけて穀物在庫が膨張した要因としては，1人当たり穀物消費量の減少も指摘されている。穀物消費量が減少した理由については，所得上昇に伴う食料消費パターンの変化を重視する見解と，穀物価格の上昇による消費の減少を強調する見解とがある。

しかし，インドの穀物需給が過剰基調で推移し，政府がもっぱら在庫量の抑制に追われる状況は，2005年後半から大きく変化することになる。2002年にピークに達した目もくらむほどの穀物在庫は，すでに触れた大量の穀物輸出と，なによりも2002年の干ばつが引き起こした農業生産の深刻な落ち込みによって減少し，2004年にはほぼ適正水準に戻った。しかし穀物在庫量の減少はその後

も続き、結局2005年後半から2008年まで2年以上にわたって穀物在庫量が適正水準を割り込む状態が続いた。インドの穀物需給は過剰基調から不足基調へと転換したのである。小麦価格は政府在庫が適正水準にあった2003年から2005年にかけて安定的に推移していたが、2005年後半からの需給逼迫を受けて2006年には急速に上昇し始めた。さらにこの年にはFCI等による小麦調達量が目標を大きく下回ったことから、政府は公共配給制度等の諸事業を実施するために550万トンもの小麦輸入を実施した。

穀物買い上げ量の大幅な不足を受けて、政府は2005年から米と小麦の買い上げ価格を毎年連続して大幅に引き上げた。2001年以来抑制基調にあった買い上げ価格は突如引き上げ基調に転じたのである。また2007年になると政府は、米、小麦、豆類の生産量の急速な拡大を目的とする国家食料安全保障ミッションを開始した。こうした政策を背景として、政府在庫量は2008年にようやく適正水準を上回ったが、その後2010年にかけて、今度は再び過剰傾向が強まりつつある。インドの食料管理制度は、政府在庫の極端な過剰と不足との間で揺れ動いており、不安定性を増している。

（3） インド農業が直面する課題

ここまでの検討で明らかにされたように、独立後インドの農業の推移を振り返ると、農地改革が事実上失敗したほか、農業生産条件に恵まれない地域が新しい農業技術の導入やそれによる所得増から取り残されており、インド政府の農業政策に不十分さや妥協があったことは否定できない。しかしその一方で、穀物の不足に対応する「緑の革命」や、食用油の不足に対応する「黄の革命」が示すように、インド政府の農業政策は、食料増産という農業部門への社会的要請にはそれなりに応えてきたといってよい。

しかし21世紀を迎えた今日、インド農業はこれまでの食料増産を基調とする政策だけでは対応しきれない新たな課題に直面しつつある。本章を締めくくるにあたって、3つの課題を指摘しておきたい。

第一は持続可能な農業への転換である。とくに穀倉地帯である北西部諸州で現在のまま地下水灌漑が続けられた場合、地下水が不足することは明らかである。政府が目指している地下水の涵養のためのインフラ整備とともに、要水量の少ない作物への作付転換、耐干性品種の開発、農法上の工夫、過剰揚水の一

因となる電力価格抑制政策の見直しなどが進められなければならない。

　第二は，すでに第1章などで議論された農村部の貧困問題である。農村部の貧困層にとって，なにがしかの農業経営は，食料を確保して最低限の生活を維持するうえできわめて重要だが，すでに検討したように経営規模の著しい零細化が進展した今日，農業部門の振興策だけで零細農家の所得水準を大幅に引き上げることは困難である。農家が農業労働者とともに貧困から抜け出すためには，農村部における非農業部門の発展と就業構造の多様化が必要である。

　農村部の貧困との関連で，近年カルナータカ州やマハーラーシュトラ州，アーンドラ・プラデーシュ州などの南部諸州を中心に，借金苦による農家の自殺が相次いでいることは懸念される。インドで貧困問題が根強く残る理由の1つは，金貸しによる高利の貸付など，いわゆる非制度金融の存在にあるといわれてきた。このため政府は商業銀行の国有化や農業部門への信用割り当てなど，非制度金融を協同組合や商業銀行による制度金融に置き換える取り組みを長年行ってきた。1971年から1991年にかけて，農村部の負債総額に占める制度金融のシェアが29％から64％へと大幅に上昇したのはそうした取り組みの成果であるといってよい。しかし2002年の調査の結果によると，制度金融のシェアは57％となり，1991年の前回調査から大きく低下した。インド経済の躍進が国際的に注目された1990年代に，農村では農家の自殺が耳目を集めるようになり，その背後で非制度金融が勢力を盛り返したのである。農村住民を日常的によく知る農村金貸しは，借り手に関する豊富な情報に基づいて融資を行うため，融資の決定が早く，その手続きも簡単である。高利にもかかわらず非制度金融が根強く残る理由の1つはこの点にある。2000年以降，商業銀行による農業関連部門への信用供与額は大きく増加しており，政府も農業信用の増大を重要政策として位置づけている。こうした制度金融の拡大を受けて今後，非制度金融が再び縮小に転じるのか，あるいは農村部において一定の地位を確立してしまうのか，貧困問題との関連で注目しておかねばならない。

　第三は，食料管理制度の安定的な運用である。インドの食料管理制度は，食料増産のための制度的基盤としてこれまで大きな役割を果たしてきたが，近年それを適切にコントロールすることが困難になっている。インド国民すべてが十分な量の穀物を確保したうえでの過剰かどうかはさしあたり別として，政府の穀物在庫は周期的に極端な過剰傾向を示すようになっているが，その一方で

不足局面への不安も依然として大きい。政府やFCIは政府在庫について，不足局面にも目配りしながら，過剰処理に当たるという困難な運営を迫られている。

この困難を克服する方策の1つは，農業投資の増大による農業インフラの整備にあると考えられる。これによって穀物生産の生産性が高まり，インド産穀物の国際市場での競争力が強化されれば，輸出による余剰穀物処理は現在よりも容易になろう。このことはまた，モンスーンの不調によって時折発生する不作を軽減し，インドの穀物生産を安定化することにもつながるであろう。農業投資の対GDPシェアは1980年代から1990年代にかけて大幅に減少してきたが，2006年から2008年にかけては上昇傾向がみられる。この傾向が持続するのかどうか，また農業投資を押し上げている具体的要因が何なのかについて今後注視していかねばならない。

●参考文献

宇佐美好文（2002）「インド農村における就業構造の特徴と変化」絵所秀紀編『現代南アジア2　経済自由化のゆくえ』東京大学出版会。

首藤久人（2006）「公的分配システムをめぐる穀物市場の課題」内川秀二編『躍動するインド経済——光と陰』アジア経済研究所。

須田敏彦（2006）「食料需給の構造と課題」内川秀二編『躍動するインド経済——光と陰』アジア経済研究所。

田中明編著（1997）『熱帯農業概論』築地書店。

藤田幸一（2002）「インド農業論」絵所秀紀編『現代南アジア2　経済自由化のゆくえ』東京大学出版会。

Bansil, P. C. (1990), *Agricultural Statistical Compendium, Vol. 1, Foodgrains, Part. I*, New Delhi: Techno-Economic Research Institute.

Bansil, P. C. (1992), *Agricultural Statistical Compendium, Vol. 1, Foodgrains, Part. II*, New Delhi: Techno-Economic Research Institute.

Chandra, Bipan (1990), *Modern India: A History Textbook for Class XII*, Revised Edition.（粟屋利江訳〔2001〕『近代インドの歴史』山川出版社）。

Dantwala, M. L. ed. (1991), *Indian Agriculture since Independence*, Second (Revised) Edition, New Delhi: Oxford & IBH Publishing Co. Pvt Ltd..

Fertiliser Association of India (1964), *Fertiliser Statistics 1963-64*.

GOI (Government of India) (1976), *Report of the National Commission on Agriculture, Part XV, Agrarian Reforms*, New Delhi: Government of India.

GOI (Government of India) (1995), *Economic Survey 1994/95*.
GOI (Government of India) (2000), *Report of the Commission for Agricultural Costs and Prices for the Crops Sown during 1999-2000 Season*.
GOI (Government of India) (2004a), *Report of the Commission for Agricultural Costs and Prices for the Crops Sown during 2004-2005 Season*.
GOI (Government of India) (2010a), *Economic Survey 2009-10*.
NSSO (National Sample Survey Organisation, Ministry of Statistics and Programme Implementation, Government of India) (1999), *Cultivation Practices in India, NSS Report*, No. 451.
NSSO (National Sample Survey Organisation, Ministry of Statistics and Programme Implementation, Government of India) (2005), *Employment and Unemployment Situation in India, Jan.-Jun., 2004, NSS Report*, No. 506.
NSSO (National Sample Survey Organisation, Ministry of Statistics and Programme Implementation, Government of India) (2006a), *Some Aspects of Operational Land Holdings in India, 2002-03, NSS Report*, No. 492.
NSSO (National Sample Survey Organisation, Ministry of Statistics and Programme Implementation, Government of India) (2006b), *Livestock Ownership Across Operational Land Holding Classes in India, 2002-03, NSS Report*, No. 493.
Sengupta, Nirmal (2002), "Traditional vs Modern Practices in Salinity Control," *Economic and Political Weekly*, Mar. 30.
Shah, Tushaar (2008), "India's Master Plan for Groundwater Recharge: An Assessment and Some Suggestions for Revision," *Economic and Political Weekly*, Dec. 20.
CGWB (Central Ground Water Board, Ministry of Water Resources, Government of India) (2008), *Annual Report 2007-2008* (http://cgwb.gov.in/documents/ANNUAL%20REPORT%202007-08.pdf〔2010年3月20日アクセス〕)。
FAO, *FAOSTAT*. (http://faostat.fao.org/site/291/default.aspx〔2010年3月20日アクセス〕)。
GOI (Government of India) (2004b), *Agricultural Statistics at a Glance 2004*, New Delhi: Academic Foundation (http://dacnet.nic.in/eands/Previous_AT_Glance_2004.htm〔2010年3月25日アクセス〕)。
GOI (Government of India) (2010b), *Agricultural Statistics at a Glance 2009*, New Delhi: Academic Foundation (http://dacnet.nic.in/eands/Book_Setup_1.pdf〔2010年3月25日アクセス〕)。

GOI (Government of India) (2010c), *Land Use Statistics at a Glance 1998-99 to 2007-08* (http://dacnet.nic.in/eands/LUS_1999_2004.htm〔2010年3月25日アクセス〕)。
GOI (Government of India) (2010d), Census of India (http://www.censusindia.gov.in/2011-common/censusdataonline.html〔2010年4月12日アクセス〕)。

（杉本大三）

第6章
産業政策と産業発展

　本章はサービスも視野に入れた産業発展の視角から、インド産業発展の特徴を、第一に輸入代替型重工業における自立化をインド化（事例として鉄鋼業）、第二に新興のサービス産業の発展をグローバル化（事例としてIT-BPO産業）、そして第三に産業発展全般にみられる産業（とくに製造業）と労働力市場におけるインフォーマル化（非正規化）・正規雇用の停滞、二重構造などいわば近代資本主義の停滞的・退行的側面をインフォーマル化という3つの側面でとらえて議論している。これらの、一見すると互いに関連をもたないような3つの特徴が、独立以降の産業政策の展開および1980年代以降の自由化政策への転換を跡づけることを通じて、インドの政策と密接にかかわっていることを明らかにした。

1　インド産業発展の視点──インド化・グローバル化・インフォーマル化

　インドの産業発展は、序章で触れたように、サービスのより急速な発展と工業・製造業の比較的緩慢な発展という特徴をもつ。産業構成に占める工業のシェアは1970年代・1980年代初めに24～25％程度まで高まって以降、現在に至るまでほとんど停滞している。製造業のシェアは15～16％程度である。インドが産業政策において自由化政策に舵を切るのは1980年代初め以降である。しかし、一方ではIT-BPOサービス（ソフトウェアなどの情報技術とバックオフィス業務などのビジネスプロセスアウトソーシングを指す）のように輸出志向で急速な成長を遂げる産業が出現する一方で、工業・製造業の裾野は構成比でみる限り30年間も拡大していないのである。インドは1991年以降本格的な経済自由化政策を導入するが、工業部門においては初代首相であるジャワハルラール・ネルー（Jawaharlal Nehru）と娘のインディラ・ガンディー（Indira Gandhi）が1950～70

年代にとった産業政策（主に工業政策）のもとで醸成された産業構造や企業活動の特徴がいまだ強く残っていると考えられる。そこで本章ではまず，経済自由化以前の産業政策に少しウェイトを置きつつインドの開発方式と産業政策について要点を述べるとともに，開発の概要を示す。次に2つの産業についてその発展の概要を述べる。1つは独立以降，とくにネルー政権期の産業政策のなかで中核を成した鉄鋼業（とくに国営鉄鋼業）である。鉄鋼業は重工業化戦略の中心であり，生産能力においても技術獲得においても自足，自立つまり輸入代替工業化によるインド化を目指した産業である。もう1つは，サービスのなかで輸出中心に急成長を遂げているIT-BPO産業である。この産業はインドにあってグローバル化の申し子のような存在であり，自由化政策以前の産業政策とは直接的には関係なく，むしろ米欧のアウトソーシングと直接連動して発展した産業である。最後に，産業（とくに製造業）と労働力市場におけるインフォーマル化（非正規化）・正規雇用の停滞，二重構造などインド独特の産業発展の特徴を検討する。

　本章は端的にいえば，工業だけでなくサービスも視野に入れた産業発展の視角から，インド産業の発展を，輸入代替型重工業における自立化をインド化，新興のサービス産業の発展をグローバル化，さらに産業発展における近代資本主義の停滞的・退行的側面をインフォーマル化というキーワードでそれぞれとらえて議論している。

2　産業政策の展開と開発の概観

　独立直後のインドは，鉄鋼業，綿業，ジュート工業および糖業や機械修理などで旧植民地のなかでは一頭地を抜く地位にあったが，工業基盤をみると大半の機械や部品を外国からの輸入に頼るというきわめて畸形的で脆弱な構造であった。他方，人口の8割が住む農村は地主制を背景に低い生産性と貧困の温床になっていた。このような現実を前にして，ネルーが進めた開発方式は，インド型混合経済体制と重工業化の推進であった。また，民間ではなく国家（公企業，国有部門）の主導的立場を強調した。ネルーは近代技術や生産力志向が強く，また政治思想として英国労働党流のフェビアン社会主義と産業国有化論に共感していたこともかかる開発方式を推進した背景になっている。インドの

議会および国民会議派は1954年に国家建設目標を「社会主義型社会」とした。

　インドの開発を進める制度的枠組みについて触れたい。まず、計画経済を実施するために特定の省庁に属さない計画委員会が設置された。ネルーが計画委員会の議長を兼任した。開発行政については植民地時代の官僚制であるICS（インド文官職）の伝統を引き継いだIAS（インド行政職）が中心となった。インド共和国憲法は国家の指導原理として中央政府に強い権限を与えた。たが、経済開発の一方の柱である農業（土地改革、農村開発）と農業所得課税に関しては州政府の管轄事項であったため、この分野での指導力はあまり及ばなかった。

　ネルーの産業政策および政策的枠組みとして①産業政策決議（1948年、1956年）、②産業（開発・規制）法、③内向型の輸入代替型工業化志向、これら3点を指摘できる。まず、1948年と1956年の産業政策決議により、民間大企業の国有化を見送る一方で公共部門の優先的拡大の原則が確立された。新規事業について国家が排他的責任を有する部門として鉄鋼など17業種が指定された。②の産業（開発・規制）法は、自由化以前のインドを特徴づける「産業許認可（ライセンス）制度による行政の産業支配（Licence Raj ライセンス・ラージ）」の根拠法である。一定規模以上の生産単位（従業員50人以上、ただし動力を用いない場合は100人以上）を雇用する工場を有する企業は、新規企業の設立、新規商品の生産、既存企業の能力拡張、さらに立地変更等について事前にライセンスの交付を受けることが義務づけられた。関連して、重要物資法（1953年）は重要物資（アルミニウム、セメント、石炭、肥料、鉄鋼、綿織物および砂糖など）の価格、流通等を統制下においた（小島 2002：146-148参照）。③の「内向型の輸入代替型工業化」志向については本書の産業を取り上げた各章が論じている。ここでは、一点だけ述べておきたい。産業政策においては公企業による近代的重化学工業が志向される一方で、小規模工業や手織りなどの農村工業が保護されるという、一般にはトレードオフ関係になりうる規模、技術そして経営形態をもつ企業群を同時に存在させるという、後述するようにある意味では奇妙な産業政策の枠組みとなった（本章では通例に従い産業政策決議、産業〔開発・規制〕法と「産業」としているがこれらが対象としているものは工業である）。

　ネルーが本格的な重工業化に着手したのは第2次五カ年計画であった。統計学者のP.C.マハラノビスがネルーの重工業投資を優先するという考え方を支持する開発モデルを創案した（「マハラノビスモデル」と呼ばれる）。このモデル

表6-1 各五ヵ年計画期間における成長目標と実績

	目標	実績		目標	実績
第1次（1951/52〜1955/56）	2.1	3.5	第6次（1980/81〜84/85）	5.2	5.5
第2次（1956/57〜1960/61）	4.5	4.2	第7次（1985/86〜89/90）	5.0	5.6
第3次（1960/61〜1965/66）	5.6	2.8	年次計画（1990/91）	—	3.4
年次計画（1966/67,67/68,68/69）	—	3.9	第8次（1992/93〜96/97）	5.6	6.5
第4次（1969/70〜1973/74）	5.7	3.2	第9次（1997/98〜2001/02）	6.5	5.5
第5次（1974/75〜1978/79）	4.4	4.7	第10次（2002/03〜2006/07）	7.9	7.7
年次計画（1979/80）	—	−5.2	第11次（2007/08〜2011/12）	9.0	

注：成長目標は第1次〜第3次までは国民所得であり，第4次は純国内生産ベース。実績はGDP（要素費用）である。

出所：Government of India (2008), *Plannning Commission, Eleventh Five Year Plan (2007-12)*, Vol. I, New Delhi, Table 2.1.

は生産財生産部門・重工業がその発展を通じて，消費財工業の発展とさらに経済成長をもたらすと想定した（絵所 2002：第3章）。同計画と第3次五カ年計画では公共部門（新たに創設された公企業，公社等）を中核として重工業と電力，運輸通信に投資の重点が置かれた。中央政府所轄の公企業の数は1951年4月の5社から，1956年4月には21社，1966年4月73社（2007年3月では247社）と急拡大を遂げた。これらの産業の生産高は実際に大きく拡大を遂げた。しかしながら，1960年代初頭の中印国境紛争と1960年代半ばの印パ戦争（米国は援助を一時停止）さらに1965，1966年の2年続きの大旱ばつによる食糧危機の深刻化と物価上昇，これらに外貨危機も重なってインドは独立以来の危機に直面した。この直前の1964年5月にはネルー首相は亡くなっており，政治的な混乱も収まっていなかった。1966年4月開始予定の第4次計画は3年間休止（Plan Holiday）することを余儀なくされた。こうして，世界中の注目を集めたネルーの実験は結果を見る前に挫折した。他方，経済成長の実績をみると，第1次，第2次計画期の成長は比較的順調であった（表6-1）。第3次計画期は最終年度の大きな落ち込みに引きずられた。しかし，植民地時代の経済成長率がほぼゼロであったことを考慮するとこの数字は「歴史的逆転」といえるものである（伊藤 1988：23-25）。図6-1が示すようにこの間農業の比重低下とともにサービスと工業（製造業，建設業，電力・ガス・水道）の比重はともに約6％ポイント上昇した（1950/51〜1965/66：工業13.7→19.6，サービス32.9→38.1）。

　ネルーの死去後，インディラ・ガンディーが政権に就くと明確な開発戦略をもたないままに，産業に対する規制・統制が強化され，国有部門も無原則的に

(単位：%)

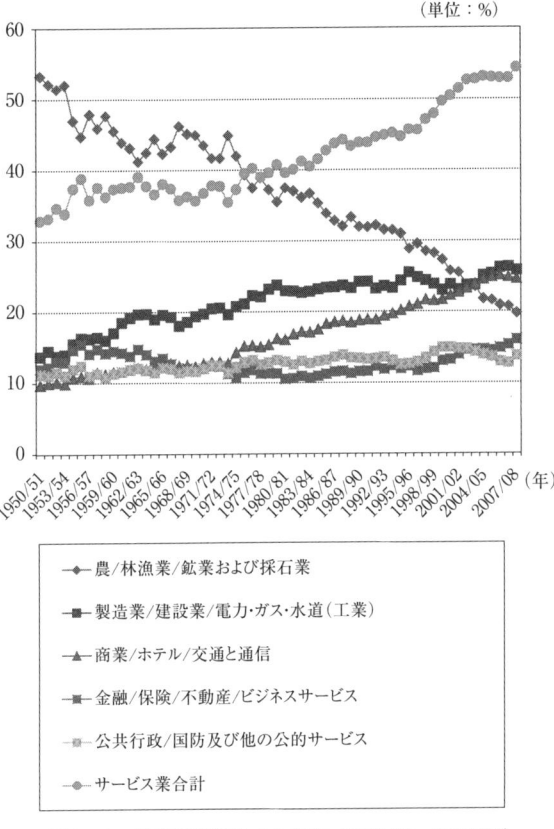

図6-1　部門別産業構成の変化（1950/51〜2007/08）

注：2007/08年は暫定値。
出所：Government of India（2010）, *Economic Survey 2009-10*より筆者作成。

拡大することとなった。インディラ・ガンディー首相は民間企業・外国企業と産業に対する統制政策を「貧困撲滅」などの政治スローガンとならんで「社会主義レトリック」の道具として使ったのである。1967年には小規模工業（SSI）該当事業所のみ製造を行うことができる（大・中規模企業は参入できない）という生産品目留保政策を導入した。留保品目数は1970年代末には800を超えた。同首相は1969年になるとさらに大胆な政策を展開した。民間主要商業銀行14行を国有化するとともに，独占および制限的取引慣行法（Monopolies and Restrictive Trade Practices Act）という名の独占禁止法を制定し大工業企業に対する

規制を強化した。商業銀行国有化は農業と小規模工業など優先部門への資金供給が大義名分であった。国有化の動きはさらに加速され，その後数年間のうちに経営破綻した綿紡織工場，消費財生産企業，保険業，炭鉱（コークス用）および外資系石油会社などが国有化された。さらに止めを刺すように，外資の持分を原則40％以下とする外国為替規制法（Foreign Exchange Regulation Act）が1973年に制定された。この後，IBM，コカ・コーラなどの外国企業はインドから撤退した。インドの統制経済は強固になり，工業化戦略はますます「内向きの」の色彩が強まった。もう一点，労働関係法の分野では，1947年労働争議法が1976年に改正され企業閉鎖（清算）の場合，300人以上雇用の工場は政府の事前許可を得るよう義務づけられた（1984年には100人以上の工場に適用対象が拡大された〔木曽 2003：第7章〕）。

しかし，このような政策は1960年代後半から続く工業停滞を克服することはできなかった。1970年代末に東アジア諸国がNICs（新興工業国，後にNIES）として注目を集めたのとは対照的であった。第3次計画期から第5次・年次計画までのおよそ20年間の成長率は平均3.5％程度（ヒンドゥー的成長率と呼ばれる）に止まった。GDPの産業構成では1979/80年度には農業他39.5％，工業23.7％，サービス40.8％であった。サービスの比重は1975/76年度に農業を逆転していた（図6-1参照）。この期間は工業の伸びがサービスを上回った。また，公企業の新設および国有化の拡大とともに，企業部門における公共部門の比重が高まっていった。払い込み資本金の累計額でみて1972年度には政府会社（公企業）が民間会社を凌駕している（**図6-2**参照）。

1975〜77年の非常事態宣言の当事者として選挙に敗れたインディラ・ガンディーが1980年1月に政権に復帰した。インディラ・ガンディー首相は1960年代末とは掌を返したように成長を第一の優先順位とし，そのために部分的な自由化措置を実施するという政策を採った。その契機の1つとなったのが国際収支危機に直面した政府が，大論争のなか，IMFから50億SDR（57億ドル）に上る借り入れをしたことである。1982年に政府は輸入規制，外資規制，産業認可制度と独占禁止法などに関して規制緩和・部分的自由化措置を導入した。1981年のスズキ自動車と国営企業マルチ・ウドヨグ社との合弁事業合意はこうした自由化政策の一産物であった。

インディラ・ガンディー首相が1984年10月に暗殺された後，首相に就任した

第6章　産業政策と産業発展

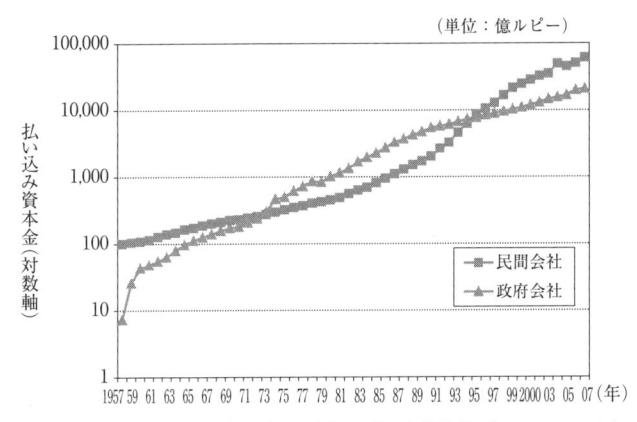

図6-2　払い込み資本金の（官・民）会社比較（1957～2007年）

出所：Government of India, Ministry of Corporate Affairs, 53rd Annual Report on the Working & Administration of the Companies Act, 1956, Year Ended March 31, 2009より筆者作成。

息子のラジーヴ・ガンディーは自由化政策をさらに進めた。ライセンス取得の大分類化およびエレクトロニクス・繊維・自動車などの個別業種段階での規制緩和が実施された。家電産業に外資企業が目立つようになったのもこの頃からである。また，1990年代以降飛躍的な発展を遂げるITサービス（ソフトウェア）分野におけるベンチャー企業が数多く誕生したのも1980年代である。もっとも，ITサービスは工業ではなくサービスであるため企業設立や活動に対する規制は強くなかった。加えて，1960年代後半以降の工業停滞はIIT（インド工科大学）や工学系卒業生の就職先としての公企業の門戸を狭めるとともに，1973年以降のIBM撤退により大量のIBM技術者がスピンオフの契機を与えられたことなど，「予期せぬ効果」が働きこの産業を側面支援したことも見逃せない。1980年代は順調な農業生産，民間投資の活発化および中央政府の積極財政により，5～6％というヒンドゥー的成長率より一段高い水準の成長を実現した（表6-1参照）。しかしながら，産業構成では，工業はそのシェアを文字通り停滞させており（1979/80～1990/91：23.7→24.2），農業のシェア減少分3.5％ポイントはサービスの3.0％ポイント増に振り替わった格好である（図6-1）。

　第4章で触れたように，1991年の未曾有の経済危機のなかで，ナラシンハ・ラーオ政権は，マンモハン・シン財務大臣（現首相）とともに，同年7月一連

の経済自由化政策（新経済政策）を発表した。ここで初めてネルー以来の産業規制の基本的枠組みに手がつけられた。産業許認可制度は原則廃止され，国家（公企業）独占業種が17から8業種（後に6業種）に削減され残りは民間に開放された。独占禁止法適用企業資産の上限が廃止された。ルピーの切り下げと関税の大幅な引き下げなどとともに輸出入規制緩和措置が導入された。外資に対する規制や金融，証券などの分野でも各章で触れたように開放が進んだ。特許法の分野では特許法が改正され，2005年1月から製法特許も物質特許もともに認めるというWTOルールに即した制度になった。このような自由化政策の導入により民間企業の活動は活発化した。先の払い込み資本金の累計額であるが，1995年度には民間会社が政府会社（公企業）を再度逆転している（図6-2参照）。

ただし，留意しておきたいことは，以上のように多くの分野で抜本的な経済自由化措置が取られたが，改革の進展は全体として漸進的である。また，公企業，企業清算（「出口」問題），労働法関連分野および小売業の外資への開放などの分野では顕著な改革が進行していない。この意味において，東アジア諸国の構造調整型の経済自由化とは大きく異なるということである（経済自由化政策，成長の時期区分などに関する議論は，絵所2008, Kohli 2006, Nagaraj 2008参照）。

近年の政策では以下の諸点が注目される。2004年の総選挙でインド人民党（BJP）を中心とした国民民主連合（NDA）から政権を奪取して誕生したマンモハン・シン政権（統一進歩連合：UPA）は包括的成長（Inclusive Growth）を強調し，貧困問題・農村農業問題への取り組みを強調した。その政策の主なものは貧困線以下住民に最低100日間の賃仕事を与える全国農村雇用保証法（NREGA, 2005年成立）と農村インフラの改善を目指すバーラト・ニルマーン（インド建設）計画であろう。同政権はまた，第11次五カ年計画（2007～12年）では教育にたいする資金の配分を大幅に増やすなど，人間開発関連分野を重視する姿勢を示している。農村の草の根レベルでこれらの成果が十分に得られるのか，注目されるところである。

他方，2000年以降，それまでの輸出加工区（Export Processing Zone：EPZ）制度を中国並みの経済特区（Special Economic Zone：SEZ）として中央・州政府が関与して新たに設置する取り組みがなされた。2006年2月発効の経済特区法は入居企業に対し最初の10年間所得税100％免除，次の5年間は同50％免除などのインセンティブを提供している。しかし，インド投資企業はインド国内市

第6章　産業政策と産業発展

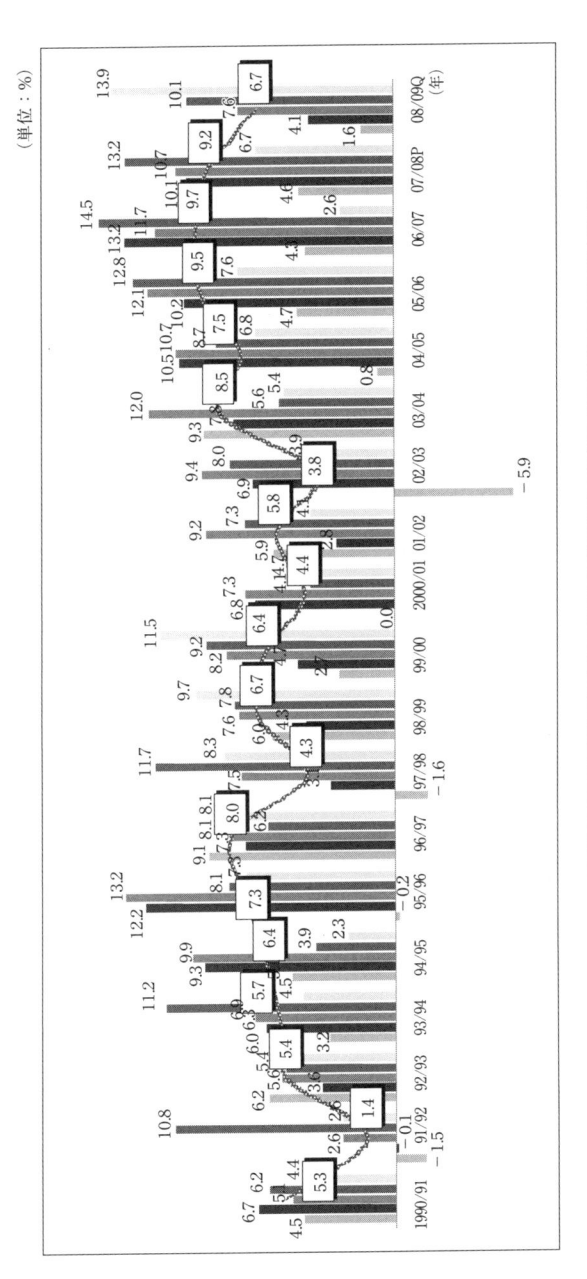

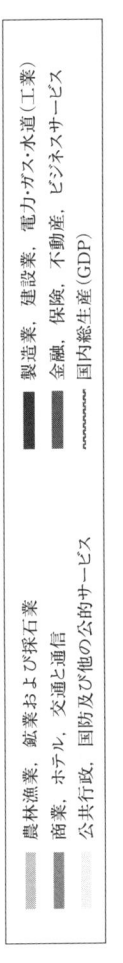

図6-3　GDP成長率：産業別（1990/2000、2004/05価格）

注：Pは暫定値、Qは速報値を示す。
出所：図6-1と同じ。

第Ⅱ部　産業と企業経営からみたインド経済

付表1　主要製鉄所の概要

社名	地図番号	製鉄所名	所在地（州名）	生産方式
[国営] SAIL （インド国営鉄鋼公社）	①	ビライ	Bhilai (CH)	高炉銑鋼一貫
	②	ドゥルガープル	Durgapur (WB)	高炉銑鋼一貫
	③	ルールケラ	Rourkela (OR)	高炉銑鋼一貫
	④	ボカロ	Bokaro (JH)	高炉銑鋼一貫
	⑤	IISCO（バーンプル）	Burnpur (WB)	高炉一貫
[国営] RINL （ラシュトゥリヤイスパット・ニガム）	⑥	ヴァイザーグ	Visakhapatnam (AP)	高炉銑鋼一貫
[民営] タタ・スチール	⑦	ジャムシェドプル	Jamshedpur (JH)	高炉銑鋼一貫
エッサール・スチール	⑧	ハズィラ	Hazira (GU)	直接還元鉄（HBI）－電炉
イスパット・インダストリーズ	⑨	ドルヴィ	Dolvi (MH)	直接還元鉄（HBI）・高炉・電炉
JSWスチール	⑩	ヴィジャナガル	Toranagallu (KA)	COREX・高炉・酸素転炉

注：主要製鉄所，主力工場のみ示した。州名，CH：チャッティースガル，WB：西ベンガル，OR：オリッサ，JH：ジャールカンド，AP：アーンドラ・プラデーシュ，GU：グジャラート，MH：マハーラーシュトラ，KA：カルナータカ。HBIはホット・ブリケット・アイアン。

出所：筆者作成。

付表2　IT-BPO企業（NASSCOM会員企業）の都市・地域別分布（本社所在地による企業数ベース）

バンガロール	首都圏	ムンバイ	チェンナイ	ハイダラーバード	プネー	コルカタ	その他
22%	22%	16%	13%	9%	6%	3%	9%

注：NASSCOM会員企業数は1237社。主な業種は，ソフトウェア開発，ソフトウェアサービス，ソフトウェア製品，コンサルティングサービス，BPOサービス，イーコマース・ウェブサービス，エンジニアリングサービス，アニメーション・ゲームなど。当該産業の収益の95％をカバーする。

出所：NASSCOM(2010). *Annual Report 2009-10*, p.11.

図6-4　主要製鉄所とIT-BPO企業（本社）の立地

出所：図6-1と同じ。

場志向が強いため外国企業の反応はあまり芳しくない。入居企業の過半はインド系のIT-BPO企業である。また，西ベンガル州のノンディグラム（タタ・モーターズ，最終的に進出断念し，グジャラート州に転進），マハーラーシュトラ州マハムンバイプロジェクトにおける土地収用をめぐり農民・住民との衝突のなどの問題も生じている。

さて，1991年度以降の成長の軌跡をみると，第8次，第9次計画期で1980年代（第6，7次）に匹敵する5～6％の成長を遂げ，さらに第10次計画期，2003年度以降はもう一段高い水準である7～9％の成長を実現した。しかしながら，この成長を牽引するのは相変わらずサービスの各部門が中心であった。ただし，工業部門も概して高い成長率を示した（**図6-3**）。2008～09年度のGDP構成比は農業他19.8％，工業25.8％，サービス54.4％である（暫定値）（表6-1，図6-1参照）。

3　鉄鋼業——国家主導型重工業化とインド化

本節はインド化の典型ケースとして鉄鋼業を取り上げる。国家主導の重工業化戦略の中核を担った産業こそが鉄鋼業であった。独立時，インドは主にタタ鉄鋼会社（現タタ・スチール，所在地ジャムシェドプル）により約100万トンの生産があったが，国営部門による新規製鉄所の建設と飛躍的な生産増を目指した。その際，政府は冷戦下の東西両陣営による「援助競争」という国際政治の環境をうまく利用した。1953年以降，インド政府と各国政府・企業間の援助協定が進捗し，ビライ，ルールケラおよびドゥルガープルの3国営製鉄所（高炉銑鋼一貫製鉄所，第1期能力，各100万トン）がそれぞれ旧ソ連，旧西ドイツおよび英国の援助で新設されることとなった。また，これらの経営母体として国営企業，ヒンドスタン鉄鋼（略称HSL後にインド国営鉄鋼公社〔SAIL〕に再編）が1954年に設立された。**図6-4**が示すようにこれらの製鉄所はインド東部に集中している。東部地域は鉄鉱床と炭田へのアクセスに恵まれた地域である。また，この時期，民間のタタ鉄鋼会社とインディアン鉄鋼会社（IISCO）の生産能力をそれぞれ200万トン，100万トンへと倍加する計画が承認された。国営製鉄所は第3次五カ年計画期（1960～65年度）中に，ビライ250万トン，ルールケラ180万トンおよびドゥルガープル160万トンとする能力拡張に着手した。製鉄所建設

第Ⅱ部　産業と企業経営からみたインド経済

表6-2　インドと主要途上国の鉄鋼生産高推移

(単位：万トン)

	1950	1955	1960	1965	1970	1975	1980	1985	1990	1995	2000	2005	2008
インド	146	173	334	643	623	799	951	1,154	1,496	2,200	2,692	4,578	5,505
中　国	60	285	1,100	1,350	1,780	2,600	3,712	4,670	6,635	9,536	12,724	35,579	50,049
韓　国		1		19	48	253	856	1,354	2,313	3,677	4,311	4,782	5,332
ブラジル		116	226	302	539	831	1,534	2,046	2,057	2,508	2,787	3,161	3,372
(参考)日本	484	941	2,214	4,116	9,332	10,231	11,140	10,528	11,034	10,164	10,644	11,247	11,874
(参考)世界計	18,930	27,040	34,150	46,100	59,850	64,700	71,630	71,700	77,000	75,100	84,800	114,671	132,610

注：2008年は暫定値。
出所：鉄鋼統計委員会『鉄鋼統計要覧』各年版より筆者作成。

は多額の資金を必要とするため，鉄鋼業への「傾斜生産」的な配分となった。鉱工業とサービス業に属する中央政府公企業部門投資総額に占める鉄鋼業のシェアは累積額で1960年度63.2％，1965年度39.8％に達した。この間，製鉄所だけでなく，製鉄所建設，重機械，設計とコンサルティング，鉄鉱石採掘と流通，発電，鉄道貨車などの国営企業も新設された。鉄鋼業を足もとから支え，すべて自前での供給を目指す（輸入代替工業化）体制が整えられた（石上 2008。またSato 2009も参照されたい）。

　鉄鋼生産は国営製鉄所の稼動とともに順調に増大し，1965年には643万トンに達した（表6-2）。この生産量はブラジルの2倍強，そして後年急成長を遂げる韓国には一貫製鉄所はまだ存在していなかった。ネルーによる国家主導の重工業化の大きな成果であった。しかし，第2節で触れたように，かかる発展は1966年以降足踏み状態に陥った。インド政府は鉄鋼業に投資する資金をもはや捻出できなくなっていた。1965年当時インドが「1000万トン製鉄国」という途上国として誇らしい地位に就くことは時間の問題とみられていたが，そうはならなかった。この時点から13年経過した1978年にようやく1000万トンに達した。1978年は国営4番目のボカロ製鉄所が旧ソ連の援助で建設され，操業開始の年であった。1970年代以降の鉄鋼増産には，量的にはボカロ以上に，小規模な単圧メーカー（リローラー）および電炉が大きく貢献した。前節で「輸入代替と小規模工業保護という奇妙な産業政策」という表現に言及したが，鉄鋼の小規模生産者の成長もこの事例である。単圧メーカーは政府が政府部門・小規模工業などの優先部門には生産コストを下回る価格（二重価格制度）を設定していることを利用した。彼らはビレット／スラブ，棒鋼類などを購入しこれを

棒鋼・線材や小形形鋼に加工し，市場で販売して巨利を得た。同時に，単圧メーカーに小形鋼片（ペンシルインゴット）を供給する小規模電炉業者も急拡大した。1978年の単圧メーカーの生産量（鋼材）は263万トン，1983年度には332万トンに達した。しかし，単圧メーカーは電炉業者が次第に圧延工程にも進出したため，原料調達難のため衰退した。

その後，国営部門には第五の一貫製鉄所であるラシュトリヤ・イスパット・ニガム（RINL：通称ヴァイザーグ製鉄所）が，当初旧ソ連の援助により，SAILとは独立した法人格で加わった（初出銑，1989年）。RINLはインド南部のアーンドラ・プラデーシュ州の港湾都市ヴィシャーカパトナムに建設された。しかし，インドの粗鋼生産の伸びは1990年までをみると，ブラジルや韓国にそれぞれ1970年代半ばと1980年代半ばに生産高が追い抜かれるなど停滞的であった。国営鉄鋼業はこの産業を牽引することができなかった。

鉄鋼業に大きな変化をもたらす契機となったのが1991年以降の経済自由化政策である。新規能力は原則国有部門という1956年決議の公私業種区分・ライセンス制度が撤廃され民間企業に活動の場が与えられた。二重価格制度による価格統制も撤廃された。同時に，1991年以前には100％超あった完成鋼材に対する関税は引き下げられ，1996年度には25〜30％，2004年7月以降は一律5％となった。**表6-3**は最近の鉄鋼生産について主な生産者（メーカー）・生産方式（製鋼法）別に概要を示す。

民間の雄であるタタ・スチールは1991年以降の自由化政策のなかで能力拡張，新規技術導入に積極的である。また，同社は英蘭系のコーラス社（タタの4倍の生産高，1830万トン，2006年）を買収することにより一気に世界第6位のメーカーに躍り出た。自由化政策以降顕著な特徴は，エッサールおよびジンダルグループのJSWなどの新興メーカーによる鉄鋼業への新規参入と輸出も視野に入れた大胆な経営手法がみられることである。工場の立地が経済成長著しい南部や西部であるのも特徴的である。エッサールとジンダルは天然ガスによる直接還元鉄を鉄源にしているという特徴がある。天然ガスの利用と輸出志向の強さから2社は臨海製鉄所である。また，工場は最新の設備を導入し省力化が進んでいる。新興メーカーの参入は，民間大手がタタだけでなく数社になったことを意味する。「自由化政策以降」と述べたが，これらの積極的な企業活動が顕著になるのは，中国に起因する世界的な資源価格の急騰による鉄鋼業のブーム

表6-3　メーカー別粗鋼生産量

(単位：万トン)

	企業数	2003/04	2008/09
公共（国営）部門			
SAIL　ビライ		474	518
ドゥルガープル		176	189
ルールケラ		157	208
ボカロ		375	358
IISCO		30	42
SAIL合計	7	1,225	1,341
RINL	1	340	296
公共（国営）部門合計		1,566 (40.4%)	1,638 (30.0%)
民営部門			
タタ・スチール	1	422	565
エッサール・スチール	1	184	326
イスパット・インダストリーズ	1	166	220
JSWスチール	1	161	317
その他電炉	33	241	343
誘導炉	1,020	1,048	1,800
民営部門合計		2,307 (59.6%)	3,814 (70.0%)
総　　計		3,873 (100.0%)	5,452 (100.0%)

注：SAIL合計にはSAIL子会社2社分を含む。2008/09年度は暫定値。
出所：Government of India, Ministry of Steel (2008, 2009), *Annual Report* 2007/08, 2008/09より筆者作成。

が到来した2002年後半以降のことである。

　インドの鉄鋼業でもう1つ目立った特徴は，これは他の主要な鉄鋼生産国ではみられないことだが，直接還元鉄－誘導炉製鋼－単圧メーカー（二次圧延業者。製品は主に建設用棒鋼）という生産ルートが存在し，しかも，この製法の主たる担い手は小規模な生産者である，ということである。表から単純に一事業所当たりの生産量を算出するとわずか1.8万トンに過ぎない。しかし，この生産ルートは粗鋼生産の約3分の1を占め，重要な地位を占める。このルートはローカル市場密着型の，低品質ではあるが機動的な鋼材の供給ルートとなっている（鋼材の輸出入，国内の需要の構造については石上（2008）を参照されたい）。

　最後に国営鉄鋼業の発展における能力拡張および技術獲得などについて簡単にまとめたい。

　まず，生産能力や生産技術に関して，インドは，第二次大戦後特に1960年代以降の世界鉄鋼業の技術変化と技術革新——高炉では2000m^{3}以上の大型高炉に，製鋼法では平炉からLD転炉に，そして全体の工程が連続鋳造に変わる

――へと向かうその時期より少し前に援助協定の話が進んだこと，さらに鉄鋼技術では先進国に遅れていた旧ソ連の援助国としての比重の大きさなどから，製鉄所が完成した時点では中規模（インド1100～1700m^3）の高炉，平炉の採用および連続鋳造への乗り遅れなど，全体として現代鉄鋼業と対比したとき技術的後進性を初発の時点でもつこととなった。生産技術の分野では国営鉄鋼業が努力を傾けた分野は操業技術，維持・補修技術の獲得などがある。海外の技術を導入したものの，高灰分のインド産石炭や高アルミナ分を含む鉄鉱石への対応などローカルでクリアーしなければならない基本的課題もあった。加えて，鉄鋼業の基本原料である石炭や鉄鉱石の供給が主に鉄道輸送能力の不足・不安定さからしばしば中断されることもあった。こうした事情は，国営製鉄所の稼働率が100％に達するのが2002年のブーム期を待たねばならず，それまでは60～80％程度の操業率が1970年代から続いていたのである。もちろん経営の分野では公企業独特の，ある種の福祉政策的な問題をもっていたことも事実である。例えば，社会主義国の国営企業同様，住宅，学校，病院などを企業が低コストで従業員に提供するためのコストも小さくはなかった。また，公企業は一般に過剰人員が指摘されるのであるが，鉄鋼業の場合，工場用地のために立ち退きにあった住民や近隣の住民を雇用せざるをえないという事情があった。1980年代なかば，SAILの従業員数（管理部門を含む）は25万人と世界最大規模になった（2009年には約12万人）。これは1人当たり生産性がきわめて低いことを同時に示していた。国営鉄鋼業，SAILはこうした課題に地道に取り組んできた。操業や維持・補修，操業改善などに関する技術は，多様な出自をもつ様々な技術を管理するという複雑な問題を抱えながらも，基本的に克服したといえる。しかしながら，鉄鋼業の先端技術（最先端ではなく）または世界の標準技術に関していえば，研究開発費を対売上高で長年0.1～0.2％しか支出してこなかったので自力でこれを開発することは不可能である。国営鉄鋼業の技術獲得への道は現在も歩みつづけている長い道である。一例を示そう。国営鉄鋼業で最も業績の良いビライ製鉄所は現在進行中の700万トンへの拡張計画において初めて連続鋳造100％を実現する。しかし，ビライで建設予定の大型高炉や連続鋳造設備は海外の企業からのターンキーベースでの設備調達によるという計画である（ビライ製鉄所資料による）。

4 IT-BPO産業——新興サービス企業のグローバル化

　本節はグローバル化の典型ケースとしてのIT-BPO産業を取り上げ，その発展をグローバル経済（とくに米欧）との関係について検討する（本書第7章はインド国内の通信サービスについて詳細に分析を加えた。また，IT-BPO〔ICTサービス〕についてもこの産業を理解するためのポイントを指摘している。本節は石上（2010a）と一部重なる）。

　まず，**図6-4**のNASSCOM（インド・ソフトウェア・サービス協会）会員企業本社所在地の分布をみよう。南部のバンガロール，チェンナイおよびハイダラーバードに計44％，西部マハーラーシュトラ州のムンバイとプネーで22％と南部と西部の上記都市に全体の3分の2が集積し，これにデリーを含む首都圏を入れると全体の88％にも達する。これらの地域以外の広がりがきわめて弱いことが確認できる。

　IT-BPO産業はIT関連＝ソフトウェア・サービス輸出を中心として1990年代以降年率約30％の伸びを継続し，NASSCOMによれば，2008年度（2009年3月末までの財政年度）の輸出額は473億ドル，国内販売は243億ドルの合計716億ドル（ハードウェアを含む）に達した。2008年度における直接雇用者数は224万人（ハードウェア部門を除く），同産業の付加価値はGDPの3.5〜4.1％と推定される。同産業は輸出志向が強く，輸出の98％強がITサービス（56.8％）とBPO（27.1％）およびエンジニアリングサービス・ソフトウェア製品（15.4％）から成る。仕向先は6割が米国，これに英国（19％）を加えると英語圏の米英で輸出のほぼ8割を占める（NASSCOM 2009）。

　ITサービス（広義の）輸出は，輸出志向性が強いインド系大手企業への集中度が高い。インド系上位5企業で輸出総額の50％を占める（2008年度）。上位20社では同76％のシェアである。IBMを筆頭に多国籍企業がインドを輸出拠点としていることもよく知られている。最近数年間における多国籍企業・外資IT企業のインド進出は活発化している。また，上位企業の雇用者数は先にみた産業全体の趨勢と同じくこれを急増させてきた。タタ・コンサルタンシー・サービシズ（以下TCS, 16万人），インフォシス・テクノロジーズ（以下インフォシス，11万人）およびウィプロ（11万人）の上位3企業は2009年時点で10万人を超える

第6章　産業政策と産業発展

表6-4　インフォシスの雇用者数と収益の推移（カッコ内は対前年比増加率：％）

会計年度	雇用者数	収益 (100万ドル)	純所得 (100万ドル)	雇用者一人当たり収益 a (1,000ドル)	雇用者一人当たり収益 b (1,000ルピー)
1995	1,172 (30)	27 (47)	7 (72)	23.0	769.40
1996	1,705 (45)	40 (49)	9 (27)	23.0	816.50
1997	2,605 (53)	68 (73)	13 (60)	26.1	854.80
1998	3,766 (45)	121 (77)	30 (119)	32.1	1,350.50
1999	5,389 (43)	203 (68)	61 (102)	37.7	1,633.70
2000	9,831 (82)	414 (103)	132 (115)	42.1	1,923.30
2001	10,738 (9)	545 (32)	164 (25)	50.8	2,422.80
2002	15,876 (48)	754 (38)	195 (18)	47.5	2,298.80
2003	25,634 (61)	1,063 (41)	270 (39)	41.5	1,907.00
2004	36,750 (43)	1,592 (50)	419 (55)	43.3	1,945.60
2005	52,715 (43)	2,152 (35)	555 (32)	40.8	1,806.30
2006	72,241 (37)	3,090 (44)	850 (53)	42.8	1,808.30
2007	91,187 (26)	4,176 (35)	1,155 (36)	45.8	1,844.00
2008	104,850 (15)	4,663 (12)	1,281 (11)	44.5	2,046.60
年平均増加率					
1995～2001	45	65	70	14	21
2001～2008	38	36	34	−1	−2

出所：Infosys (2009), *Annual Report 2008-09*, p.125（IFRSベースの会計基準による）。ただし，雇用者1人当たり収益(a)は筆者算出。雇用者一人当たり収益(b)はインド政府『経済白書』(Economic Survey)の為替レートにより筆者算出。

企業であり，IBMインディア（以下IBM）も2010年には10万人を超えることが見込まれている。

　個別企業で急速な発展の様子を振り返ってみよう。インフォシスは1981年，IIT卒業者のN.ムルティら7人の発起人がわずか250ドルの資金によってプネーで創業した企業である（現在本社はバンガロール）。**表6-4**は1995年以降の同社の歩みを示す。同年から「ITバブル」が崩壊した2001年までの7年間は「Y2K問題」「ドットコム・ブーム」により，世界的なITエンジニア不足ともあいまって，雇用者数（年平均約45％増），収益（同65％増）および純所得（同70％増）ともに急拡大を遂げた。インフォシスのみならずインドIT企業の国際的な認知と経営の基礎を固めた時期である。注目したいのはこの7年間に雇用者1人当たり収益が，ドルベース（年平均14％増）でもルピーベース（同21％増）でもハイペースで高まったことである。とくに，ルピーベースでのより高い収益増はインド人IT労働者の，慢性的賃金高騰を十分吸収してさらに利益を増

大する基盤となった。2001年以降のインフォシスのこれらの指標は世界の産業全体の伸びを若干上回る高い伸び率を維持してきた。相変わらず，国際的な水準である1人当たり収益15〜20万ドル程度とはかなり見劣りする1人当たり収益でありながら，旺盛な雇用純増による収益の高い伸びと，25〜30％近い純所得（税引き後利益），高収益性を維持している。同社の収益の98％が輸出によるものである（Infosys, *Annual Report 2008-09*）。

　以上から明らかなように，この産業は徹底した輸出志向産業であるということである。それはこの産業の沿革を簡単に振り返ることでも確認できる。TCSがインド企業として初めてソフトウェア輸出契約を行ったのが1974年のことであった。その後，1970年代後半におけるIBMのインドからの撤退，旧IBM技術者や国営企業技術者のソフトウェア起業家としてのスピンオフさらにIIT出身者による起業などを契機として，インドはメインフレーム向けソフトウェア輸出国として頭角を現してきた。1980年代以降，インドはメインフレーム向けソフトウェア技術とPCをプラットフォームとするソフトウェア・サービスの双方を武器に，ソフトウェア・テクノロジー・パーク（1991年導入）などの政府のソフトウェア輸出奨励政策や豊富で質の高いしかし低賃金の技術者・労働者の存在とあいまって，発展途上国の有力なソフトウェア輸出国として注目を集めてきた。

　インド主要IT企業はおおむね1980年代に創業し，外国（とくに米国）企業との契約によって発展した。産業全体としては，先進国のプログラマー不足と相当の労働コストの差を背景として，顧客企業に低コストの技術者を派遣するオンサイト業務すなわち「ボディショッピング」と呼ばれる労働契約モデルによって発展してきた。この間，テキサス・インスツルメンツ（TI）が1986年にバンガロールに進出したことは米国企業にインドIT人材とIT企業を信認させるのに大いに貢献した。また同様に，米国企業で働くインド人幹部や技術者がインド進出，インド企業からのアウトソーシングを強く勧めたことも側面支援となった（Kuznetsov 2006）

　1990年代半ばからのITブームの時期には，在外インド人（非居住インド人）（Non-Resident Indian：NRI）が投資したベンチャーキャピタルの支援により，米国企業の子会社ベンチャーとして旺盛に設立されるようになった。「Y2K問題」を通じてさらなる信認を得たインドIT産業は，ITバブル崩壊後のオフ

ショアリング重視，独自のグローバル・デリバリー・モデルの構築および高付加価値化・高収益化などを追求してきた。具体的には，大手企業は1990年代半ば以降進展してきたクライアント・サーバーシステムを用いた基幹業務システムや業務支援・データ分析システムの分野で，さらに今世紀に入ってから進展してきたインターネット利用による新しいサービスの分野においても経験を豊富に蓄積し，グローバルソーシングに対応できるシステム・インテグレーターとしての発展を遂げてきたということである。また，こうした展開に先立ってCMMレベル5に代表される品質認証を各社とも世界に先駆けて取得していった。1990年代半ば以降の企業情報システムの発展のなかで，インド企業が提供するサービスが多様化，高度化してきた側面を正当に評価する必要がある。

1990年代までのインドソフトウェア産業は，前述のように「ボディショッピング」が中心であったが，次第にオフショアリング（先進国企業の海外委託，調達）においても強みを発揮してきた。オンサイト比率は1988年の90％から，1999/2000年56％，2003年41％と低下し，最近は約30％程度である。今日，実際の業務ではオンサイトとオフショアリングを組み合わせている。オンサイト比率30％，オフショア70％というのは1カ月ベースでの仕事の量（工数）を示し，収益ベースでは両者はほぼ拮抗する。例えば，インフォシスの場合，オンサイト収益49.3％，オフショア収益50.7％（2008年度）である。オンサイトは，インド国内より賃金水準が高くなるから利益マージンはオフショア（インド国内での仕事）より小さくなる。インドITサービス企業はコンサルティングに代表される高付加価値の業務比率を高めたい意向だが，この分野は現地人スタッフやオンサイト業務を他のサービスより多く必要とする。

これまでインドIT-BPO産業の米欧企業のアウトソーシングによる急速な発展と高収益性について述べてきた。しかし，米国からインドへのアウトソーシング，オフショアリングは，もちろん，発注元の米国企業と同国経済にも恩恵をもたらしている。**表6-5**はよく参照される，マッキンゼー社の調査によるものである。すなわち，米国（のプロバイダー）が1ドルをインドにオフショアリングするとそれによって1.45～1.47ドルの利得が発生し，その77％は米国に帰属するというものである。利得の内訳は表に示した通りである。

インドIT企業の競争力はどこにあり，先進国（米国）とはどのような関係にあるのだろうか。先のインフォシスの人員数からも明らかなように，この産業

表6-5　米国の対インドオフショアリング1ドル当たり発生する利得の分配　(2002年)

米国　1.12-1.14ドル (77%)				インド　0.33ドル (23%)			
コスト節約	在印プロバイダーの利益送金	インドプロバイダーへの輸入	労働力転換	政府収入	サプライヤー	労働力	利益
0.58	0.04	0.05	0.45-0.47	0.04	0.09	0.1	0.1

出所：Farrell, D. McKinsey Global Institute (2006), *Offshoring: Understanding the Emerging Global Market*, Boston : Harvard Business School Press, pp.59-63.

は急速な人員拡大のなかでつねに入社3年以内という人材が約半分であり，その大半は工学系学卒者の若い人材である。彼らの離職率（キャリアーの早い段階での）は高い。ITサービスは潜在的な顧客向けにもつねに人員の25％程度を余裕人材として構造的にビルトインして抱えている。何百名あるいは大きい場合千名を超える大半は若い人材から成るプロジェクトチームを即座に立ち上げる能力がインド企業の強みである。そして同時に，様々なアプリケーションやビジネスソフト，ビジネスモデル，プラットフォームなどに関する経験値の積み上げも同様に重要である。このようなビジネスは台湾のEMS（Electronics Manufacturing Service：電子機器の製造や設計を担うサービス）企業のビジネスモデルと似たところがある。ただし，インドの場合は工学系の高学歴人材を労働者として用いているのであるが。

　最後に，インドでは研究開発サービスも旺盛に行われるようになり，今や主要企業の世界の研究開発ネットワークの不可欠の構成部分になりつつある。インドにおける米国系多国籍企業の研究開発拠点は概して，基礎研究は本社に集中する一方でインドが得意とする分野で豊富な人材を使用する開発，エンジニアリングおよびインド市場向け開発が主流である。この点で，インドにおける研究開発は本社を中心としたグローバルな開発の国際分業の一端を担うものといえよう（石上 2010b）。

5　「雇用なき成長」とインフォーマル化について

　今日，インド経済に関する内外の文献をひもとけば必ずといってよいほど「雇用なき成長（Jobless Growth）」という表現を目にする。また，同時に最近ではインフォーマル化（Informalisation）という言葉もインド産業発展の特徴を示

第 6 章　産業政策と産業発展

表 6-6　組織部門雇用の構成と推移（1991〜2007年：万人，％）

	1991	1995	1997	2000	2007	年平均増加率
公共部門						1991-2007
1　中央政府	341.1	339.5	329.5	327.3	280.0	-1.23%
2　州政府	711.2	735.5	748.5	746.0	720.9	0.08%
3　準政府(公企業など)	622.2	652.0	653.5	632.6	586.1	-0.37%
4　地方団体	231.3	219.7	224.4	225.5	213.2	-0.51%
計	1905.8	1946.6	1955.9	1931.4	1800.2	-0.36%
民間部門						
1　農業，狩猟など	89.1	89.4	91.2	90.4	95.0	0.40%
2　鉱業と採石	10.0	10.3	9.2	8.1	10.0	0.00
3　製造業	448.1	470.6	523.9	508.5	475.0	0.37%
4　電力，ガスと水道	4.0	4.0	4.1	4.1	5.0	1.40%
5　建設	7.3	5.3	5.4	5.7	7.0	-0.26%
6　卸売り，小売業	30.0	30.8	31.7	33.0	41.0	1.97%
7　運輸，倉庫および通信	5.3	5.8	6.3	7.0	10.0	4.05%
8　金融，保険，不動産業など	25.4	29.3	32.2	35.8	88.0	8.08%
9　コミュニティ，社会・個人サービス	148.5	160.3	164.4	172.3	195.0	1.72%
計	767.7	805.9	868.6	864.6	924.0	1.16%
合　計	2673.3	2752.5	2824.5	2796.0	2727.6	0.13

原資料：Ministry of Labour & Employment, Director General of Employment and Training.
出所：Government of India (2010), *Economic Survey 2009-10*.

すものとして使われることが多い。雇用数や事業所数でみると小さなフォーマル部門と零細かつ巨大なインフォーマル部門が二重構造を形成しているというのである。本節では，近代的な製造業やフォーマルな雇用がなぜ外延的に発展しないのか，このような問題意識をもち，最近の研究の成果に依拠して検討する。

　まず，「雇用なき成長」という場合の雇用は，通例，組織部門雇用を指す。インドでは10人以上の事業所か政府関係部門で労働に常時従事する者を組織部門雇用（Organised Sector Employment）と呼ぶ。それ以外の者と自営する者は非組織部門雇用となる。まず，1991年以降の組織部門雇用の構成と推移をみる（**表 6-6**）。組織部門は公共部門と民間部門から構成される。公共部門がざっと7割，民間部門が3割ずつを占める。1991年以降という時期は本書で繰り返し言及されたように，本格的な自由化政策が導入されたまさに「最近のインド」にほかならない。しかしながら，この期間の雇用者増は年平均でわずかに0.13％，絶対数で54万人しか増えていない。2つの部門のうち，まず公共部門

についてみよう。公共部門のうち準政府という区分はわかりにくいかもしれない。これは中央政府の法人格をもつ公企業（240社余り）と州政府のそれ（800社余り），さらに中央政府管轄の鉄道，通信などと州政府管轄の電力公社などの官庁企業からなる。それらの業種は製造業，運輸，金融・保険，通信，鉱山，電力，鉱山および商業など実に多様な業種に広がる。他の公共部門は行政サービスが中心である。ネルー以来の公共部門拡大政策は雇用数でみると1997年をピークとして（同年は組織部門雇用合計でもピーク），その後漸減傾向である（1991年以降平均で−0.38%）。それでも，組織部門雇用の66%を占める。[3]

　民間部門は年平均増加率1.24%と公共部門と比べると増勢を示すが，増加に貢献している亜部門はサービスが中心である。本項で取り上げる製造業はこの期間わずか0.38%の増加である。とくに注目されるのは民間の製造業の場合，1997年をピークとして10年間で50万人弱も雇用者を減らしていることである。インドにおける組織部門雇用は，国内の経済活動人口約4億人のなかで，各種の保険や年金などのセーフティネットのもとにある人々である。しかし，その割合は7%に過ぎない。

　国際機関の貧困に関するデータは，近年，より広範な人間開発の観点から1人1日当たり支出額2ドル（ドル，PPP）未満を基準とした「貧困者」のカテゴリーを設定している。このカテゴリーに該当する人々はインドでは77%にも達する。実に圧倒的多数の人々がこのカテゴリーに属するのである。インド政府は，2004年9月に「非組織部門における企業に関する国立委員会」（アルジュン・セングプタ委員長）を設立した。UPA（統一進歩連合）シン政権が掲げる「包括的（あるいは万人のための）成長（Inclusive Growth）」を実現するために広範囲の研究者にこのテーマでの研究を組織した。

　同委員会の最終報告書から2つの表を示す。まず，**表6-7**からは次のことが明らかになる（フォーマル，組織部門の捕捉範囲が表6-6より少し拡大されている）。すなわち，1999年度と2004年度の雇用について，雇用形態別ではこの期間にインフォーマル／非組織労働者が雇用全体の91.5%から，0.8%ポイント増加し雇用全体の92.3%となった。フォーマル／組織部門雇用は8.5%から7.7%に減少した。次に，全体で5930万人の雇用増があったが増加分の実に98%がインフォーマル／非組織労働者によるものであった。とくに注目したいことはフォーマル／組織部門におけるインフォーマル労働者が4%ポイント高

表6-7 インドの部門別形態別雇用（UPSSベース）：1999年度と2004年度

(単位：100万人，構成比%)

	インフォーマル／非組織労働者	フォーマル／組織労働者	合　計
1999年度			
インフォーマル／非組織部門	339.7 (99.5)	1.8 (0.5)	341.5 (100.0)
フォーマル／組織部門	23.1 (42.1)	31.8 (57.9)	54.9 (100.0)
合　計	362.8 (91.5)	33.6 (8.5)	396.4 (100.0)
2004年度			
インフォーマル／非組織部門	391.8 (99.6)	1.4 (0.4)	393.2 (100.0)
フォーマル／組織部門	28.9 (46.2)	33.7 (53.8)	62.6 (100.0)
合　計	420.7 (92.3)	35.0 (7.7)	455.7 (100.0)

注：UPSSとは全国標本調査における雇用区分の1つであり，専業的労働者と副業的に労働に従事した労働者を指す。また，原表の数字の明らかな誤りは訂正した。
資料：NSSO 55th and 61st Round Survey on Employment-Unemployment.
出所：Government of India, National Commission for Enterprises in the Unorganised Sector (NCEUS) (2009), *The Challenge of Employment in India: An Informal Economy Perspective Volume I*, Government of India, Table 2.3.

まり，46.2%（2890万人）と2分の1に達する傾向をみせていることである。「フォーマル部門におけるインフォーマル化」が進行しているということである。

『年次工業調査（ASI）』がカバーする工場法登録企業の雇用のなかでインフォーマル（非正規）雇用の割合はどれくらいか。ここでは米国労働統計局のエコノミストの推計を示す。これによれば，1998〜99年の生産労働者617.4万人の内，15.5%（96万人）がコントラクター（労働者派遣業者）を通じた非正規雇用であった。利用できる直近の2005〜06年には，同じく689.3万人のうちの28.6%（197.3万人）と短期間に13%ポイントも増大した（Sincavage et al. 2010：6-7）。正規雇用と非正規雇用の賃金の格差はきわめて大きい。後者は諸保険および有給休暇などのセーフティーネットも欠くので，両者の格差はさらに大きい。以下の記事がその一端を明瞭に示している。

「私がこの車を買う客になることは一生ない」。これは日本人の幹部が「客になった気持ちでつくれ」と作業者に呼びかけたときの返答。ホンダの四輪車生産現地法人（HSCI）の工場作業者の月給は正社員で2万ルピーだが，期間工など非正規社員は5分の1の4000ルピーにすぎない。確かに期間工が数十万ルピーもの乗用車を購入できる可能性は薄い。一方，同社で事務職の正

第Ⅱ部　産業と企業経営からみたインド経済

表6-8　労働者の平均日収増加率（15～59歳，1993年度価格）

(単位：％)

人口区分	労働者の地位	1983年度/1993年度		1993年度/2004年度	
		農業	非農業	農業	非農業
農村男性	正規雇用	4.6	4.4	4.1	2.6
	臨時雇用	3.6	4.0	2.2	2.4
農村女性	正規雇用	2.5	3.5	3.4	3.1
	臨時雇用	3.6	4.1	2.2	3.8
都市男性	正規雇用	4.5	3.1	0.2	2.0
	臨時雇用	2.1	2.3	0.9	1.2
都市女性	正規雇用	5.0	4.0	0.2	1.9
	臨時雇用	3.1	3.6	0.5	1.6
GDP年平均成長率		2.8	6.1	2.5	7.5

原注：レギュラーは給与取得者（salaried）を含む。
資料：NSSO 38th, 55th and 61st Round Survey on Employment-Unemployment.
出所：表6-7と同じ，Table 2.2。

社員なら大卒初任給でも4万ルピー，30歳代後半の課長クラスなら10万ルピーに達する。インドでは同じ企業内でも地位，職種による収入格差は日本人の想像を絶するほど大きい（『日本経済新聞』2007年4月19日夕刊。当時，ホンダCity Zxi標準モデル67万7000ルピー，日本円で196万円，1ルピー＝2.9円換算）。

　フォーマル／組織部門雇用の7割弱が政府（公共部門）関連雇用であり，この部門は非正規雇用がきわめて少ないと考えられるので，民間部門の雇用において（農業を含むが）インフォーマル化が進んでいると解釈できる。こうして，経済自由化以降における雇用，労働者の非正規化が顕在化してきた。雇用の非正規化・インフォーマル化は**表6-8**が示すように，労働者の平均日収は16のカテゴリーのうち1つ（農村女性，農業，正規雇用）を除き，全カテゴリーの労働者が1993～2004年度はその前の10年間と比較して，その増加率を低下させたのである。この期間について表の最下欄に示したGDP成長率と比較すれば，とくに非農業において同部門のGDP成長率を大きく下回るケースが目立つ。正規雇用（常雇）は概して臨時雇用（非常雇）より日収増加率は少し高いが，前者といえども聖域ではなくGDP増加率を大きく下回っている。労働者全体が成長の果実に与かっていない（石上 2010b）。

　成長はしているが組織部門雇用・正規雇用が増えず，しかも賃率の上昇が近年は抑えられているという問題をもう少し詳細に検討しよう。まず，生産高や

付加価値の増加率に対する雇用弾力性はすでに1970年代以降漸減傾向にあった。すなわち，製造業の組織部門を対象とした年次工業調査（ASI）に基づくデータで1968～75年にはそれぞれ0.55，0.51であったが，これらの数値は1975～84年には0.35，0.39へと低下した（木曽 2003：27）。この傾向は同調査データを用いて1981/82年～2004/05年の24年間，ほぼ四半世紀をカバーしたカンナンら（Kannan and Raveendran 2009）の研究によっても確認できる（表6-9）。まず明らかなことは，期間を通じて，粗付加価値成長率は年平均7.41％であったのに対して雇用弾力性はわずか0.10に過ぎない。絶対数では135万人の増加であるが，2004/05年の雇用者数は829万人であり，これは同期間のピーク（1995/96年の878万人）を50万人近く下回った。組織部門製造業雇用の停滞は構造的と特徴づけることができよう。

　表6-9が示すように，成長（粗付加価値の伸び率）と雇用の伸び率は業種毎に凸凹である。雇用創出を伴う成長を実現したA群ではアパレル関連，化学関連，ゴム・プラスチック，その他非金属鉱物品，自動車および家具などが雇用の絶対数の増加に貢献した。他方，長期停滞産業である繊維やその他輸送機器（B群）は雇用の絶対数を減らしている。さらに，同表の右側に示した粗付加価値と雇用の構成を合わせて検討すると，比較的資本集約的産業とみなされる重化学工業関連5業種（コークス・石油製品，化学関連，ゴム・プラスチック，その他非金属鉱物品および基礎金属）が粗付加価値構成で過半を占め（2004/05年合計54.9％），雇用構成においても——基礎金属は雇用弾力性がマイナスであるが——存在感を示していることが目立つ（同27.5％）。これは繊維および食品などに代表される労働集約型消費財産業が，アパレルを除き低迷していることのコインの裏面である。また，東アジアでは有力な労働集約型組立産業でありかつ輸出産業である広義のエレクトロニクス産業（NICコード30,31,32）の事務用機器や機械類がインドではその成長がきわめて限定的であることも特徴的である。ただし，自動車（4輪）・同部品・トレーラーなど（同34）はこの間着実に伸びてきた。

　賃金上昇の抑制については，まず，資本と労働間の余剰の分配の問題に関して，労働者の賃金および管理職・ホワイトカラーを含む報酬の対粗付加価値比率が24年間に大きく低落してきたことを指摘できる（製造業平均で前者：27％→12％，後者：41％→23％）。このように労働分配率の低下傾向を背景として，労

第Ⅱ部　産業と企業経営からみたインド経済

表6-9　組織部門製造業における生産と雇用の成長および雇用弾力性

NICコード		1981/82～2004/05年度の変化（年平均）			粗付加価値と雇用の構成比（%）			
		粗付加価値（%）	雇用（%）	雇用弾力性	1981/82		2004/05	
					粗付加価値	雇用	粗付加価値	雇用
A	雇用創出を伴う成長							
16	タバコ製品	6.80	0.71(70.9)	0.10	1.6	5.8	1.7	5.7
18	アパレル，ドレス，染色など	15.55	9.92(399.0)	0.64	0.4	0.7	1.7	5.4
19	皮革	6.93	3.54(82.5)	0.51	0.7	1.0	0.5	1.8
21	紙，紙製品	3.84	1.24(44.0)	0.32	3.1	1.9	1.5	2.1
23	コークス，石油製品等	11.58	2.31(32.5)	0.20	2.9	0.7	11.4	1.0
24	化学・化学製品	8.30	2.11(299.7)	0.25	12.9	7.0	16.6	9.5
25	ゴム，プラスチック製品	11.28	3.96(179.8)	0.35	1.7	1.8	3.0	3.7
26	その他非金属鉱物品	8.62	1.47(149.1)	0.17	4.2	5.4	5.0	6.3
28	加工金属製品	3.77	1.06(68.6)	0.28	4.7	3.6	2.3	3.9
29	機械・器具	7.25	1.01(90.0)	0.14	6.4	5.0	5.1	5.3
30	事務用・会計・計算機	19.69	5.50(18.3)	0.28	0.1	0.1	0.5	0.3
32	ラジオ・テレビ・通信機器	15.34	2.72(47.0)	0.18	0.7	0.8	1.6	1.2
33	医療用・精密・光学機器	6.37	0.24(3.3)	0.04	1.1	0.8	0.9	0.7
34	自動車・トレーラー等	9.90	2.91(162.7)	0.29	4.3	2.5	6.7	4.1
36	家具	8.06	5.37(123.3)	0.67	1.2	0.8	1.4	2.1
A	小計	8.64	2.26(1,770.8)	0.26	46.0	37.9	59.9	53.1
B	雇用創出を伴わない成長							
15	食品，飲料	6.50	-0.06(-20.2)	-0.01	8.7	19.6	7.3	16.2
17	繊維	4.96	-0.53(-178.9)	-0.11	14.4	22.4	6.7	16.6
20	木材・木材品，コルク	0.09	-1.57(-22.2)	-16.55	0.8	1.0	0.2	0.6
22	出版・印刷	0.35	-1.44(-45.8)	-4.07	4.0	2.3	1.2	1.4
27	基礎金属	7.13	-0.09(-11.8)	-0.01	16.0	8.5	18.9	7.0
31	電気機械・器具	6.46	-0.03(-1.5)	0.00	5.3	3.4	2.9	2.9
35	その他輸送機器	6.79	-2.44(-141.5)	-0.36	5.0	4.7	2.9	2.2
B	小計	6.05	-0.45(-421.9)	-0.07	54.2	61.9	40.1	46.9
製造業合計		7.41	0.78(1348.9)	0.10	100	100	100	100

注：カッコ内は絶対数（単位：1,000人）の変化を示す。

出所：Kannan, K.P. and Raveendran, G. (2009), "Growth sans Employment: A quarter Century of Jobless Growth in India's Organised Manufacturing", *Enonomic and Political Weekly*, March 7, 2009, Table 5,6 を合成。

働者の実質賃金は同期間1.55%の上昇にとどまった。本格的な経済自由化期である1991/92～2004/05年だけを取り出すとわずかに0.27%に過ぎない（Kannan and Raveendran 2009）。

　1980年代以降，インドでは次第に労働組合側の攻勢（ストライキなど）が弱まり，逆に経営者側の攻勢（ロックアウトなど）が強まってきた。経済自由化政策とグローバリゼーションの進展という環境のなかで，経営者側は非正規労働者

表6-10 製造業の雇用規模別構成と労働生産性（500人以上＝1.00）

	1984-1985		1994-1995		2000-2001	
	構成比(%)	生産性	構成比(%)	生産性	構成比(%)	生産性
6〜9人	40.27	0.19	44.91	0.12	41.52	0.1
10〜49人	9.47	0.42	10.34	0.35	10.42	0.37
50〜199人	11.83	0.53	13.31	0.47	15.34	0.49
200〜499人	8.27	0.86	8.56	0.77	9.49	0.84
500〜999人	7.65	1.06	7.02	0.98	8.87	1.02
1,000人以上	22.52	0.98	15.85	1.01	14.35	0.99

資料：Unorganized manufacturing survey 40th, 51st and 56throunds of NSS and ASI, various years.
出所：Mazumdar, D., and Sarkar, S. eds., (2008), *Globalization, Labor Markets and Inequality in India*, London: Routledge, Table 9.3, 9.4.

の導入などによりコストとしての賃金を抑える一方でその絶対数の増加をも抑制してきた。したがって，「雇用なき成長」は，製造業の場合，組織部門製造業における雇用のインフォーマル化と一体となって進行したのである（木曽2003；佐藤 2009b；太田 2006参照）。

　最後に非組織部門も組み込んだ製造業の二重構造の問題に触れておこう。マジュムダール（Mazumdar and Sarkar）らは10人未満の事業所をカバーするデータとしては全国標本調査（NSS）のデータを用いて，インド製造業における二重構造の問題点を的確に述べている。表6-10をみよう。表から明らかなように，インドの事業所規模別雇用分布をみると6〜9人（40〜45％：インフォーマル）と500人以上（23〜30％）に両極分化していて中間が希薄（missing middle）になっている。かつ労働生産性の格差も大きい。これは他のアジア諸国に比べると特異である。

　この2つの特徴は自由化後もあまり大きな変化をみせていない（1000人以上企業がシェアを落としているのは繊維・ジュートなどの病弊企業による）。中規模が勃興する気配があるが必ずしも顕著ではない。マジュムダールらは，もともとの淵源は独立後約40年間に展開された奇妙な産業（工業）政策，とくに1967年以降の小規模工業保護政策（留保品目1990年代半ばでも830ほどあった）にあるとしている。これにより小規模工業を大規模企業から保護する一方で，大企業は輸入代替工業化政策で国際競争から保護してきたために，それぞれが得意とするニッチ，分野で競争の圧力なく繁栄することができた，というのである。さらに，インド製造業における下請けについて，製品アウトソーシングが最も盛んなのは6〜9人の最も少人数の事業所である，と指摘し，日本などにおける下

請けと大きく異なっていることを強調する。NSSの非組織部門に関する別の研究では非組織部門の30%が下請けに出すが，下請けに出す比率が高い産業は，タバコ（89%），繊維（56%），化学（67%），事務所会計・経理などであった。ここでは小さい企業がより小さい事業所・個人に下請けしている。下請けの仕事場所は81.2%が家庭である（Mazumdar and Sarkar 2008：201-220）。

インド製造業における二重構造に関しては半世紀前に石川滋（1961）が「インドの製造工業は雇用数分布よりみて最大規模（雇用数1000人以上）と最低規模（家内工業）の間に両極分化し，中間の中小規模が育たない特異な規模構造をなしている」（石川 1961：1）と指摘している。こうして，近代的な製造業やフォーマルな雇用がなぜ外延的に発展しないのか，という問題は古くかつ新しい問題であることがわかる。

6 結びにかえて

最後に，インド化，グローバル化およびインフォーマル化という観点からインドの産業発展の特徴についてまとめて本章を終える。

まずインド化についてであるが，長期にわたる国家主導の輸入代替工業化において，機械・金属・化学などの重化学工業部門と製薬，重電機などの知識集約・技術者集約的工業において標準的近代技術を獲得してきたことは特筆に値する。第二次世界大戦後に工業化に着手した途上国で工作機械に代表される機械工業を国内で育成できた国は限られる。インドが獲得した技術は最先端ではなく標準的で中間的技術であるが，これなくして先端には進めないという基礎づくりという意味で重要である。とはいえ，インドには韓国と台湾の1960～70年代の経済発展でみられた，中間財と資本財を生産する輸入代替型の重化学工業と，労働集約型輸出工業によって派生する中間財，資本財需要の増大による両工業の同時的かつ「複線的」発展が生まれる契機はなかった（複線的発展については今岡他 1985参照）。独立後の輸出ペシミズムの影響もあり，有力な労働集約型産業の輸出産業をもちえなかったのである（チャクラヴァルティー 1989が示唆に富む）。ネルーと国民会議派が掲げた「社会主義型社会」の目標は前述のように組織部門雇用における公共部門雇用の民間部門に対する優越という1点においてのみ実現したといえる。概して，国営企業や公務の労働者の第二，第

三世代はインドでは恵まれた教育環境のなかで中間層としてキャリアーを積む基礎を与えられた。

産業と雇用のインフォーマル化，二重構造などは詳細な検討を要する問題である。先に輸入代替工業化と小規模工業の保護という「奇妙な産業政策」に言及した。また，工業開発政策の地域的側面に注目すると，地域間格差是正を目指した後進地域開発が1980年代まで中心であったため，インフラの劣悪な地方への小規模な企業の分散的立地が促進され，逆に効率的な集約化・産業集積が遅れたという問題も指摘できる（古賀 1988；友澤 2008参照）。インフォーマル化の末端にある9人以下の企業の大半は家族のみからなる家内工業であり，その従事者の教育・技能レベルはきわめて低い。この点が，経営的・技術的にこれらの企業の上昇を阻む根底にある。ここでは，インドの市場構造の特性からインフォーマル化，二重構造について考えたい。

伊藤正二は，インドのハイコストとローコストの二重経済について次のように指摘した。

「貧富の格差の大きいインドでは貧困層用の工業品と一部金持ち用の工業品とが併存している。その二重性は衣食住全般にわたる。（中略）貧困者用の工業品と金持ち用の工業品の価格差は絶大である。（中略）貧困者用の工業品が廉価であるのは安い（しかし質の悪い）原材料を用い，劣悪な労働条件ときわめて安い労賃で効率的に生産することによるものである。これに対して金持ち用の近代的工業品は著しく高価な部材を用い，資本集約的である。インドのハイコストの問題は，このような資本集約的近代工業にある」（伊藤 1988：28）。

たいへん示唆に富む言葉である。この理解にしたがえば，インドの消費市場は広範な貧困層あるいは「脆弱な層」と富裕者・新興中間層の2つが分断して存在する，ということである。これまで，インドに進出した外国企業は後者の国内市場向けに活動を行ってきた。インドの大手企業もそうである。今のところ，金持ちと中間層を需要先とする工業が輸出産業として発展するという事例は，自動車産業・同部品産業（第8章参照）の一部を除き，希有である。したがって，今後中間層がいかに拡大し，これにより派生する近代的な工業への需

第Ⅱ部　産業と企業経営からみたインド経済

■□コラム□■

小規模工業（SSI）から中小零細企業（MSME）へ

　インドの小規模工業（Small Scale Industries : SSI）は，カーディー（手織）および農村工業などの伝統的小工業に対して，小工業の近代的部門に位置づけられる。SSIは機械と設備に対する投資額が一定基準（2001年基準では1000万ルピー未満）にある企業を指す。SSIは制度金融による融資枠や低金利融資さらには売上税の軽減などの恩典が与えられる。しかし，小規模企業がSSIと認定されるためには州政府の担当部局ないし県工業センターに必要書類とともに申請して，認可を受け登録することが必要である。申請自体は義務ではない。政府の統計上，SSIには登録と未登録の２つのカテゴリーが存在する（二階堂 2006参照）。

　政府は，1991年以降の経済自由化政策のなかで特定の業種を丸ごとSSIに留保する政策から，留保品目自体を大幅に削減し，競争的な市場環境のなかで小規模な企業の経営を強化する方向へと政策の重点を移した。実際かつて800以上もあった留保品目はわずか21へと激減した（2008年10月10日現在，品目はピクルス，パン，木製家具，蠟燭，マッチ，スチール椅子・卓など）。このような政策をうけ，2006年には新しい法律が制定され，SSIという長年用いられた呼称はMicro, Small and Medium Enterprises（MSME，文字通りには微小中企業。本文では中小零細企業と訳す）に変更され，工業だけでなくサービスも対象となった（零細企業は投下資本額が製造業250万ルピー未満，サービス100万ルピー未満の企業である。中企業は同じく5000万以上１億ルピー未満，2000万以上5000万ルピー未満である。この中間に位置するのが小企業である）。基準投下資本額を上下に拡大したことおよびサービスを加えたことによって，MSME企業は2006-07年度以降，それまでのSSI統計と比較すると数字上大幅に拡大した。同年度，企業数は約2610万（前年度1234万），雇用者数5946万人（同2949万人）であった。しかし，登録企業は製造業では13.9％，サービスでは2.8％に過ぎない（第４回全インドMSMEセンサスの要約版による。Ministry of MSME, *Annual Report 2009-10*）。かつてのSSIであれ現在のMSMEであれ明らかに登録を忌避し，行政の監督の目から逃れようとする傾向に変わりはないようである。敷地の所有権または賃貸，原材料購入，製品販売，電力さらには環境および労働など州・県の担当部局に提出する書類・手続きは煩瑣であるし（賄賂が発生する可能性），また，税逃れ，電力および労働者を不法に使用する（「盗電」，児童労働者の使用など）動機があればこれは逆の意味で登録を忌避することになる（労働関係については太田 2006参照）。

要の広がりと，新たな輸出産業・輸出創出の可能性が注目される。もちろん，農村の貧困・脆弱層における人間開発の改善が，単に消費市場の底辺拡大という観点からではなく，東アジアが経験したように質の良い豊富な労働力の存在による労働集約型産業の発展という産業発展の経験に照らしても重要である。

　グローバル経済とのつながりという点では，初発の段階から現在まで専ら輸出志向であった希有の成功例がIT-BPO産業である。IT-BPO企業はソフトウェアテクノロジーパーク・スキームの減免税を利用し高収益率を誇り，今日では経済特区（SEZ）の主たる入居企業でもある。しかし，輸出志向が極端に強いがゆえにインドIT-BPO産業と国内産業との産業的結びつきは希薄である。IT-BPO産業の発展の淵源は皮肉なことではあるが，長い輸入代替期に求められる。同様に，インドが目下強みを発揮している分野は，低コストを武器とした知識集約（技術者集約）型産業（製薬，重電機など）と長い輸入代替期に培った機械・金属・化学などである。消費財産業および上記産業においてIT技術とカップリングが可能なのか，注目される。

　キャンパスと呼ばれるIT企業の敷地に入ると誰もが「ここは別世界だ。インドとはちがう」と思うことだろう。たしかに，ここで仕事をする労働者は日常の業務による国際移動（長・短期の滞在，出張）を含め，インド産業のグローバル化の最先端に位置する。また，彼らはインドでは破格の高賃金を得ている。彼らはいわば「ドル経済」の住人ということができよう。彼らは料理人，子守りなどの使用人を低廉に雇うことができる。インフォーマル部門が提供するこのようなサービス（「ルピー経済」）は，彼らをインド国内に留め置き，さらに新たな人材を他産業から吸引する要因の1つである。インドIT-BPO産業の発展は，インフォーマル部門を通じた低廉なサービスの存在を抜きにして考えることはできない。このような国内におけるある種の分業は，ドル経済を頭にしてルピー経済が階層的に統合されている構図とみることができる（石上 2010b参照）。

●注
（1）　今日，インドの粗鋼生産は約5500万トンであるが，インド企業が買収した海外

鉄鋼メーカー分，約2500万トンを連結すればその生産高は8000万トンに達し，さらに海外に本拠を置くインド人「鉄鋼王」ラクシュミ・ミッタルが率いるアルセロール・ミッタルの約1億1000万トンを加えると広義のインド鉄鋼業は世界粗鋼生産の14％強を占めることになる。

（2） 直接還元鉄とは高炉による酸素還元による銑鉄生産方式ではなく，鉄鉱石を天然ガスないし石炭を用いて蒸し焼き状態にして海綿鉄（sponge iron）を生産する方式である。天然ガスによる方式は規模が後者よりかなり大きく，そこで得られる海綿鉄は品質がよいホットブリケットアイアン（HBI）と呼ばれる。石炭の場合，石炭は良質でなくとも利用可能であることがインドで普及した一因である。誘導炉は電気炉の一種である。電気炉は加熱方式によってアーク炉と誘導炉に分かれるが，鉄鋼製造プロセスとしては，一般に炉容量が大きく，生産能率が高いアーク炉が主に使われている。誘導炉は炉の周囲にあるコイルに電気を通し，電磁誘導作用により電気的導体（金属）のなかに誘導電流を生じさせ，電気的導体のもつ抵抗により発熱・誘導加熱させる。インドの誘導炉は初期には炉能力0.5～1トン程度の極小規模であったが，今日では5～6トン規模が大勢であり，稀に15～25トン規模もある。

（3） 本章におけるインフォーマル・インフォーマル部門という表現は，インド政府の用語法にしたがい，基本的に非組織部門と同義である。用例としてインフォーマル（非正規）雇用，インフォーマル（工場法非登録の，あるいはサービスの場合10未満の）事業所などがある。ただし，専門職の自営の場合は，本来セーフティネットのもとにあるので，後述の政府委員会ではフォーマル（正規）の雇用としている。同様にフォーマル・組織部門の事業所においても臨時雇いのインフォーマルな雇用がある。したがって，開発経済学で主に都市貧困層の雑業的な経済活動をとらえてこれをインフォーマル部門と呼ぶ用語法とは異なる。

● **参考文献**

石上悦朗（2008）「インド鉄鋼業の発展と変容」佐藤創編『アジア諸国の鉄鋼業』アジア経済研究所。

石上悦朗（2010a）「インドICT産業の発展と人材管理」夏目啓二編『アジアICT企業の競争力』ミネルヴァ書房。

石上悦朗（2010b）「インド産業発展における二つの傾向――インフォーマル化とグローバル化について」『比較経営研究』第34号。

石川滋（1961）「インドの二重構造」『一橋論叢』第45巻第6号。

伊藤正二編（1988）『インドの工業化』アジア経済研究所。

今岡日出紀・大野幸一・横山久編（1985）『中進国の工業発展』アジア経済研究所。

内川秀二編 (2006)『躍動するインド経済——光と陰』アジア経済研究所。
絵所秀紀 (2008)『離陸したインド経済——開発の軌跡と展望』ミネルヴァ書房。
絵所秀紀 (2002)『開発経済学とインド』日本評論社。
太田仁志 (2006)「インドの労働経済と労働改革のダイナミズム」内川秀二編『躍動するインド経済——光と陰』アジア経済研究所。
木曽順子 (2003)『インド 開発のなかの労働者』日本評論社。
古賀正則 (1988)「インドにおける地域政策の展開」川島哲郎・鴨澤巌編『現代世界の地域政策』大明堂。
小島眞 (2002)「インド工業論」絵所秀紀編『現代南アジア 2 経済自由化のゆくえ』東京大学出版会。
佐藤隆広編 (2009a)『インド経済のマクロ分析』世界思想社。
佐藤隆広 (2009b)「インドにおける成長と雇用——グローバリゼーションが製造業部門雇用に与える影響を中心として」『比較経済研究』第46巻第1号。
チャクラヴァルティー, S. (1989)『開発計画とインド』黒沢一晃・脇村孝平訳, 世界書院。
友澤和夫 (2008)「インドの後進州における産業開発戦略と工業立地」『広島大学大学院文学研究科論集』第68号。
内藤雅雄・中村平治編 (2006)『南アジアの歴史』有斐閣。
二階堂有子 (2006)「市場開放後の小規模工業」内川秀二編『躍動するインド経済——光と陰』アジア経済研究所。

Government of India, National Commission for Enterprises in the Unorganised Sector (NCEUS) (2009), *The Challenge of Employment in India: An Informal Economy Perspective*, Chairman: Arjun Sengupta.

Government of India, Plannning Commission (2008), *Eleventh Five Year Plan (2007-12)*, Vol. I, New Delhi.

Government of India, *Economic Survey*, various issues.

Kannan, K.P. and Raveendran, G. (2009), "Growth sans Employment: A quarter Century of Jobless Growth in India's Organised Manufacturing," *Enonomic and Political Weekly*, March 7.

Kohli, Atul (2006), "Politics of Economic Growth in India, 1980-2005 Part I: The 1980s ; do. 'Part II: The 1990s and Beyond," *Economic and Political Weekly*, April 1, 2006, pp.1251-1259; April 8, pp.1361-1370.

Kuznetsov, Yevgeny ed. (2006), *Diaspora Networks and the International Migration of Skills: How Countries Can Draw on Their Talent Abroad*, Washington D.C.: World Bank Institute.

Mazumdar, D. and Sarkar, S. eds. (2008), *Globalization, Labor Markets and Inequality in India*, London: Routledge.

Nagaraj, R (2008), "India's Recent Economic Growth: A Closer Look," *Economic and Political Weekly*, April 12, pp.55-61.

NASSCOM, Strategic Review: Annual Review of the Indian IT-BPO Sector, NASSCOM, New Delhi, 各年版。

Sato, Hajime (2009), "Competitiveness of the Indian Steel Industry: A Dappled Pattern," H. Esho, and T. Sato, eds., *India's Globalising Political Economy*, Tokyo: Sasakawa Peace Foundation.

Sincavage, J. R., Haub,C. and Sharma, O.P. (2010), "Labor costs in India's organized manufacturing sector," *Monthly Labor Review*, May 2010.

（石上悦朗）

第7章
情報通信産業

　本章はインドの情報通信産業の主たる構成部分であるICTサービス（コンピューター・ソフトウェア・サービス）と電気通信サービスのうち後者を中心にその急速な発展の軌跡と政策の果たした役割などについて検討した。電気通信サービス産業はインドの経済自由化以降最も成功した事例の1つである。携帯電話の飛躍的な普及を民間部門のサービスプロバイダーの活発なビジネスが導くとともに、これらは固定電話とこれを運営する公的部門の経営の競争環境を強め、経営の効率化や通話コストの低下さらにはデジタルディバイドの縮小などをもたらした。つまり、電気通信サービス産業の発展は民間部門に参入を開放し、競争環境を導入した政府の産業政策の成功でもある。今後、インドの電気通信サービス産業の発展が電気通信機器の製造拠点として（製造業として）の発展につながるのかが注目される。

1　サービス優位の情報通信産業

　情報通信技術産業（Information and Communications Technology Industry：ICT，以下，ICT産業）はインドにおいて最も急速に成長を遂げている産業の1つであり、インド国内外からかなり大きな関心を集めてきた。ICT産業は異なる2つのグループから構成されている。情報技術（IT）産業と通信産業である。これら2つの産業はそれぞれ製造業部門とサービス業部門を有する。**表7-1**をみると、興味深い点は、IT産業と通信産業ともに、サービス部門が製造部門より重要であるという点である。つまり、インドのICT産業はかなりICTサービスが支配的であり、近年比率が上昇してきてはいるものの、ICT製造部門は依然として間違いなく小規模である。
　2つのICTサービス産業すなわちコンピューター・ソフトウェア・サービス産業と電気通信サービス産業に関して、多くの研究では前者（コンピューター・

表7-1　インドのICT産業の規模と構造

(単位：1,000万ルピー〔現行価格〕)

		2003/04	2004/05	2005/06	2006/07	2007/08
	コンピューター・ハードウェア	6,600	8,680	10,500	12,500	15,500
	コンピューター関連サービス	54,569	70,832	91,801	117,769	145,170
1	IT合計	61,169	79,512	102,301	130,269	160,670
	電気通信機器	5,150	4,770	6,300	9,200	13,150
	電気通信サービス	44,967	49,174	53,901	63,213	76,330
2	電気通信合計	50,117	53,944	60,201	72,413	89,480
3	部　品	7,450	8,700	8,530	8,600	9,320
4	情報通信合計	118,736	142,156	171,032	211,282	259,470
	成長率（%）		19.72	20.31	23.53	22.81
	通信に対するITの比率	1.22	1.47	1.70	1.80	1.80
	インドのGDPと比較したICTの規模(%)	4.68	4.94	5.21	5.59	6.01

出所：コンピューター関連サービスと電気通信サービスのデータは，Central Statistical Organization（2009）より，コンピューター・ハードウェアと部品のデータは，Electronics and Software Export Promotion Council（2008）より，そして電気通信機器のデータはDepartment of Telecommunication（2009）より筆者作成。

ソフトウェア・サービス産業）を理解することにより多くの時間が費やされている。そこで本章では，コンピューター・ソフトウェア産業については包括的な説明にとどめ，電気通信産業により焦点を当てる。本章の構成は大きく2つの節から構成される。次節では，コンピューター・ソフトウェア産業の状況について分析されてきた様々な問題について概説する。

2　インドのコンピューター・ソフトウェア産業

インド国内外の研究者によって著述された膨大な研究により，コンピューター・ソフトウェア産業の並はずれた成長に関して以下の10点が明らかとなる。以下，それらのポイントを初めに紹介し，次いで筆者の見解を述べる。

①曰く，業界団体インド・ソフトウェア・サービス協会（National Association of Software and Services Companies，以下，NASSCOM）が唯一収集・公表しているIT輸出データのように，成長のパフォーマンスは誇張されている

―

IT産業が急速に成長し続けているにもかかわらず，IT産業に関する公式のデータが欠如している。インドの産業に関する最も包括的なデータである年次

工業調査は，製造業のみを扱っているため，コンピューター・ソフトウェア産業の生産量（生産高）に関するデータを有していない。しかしながら，インド中央統計局（Central Statistical Organisation：CSO）が毎年発行している国民所得統計（National Accounts Statistics）は1999～2000年以降のコンピューター関連産業の付加価値に関する時系列データを有している（表7-1で利用しているデータ）。CSOのデータとNASSCOMのデータが示している純付加価値の動向とその水準はほとんど同じである。さらに，輸出データは，インドの国際収支表の経常収支の貿易外収支（invisibles）の雑品目（miscellaneous item）として，インド準備銀行（Reserve Bank of India：RBI）によって発表されている。その結果，コンピューター・ソフトウェアの輸出データは1997～98年頃からのインド公式の国際収支表から利用可能で，RBIによるこれらの輸出データはNASSCOMにより発表されている輸出データと一致している。以上の2つの理由から，NASSCOMのIT輸出などに関するデータは誇張されていないと考えられる。

②インド全体の成長パフォーマンスに対するIT産業の貢献度について──
　前述の通り，IT産業部門はインドのGDPの4％，インドの総輸出の16～18％に貢献している。この点で，IT産業は重要な産業であり，生産性なども非常に高い。

③IT総輸出とIT純輸出の差が拡大していることは，IT輸出業者が，しばしば，彼らの総輸出利益をインドに送還できないでいることを示唆している──
　1990年代中頃まで，ソフトウェアの純輸出は総輸出の平均の70％程度しかなかった。この数字は，2008～09年頃までには94％に改善されてきた。総輸出と純輸出の差は率直にインドIT企業が確保する仕事の総数におけるオフショアでの仕事かオンサイト（現地で）の仕事かに（正）比例する。初期において，現地での仕事の割合が高かったため，顧客企業においてこれらのプロジェクトを遂行するという点から，海外への渡航費用など相当な費用が発生した。現在，オフショア業務が多くなり，状況は変化し，期待された通り，総輸出における純輸出の割合は実際に増加してきた。

④インドにおけるIT産業の優秀な成長実績を説明するうえでの政府と民間部門の相互的役割について——

インドからのIT輸出の並はずれた成長に，民間部門と政府の両方が貢献してきたと主張されている。IT産業自体はほとんど民間部門企業から構成されている。しかしながら，IT企業は，輸出増加に大変有用である（輸出を促進するような）様々な税制上のインセンティブやその他の形態での補助金を受けてきた。IT産業の成長を説明する点においては，国家対市場ではなく，国家と市場はともに機能している。初期の成功はIT産業の努力のたまものであったかもしれない。しかし，輸出の成長という成功が達成されると，政府は実際に財政的，物的の両方を含む様々な支援メカニズムを通じて産業を育成するために介入してきた。

⑤インドのIT産業は非常に輸出売り上げに依存しており，対外ショックに対して非常に脆弱である——

売上高の多くが海外からのものであるという点で，インドのIT産業が非常に輸出志向であるというのは事実である。これは，つまりインド国内のコンピューター・ソフトウェア市場が小さいためである。政府は実際に国内市場の拡大において重要な役割を果たす。この議論は以下の通りである。パーソナル・コンピューターを設置する施設は主として政府や教育機関にあり，これらは多くの場合，政府によって所有されていることを考えると，政府が電子政府（e-governance）の開始を主張しようとすることで，パーソナル・コンピューターの消費増大によりコンピューター・ソフトウェアの国内市場を拡大するカギを握っている。このように，IT産業は輸出依存度を縮小することができる。

⑥ITの利用と生産性向上への効果について——

企業が企業資源計画（Enterprise Resource Planning：ERP）[1]などの重要な分野の業務でITを利用するなら，ITの利用は，実際にITを利用する企業の生産性を高めることができる。単なるITの展開は必ずしも生産性向上効果をもたない。インドの国内外で，この文脈で行われた実証研究のほとんどは，ITの展開と生産性の改善に関するデータを利用している。このような研究の結果は，当然，IT利用が生産性の改善をもたらすと解釈していない。IT展開に関する

データが容易に利用できないため，IT展開の生産性改善への影響を分析する研究が不足している。

⑦インド国内におけるITサービス生産の地域的な集中——
多くのITサービスの生産が南部に集中しており，カルナータカ州南部とバンガロールに最も集中している。ITサービス産業は，様々な理由から本来小規模単位の地域にクラスター（集積地）を形成する傾向がある。バンガロールの物理的インフラ上の制約が，インドの他の地域にITサービス産業を分散させてきている。

⑧IT産業はほとんど直接雇用機会を与えない——
IT産業による総直接雇用は約200万人程度に過ぎないが，非常に大きな間接雇用効果を有する。さらに生産性の高い部門であり，200万人の雇用を有するこの部門はインドの国内総生産（GDP）の約3.35％に貢献する。

⑨インドのIT産業は，ITサービスに焦点を置いており，IT製品（パッケージソフトウェア製品など）には焦点を置いていない——
この点は，インド市場において入手可能なインド製のソフトウェア製品がほとんどみられないことからも事実である。これらの製品のほとんどは，銀行業や金融サービス業部門で利用されている。なぜインド企業がIT製品に積極的でないのかには2つの理由がある。第一の理由は，ITソフトウェア製品市場が高水準の市場集中度に特徴づけられているというものである。まさにたった1つの種類が世界市場の相当な割合を占めている。米国やEUの独占禁止法取締機関（アンチ・トラスト当局）は，この巨大な独占専売者のマーケット・パワーを低めることに成功してこなかった。第二に，ITソフトウェア産業によれば，ソフトウェアサービスの収益率はソフトウェア製品よりもかなり高いという点だ。このような2つの理由から，インドのソフトウェア産業は製品よりもサービスに焦点を置く傾向をもつようになった。

⑩インドのIT産業はあまり革新的（イノベーティブ）ではない——

もしR&D支出や特許というようなイノベーションを評価するための伝統的な指標を用いれば，インド国内のソフトウェア産業はイノベーションを評価する条件のすべてにおいてまったく上位にないかもしれない。もちろんこの点は国内企業がイノベーティブではないということを意味しない。なぜなら，それらは例えば企業秘密のような知的財産権（IPR）の異なる種類を採用しているからかもしれない。本来サービス関連産業であるため，インド企業はプロジェクトを執行するうえで費やされる時間を削減するために多くのイノベーションを導入している。さらに，IT産業が技術的により高度な契約をR&Dサービス，アーキテクチャーや工学技術サービスの形でとることがますます多くなった。ビジネス・プロセス・アウトソーシング（BPO）に対して，これらの高度な契約を合わせて，ナレッジ・プロセス・アウトソーシング（KPO）と呼ぶ。BPOに対するKPOの比率は年々増加しており，現在はおよそ0.63である。このことは，イノベーティブではないかもしれないが，インドのIT産業の技術的高さは上昇していることを示している。

ここまでインドのコンピューターあるいはITソフトウェア産業の多様な側面をみてきた。次に，インドのICT産業で最も重要な産業である電気通信サービス産業について考えよう。

3　電気通信サービス産業の分析

インドの電気通信産業はインドの自由化の試み（努力）のなかで最も成功した事例の1つと考えられている。この点は，インドが世界で最も安価でなおかつ最先端の電気通信サービスを有する国の1つである事実が示している。インドのテレデンシティー（100人当たりの電話回線数）は，1991年の100人当たり0.60電話回線から2009年には100人当たり47電話回線に上昇している。しかし電気通信サービスへのアクセスが実際に上昇したにもかかわらず，依然としてインド全体に及ぶものではなく，主として都市部に集中しており，このことがインド国内のデジタル・ディバイドの拡大をもたらしており，農村部はまだこの革命から取り残されたままである。もちろん，インドのデジタル・ディバイ

第7章　情報通信産業

表7-2　インドの電気通信サービスの成長（1991〜2009年）
(単位：加入者-100万人，成長率-%，テレデンシティー回線数/100加入者)

	固定電話	成長率	携帯電話	成長率	計	成長率	テレデンシティー	携帯電話の固定電話に対する比率
1991	5.07				5.07		0.60	
1992	5.81	14.60			5.81	14.60	0.67	
1993	6.80	17.04			6.80	17.04	0.77	
1994	8.03	18.09			8.03	18.09	0.89	
1995	9.80	22.04			9.80	22.04	1.07	
1996	11.98	22.24			11.98	22.24	1.26	
1997	14.54	21.37	0.34		14.88	24.21	1.56	0.02
1998	17.80	22.42	0.88	158.82	18.68	25.54	1.94	0.05
1999	21.59	21.29	1.20	36.36	22.79	22.00	2.33	0.06
2000	26.51	22.79	1.88	56.67	28.39	24.57	2.86	0.07
2001	32.44	22.37	3.58	90.43	36.02	26.88	3.58	0.11
2002	41.48	27.87	13.00	263.13	54.48	51.25	4.30	0.31
2003	42.58	2.65	33.58	158.31	76.16	39.79	5.10	0.79
2004	45.00	5.68	50.00	48.90	95.00	24.74	7.04	1.11
2005	49.00	8.89	76.00	52.00	125.00	31.58	10.66	1.55
2006	40.43	-17.49	149.50	96.71	189.93	51.94	17.16	3.70
2007	39.25	-2.92	233.63	56.27	272.88	43.67	25.00	5.95
2008	37.90	-3.44	346.89	48.48	384.79	41.01	33.23	9.15
2009	37.06	-2.22	525.15	51.39	562.21	46.11	47.89	14.17

出所：Telecom Regulatory Authority of India, various issues.

ドは現在縮小し続けており，電気通信産業の規模と成長率はインドのGDP成長に大きな貢献を果たしていることを示す証拠がある。

　電気通信サービス市場が実際に電気通信機器の巨大な国内市場と電気通信機器の生産に使用される様々な電気部品や半導体の市場を生み出している。実際に，インドの電気通信産業は，サービス産業が1つの製造業の成長と台頭をもたらしているユニークな事例である。技術変化と適度によく実施されている政策，相対的にいえば，とくに規制政策は実際に電気通信産業の成長に貢献しているというのが筆者の主張である。これらの政策と技術変化の両方が電気通信産業への参入障壁を引き下げ，電気通信産業をきわめて競争的なものにした。その結果，電気通信サービス供給の新技術が急速に普及し，それによって，かなりの価格の引き下げが進んだ。国営の既存のプロバイダーが実際に業績を改善してきていることは，電気通信産業の競争が増したことによってもたらされた興味深い結果である。電気通信産業はこのように，効果的な規制緩和と既存のサービス・プロバイダーにわずかな国内競争をさせることを通じて，公企業

第Ⅱ部　産業と企業経営からみたインド経済

表7-3　携帯電話加入者の月別増加数

(単位：100万)

	2002	2003	2004	2005	2006	2007	2008	2009
1月		0.64	1.58	1.76	4.69	6.81	8.77	15.41
2月		0.60	1.60	1.67	4.27	6.22	8.53	13.82
3月		0.96	1.93	0.78	5.03	3.53	10.10	15.64
4月	0.28	0.64	1.37	1.46	3.88	6.11	8.21	11.90
5月	0.29	2.26	1.33	1.72	4.25	6.57	8.62	11.59
6月	0.35	1.42	1.43	1.97	4.78	7.34	8.81	12.03
7月	0.36	2.32	1.74	2.46	5.39	8.06	9.22	14.38
8月	0.49	1.79	1.67	2.74	5.90	8.31	9.16	15.08
9月	0.37	1.61	1.84	2.48	6.07	7.80	10.07	14.98
10月	0.53	1.67	1.51	2.90	6.71	8.05	10.42	16.67
11月	0.72	1.90	1.56	3.51	6.80	8.32	10.35	17.05
12月	0.80	1.69	1.95	4.46	6.40	8.17	10.81	19.10
平均	0.46	1.46	1.63	2.33	5.35	7.11	9.42	14.85

出所：表7-2と同じ。

の業績を改善させることができることを示す。本節では，インドの電気通信サービス産業の成長の7つの異なる側面について，詳細に考察する。

①インドの電気通信産業の成長と構造

1991年，インドは総数でちょうど500万台の電話を保有していた。2009年には，この数字は5億6200万台に増大した。**表7-2**にあるように，結果的には，テレデンシティー[(2)]は，1991年の100人につき1電話回線未満から2009年には100人につき47電話回線に上昇した。誰がみても，電気通信産業は驚くべき成功を遂げてきたのである。成長実績の顕著な特徴は携帯電話と固定電話の比率であるが，携帯電話の固定電話に対する比率は増大しておよそ14となっている。ワイヤレス技術が優勢になったことは，インドのインターネット普及について重要な関係がある。この問題については，以下で詳しく分析する。

②毎月の携帯電話加入者の増加と電気通信機器市場の成長

以上から，2002年以来，1カ月当たりの携帯電話加入者の平均数は着実に増加している（**表7-3**）。2002年において，平均で46万人の新規加入者が毎月末追加されてきた。これが，2009年では，1カ月当たりおよそ1500万人に増加している。2007年3月の急激な加入者の減少は政府の安全保障規制によるもので

第7章　情報通信産業

(単位：%)

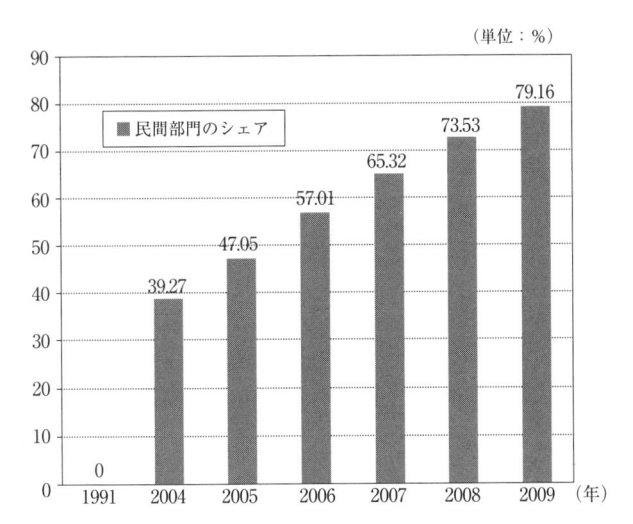

図7-1　電気通信サービス部門の民営部門の増大（1999～2009年）
出所：Department of Telecommunications (2009).

あった。携帯電話の機器数の大規模な増加は，電気通信機器産業，とくに携帯電話機器産業にとって非常に積極的な意味をもつ。携帯電話機器産業では，700万の機器が毎月売れている。結果として，電気通信機器の巨大な国内市場が突如としてインドに現れ，重要な製造拠点を作り出している。インド南部の都市チェンナイ（旧マドラス）は携帯電話機器製造業の集積地として成長しており，このことは，半導体産業のような下流部門の産業にとって重要な意味をもつ。

③電気通信サービス産業の民営部門の増大

インドの電気通信サービスは，1990年代中頃まで長い間完全に公的部門の掌中にあった。1994年の新電気通信政策がこれを一変した。

電気通信産業全体における民間部門のシェアは上昇しており（図7-1），公的部門に対する民間部門の割合も実際に，2006年に交差している。これは，公的部門がより有線部門において支配的であり，民間部門がワイヤレス部門において支配的であるという事実によるものである。

この種の電気通信サービス産業の構造は，主に歴史的な理由の結果（所産）である。2つの公的部門プロバイダーの，BSNL（Bharat Sanchar Nigam Limited）とMTNL（Mahanagar Telephone Nigam Limited）は有線部門を支配してきたが，民間部門は新しいワイヤレス技術を支配することができた。実際に，政府が公的部門プロバイダーにワイヤレスコミュニケーションサービスの提供を認めたのはごく最近のことだった。

④固定電話技術と携帯電話技術間の競争

　携帯電話サービス市場は固定電話サービス市場に比べより競争的である。この市場では既存のサービス・プロバイダーであるBSNLが最も大きい部分を占めつづけている。しかしながら，携帯電話の通信サービスの存在は固定電話サービス市場を競争的なものにし，その結果，高い集中度にもかかわらず，固定電話サービスの価格は下落し続けているか，あるいはこの5年間ほどとどまったままである。電気通信サービスの価格動向については以下で詳細に検討することにする。

　ここでは，固定電話と携帯電話の競争について別々に分析する。国内競争の包括的な手短な基準に頼って判断するなら，固定電話サービスの市場は携帯電話サービスの市場よりもかなり集中度が高い。例えば（2010年1月30日で），インドの固定電話サービスのハーフィンダール指数[3]は全体で0.82で，これに対して携帯電話サービスのハーフィンダール指数は0.19となる。この全国水準（ナショナルレベル）の構図は，サブ・ナショナルレベルでの競争の水準を覆い隠す。これを正確に評価する（判断する）ために，インドで分割されている28の電気通信サークル（免許地域）それぞれの固定電話サービスの市場構造を算定した。デリー・NCR，チェンナイ（旧マドラス），マディヤ・プラデーシュ，ムンバイ（旧ボンベイ），パンジャーブそしてカルナータカの7つのサークルにおいては，ハーフィンダール指数は0.8000に満たないが，固定電話サービスはすべてのサークルにおいて密集度が非常に高い。もちろん，これは固定電話の市場が競争的でないということを意味するのではない。この水準の固定電話サービスの競争には2つの側面がある。第一の要素は，前述の通り，消費者がますます固定電話をやめて携帯電話に替えており，固定電話サービス・プロバイダーは携帯電話サービス・プロバイダーとの激しい競争に直面している。第二の要素は，電気通信規制当局の存在が支配的なサービス・プロバイダーであるBSNLが高い料金を徴収することに対する抑止力としてふるまっていることで

第7章　情報通信産業

ある。それよりも誰の目にも明らかなことは，この時期にBSNLの業績が非常に改善しているということである。まず，BSNLはインドの公企業で最も収益を上げている。2005～06年において，BSNLは894億ルピーもの純利益を計上した。収益性の高いインド公企業上位10社のなかで数少ない非石油系企業のうちの1つなのである。BSNLが業績を改善したのは次の3つの分野である。①接続待機リストの消費者を相当数の削減したこと，②加入者1人当たりの故障（障害）の数の減少，そして③加入者1000人当たりの職員数である。これら3つの指標について，BSNLは実質的に改善を進めた（Department of Telecommunications 2007）。そしてこのことは，以前は消費者の需要に対してまったく鈍感であった独占的な企業（＝BSNL）とって，効率性の利益をもたらす競争の力によって実現されたのである。サービス・プロバイダーのほとんどは，バルティ・エアテル（最大の携帯電話サービス・プロバイダー）を除いて，特定の地域市場に焦点を当ててきた。事実，少なくとも28のサークルのうち20サークルで影響力をもつのは4つのサービス・プロバイダーのみである。BSNLが独占的地位にあるサークルは収益を生み出す可能性が最も低いサークルとなっている事実は興味深い。いいかえれば，民間のサービス・プロバイダーは最も収益を上げることができるサークルで事業を展開しているということである。最も収益を生み出す可能性のあるサークルであるデリー，ムンバイ，そしてチェンナイなどの主要都市圏では，競争の激しさが増大していることも確認されている。

⑤電気通信サービスの価格

この競争のより直接的な効果の1つが価格の引き下げである。電気通信サービスの規制緩和と携帯電話サービス・プロバイダーの実際の参入前は，電気通信サービスの消費者は定期的な料金引き上げを受け入れてきた。現在，これは効果的に抑止されている。電気通信サービスの価格に関する議論は簡単ではないが，基本的に固定電話サービスの場合と携帯電話サービスの場合には2つの料金体系がある。2つの料金体系とは，第一に立ち上げ料金，第二に，それぞれの通話のタイプごとの料金がある。携帯電話の消費者には，そのほかに後払いか前払いかによって通話に追加的費用がかかる。筆者はTelecom Regulatory Authority of India（2006）の見積もりに基づき，2003年から2005年まで

表7-4 デジタル・ディバイドの推移（1999～2009年）

	テレデンシティー 農村	テレデンシティー 都市	テレデンシティー 全インド	デジタル・ディバイド指標
1999	0.52	6.87	2.33	1,321
2000	0.68	8.23	2.86	1,210
2001	0.93	10.37	3.58	1,115
2002	1.21	12.20	4.29	1,008
2003	1.49	14.32	5.11	961
2004	1.55	20.79	7.02	1,341
2005	1.73	26.88	8.95	1,554
2006	2.34	38.28	12.74	1,636
2007	5.89	48.10	18.22	817
2008	9.46	66.39	26.22	702
2009	15.11	88.84	36.98	588

出所：図7-1と同じ。

の間，四半期ごとの1カ月当たり250分の送信利用から得られる最低実質料金を入手した。この資料を利用して，固定電話サービス，携帯電話サービスの両方に関する図表を描くと，以下のことがいえる。両方の通話料金が下落してきたにもかかわらず，より高い下落は携帯電話サービスで確認される。事実，インドは現在世界で最も携帯電話料金が安い国の1つであり，このことがインドの情報通信技術産業の成長への刺激を与える。電気通信サービスの価格と加入者数の曲線を描くとすれば，携帯電話サービスにおいては反比例することが確認できるが，固定電話サービスの場合このような反比例の関係は確認できない。2つの国有サービス・プロバイダーである，BSNLとMTNLは「ワン・インディア・プラン」を導入し，2006年3月1日に施行された。この計画のもとで，3分の近距離通話（市内通話）と1分の国内長距離通話（STF通話のこと）はわずか1ルピーで可能になる。この「ワン・インディア・プラン」は，初めて固定通話と携帯通話の間の区別を取り除き，料金を「技術から独立」させたのである。同様の計画がBSNLとMTNLの後払い・前払い携帯電話サービスの顧客にもすでに導入されている。

⑥縮小するデジタル・ディバイド[4]

何人かの批評家，なかでもDesai（2006）は，とくに州間と実際には州内の農村と都市間の電話の使用可能性における不平等が増大している点について言

第7章 情報通信産業

表7-5 電気通信サークル内におけるデジタル・ディバイド（2009年3月31日時点）

	全インド	都　市	農　村	デジタル・ディバイド指標
アンダマン・ニコバル	21.24	28.89	16.57	174
ハリヤーナー	43.75	75.98	28.10	270
パンジャーブ	58.25	95.85	33.11	289
グジャラート	45.16	75.43	25.21	299
タミル・ナードゥ	50.46	79.48	25.62	310
マハーラーシュトラ	37.90	69.67	21.70	321
ケーララ	58.48	125.35	35.43	354
ウッタラカンド	11.59	25.97	6.04	430
ヒマーチャル・プラデーシュ	55.50	179.81	40.47	444
ジャンムー・カシュミール	32.76	77.42	16.72	463
西ベンガル	22.51	77.86	13.50	577
サークル内平均	36.98	88.84	15.11	588
ラージャスターン	37.15	102.56	16.71	614
オリッサ	23.30	78.09	12.55	622
アーンドラ・プラデーシュ	39.59	103.38	15.22	679
カルナータカ	45.21	98.73	14.36	688
マディヤ・プラデーシュ	30.08	80.36	11.07	726
北東部-II	9.21	27.36	3.69	741
ウッタル・プラデーシュ（東部）	24.91	77.76	10.24	759
ジャールカンド	4.11	13.02	1.44	904
チャッティースガル	5.15	16.69	1.81	922
アッサム	20.65	86.98	9.36	929
北東部-I	44.49	139.10	14.67	948
ビハール	22.18	133.00	9.17	1,450
コルカタ	89.68			
チェンナイ	127.38			
デリー	140.18			
ムンバイ	110.52			

出所：図7-1と同じ。

及していた。デジタル・ディバイドは大変深刻で，上述したような全国的な構図はいくつかの州の都市部を象徴しているに過ぎない。一般に述べられている通り，拡大するデジタル・ディバイドは当然のことながら所得と富に関するインド国内の拡大する格差を反映している。ここでは次のような指標を用いる。つまり，都市と農村の電話使用可能性の下落を示すために，都市の農村に対する比率に100をかけることによってある指標を算定する。この指標によれば，都市の農村に対するテレデンシティーは，2003年までは下落し続けていたが，2004年から上昇に転じ，そして2006年には携帯電話革命がちょうど始まった

1996年の水準よりも高くなっている。この指標のピークは2006年の1636で，以後かなり下落し，2009年には588になった。このことは2007年以降，農村における携帯電話サービスが爆発的に普及していることを示すものだ（**表7-4**）。

　デジタル・ディバイドのもう1つの要素は，様々な電気通信サークル間でみられるテレデンシティーの差異である（**表7-5**）。インドの28のサークルのうち，筆者は27についてデータを有しており，これら27のサークルのうち12のサークルは全国平均よりもデジタル・ディバイドが高い。ケーララ州とパンジャーブ州は最もテレデンシティーが高い州の1つである。

　このことは携帯電話が先頭に立ってきた電気通信革命は主として都市部の現象にとどまっているというしばしば述べられている見解を裏づける。政府はこの状況を大変よく理解しており，すでにデジタル・ディバイドを克服するための制度的計画が実施されている。とくに，1999年の国家電気通信政策は，農村部，遠隔地そして収益性が見込めない地域へ電気通信サービスを供給することを目的としたユニバーサルサービス義務化基金（Universal Service Obligation Fund：USOFund，以下，USO基金）の実施を考えている。この基金の資金はユニバーサル・アクセス課金（徴税）を通じて調達される。ユニバーサル・アクセス課金とは，様々なライセンスのもとサービス・プロバイダーが得た補正後の総収入の5％を徴収する。USO基金を実施するためのユニバーサルサービスサポート政策は2002年4月1日に実施された。USO基金は，電気通信局によって運営され，①公的共有アクセスの提供，②個人アクセスの提供，そして③携帯電話サービス・プロバイダーに対するインフラ支援の主要3つの構成要素からなる。最後の措置は準備中で，まだ具体化していない。USO基金の全体的な実績は十分とは程遠く，現在では，積み立てられたUSO基金のわずか13％が実際に支出されたに過ぎない。

　国営のBSNLを除いて，サービス・プロバイダーはむしろ共有アクセスの提供に乗り気ではない。しかしながら，民間のプロバイダーは農村地域への個人アクセスの供給への参加には熱心であるが，それは共有アクセスの提供よりも個人アクセスの供給のほうが収益性が高いからである。

　これまで，USO基金は固定電話接続の提供にわずか20件しか利用されていない。今後は携帯通話になるという事実を考慮すると，携帯電話サービス・プロバイダーを関係させることには慎重である。USO基金を利用するための最

近のいくつかの改正はUSO基金の範囲を拡大しさらに3つの項目を含むように改正された。特定の条件において，以下の追加的な4つの項目が含まれる。

・農村地域と遠隔地における携帯電話サービス供給のためのインフラの創出
・段階的な方法で村落にブロードバンド接続の提供
・農村地域と遠隔地における電気通信施設の公共インフラの創出
・農村地域と遠隔地における電気通信部門の新技術発展の誘導

　4つの項目のうち最初の1項目だけいくつかの実施形態がある。しかしながら，農村地域に携帯電話サービスを供給するUSO基金を拡大することは理にかなっている。というのは，"B"サークルと"C"サークルから携帯電話通信の成長がますます発生してきているためだ。実際に，4つの主要都市圏は，インドの携帯通信の成長が原因で次第に大きな勢力ではなくなってきた。その他のサークルやサークル内部の農村地域への携帯通信の成長を促すことでインドのテレデンシティーを上昇させることができる。携帯電話を通じたテレデンシティーの上昇がマイナスの結果をもたらすが，それは以下で議論される。デジタル・ディバイドを埋めるためのその他の多様な提案があり，これは政策立案者の当面の課題である。

　⑦低いインターネットの普及
　インドのインターネットサービスは，1995年4月16日にVSNL（Videsh Sanchar Nigam Limited）によって開始された。VSNL操業の最初の3年間は，インターネット加入者ベースはゆっくりと成長した。1998年3月末には，何とか14万人の加入者に達した。1998年11月，政府はインドのインターネット普及を促す必要性を認め，民間の経営者にもインターネットサービス提供部門を開放した。インターネットサービス提供のためのライセンスの条件は分け隔てがなく，2003年10月31日までは参入料・ライセンス料とも必要なかったが，2003年10月31日以降は名目ばかりのライセンス料が年1ルピー必要となった。インターネットサービス・プロバイダーは各自で料金を設定し，各自のインターナショナル・ゲートウェーを設けることができた。サービス・プロバイダー数にも規制があった。今まで，389のインターネットサービス・プロバイダーのライセ

表7-6　インドにおけるインターネットの普及（1995～2009年）

(単位：100万人)

	インターネット加入者数	ブロードバンド加入者数	ワイヤレス・インターネット
1995年8月	0.01		
1996年3月	0.05		
1997年3月	0.09		
1998年3月	0.14		
1999年3月	0.28		
2000年3月	0.95		
2001年3月	3.04		
2002年3月	3.42		
2003年3月	3.64		
2004年3月	4.55	0.04	
2005年3月	5.55	0.90	
2006年3月	6.95	1.35	
2007年3月	9.27	2.34	38.02
2008年3月	11.09	3.87	65.50
2008年6月	11.66	4.38	75.97
2008年8月	n. a.	4.57	
2008年9月		4.90	
2008年12月		5.45	
2009年3月		6.22	
2009年12月		7.83	

出所：表7-2と同じ。

ンスが発行されたが，このうちわずか135のプロバイダーが営業しているに過ぎない。公的部門のプロバイダーが市場の56％を支配している（2006年）。5つのインターネットサービス・プロバイダーが市場の83％を占めており，第1位のプロバイダーだけで42％をシェアしている。上位20のインターネットサービス・プロバイダーに加入者の98％が集中している。115のインターネットサービス・プロバイダーがわずか加入者の2％をカバーしているに過ぎない。利用者のおよそ60％が依然としてダイアルアップでインターネットにアクセスしている。ブロードバンドでのアクセスは，2004年10月に導入されたが，その普及率は依然として低いままである（**表7-6**）。インドにおけるインターネット，実際のブロードバンド加入者数に関するコンセンサス（統一した意見）はないということが指摘できるだろう。それぞれはなはだしく異なる評価が多い。128のインターネットサービス・プロバイダーのうちインターネット電話通信の供給を認められているプロバイダーはわずか32のプロバイダーで，すでにサービス提供を開始している。

第7章　情報通信産業

　表7-6はこの産業（インターネットサービス）の成長率が年々，とくに2002年以来下落していることを示している。インターネット加入者のおよそ4分の1しかブロードバンドアクセス技術へと変更していない。加入者の大多数はインターネットにアクセスするために旧式のダイヤルアップ技術を利用している。インターネット・携帯電話協会（Internet and Mobile Association of India：IMAI）の最近の研究によれば，約76％のPC利用者がすでにインターネットに接続している。これは，インドにおける高いインターネット普及に不利に作用する技術的な理由が2つあり，すなわちPC所有者が十分ではないことおよびインターネットにアクセスするための固定電話を保有していないことを意味している。携帯電話を通じてインターネットにアクセスすることは可能であるが，インドで一般的な携帯電話技術の現在の世代は，2Gと2.5Gである。電子通信監督局（Telecom Regulatory Authority of India）による最近の概算は，3100万人の加入者が携帯電話を通じてインターネットにアクセスしていることを示している。もちろん，いつであれインドが3G電話に移行すれば，携帯電話を通じたインターネットへのアクセスはより容易になると一般的に考えられている。しかし，3G電話の通話機器の価格が高いことを考えれば，インターネットの普及が初期において高くなるということはないだろう。インドのインターネットの普及率の低さはインドが携帯電話に過度に依存してきたことの直接的な結果である。

4　要約と展望

　インドの情報通信技術産業はインドで最も成長している産業の1つである。ICT産業の目を見張るような実績はインドにかなり大きな国際的な称賛をもたらし，およそインド経済の持続的な成長に必要な一般的な楽観主義とビジネス上の自信を巻き起こすことに貢献してきた。情報通信技術産業内部には，2つの大きな構成要素がある。つまり，ITサービス（情報技術産業）と通信サービス産業である。これら2つの産業において，サービス業が付加価値部門を支配し，ハードウェア部門すなわち機器部門は成長を遂げているが，大きくない。これらの2つの副部門の間で，電気通信産業は，1991年以来の経済自由化過程の成功例の1つとして称賛を集めている産業である。本章は多くの部分を電気

通信サービス産業部門の成長実績とその含意について考察することに費やした。

　電気通信サービス産業はインドの自由化のなかで最も成功した事例の1つである。自由化は公的部門企業に留保されてきた分野への民間部門の参入に門戸を開いてきた。公的部門，民間部門を問わずすべてのプレイヤーの市場運営は分別のある独立した規制当局によって規制された。その結果，サービス・プロバイダー間の競争は激化し，かなりの価格引き下げをもたらした。これによって，最初に都市部の電話へのアクセスが改善され，農村部も同様に改善された。デジタル・ディバイドは，すべての非主要都市圏で問題となっているが，およそ12のサークルではデジタル・ディバイドは深刻になっている。これらのサークルの調査によれば，実際にこれらのサークルはインドで最も開発が遅れている地域であった。これらのサークルで確認されるデジタル・ディバイドはその地域の経済成長の低さを反映しており，それゆえに，電気通信分野においていくつかの解決策がとられる前にまずこのようなその他のより根本的な格差に対処されるべきことが議論されなければならない。

　しかし，サービス・プロバイダーのイニシアティブのおかげで，デジタル・ディバイド自体は年々縮小してきている。インドの電気通信産業の興味深い観察記録は，電気通信サービスの主要な公的部門のプロバイダーであるBSNLが，電気通信産業が民間プロバイダーとの競争に開放されて以来，その業績をかなり改善していることである。最後に，電気通信サービス産業の成長が，当初輸入機器への依存度を増加させたが，現在はインドが電気通信機器の輸出の製造拠点として台頭する兆候をみせ始めている。このように，多くの点で，インドの電気通信産業は，国家が有効な規制によりマーケットプレイヤーを管理する一方で，従来の排他的な産業において市場の力を解放させることに成功した1つの好例である。ある程度，この成功には電気通信産業に起こった技術変化の貢献があり，その技術変化は参入コストだけではなく，実際の操業開始後の操業コストを削減してきた。

●注
（1）「企業資源計画」とは，企業全体を経営資源の有効活用の観点から統合的に管

第7章　情報通信産業

理し，経営の効率化を図るための手法や概念を指す。
(2)「テレデンシティー」とは，100人当たりの電話回線数である。
(3)「ハーフィンダール指数」とは，ある産業の市場における企業の競争状態（市場の寡占度）を示す指標。その産業に属するすべての企業の市場独占率の2乗和と定義され，独占状態に近いほど1に近づき，競争状態であるほど0に近づく。
(4)「ディジタル・ディバイド」とは，IT利用やITへのアクセスに関する格差を指す。

●参考文献

Central Statistical Organization (2009), *National Accounts Statistics*, New Delhi: Ministry of Statistics and Programme Implementation, Government of India.
Chandrasekhar, C. P. (2006), "India is Online but Most Indians are Not," *Macroscan*, September 25 (http://www.macroscan.com/cur/sep06/cur260906India_Online.htm.〔2011年3月11日アクセス〕)。
Department of Telecommunications (2007), *Annual Report 2006-07*, New Delhi: Government of India.
Department of Telecommunications (2009), *Annual Report 2008-09*, New Delhi: Government of India.
Desai, Ashok (2006), *India's Telecommunications Industry, History, Analysis, Diagnosis*, New Delhi: Sage Publications.
Electronics and Software Export Promotion Council (2008), *ESC Statistical Yearbook 2008*.
Internet and Mobile Association of India (2006), *Internet in India 2006, Mapping the Indian Internet Space*, New Delhi: IMRB International and IAMAI.
Telecom Regulatory Authority of India (2009), *Annual Report*, New Delhi: Telecom Regulatory Authority of India.
Telecom Regulatory Authority of India, *Press Releases dealing with monthly additions to subscriber base*, New Delhi: Telecom Regulatory Authority of India, various issues.

（スニル・マニ，訳・上池あつ子）

第8章
自動車産業とサポーティング産業

　インド自動車産業はアジアでも歴史が古い。インドの本格的自動車生産は米国系メーカーが1920年代に開始した。地場資本による自動車生産は1940年代以降である。1950年代から1970年代に，自動車・同部品の国産化政策，小規模工業優遇政策，大企業・外資規制などが導入された。競争のない高コスト体質のもと自動車の生産と技術は低迷し国際的潮流から大きく取り残された。1980年代規制緩和によりスズキが進出し，生産する自動車はインドで爆発的人気となった。1990年代に大幅な規制緩和が行われ自由な外資進出が可能となり世界のビックメーカーが次々進出した。一方国産化政策は実質上継続され国際社会の反発を招いた。2000年代以降は完全自由化路線のもと世界有数の自動車生産国に成長した。こうした経緯もあり競争力あるインド資本自動車・同部品メーカーが多いことがインドの特徴である。2009年には地場企業が低所得者層もターゲットとした低価格車を開発・発売して大きな注目を浴びた。

1　世界トップクラスとなったインド自動車産業

　インドの自動車産業は近年急速に成長している。2007年には世界自動車生産国のトップテン入りを果たし2009年には世界第7位の自動車生産国となった。インドの自動車産業はアジアの自動車産業のなかでも有数の歴史をもつ。インドは輸入代替工業化戦略により，様々な工業製品の国産化を進めたことで知られる。自動車産業についても1950年代から外国車をベースに国産化が進められた。自動車は様々な素材を用いた多くの部品が組み立てられることにより生産される。今日，1台の自動車製造に必要な部品点数は2～3万点である。自動車産業を育成・発展させようとする国は自動車部品・部材を生産するサポーティング産業の育成・発展で苦労することが多い。インドの場合，自動車国産

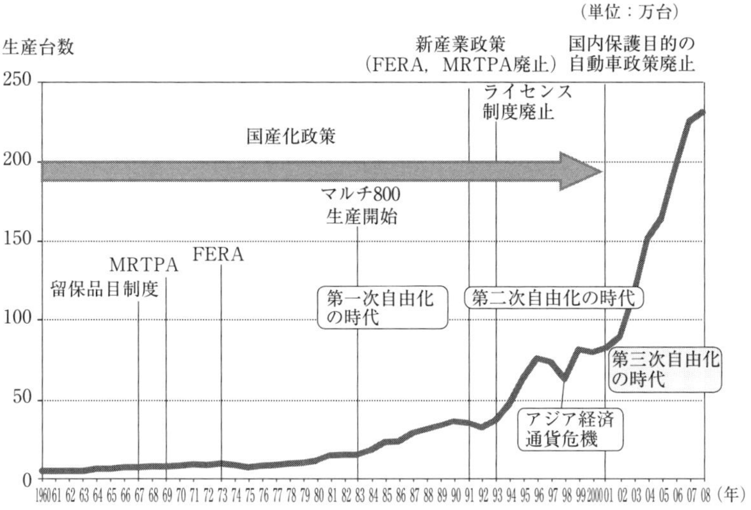

第8章　自動車産業とサポーティング産業

図8-1　インドの自動車生産の推移と関連政策

出所：SIAMの自動車（乗用車・商用車）生産データをもとに筆者作成。

化政策は小規模零細企業優遇政策，大企業・外資企業への規制強化政策とともに進められた。その結果，自動車関連のサポーティング産業は形成され，1960～70年代には自動車の国産化率は各社とも100％を達成した。

　この国産化政策は一般的には失敗ととらえられている。生産台数が少ないにもかかわらずすべての部品を国産化しようとする試みは，保護され競争のない市場で高コスト体質となった（図8-1）。細かい変更をする際にも国の許可が必要なライセンス制度は技術革新の芽を摘む一面もあり，世界の潮流から取り残された自動車が旧態依然とした技術を用いて作り続けられた。その結果インド国民は高価格・高燃費・低品質の自動車の購入を強いられることになった。こうした素地があって1980年代に導入された日本の自動車は圧倒的人気をもって迎え入れられたのである。しかし，長期的視点からみれば悪いことばかりではない。インド独自の自動車企業は確かに育成されたし，技術・技能的基盤も形成されてきた。そうした背景があってこそ，1980年代の第一次自由化，1991年以後の本格的な自由化をきっかけとした急速なキャッチアップと市場拡大が可能になった一面も否定できない。

　本章では自動車産業の歴史をサポーティング産業（裾野産業，サポーティング

表 8-1　インドの自動車分類

乗用車区分	乗用車	A1 Mini（全長3,400mm以下）
		A2 Compact（全長3,401～4,000mm）
		A3 Mid-size（全長4,001～4,500mm）
		A4 Executive（全長4,501～4,700mm）
		A5 Premium（全長4,701～5,000mm）
		A6 Luxury（全長5,001mm以上）
	ユーティリティ	GVW3.5t以下/定員7人以上
		GVW3.5t以下/定員8～9人
		GVW5.0t以下/定員13人以下
	MPV (Multi Purpose Vehicle)	
商用車区分	小型	乗用　GVW5.0t以下/定員13人超
		GVW5.0t超7.5t以下/定員13人超
		貨物　GVW3.5t以下
		GVW3.5t超5.0t以下
		GVW5.0t超7.5t以下
	中大型バス	GVW7.5t超12.0t以下/定員13人超
		GVW12.0t超16.2t以下/定員9～12人
		GVW12.0t超16.2t以下/定員13人超
		GVW16.2t超/定員13人超
	中大型トラック	GVW7.5t超12.0t以下
		GVW12.0t超16.2t以下
		GVW16.2t超25.0t以下
		GVW25.0t超
	トレーラー	GVW16.2t超26.4t以下
		GVW26.4t超35.2t以下
		GVW35.2t超

注：GVW（車両総重量：Gross Vehicle Weight）＝最大定員・貨物積載状態での自動車重量。
出所：フォーイン（2009）『インド自動車・部品産業（2010）』付録データベースより筆者作成。

インダストリーともいう：Supporting Industry）の発展の視点も加えて記したい。自動車関連のサポーティング産業とは自動車を生産する際に必要となる多種多様な部品・部材・素材・設備機器などを供給する産業群のことである。

　なおインドの自動車産業は広義には四輪自動車産業，自動二輪産業，自動三輪産業が含まれる。四輪自動車産業は世界的にも発展が著しいが（図8-1），自動二輪産業も世界第2位の規模を誇る，インドの重要な産業である。本章ではそれらのうち四輪自動車産業（**表8-1**）に焦点をあてて話を進めていきたい。したがってとくに断りのない場合，本章で用いる「自動車産業」は「四輪自動車産業（乗用車，商用車）」を指すことをあらかじめご承知頂きたい。

　それでは以下にインドの自動車産業，サポーティング産業がどのように形成

されてきたのか，その紆余曲折物語を綴っていきたい。

2　インド自動車産業の芽生え──19世紀末～1970年代

（1）　萌芽期（1890年前後～1950年代初頭）インド資本による自動車生産の開始

　インドに初めて自動車が輸入されたのは19世紀後半，英国植民地下でのことである。当初は持ち込まれた自動車は少なかった。1905年頃のインドには，わずか150台ほどの自動車しか存在しなかった。しかもそれはコルタカ（旧カルカッタ）など大都市が主な舞台であった。当時のインドには経験ある運転手がおらず，知識あるエンジニアもおらず，修理工場もなかった。まだまだ自動車が普及する状況は整っていなかったのである。この当時，あるインドの富豪が電気自動車を購入したが，馬手が運転しようとして一日でモーターを焼いてしまった。富豪はこんな製品はペテンだとして大いに怒ったという。

　一方，当時の宗主国である英国は軍事目的のためもあり，インドで道路建設を積極的に行った。自動車が走るインフラは整いつつあった。1910年頃にはすでにインドにフォード車を展示するショールームや工房があったようである。1911年，ジョージ五世のインド皇帝就任パレードでは，象，らくだとともにフォード車も列に加わっていたという。やがて1914年に第一次世界大戦が始まると，多くの自動車がインドに持ち込まれた。戦争の最後の数カ月のみでも3000台弱の自動車が英国政府からフォードに発注され，インドや中東に持ち込まれたという。こうしたこともあり1920年頃には軍用車も含め，多くの自動車がインドの路上を走っていた。

　インドで本格的に自動車生産が開始されたのは1920代後半～30年代にかけてである。この頃GM（General Motors）子会社がムンバイ（旧ボンベイ）での組み立て生産を開始し，フォード・カナダ子会社もムンバイなどで組み立て生産を開始した。これはアジアの自動車産業のなかでも最も早い時期に当たる。同じ1920～30年代から本格的に自動車生産をスタートさせた国は他に日本，インドネシアなど数少ない。とはいえ，この時期の本格的自動車生産はフォードやGMの子会社によるものであった。そして3国ともフォードやGMの要求品質に合致する自動車部品を製造できる会社が存在しなかったため，KD（Knock Down）方式で自動車組み立て生産を行っていた。これは本国からKDユニット

を輸入し，現地でそれを組み立てる方式である。KDユニットとはすぐに自動車を組み立てできるように，自動車をある程度まとまった形のモジュールに分解したモジュール部品群のことである。このKDユニットには2種類ある。第一が現地ですべて組み立てることを前提としたCKD（Complete Knock Down）部品である。第二がモジュール部品の完成度が高く組み立てがより容易なSKD（Semi Knock Down）部品である。多くの場合，自動車1台分を1パッケージとしている。

　インドにインド人の手による自動車産業を興そうと考えた初期の人物はヴィスヴェスヴァラヤ（M. Visvesvaraya）である。彼は1935年から自国に自動車工場と航空機工場を設立する活動を始め，1936年に毎年11万台の自動車を生産するとした詳細なレポートを各所に提出した。これに関心を寄せたのが当時のボンベイ政府とワルチャンド（Walchand）財閥であった。ワルチャンド財閥は米国のフォードやクライスラーなどと交渉を行ったが，紆余曲折があり上手くいかなかった。やがて1942年にビルラ（Birla）財閥がグジャラート州オカに組み立て工場を設立し，ヒンドゥスタン・モーターズを設立した。このためワルチャンド財閥も単独で自動車会社設立を企画し，1944年にプレミア自動車を設立した。またワルチャンド財閥は自動車の販売対策のために，ボンベイサイクル＆モーターを買収した。このボンベイサイクル＆モーターはインドで19世紀末から自動車を輸入・販売していた会社である。

　この時期はインド独立の時期とも重なる。この時期のインドではインド資本家たちにより国産車を作ろうという気運があった。マヒンドラ（K.C. Mahindra）は米国視察がきっかけで兄弟らと会社を設立し，1949年からジープ生産を開始した。インド初代首相ネルー（P.J. Nehru）による資本家への働きかけにより，オースチン車を組み立てるアショーク・モーターズが設立された。このようにこの時期にインド資本による自動車会社が作られることになった（**表8-2**）。この当時に設立され現在も主要な地位にある自動車会社は，ヒンドゥスタン・モーターズ，タタ・モーターズ，マヒンドラ＆マヒンドラ，アショーク・レイランドなどがある。

（2）　国産化達成への道(1947年〜1970年代)ライセンス制度導入と国産化政策

　インドでは1947年の独立以後，長く国家主導による工業化政策が推進された。

自動車産業も中央政府が統制・規制すべき基礎・重要産業と位置づけられてきた。その方針はまず独立直後の1948年の産業政策決議（Industrial Policy Resolution, 1948）によって示された。そして自動車産業の保護・育成のため、1949年には完成車輸入が禁止された。

自動車産業に対する統制の側面が明確に示されたのは1951年の産業（開発・規制）法（Industries〔Development and Regulation〕Act 1951：IDRA）施行である。IDRAの主な目的は、政府が産業発展の方向とパターンを決定づけ、産業活動のもたらす結果が国民のためになるように、産業の発展に必要な処置を講じるというものであった。そしてIDRAを根拠として民間企業へのライセンス制度導入による政府統制が開始された。これにより自動車産業は、新工場設立はもとより、立地変更、生産能力拡張、新製品製造や生産品目変更など、細かい変更を行う際にもインド政府からライセンス取得が義務づけられるようになった。この制度により市場へ参入する国内・外国企業の数が制限された。またライセンス取得企業は段階的国産化政策（Phased Manufacturing Program：PMP）により部品国産化率を段階的に引き上げることを義務づけられることとなった。他方、国産化計画をもたず輸入KDユニットの組み立てを行う企業は3年以内に操業停止するよう要請された。

こうしたなか、インドで初めて本格的自動車生産を行ったGM子会社やフォード子会社も1950年代半ばまでには撤退した。一方、ライセンスを受けた6社（表8-2）は、1960年代半ばにほとんどの車種で7～9割以上の国産化率を達成した。例えばヒンドゥスタン・モーターズのアンバサダー（Ambassador）は1960年には国産化率70%、プレミア自動車のフィアット（Fiat）では1965年に100%、アショークでは1969年に95%を達成していたようである。

ただしサポーティング産業が未発達であった当時のインドでは、自動車部品の国内調達による国産化率達成は困難であった。周辺に部品企業を育成したケースもあったが、当初は自社内で部品や工具を内製化し、なんとか国産化率を達成させるケースも多かった。多くの企業が部品を成形・加工する機械を金型つきで輸入し、自社自動車工場内で部品の成形・組み立てを行った。自動車ボディや金属部品などの板金は今日一般的に行われているプレス機と金型を用いた精密量産方法ではなく、職人が槌打ちにより手作りで行うことも多かった。国産化達成とはいうものの独自の設計・開発、自動車企業を中核としたサポー

第Ⅱ部　産業と企業経営からみたインド経済

表8-2　インド国産自動車萌芽期の自動車メーカーとその特徴

	設立年	車種	特徴
ヒンドゥスタン・モーターズ (Hindustan Motors)	1942	乗用車／商用車	インド初の国産自動車生産会社。拠点はカルカッタ。ビルラ財閥による設立。1948年発表のモーリス・オックスフォードベースのアンバサダー（Ambassador）はインドを代表する国産自動車として有名。今日もマイナーチェンジを経て生産は継続されている。1987年にいすゞと提携しエンジンなどを生産。1998年三菱と提携しランサーなどを生産。その後パジェロやアウトランダーなども生産。
プレミア自動車 (Premier Automobiles)	1944	乗用車／商用車	ワルチャンド財閥による設立。拠点はボンベイ。1947年にインド資本による初の国産自動車（クライスラー車ベース）を生産。1954年にフィアットと提携して発表したFiat1100は1970年代までは市場で優位な位置を占めるがやがて生産中止。1984年に日産とエンジンで技術提携。1995年にフィアットと提携するが1998年提携解消。2000年に台湾中華汽車と提携。
タタ・モーターズ (Tata Motors)	1945	商用車／後に乗用車も	タタ財閥による設立。拠点はボンベイ。設立時の社名はTELCO。設立当初は蒸気機関車などを製造。1954年にダイムラーと提携，商用車生産を開始。1991年から乗用車も生産開始。1994年ダイムラー・ベンツと合弁企業を立ち上げベンツ生産開始（2001年に合弁企業はベンツの子会社に）。1998年インド初の完全独自開発車インディカ発売。2003年タタ・モーターズに社名変更。2004年大宇商用車買収。2008年ジャガー・ランドローバー買収。2009年タタ・ナノ発売。
マヒンドラ＆マヒンドラ (Mahindra & Mahindra)	1945	商用車／後に乗用車も	拠点はボンベイ。当初名はマヒンドラ＆モハメッド。1948年に社名をマヒンドラ＆マヒンドラに。1949年から米ウイリーズとのフランチャイズでジープ生産開始。1965年商用車生産開始。やがて軍用車とトラクター生産で有名に。1996年にフォードと合弁企業設立し乗用車生産開始（2005年合弁解消）。2005年にルノーと合弁企業設立，現在はルノー・日産と協力関係。
アショーク・レイランド (Ashok Leyland)	1948	商用車	拠点はマドラス。ネルー（P.J.Nehru）首相が資本家のサラン（R.Saran）に要請して設立。当初名はアショーク・モーターズ。1948年に政府の要請でオースチンの自動車組み立て。1955年英レイランド社の資本参加でアショーク・レイランドに社名変更。同年商用車生産開始。1987年以降はヒンドゥージャ（Hinduja）グループ傘下。日野と技術提携。
スタンダード・モーター (Standard Motor Products of India)	1948	乗用車／後に商用車も	拠点はマドラス。英スタンダード・カンパニーの自動車をベースに生産。ローバーSD1ベースのスタンダード2000を最後に1987年に自動車生産終了。

注：地名は当時。カルカッタ（現コルタカ），ボンベイ（現ムンバイ），マドラス（現チェンナイ）。
出所：自動車各社ホームページより筆者作成。

ティング産業群の発達などの視点からは十分な状態ではなかった。また国のライセンス制度は技術革新の芽を摘む一面もあり，世界の潮流から取り残された自動車が旧態依然とした技術を用いて作り続けられる結果となった。

(3) サポーティング産業の形成(1960～1970年代)小規模工業優遇と大企業・外資規制

2010年現在，インドには地場資本のサポーティング産業企業が多く存在する。そしてその構成企業には中小零細企業も多い。こうした状況が生まれた背景として自動車と同部品の国産化政策，小規模工業への優遇政策，大企業・外資への規制などが挙げられる。これらの制度は自動車産業形成に大きな影響を与えた。

サポーティング産業形成にかかわる初期の重要な政策としては，1967年の留保品目制度（Reservation Policy），1969年の独占および制限的取引慣行法（Monopolies and Restrictive Trade Practices Act：MRTPA），1973年の外国為替規制法（Foreign Exchange Regulation Act：FERA）などがある。

1969年のMRTPAで大企業や財閥傘下企業に対し，産業ライセンスの取得基準が強化された。そして1973年のFERAでは外資出資比率を40％までに制限し，それを超える企業にはライセンス制度のもとで生産拡張が制限された。

留保品目制度はIDRAに基づき小規模工業が排他的に生産できる留保品目を定めた制度である。留保品目は1967年の導入当初は47品目であったが，その後増え続けた。1976年までは180品目にまで徐々に増加したが，政権の交代などもあり1978年には急に504品目にまで増やされた。産業分類（National Industrial Classification：NIC）コードの変更などもあり，結局1978年の留保品目は807品目にのぼった。

こうした政策によりインドでは様々な規模の地場資本企業から成る自動車関連のサポーティング産業が形成され，部品・部材などがインド国内で調達できる産業構造が形作られた。ACMA（インド自動車部品工業会：Automotive Component Manufactures Association of India）資料に基づき2009年時点で操業を行っている自動車関連サポーティング企業の生産開始年をみると，1980年頃までに設立された企業は100社以上にのぼる（**図8-2**）。

前掲図8-1に示したとおりインド自動車生産は乗用車・商用車含めて1960年に約5万台，1970年は約8万台，1980年で約11万台である。2008年のインド

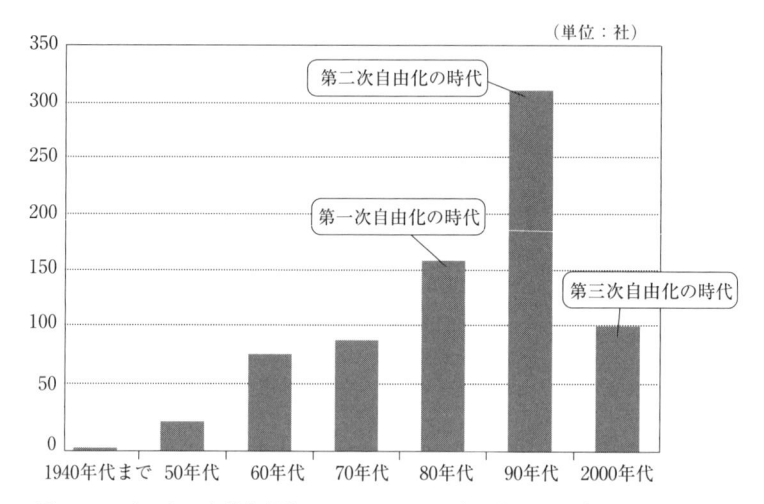

図8-2　インドの自動車関連サポーティング企業の生産開始（または設立）年（2009年時点で操業中の企業）

注：同データはACMA"The Indian Automotive Industry 2009 Buyer's Guide"をベースにフォーイン社による加筆訂正が行われ作成されたもの。
　　データ総数は1083社であるが生産開始（または設立）年不明が651件ある。
出所：フォーイン（2009）『インド自動車・部品産業（2010）』付録インド自動車部品メーカーデータをもとに「生産開始（または設立年）」についてカウントして筆者作成。

の乗用車・商用車生産台数は200万台を超えている。この時代の自動車生産がいかに少量で成長も停滞していたかがわかるだろう。このように生産台数が少ないにもかかわらず，すべての部品を国産化しようとする試みは，保護され，競争環境にない市場で高コスト体質となった。しかも1950年代から変更なく続く同一モデル車種への部品供給のため，新技術導入や設備投資はほとんど必要なかった。それどころか税制特典や小規模工業優遇を受けるためには売上げを抑え，設備投資を行わないほうが合理的という状況となっていた。

3　自由化への第一歩　第一次自由化——1970年代後半～1980年代

（1）　ライセンス制度・外資規制の緩和（1970年代後半～1980年代）マルチ・ウドヨグ誕生

　1970年代のインドの乗用車市場で主要なシェアを占めたのはヒンドゥスタン・モーターズのアンバサダーとプレミア自動車のパドミニであった。前述の通りインドでは保護政策と国産化政策のもと20～30年ほど前の型式の車が継続

して作り続けられていた。

　こうした状況に対し1970年代後半から1980年代前半にかけて競争力向上と近代化を目標にいくつかの規制緩和と外資導入が行われた。例えばライセンス許可枠を超える生産量の容認，一部部品でのライセンス取得義務撤廃，ライセンス取得企業が類似製品間で製品の組み合わせが可能となるブロードバンディング化，外資提携を伴う企業参入の許可，独占および制限的取引慣行法や外国為替規制法で規制を受ける企業へのライセンス取得制限緩和などである。

　やがてインド自動車産業にとって大きな変化が訪れた。マルチ・ウドヨグ（Maruti Udyog）の誕生である。1980年にインド政府が開始したマルチ・プロジェクトはインディラ・ガンディー（Indra Gandhi）首相政権下で積極的に進められた。マルチ・プロジェクトとはインドの資源を用いて，庶民の手に届く価格で，低燃費で国際的な排ガス基準にも適合した品質のよい自動車を作ろうという計画である。

　そもそもマルチ・プロジェクトは首相の息子サンジャイ（Sanjay）が1970年代後半に国民車構想を提唱したことがきっかけである。彼はニューデリー近郊のグルガオンに国民車のための工場を建設しつつあったが，1980年に自らが操縦する飛行機が墜落し不慮の死を遂げた。彼の死亡後，インド政府は1981年に国営企業としてマルチ・ウドヨグを設立した。そして国民車生産のための提携先として世界中の自動車会社を探索した。

　パートナーとなったスズキ（当時　鈴木自動車工業）は締め切り後の応募であった。スタートでは出遅れたスズキであったが社長の熱意が伝わったのか，1982年に政府とスズキとの間に合弁契約が成立した（政府74％，スズキ26％）。翌1983年からスズキ・アルトをベースとしたマルチ800の生産が開始され，その後次々と生産車種が追加された。

　当初，政府とマルチ・ウドヨグとの間で5年の間に生産台数10万台を達成する約束が交わされていた。1980年時点でインド全体の年間自動車生産台数が11.4万台，乗用車生産のみではわずか4.6万台の状況である。当初この計画を無謀と思った人は多かった。しかし日本の技術を用いた低価格・低燃費・高品質の自動車はインド自動車市場に大きな衝撃を与えた。マルチ800（以後マルチと略）は発表されると予約が殺到する人気車となり，マルチ・ウドヨグの自動車はインド市場を席巻した。1982年に販売予定車種の実車を展示したところ，

販売価格の2割の頭金を支払う必要があるにもかかわらず，14万台（マルチが12万台，商用車のバンが2万台）もの予約が殺到したという。この予約状況からマルチ・ウドヨグは乗用車生産に力を入れることを決定した。大人気のもと初年度から当初計画を上回るペースで生産・販売され，計画は前倒しで達成された。ほどなくしてマルチ・ウドヨグは圧倒的優位をもって乗用車生産台数シェアのトップの地位を獲得し，独占的な地位で長く君臨することになった。

　日本式経営・生産方式の導入もインドの企業経営に大きなインパクトを与えた。1980年代末，マルチ・ウドヨグの1人当たり付加価値や1人当たり生産台数などの値はインドのライバル自動車メーカーを大きく引き離したという。例えばマルチ生産以前のインドの自動車生産メーカーでは工員1人当たり生産台数は年間2台ほどであったという。一方マルチでは工員1人当たり生産台数は年間25台まで引き上げられ，1993年までには年間50台を超えるまでに達した。

　マルチ・ウドヨグの成功などもあり1980年代に外資系企業との技術提携や資本参加が多く行われた。日本の自動車メーカーや自動車部品メーカーとの協力が顕著になったのもこの時期からである。FERAによる出資比率制限に変更はないものの，技術提携だけでなく資本提携についても好意的に認可されるようになった。とはいうものの自動車メーカーの参入で乗用車分野はスズキ以外に認可されず，商用車分野でいくつかの日本企業（トヨタ，三菱，日産，マツダなど）の資本参加や技術提携が行われた。しかもすべての企業で成功したわけではなく，失敗や撤退を余儀なくされたケースも少なくなかった。

　この規制緩和と外資参入が行われた1980年代はインド自動車産業にとって第一次自由化の時期ととらえることができる。この第一次自由化の時期にはマルチの爆発的人気もあってインドの自動車生産はそれまでの低迷期を脱して大きく拡大した。1980年の自動車生産は乗用車4.6万台，商用車6.8万台であり，合計11.4万台であった。それが1989年には乗用車22.0万台，商用車11.8万台，合計33.7万台（四捨五入の関係で合計値は一致しない）となった。1980年代に自動車生産は3倍に拡大したわけである。とくに乗用車では4.8倍もの大きな拡大がみられた。自由化と低価格・高品質のマルチ投入が市場に与えた衝撃の大きさを物語る変化ではないだろうか。今日インドの自動車市場は商用車よりも乗用車がよく売れる市場として知られている。この乗用車偏重の傾向はマルチが市場に登場した第一次自由化の時期に明確となった。

その後スズキのマルチ・ウドヨグへの資本シェアは1988年には40％に引き上げられ，1992年にはインド政府と対等の50％になった。2002年には54％に引き上げられ，マルチ・ウドヨグはスズキの子会社となった。2007年には社名がマルチ・スズキ・インディアに変更された。

（2） サポーティング産業の育成（1970年代後半～1980年代）

　第一次自由化のこの時代も自動車・同部品の国産化政策は継続された。小規模工業を保護する留保品目は増え続け，最多期の1989年には836品目にまで増加した。乗用車・商用車生産は前述の通り大きく拡大したこの時期，インドのサポーティング産業はさらなる発展をみせた。ACMA資料で判明している企業に限っても，2009年時点で操業している自動車関連サポーティング企業のうち，1981年までに生産開始している企業は240社にものぼる。しかしインドのサポーティング産業部品産業は優遇政策のもと，競争環境になかった。しかも1950年代から続く同一モデルへの部品供給のため，技術はとうに陳腐化し，新技術導入や設備投資はほとんど行われない状況であった。前述の通り，皮肉にも税制特典や中小企業優遇を受けるためには売上げを抑え，設備投資を行わないほうが合理的判断である状況となっていたことも大きな要因である。

　マルチ・ウドヨグの乗用車販売が好調であったことは述べたが，同社は立ち上げ時に自動車部品現地調達で大きな苦労をしている。政府との約束で，生産開始から5年間に年間生産10万台体制の確立とともに，現地部品調達率9割達成が求められていた。インドではマルチ・ウドヨグ設立当時1980年代までには自動車部品産業が成立していた。既存の国内自動車メーカーの国産化率は100％に達していた。しかしインドの自動車部品産業にはスズキの求める高い部品調達基準に達する企業はほとんどいなかったのである。インド自動車部品産業は特殊な居心地のよい環境のもと，世界の潮流から完全に取り残された状況になっていた。

　結局，国産化の約束はあったもののマルチ・ウドヨグはほとんどの部品を日本から輸入しノックダウン方式で組み立てる生産体制からスタートせざるをえなかった。国産化達成のためには内製化の進展とともに現地企業からの部材調達が重要となる。内製化に関しては機械設備や金型を日本から移管することで進展を図った。一方，現地企業からの調達については見通しが立たなかった。

自動車メーカーの進出に関し，自動車メーカーに支配力があったり，現地市場が有望であったりする場合は，中核となる自動車メーカー進出と同時に本国の部品企業が同時に進出するケースも多い。しかし当初は日本の自動車部品企業はインド進出に二の足を踏んでいた。このためマルチ・ウドヨグが国産化率を達成させるためには既存現地企業の指導・育成が鍵となった。ところが現地の自動車部品企業もマルチのための新たな設備投資には前向きでなかったのである。

　この状況を打開するため同社の取締役会で部品メーカー育成プログラムが承認された。これは既存の現地自動車関連企業を指導・育成することで調達率拡大を図ろうという計画である。この計画はマルチ・ウドヨグと部品メーカーが長期的なパートナーシップをもつことを基礎においていた。具体的実行段階では見込みのある企業リスト作成から始まった。インド全土に新聞広告を出し協力企業を募った。興味をもって応募した企業の申請内容を技術者が精査してリストは作成された。リストアップした候補企業には技術者が訪問して生産能力や経営能力を評価した。

　当初は追加投資に消極的だった自動車部品メーカーもマルチの予約が殺到する状況にやがて前向きになっていった。技術面では当初困難に直面したが，スズキの紹介もあり日本からの技術移転も徐々に行われるようになった。またマルチのために積極的に対応してくれる可能性のある自動車部品メーカーには資本面でもパートナー関係を結び，幅広く経営支援を行う方式を採用した。パートナー関係により合弁会社を設立する対象となった部品は，シート，バンパーやグリルなどの樹脂部品，金属プレス部品，ガラス部品，ステアリングシステムなどである。こうした合弁企業の設立は数年で10社を超えるほどになった。やがて日本からインドに進出する自動車部品メーカーも出始めた。マルチの成功が明らかになるとマルチの部品製造を希望する現地自動車部品メーカーも続出するようになった。当初は部品メーカーの所在地は同社の位置するデリー近郊のグルガオンから，遠く離れたムンバイ周辺やチェンナイ周辺などであった。やがてグルガオン近辺にマルチのための自動車部品企業が立地するようになり，サポーティング産業集積が形成された。**図8-3**は2009年時点に操業中の自動車関連サポーティング産業のうち，1980年代各年に生産開始した企業数をカウントし図示したものである。図より明らかなようにこの時期，毎年10社以上の

第 8 章　自動車産業とサポーティング産業

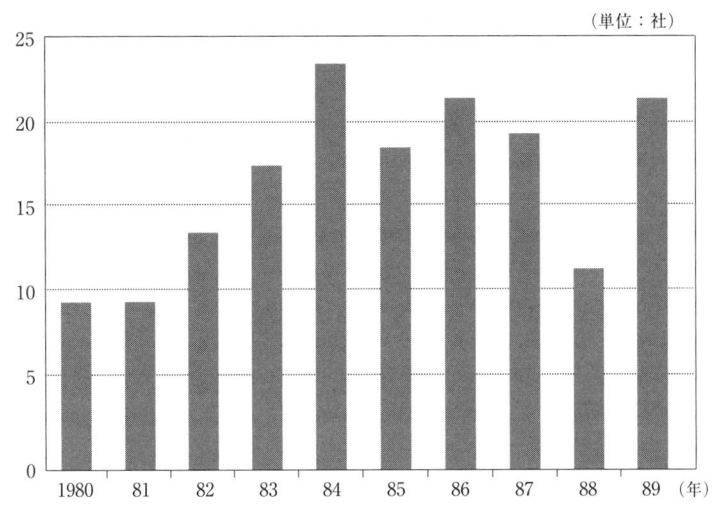

図 8-3　1980年代に生産開始した自動車関連サポーティング企業（2009年時点で操業中の企業）

注：図 8-2 と同じ。
出所：図 8-2 と同じ。

企業が生産開始している。

　こうした経緯もありマルチの現地調達率は徐々に高くなった。そして当初は不可能にさえ思えたマルチの国産化率は達成された。しかし一方で現地調達率が高まるにつれ，マルチの品質が低下しているとのクレームが出始めた。1985年にインド需要にあわせて新型マルチ800が発売された。しかし初代マルチのほうが優れているという見方も多かった。実際1980年代後半にはたびたび製品のリコールが行われた。自動車部品メーカーの一部には独断で当初とは異なる原材料調達を行ったり，製造工程変更を行ったり，品質管理システムを無視したりするメーカーもあったためである。このため初期に定めたサンプル部品の品質に達しない部品が納入されることもあった。こうした問題はあったものの，1980年代のインドでは自動車関連サポーティング産業の飛躍があったことは間違いない事実である。マルチ・ウドヨグにしてみれば国産化率達成のためのやむにやまれぬ努力とはいえ，結果としてサポーティング産業は大きく変化した。マルチ生産開始前のインド自動車関連サポーティング産業は1950年代の技術のまま停滞し，世界の技術潮流から完全に取り残されていた。そうした状況のサポーティング産業に1980年代の日本の新技術が導入されたのである。結果的に

インドの自動車関連サポーティング産業にとって後に到来する競争時代を生き抜くための前準備が行われたことにもなった。

4　自由競争時代の自動車産業——1991年代～現在

（1）　本格的自由化に向けて（1991～2000年）新産業政策と第二次自由化

　長年にわたり継続されてきた自動車・同部品の国産化政策と大企業・外資規制は，1991年の新産業政策発表をきっかけに大きく政策転換されることになった。1991年にMRTPAやFERAは大幅に緩和された。ライセンス制度も乗用車分野以外で廃止され，外資規制上限は51％にまで緩和された。過半数の資本獲得ができるようになったことは，外国企業が経営の主導権を獲得できることを意味する。これらの政策変化はこれまでのインド地場資本主導による国産化推進路線から180度転換ともいえる大きな変化である。

　1993年には乗用車分野でもライセンス制度廃止と外資規制上限51％緩和が行われた。段階的国産化政策は廃止され，建前上は資本財や部品の輸入が自由にできるようになった。しかし政府は個別企業とMOU（覚書：Memorandums of Understandings）を交わすことを求めた。実質的に国産化政策は形を変えて継続されることになった。

　1997年にはMOUの法令化を盛り込んだ自動車政策が発表された。これにより国産化と輸出均衡などについて，政府・商務省と既存・新規の自動車メーカーがMOUを取り交わすことが義務づけられた。国産化義務については，CKDやSKDなどのKDユニットの最初の輸入通関日から起算して国内部品調達率達成義務が課せられた（3年以内に50％，5年以内に70％）。また輸出均衡について自動車・同部品の輸出に応じたKDユニットの輸入規制が行われた。すなわち操業3年目から自動車あるいは自動車部品の輸出義務が課せられ，4年目以降は輸出義務達成度に応じてKDユニットなどの輸入量が規制されることになった。また外国企業が過半数出資する際の最低投資額や生産拠点をインドに設置することなどもMOUに盛り込まれていた。

　このように一部規制は残ったものの，それまで乗用車分野に参加することすら許されなかった外資企業にとって大きな市場開放であったことに変わりはない。マルチの成功をみてインド自動車市場が魅力的であることは世界に知れ

第8章　自動車産業とサポーティング産業

表8-3　インドの主要乗用車生産メーカーと設立年

メーカー名	設立年	メーカー名	設立年
ヒンドゥスタン・モーターズ (Hindustan Motors)	1942	ヒュンダイ・モーター (Hyundai Motor India)	1996
タタ・モーターズ (Tata Motors)	1945	トヨタ・キルロスカ・モーター (Toyota Kirloskar Motor)	1997
マルチ・スズキ (Maruti Suzuki India)	1981	フィアット (Fiat India)	1997
GM (GM India)	1994	スコダ・オート (Skoda Auto India)	1999
メルセデス・ベンツ (Mercedes-Benz India)	1994	インターナショナル・カーズ＆モーターズ (International Cars & Motors)	2004
フォード (Ford India)	1995	マヒンドラ・ルノー (Mahindra Renault)	2005
ホンダ・シエル・カーズ (Honda Siel Cars India)	1995	BMW (BMW India)	2007

出所：SIAMと各社のホームページより筆者作成。

渡っていたのである。

　1993年の乗用車分野でのライセンス制度廃止と外資規制緩和は，外資自動車メーカーのインド進出への呼び水となった。1994年にGM，メルセデス・ベンツが進出し，1995年にフォード，ホンダが進出した。1996年にはヒュンダイが進出し，1997年にはトヨタ，フィアットが進出した。長く寡占状態にあったインド自動車市場に，瞬く間に世界の主要自動車メーカー各社が顔を揃えることとなった（**表8-3**）。

　その結果この第二次自由化の時期にインド自動車産業は飛躍的な成長を遂げた。1990年のインドの自動車生産は乗用車21.9万台，商用車14.6万台，合計36.4万台（四捨五入の関係で合計が一致しない）であった。1997～98年にはアジア経済通貨危機の影響で生産落ち込みがみられた。しかしすぐに回復し1999年の生産台数は乗用車64.7万台，商用車16.9万台，合計81.6万台にまで拡大した。1990年代に自動車全体で2.2倍，乗用車では3.0倍もの拡大である。自動車メーカーへの聞き取り調査で，進出国へのR&D拠点設置を真剣に検討するのが国の自動車生産100万台規模との話を聞くことがある。まさにこの時期のインドは自動車生産100万台突破を目前としていた。

（2） 自動車部品国産化規制への批判の高まり（1990年代）

1990年代の世界では自動車産業などの部品国産化に対して反対する立場が明確になった。1986年から1994年にかけてGATT（関税および貿易に関する一般協定：General Agreement on Tariffs and Trade, 1948～95年）ウルグアイ・ラウンドが行われた。この世界各国による通商交渉は世界の貿易上の障壁をなくし貿易の自由化や多角的貿易を促進させることが主目的であった。そして1995年にはウルグアイ・ラウンドに基づきGATTを発展的に解消させ，WTO（世界貿易機関：World Trade Organization）が立ち上げられた。

ウルグアイ・ラウンドでの話し合いに基づき，WTO設立に際しTRIM協定（貿易に関連する投資処置に関する協定：Agreement on Trade-Related Investment Measures）が成立した。TRIM協定とは投資受け入れ国の現地部品調達規制や為替規制などを禁止する協定である。

インドはGATTには1948年以来加盟し，WTOにも1995年の設立以来加盟しているが，TRIM協定導入には反対の立場をとった。TRIM協定は開発途上国の工業化と国際収支調整などのプロセスを脅かすものであるとの主張である。一方，インドの自動車産業にかかわりの深い世界各国（EU，米国，日本，韓国など）は1990年代のインドのMOUについて，TRIM協定違反の疑いをもっていた。やがて1997自動車政策によってMOUが制度化されると各国は足並みをそろえて対応し始めた。1998年末にはEUが協議要請（日本と米国は第三国参加）を行ったが解決には至らなかった。その後，個別の協議要請やWTO提訴などが行われた。2000年末に設置されたパネル（紛争処理機関：Panel）ではEU，日本，米国，韓国などが参加して審理するようになった。そして2001年末にはMOUがガット違反と判断された。

また米国によりWTO提訴されていた，自動車を含む特定品目にかかる輸入制限措置上級委員会でもインドは敗訴し，2001年までに輸入制限を撤廃する旨の合意を米国との間で取り交わした。これを受けて多くの品目で数量制限が撤廃された。

（3） 本格的自由競争時代の到来（2001年～現在） 第三次自由化

こうした経緯もあり1997年自動車政策は，WTOパネルの違反判断前の2001年夏に廃止された。そして2002年にはインド政府は新たに輸出促進やR&D

表 8-4　自動車ミッション2016（Automotive Mission Plan 2006-2016）の概要

- ▽ 小型乗用車と自動車部品を戦略品として位置づける
- ▽ 国内市場の育成と海外輸出競争力獲得を進展させる
- ▽ 設計・製造両分野で世界自動車産業の中心的存在となる
- ▽ 外資投資誘致，人材教育拡充，インフラ整備，輸出振興などを行う
- ▽ 世界レベルの品質・コスト・技術開発力のため政府支援や輸出インセンティブも検討
- ▽ 2006～16年で以下を達成する
  - 世界の自動車生産で11位→7位
  - 同輸出　40.8億ドル→450億ドル
  - GDP比率　5％→10％，製造業に占める比率24％→35％
  - 新規投資350～400億ドルの呼び込み
  - 乗用車市場　100→350万台，
  - 追加新規雇用2,500万人

出所：AMP2016をもとに筆者作成。

（研究開発：Research & Development）を中心に定めた自動車政策を発表した。この2002年自動車政策はその理念として，グローバルな競争市場をインドに作り上げること，そして自動車産業の経済への貢献を2010年までに2倍にすることなどがうたわれた。この政策は従来の出資比率制限や国産化義務を完全に撤廃した画期的なものであった。具体的には以下のような内容が含まれていた。最低投資金額規定の削減，自動車（二輪含む）・同部品メーカーへの100％外資での参入許可，WTO協定に従う国産化達成義務の撤廃，小型車と二輪車をインド自動車産業の戦略品としてこれらの部門への税優遇措置付与，R&D支出総額の1％分を物品税還付の形で還元，R&D関連研究費への税控除率加算引き上げ，メーカーの設備輸入に対する税控除や優遇税率の設定，などである。

2006年12月には自動車ミッションプラン2006-2016（Automotive Mission Plan：AMP2016）がインド政府により発表された（**表8-4**）。その理念は2006年から2016年までの10年間でインド自動車産業と同部品産業が世界の主要プレーヤーとして活躍するためのR&Dと生産の拠点をインドに作り上げることである。そして冒頭には「自動車・同部品産業規模が1450億ドル規模，GDP10％以上の規模に成長させ，新規雇用創出2500万人以上を目指す」ことがうたわれた。

こうした一連の自由化政策はインドの経済成長とあいまって自動車市場にさらなる規模拡大をもたらした。インドの自動車生産台数は2001年度から2008年度にかけて3倍に拡大し約230万台に達した（**表8-5**）。この時期インドの自動

第Ⅱ部　産業と企業経営からみたインド経済

表8-5　近年のインド自動車生産台数

車種／年度	2000	2001	2002	2003	2004	2005	2006	2007	2008
乗用車	640,934	669,719	723,330	989,560	1,209,876	1,309,300	1,545,223	1,777,583	1,838,697
商用車	156,706	162,508	203,697	275,040	353,703	391,083	519,982	549,006	417,126
四輪車　計	797,640	832,227	927,027	1,264,600	1,563,579	1,700,383	2,065,205	2,326,589	2,255,823
二輪車　計	3,758,518	4,271,327	5,076,221	5,622,741	6,529,829	7,608,697	8,466,666	8,026,681	8,418,626
三輪車　計	203,234	212,748	276,719	356,223	374,445	434,423	556,126	500,660	501,030
合　計	4,759,392	5,316,302	6,279,967	7,243,564	8,467,853	9,743,503	11,087,997	10,853,930	11,175,479

出所：SIAMホームページ。

車生産台数はついに世界トップ10入りを果たしたのである。そして2009年のインドの自動車生産台数は260万台を突破した。これはブラジルの320万台に次ぐ世界第7位の生産台数である。インド政府がAMP2016で2016年の目標としていた世界7位の地位を7年も前倒しで達成したのである。韓国の2009年自動車生産台数は350万台（5位）である。インドは近い将来にブラジル、韓国を抜いて世界第5位の自動車生産国になる可能性も秘めている。それが実現すると次のライバルは世界トップ4の中国、日本、米国、ドイツらそうそうたる自動車大国である。インド同様BRICsの一国である中国の自動車産業は2000年代にあっという間に急成長した。経済不況の影響で2009年の日本と米国の自動車生産に落ち込みがあったとはいえ、中国はついに2009年に世界一の自動車生産国の地位に上り詰めた。そう遠くない将来、世界のトップ争いにインドが参戦する可能性も否定されるものではない。

　国内市場のみをみても、本格的自由競争市場の到来で市場は世界トップ企業同士が競争する激戦区となった。インドの自動車市場では乗用車市場が重要である。2008年時点の国内販売動向をみると自動車合計で198万台販売されており、そのうち乗用車区分（乗用車＋ユーティリティ＋MPV）が154万台である。この乗用車区分ではでマルチ・スズキ、ヒュンダイ・モーター、タタ・モーターズの3強で市場の7〜8割のシェアを占めている。

　1980年代の第一次自由化でインド国民の心をつかんだマルチ・スズキ（2008年シェア1位45％）は1990年代の第二次自由化以降も他を引き離してトップに君臨しつづけている。同社による2009年度年間生産台数は初の100万台突破を達成した。スズキの日本での2009年度生産台数は前年度を下回り100万台を切った。したがって、スズキにとってはインドでの生産台数が日本をついに上回っ

たのである。こうした状況を受け，同社は2012年春をめどにインドでの自動車生産能力を125万台へ増強させる追加投資を決定した。

ヒュンダイ・モーター（2008年シェア2位16％）は1998年に小型乗用車のサントロを皮切りにインド市場に参入した。参入後すぐに乗用車市場で主要なプレーヤーとなり，国内販売ではタタ・モーターズと熾烈なデッドヒートを繰り広げている。

タタ・モーターズ（2008年シェア3位15％）は商用車のトップメーカーでもある。重厚長大イメージが強かったが，1991年にシエラ投入により乗用車市場に参入した。1998年から自主開発車インディカを生産開始，2009年には実売価格12万ルピー（24万円）前後のナノを発売した。BOP（年間所得3000ドル以下の低所得者層：Bottom of the Pyramid）もターゲットになりえる価格帯で，米国などでの販売も計画中である。これに対し現在（2010.3），日産・ルノー，ヒュンダイ，トヨタらライバルメーカーも次々低価格戦略車を投入する計画である。

インド自動車市場は自由化の到来により熾烈ではあるが，活発で世界的にも魅力的な市場へと変貌したといえよう。

5　自動車関連サポーティング産業の発展——1990年代〜現在

（1）　第二次自由化以降のサポーティング産業の発展（1990年代〜現在）

今まで述べてきたようにインドの自動車部品産業は国産化政策と小規模工業優遇政策，第一次自由化を経て形成されてきた。そして1990年代以降，第二次，第三次の本格的な自由化のなか自動車市場は拡大とともに自動車関連サポーティング産業も拡大している。前掲図8-2でみたとおりACMA資料によるインドの自動車関連サポーティング産業の生産開始（または設立）年は1980年代に約170社，1990年代に約330社，2000年代約110社であった。

インド政府による2006年度経済調査報告書（Economic Survey 2006）では自動車部品企業のみでも組織部門で500社程度，非組織部門では1万社以上の企業が存在するとしている。そしてインド製造業のなかでも非常に発展の著しい部門の1つであるとしている。

日本の自動車メーカーは部品調達の際に厳しい基準を設定する。企業によって調達基準は異なるのだが，QCD（品質・価格・納入：Quality, Cost, Delivery）

あるいはQCDDM（QCD＋開発力＋経営力：Design, Management）の観点で厳しく査定を行う。国産化規制が課せられないなか，そうした厳しい調達基準をもつ日系自動車メーカーによるインド国内調達率は，きわめて高いのである。2006年に日系自動車メーカーを訪問した際，調達担当者は現地調達にこだわらず品質で考えるとしながらも，主力車種の現地調達率は75％に達していた。2010年に別の日本の自動車メーカーがインド市場での生産拡大を明らかにした際，インド生産車の現地調達率は85％であるとも語っている。

　国内に優れた自動車サポーティング産業が存在することは調達だけでなく，開発の際にもきわめて重要である。日本の自動車メーカーの優れた開発力の源泉の1つはサポーティング企業との協力・試行錯誤のなかで新車開発が行われることである。その際には自動車メーカーとサポーティング企業が円滑に交流できる立地も重要である。

　すでにみたとおりインド地場資本のタタ・モーターズは独自開発車を次々開発，発表している。自国で独自の自動車開発ができる段階に達しているということからもインド自動車関連サポーティング産業の発展が窺える。

（2） サポーティング産業の発展と外国技術の導入

　インドのサポーティング産業の発展には日本など外資からの技術導入が大きな役割を果たしているのも忘れてはならない点である。1940年代以降，初期の地場自動車メーカーの自動車はモーリス，ドッジ，オースチン，フィアット，ジープなど，欧米の既存モデルを国産化したものである。その製造技術もそれらの母国技術を学習したものである。1980年代の第一次自由化の際，スズキは日本の既存車種をベースに技術導入を行った。そしてサポーティング産業もそれを学んだ。すでに述べたようにこの時期には日本企業と地場企業による合弁企業がいくつも設立された。

　1990年代以降の第二次自由化，第三次自由化の際も多くの外資自動車および関連サポーティング企業がインドに進出した。図8-4は日本の自動車・同部品関連企業がインドに投資・設立した企業件数である。図より明らかなように1990年代後半に多くの企業が進出し，2000年代後半に再び進出が活発化しているのがわかる。筆者が2006～07年頃に複数の日系自動車部品メーカーを訪問した際，進出に際し，ほとんどの企業で日系自動車メーカーからの要請があった

第8章　自動車産業とサポーティング産業

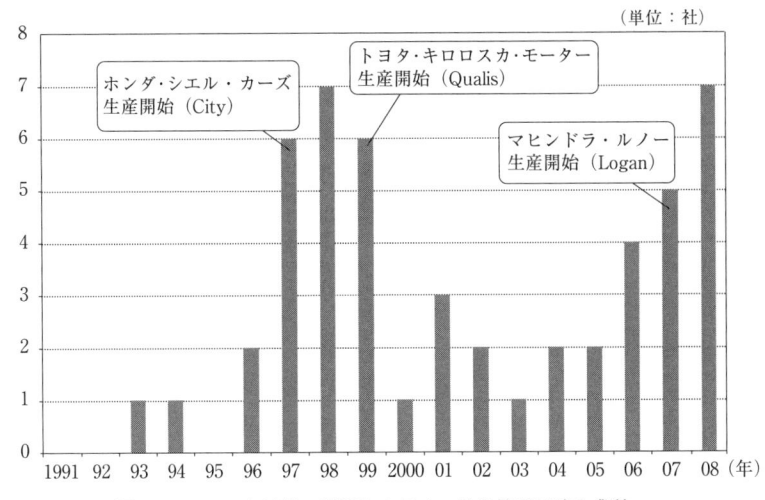

（単位：社）

図8-4　1991年以降に進出した日本の輸送機器関連企業数

出所：東洋経済新報社（2009）『海外進出企業総覧』で「日系資本割合のある企業」から業種を特定して抽出して筆者作成。

表8-6　自由化と自動車生産台数の変化

	時　期	自動車生産
国産化推進と規制強化の時代	1970年代まで	自動車生産低迷，1970年代末で約10万台
第一次自由化の時代	1980年代	自動車生産拡大，30万台突破
第二次自由化の時代	1990年代	自動車生産拡大，80万台突破
第三次自由化の時代	2000年代	自動車生産拡大，200万台突破

出所：筆者作成。

と話していた。

　先述のナノのコスト削減に関しても，日系など外資メーカーらの技術提案が重要になった。インド自動車産業におけるサポーティング産業への外資の貢献の大きさを物語る1つのエピソードである。

6　今後のインド自動車産業発展の可能性

　2009年のインドの自動車生産は260万台を突破し世界第7位の自動車生産国の地位を獲得した。今後さらに順位を上げる可能性を秘めている。初期のインド自動車産業は国産化推進と規制強化により育まれた。この時期に市場は停滞したのだが基礎的な諸技術基盤が形成されたのは確かである。そして1980年代

■□コラム□■

マルチとナノ　小型車の衝撃

　インドでは伝統的に小型自動車が好まれている。インドの乗用車は自動車全長によってA1（Mini，3.4m以下）からA6（Luxury，5m超）まで6つのセグメントに区分されている。2008年のインドの乗用車販売台数は120万台である。このうち最小のA1とそれに次ぐA2（Compact，3.4m超4m以下）の両セグメントの販売数は2008年時点で92万台である。乗用車市場の8割弱にもなる。このセグメントの主要プレーヤーがインド・ビッグ3ともいえる，マルチ・スズキ，ヒュンダイ・モーター，タタ・モーターズである。

　スズキがインド進出を果たす前，政府により投入車種が事前に検討された。インドでは車は富裕層向けとの意識が強かったこともあり政府が当初考えたのは6人乗りのルノー車であった。しかしマルチ・ウドヨグによる市場調査の結果，中流階級向けに価格を抑え，燃費がよく，故障しない，定員4名程度の自動車がよいとわかった。生産前段階ではこれまでのスズキのアジア経験から商用車バンに人気が殺到するとの見方もあった。実際には予約の9割近くが小型乗用車のマルチ800であった。状況判断と過去の経験から導き出した机上の仮説と実際の市場の判断は大きく異なったわけである。現場を軽視してはいけないという好事例である。

　時は流れ2009年タタ・モーターズが戦略車ナノを発売開始した。マルチが中流を意識した戦略車と位置づけるのであれば，ナノはまさに低所得者を意識した戦略車である。従来最安値のマルチ800が約20万ルピー（2010.3末レートで約40万円），自動二輪車は数万ルピー。このハザマに多くのターゲットがいるとタタはにらんだのである。タタ・モーターズや部品企業への聞き取りによるとコスト削減と品質の両立でかなり困難に直面したようである。しかしそれを乗り越え実売価格12万ルピー（24万円）前後から販売可能となった。2009年4月，わずか2週間の初回販売10万台分の予約期間に倍以上の予約が殺到した。一方ライバル各社も低価格戦略車の投入を計画中である。手強いライバルたちとの競争は？　ナノはかつてのマルチのように市場を席巻するのか？　しばらくインド市場が熱い。

の第一次自由化によりある程度世界の潮流にキャッチアップし，第二次自由化以降大きく成長した。その過程で自動車関連サポーティング産業も発展した。こうした経緯もあり現在のインドでは国内調達率は高い。そして新車開発も可能な状況になっている。さらに政府は国を挙げてインド国内での自動車関連技術開発支援も行っている。

　自由化の進展によりインド自動車産業に競争市場がもたらされた。こうした競争環境のもと，インド自動車産業はグローバル展開も積極的に行っている。環境・品質基準が厳しい先進国向け輸出も国を挙げて推進させようとしている。こうした取り組みが成功するとひょっとすると将来，日本の路上でもインド生産の自動車をみかけることが多くなるかもしれない。

● **参考文献**

絵所秀紀（2008）『離陸したインド経済——開発の軌跡と展望』ミネルヴァ書房。
小島眞（2008）『タタ財閥』東洋経済新報社。
島根良枝（2006）「地場企業の基盤が注目されるインド自動車産業の発展」内川秀二編『躍動するインド経済——光と影』アジア経済研究所，268-293頁。
鈴木修（2009）『俺は，中小企業のおやじ』日本経済新聞出版社。
東洋経済新報社（2009）『海外進出企業総覧　国別編』（CDROM版）。
二階堂有子（2003）「グローバリゼーション化の中国の台頭とインド自動車・二輪産業」大原盛樹編『中国の台頭とアジア諸国の機械関連産業——新たなビジネスチャンスと分業再編への対応』アジア経済研究所，379-400頁。
二階堂有子（2006）「市場開放後の小規模工業——社会経済開発の行方」内川秀二編『躍動するインド経済——光と影』アジア経済研究所，294-317頁。
馬場敏幸（2005）『アジアの裾野産業』白桃書房。
馬場敏幸（2007）「後発国の金型産業発展段階測定基準設定とインド地場金型産業発展段階測定の試み　その1——インドの外資系自動車産業の金型調達事例より」『経済志林』第74巻第4号，1-29頁。
馬場敏幸（2008a）「インド地場金型産業の発展段階について　その2——インド・ムンバイおよびプネにおける地場金型産業調査より」『経済志林』第76巻第2号，1-47頁。
馬場敏幸（2008b）「インドの金型産業——現状および発展の経緯とビジネスモデル」『素形材』第49巻第3号，14-20頁。
馬場敏幸（2010）「濃淡模様のアジア金型産業」『型技術』第25巻第5号，18-23頁。

バルガバ，R.C.（2006）『スズキのインド戦略』中経出版。
フォーイン（2009）『インド自動車・部品産業』FOURIN。
三上敦史（1993）『インド財閥経営史研究』同文舘。
山崎幸治（1988）「自動車産業」伊藤正二編『インドの工業化——岐路に立つハイコスト経済』アジア経済研究所，269-284頁。
Bhaskar, Chatterjee (1990), *Japanese Management: Maruti and the Indian Experience*, Stuling Publising.（野田英二郎訳〔1993〕『インドでの日本式経営——マルチとスズキの成功』サイマル出版会）。
Wilkins, Mira and Hill, Frank E. (1964), *American Business Abroad: Ford on Six Continents*, Wayne State University Press.（岩崎玄訳〔1969〕『フォードの海外戦略　上・下』小川出版）。
アショーク・レイランド（Ashok Leyland）(http://www.ashokleyland.com〔2010年3月7日アクセス〕)。
インド自動車工業会（Society of Indian Automobile Manufactures：SIAM）(http://siamindia.com〔2010年3月7日アクセス〕)。
インド自動車部品工業会（Automotive Component Manufacturers Association of India：ACMA）(http://acmainfo.com〔2010年3月7日アクセス〕)。
インド新聞（http://indonew.jp〔2010年3月7日アクセス〕)。
インド政府ポータルサイト（http://india.gov.in〔2010年3月14日アクセス〕)。
インド法典（Indo Code）(http://indiacode.nic.in〔2010年3月14日アクセス〕)。
オースチン・ローバー・オンライン（ARonline）(http://austin-rover.co.uk〔2010年3月7日アクセス〕)。
海外技術者研修協会（AOTS）(http://www.aots.or.jp〔2010年3月18日アクセス〕)。
財務省（Ministry of Finance）(http://indiabudget.nic.in〔2010年3月13日アクセス〕)。
重工業局（Department of Heavy Industry）(http://dhi.nic.in〔2010年3月23日アクセス〕)。
スズキ（http://www.suzuki.co.jp〔2010年3月18日アクセス〕)。
タタ・モーターズ（Tata Motors）(http://www.tatamotors.com〔2010年3月6日アクセス〕)。
日本自動車工業会（JAMA）(http://www.jama.or.jp/〔2010年3月28日アクセス〕)。
日本貿易振興機構（JETRO）(https://www.jetro.go.jp〔2010年3月20日アクセス〕)。
ヒンドゥスタン・モーターズ（Hindustan Motors）(http://www.hindmotor.com〔2010年3月7日アクセス〕)。

プレミア（Premier）(http://www.premier.co.in〔2010年3月7日アクセス〕)。
マヒンドラ＆マヒンドラ（Mahindra&Mahindra）(http://www.mahindra.com〔2010年3月6日アクセス〕)。
零細中小企業省（Ministry of Micro, Small and Medium Enterprises）(http://msme.gov.in〔2010年3月13日アクセス〕)。

（馬場敏幸）

第9章
繊維産業と製薬産業

　インド亜大陸は独立以前から綿およびジュートなどの天然繊維資源に恵まれ，伝統産業として繊維産業の発展がみられた。インドでは伝統産業の保護・育成を目指した政策がとられてきたが，繊維産業はその影響を強く受けた産業であるといえる。現在もインドと南アジア諸国において，繊維産業は経済のなかで重要な位置を占めている。しかし，近年の経済自由化の流れのなか，繊維産業はその構造を大きく変化させつつある。世界規模で繊維貿易をめぐる国際競争が激化するなか，インドをはじめとする南アジアの繊維産業の動向に注目が集まる。

　インドの製薬産業はインドの繊維産業とは対照的に自由化政策の前後を通じて，一貫して発展を遂げた。独立直後のインドは，医薬品を国内で製造できる技術力をほとんど有していなかったが，1970年特許法と1978年医薬品政策がインドの製薬技術の研究開発を促進し，製薬技術の国産化に貢献した。そうしてインドは医薬品の輸入代替に成功し，1980年代以降輸出志向を強め，製薬産業は国際競争力を有する輸出産業へと成長を遂げた。しかしながら，2005年3月にWTOの TRIPS協定との整合性を図るため，1970年特許法が改正され，インド製薬産業の成長を支えた制度が大きく変化し，インド製薬産業は大きな転換期を迎えている。

1　グローバル化のなかの伝統産業と新興産業

　粗布をまとったマハトマ・ガンディーが反英独立闘争のシンボルとして手紡ぎ車（チャルカ）を回している姿はよく知られている。彼は手紡糸による手織り綿布を推奨した。独立前のインド亜大陸は綿やジュートなどの天然繊維資源に恵まれていることを基礎として近代的な綿工業やジュート工業の発展がみられた。また，綿および絹を用いた手織りが広範な農村の隅々にまで展開していた。ガンディーが手織りに代表される在来技術による零細かつ労働集約的な農

村を中心とした繊維産業の発展を構想していたのに対して，第6章で触れたように，独立インドの指導者ジャワハルラル・ネルーの経済開発に関する考え方はガンディーとはまったく対照的であった。すなわち，ネルーは国家主導による輸入代替工業化という経済開発の枠組みのなかで近代技術志向の重工業化を進めたのである。

ネルーの時代から1990年代の経済自由化さらには近年におけるグローバル化の進展のなかでインドの繊維産業はいかなる発展を示したのだろうか。結論的にいうとインドの繊維産業は中国の驚異的な競争力に後塵を拝し，その発展は控えめである。1990年代以降にある一定程度の自由化は進展したものの，依然としてガンディーの思想を色濃く反映させた産業政策の影響は残っており，結果としてインド繊維産業の構造に大きな歪みを生じさせることとなった。こうしたインドの状況とは対照的に，近年はバングラデシュのアパレル産業（縫製産業）の飛躍が注目を集めている。グローバル化の流れのなかで，伝統産業として存在してきた繊維産業は大きな転換期を迎えているといえよう。

インドの輸入代替工業化政策の成功例が新興産業としての製薬産業である。製薬産業の躍進は近代技術志向を背景とした高学歴の技術者育成政策およびインド独特の特許政策や同産業に対する政策とも結びついている。本章は，代表的な伝統産業である繊維産業と新興産業の製薬産業を取り上げ，それぞれの産業発展の沿革を描くとともに，2000年代半ば以降のWTOルールに則した競争環境の激化のなかでの課題を浮き彫りにしたい。

2　インド繊維産業

（1）　繊維貿易体制の変遷と南アジア

ここでは，近年の世界の繊維貿易の流れについて大まかにみてみたい。近年の繊維貿易を語るうえで無視できないのが，多国間繊維協定（Multi Fibre Arrangement：MFA）である。そもそも，先進国の繊維産業を保護するために結ばれたMFAによって，約30年にわたって世界の繊維貿易は規制されてきた。MFA体制下では，先進国が繊維製品に対する輸入数量制限を行うことが認められてきた。この制度を利用して，多くの先進国は途上国からの繊維製品の輸入に対して数量割当（クォータ）を設定し，自国の繊維製品が途上国産の繊維

製品との競争に巻き込まれるのを阻止してきた。

　このように，先進国に有利な体制がとられてきた繊維貿易も，GATTウルグアイ・ラウンドを通して自由化への交渉が進められ，1994年には，MFAを段階的に廃止することで合意がなされた。繊維貿易は1995年から10年間をかけて段階的に自由化が行われ，2005年には完全な自由化が達成されることとなった。具体的な自由化のスケジュールは，繊維協定（Agreement on Textiles and Clothing：ATC）に従い，第一フェーズ（1995～98年），第二フェーズ（1999～02年），第三フェーズ（2003～04年）を通してMFAの対象品目が段階的に縮小することになる。ATCでは，第一フェーズでは，MFAがカバーする品目の内の16％を，第二フェーズでは，さらに17％を上乗せした33％を，第三フェーズではそれに18％を上乗せした51％の品目について，数量割当を廃止することが義務づけられていた。このスケジュールに従い，MFAは2005年1月1日に撤廃された。

　それでは，MFAの廃止は南アジアの繊維産業にどのような影響を及ぼしているのであろうか。まず，MFA廃止後の世界の繊維貿易の状況をみると，中国の輸出が急激に成長していることを指摘することができる。繊維製品（アパレル製品を除く）の輸出額をみてみると，中国の世界シェアは2000年の10％から2008年の26％へと伸びている。一方で，南アジア全体（インド・バングラデシュ・パキスタン・スリランカの合計）の世界シェアは2000年の6.8％から2008年の7.5％への微増にとどまっている。アパレル製品に関しては中国の世界シェアは2000年の18.2％から2008年には33.2％に拡大しているのに対して，南アジア全体の世界シェアは2000年から2008年まで，ほぼ7％から8％と横ばいで推移している（WTOの資料による）。

　また，南アジア諸国の輸出額の世界シェアは伯仲している状況にある。南アジア諸国の繊維製品（アパレル製品を除く）およびアパレル製品輸出額の世界シェアを比較したグラフを図9-1，図9-2に示した。これらの図からは，繊維製品輸出においてはインドの世界シェアが1990年代から徐々に上昇していることがわかる。これより，インド繊維製品の輸出部門は，MFAの廃止のメリットをある程度享受しているといえる。一方で，アパレル製品輸出の世界シェアに関しては，1995年以降，上昇と下落を繰り返しており，MFAが撤廃された2005年以降では若干シェアが下落している。

第9章　繊維産業と製薬産業

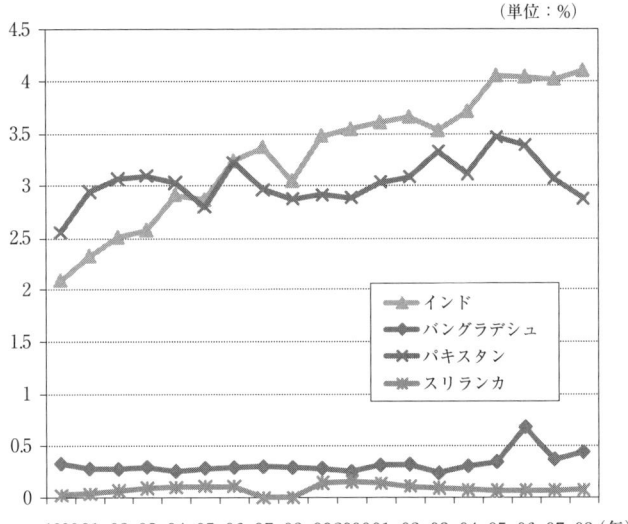

(単位：%)

図9-1　世界の繊維製品輸出額に占める各国のシェア

出所：WTOホームページ（http://www.wto.org.〔2010年3月15日アクセス〕）より筆者作成。

　次に，インドと他の南アジア諸国との世界シェアの比較をしてみよう。まず，繊維製品輸出の世界シェアにおいては，パキスタンと拮抗していることが理解できる。パキスタンは，1990年時点では全世界繊維輸出シェアにおいてインドを上回っていたが，1990年代中頃に両国のシェアは逆転し，2008年時点ではインドのシェアの方が大きくなっている。一方で，アパレル製品輸出に関してはバングラデシュの伸びが著しい。とくに，MFAの一部廃止が始まった1995年から2000年にかけては大きくシェアを拡大しており，インドのシェアに迫る勢いである。

　各国の繊維関連製品の輸出品目構成はどのようになっているのだろうか。**表9-1**に2008年のインド，バングラデシュ，パキスタンの繊維関連製品の先進国（米国・カナダ・EU・日本）への輸出品目の内訳を示した。これによると，インド，パキスタンに比べてバングラデシュは極端にアパレル製品の輸出に偏っていることが理解できる。とりわけ，HSコード61類のメリヤスおよびクロセ編み（ニット類）の割合が非常に高くなっている。一方で，インドの場合はアパレル製品の割合はバングラデシュほど高くはなく，その他の繊維製品の割合

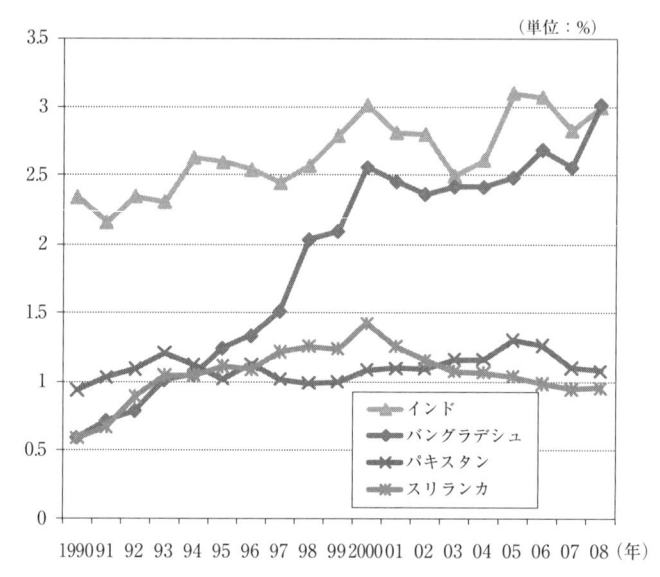

第Ⅱ部　産業と企業経営からみたインド経済

図9-2　世界のアパレル製品輸出額に占める各国のシェア
出所：図9-1と同じ。

も高い。また，アパレル製品に関しては，HSコード62類のメリヤスおよびクロセ編み以外（すなわち織り物類）の割合の方が高くなっている。パキスタンの輸出品目構成はインドと似ているが，綿および綿織物の割合が若干高いという特徴がある。

（2）　インドと南アジアの繊維産業の現状

①繊維大国インドの光と影

インドにとって繊維産業は非常に重要な産業である。近年は，各地で繊維クラスターが建設され，繊維産業の近代化・集積化が進められている。その一方で，激しい国際競争に直面していることを前項にて確認した。ここでは，インド繊維産業の現状を詳しくみてみたい。

まず，インド繊維産業の特徴について記述しよう。インド繊維産業の大きな特徴は，中小零細企業（小規模工業）や伝統的手工業部門などの小規模零細企業の割合がきわめて高いということである。近年は大規模な繊維工場の建設が進んでいるが，伝統的にインド繊維産業は小規模零細企業がベースとなってい

第 9 章　繊維産業と製薬産業

表9-1　南アジア諸国の先進国向け繊維関連製品輸出品目の内訳（2008年のデータ）

HSコード	品目名	インド 輸出額（100ドル）	インド シェア（％）	バングラデシュ 輸出額（100ドル）	バングラデシュ シェア（％）	パキスタン 輸出額（100ドル）	パキスタン シェア（％）
50	絹および絹織物	205.93	1.23	0.04	0.00	0.40	0.01
51	羊毛，繊獣毛，粗獣毛および馬毛の糸並びにこれらの織物	84.12	0.50	0.00	0.00	0.62	0.01
52	綿および綿織物	679.07	4.06	7.34	0.06	839.53	12.34
53	その他の植物性紡織用繊維およびその織物並びに紙糸およびその織物	116.46	0.70	67.09	0.57	2.75	0.04
54	人造繊維の長繊維およびその織物	287.38	1.72	0.74	0.01	39.12	0.58
55	人造繊維の短繊維およびその織物	349.15	2.09	0.63	0.01	255.51	3.76
56	ウォッディング，フェルト，不織布および特殊糸並びにひも，網およびケーブル並びにこれらの製品	61.13	0.37	1.61	0.01	4.28	0.06
57	じゅうたんその他の紡織用繊維の床用敷物	1,260.95	7.53	2.80	0.02	194.61	2.86
58	特殊織物，タフテッド織物類，レース，つづれ織物，トリミングおよびししゅう布	156.31	0.93	0.54	0.01	18.18	0.27
59	染み込ませ，塗布し，被覆しまたは積層した紡織用繊維の織物類および工業用の紡織用繊維製品	57.31	0.34	0.76	0.01	4.57	0.07
60	メリヤス編およびクロセ編物	48.60	0.29	0.64	0.01	3.63	0.05
61	衣類および衣類附属品（メリヤス編みまたはクロセ編みのものに限る）	4,306.97	25.73	5,943.17	50.99	1,641.22	24.13
62	衣類および衣類附属品（メリヤス編みまたはクロセ編みのものを除く）	4,922.41	29.40	4,913.28	42.15	1,237.38	18.19
63	紡織用繊維のその他の製品，セット，中古の衣類，紡織用繊維の中古の物品およびぼろ	2,496.86	14.91	492.71	4.23	2,494.95	36.68
64	履物およびゲートルその他これに類する物品並びにこれらの部分品	1,648.41	9.85	123.05	1.06	60.11	0.88
65	帽子およびその部分品	17.30	0.10	101.53	0.87	4.77	0.07
66	傘，つえ，シートステッキおよびむち並びにこれらの部分品	1.07	0.01	0.03	0.00	0.28	0.00
67	調製羽毛，羽毛製品，造花および人髪製品	42.02	0.25	0.08	0.00	0.01	0.00
繊維関連製品合計		16,741.42	100	11,656.02	100	6,801.91	100

注：輸出額は，各国の米国・カナダ・EU・日本への輸出の総額の合計である。
出所：Global Trade Information Services, *World Trade Atlas*より筆者作成。

る。インドにおいて小規模零細企業によって構成されている非組織部門は，2006年時点で繊維産業全体の労働者の9割以上を雇用している。インド繊維産業は，一部の大規模工場部門とその他大多数の小規模零細企業との二重構造で成り立っているといえよう。英国植民地期においては，近代的な繊維工場が隆盛をきわめたが，独立後の産業政策によって，インド繊維産業の大規模工場部門は衰退していった。（このようなインド繊維産業の歴史を垣間みるための文献としては，清川〔2009〕によるインド製糸業の歴史研究がある。このなかでは，なぜインドにおいて近代的な大規模製糸工場が衰退していったのかについて言及がなされている）。現在でも旧来からの大規模繊維工場（ミル）の多くは経営不振に陥っており，深刻な問題となっている。その一方で，大規模工場部門のなかで好調な業績を上げている企業も存在する。これらの企業の特徴は，先進国のメーカーなどと提携し，国際市場競争に上手く適応していることであろう。例えば，国内第1位のアロック・インダストリー社（Alok Industries）は，米国流通大手のJCペニーやウォルマートと提携し，製品の供給を行っている。国内第2位のアーヴィンド・ミルズ社（The Arvind Mills）は，世界最大規模のデニム生地輸出企業であり，リーバイスやギャップなどの世界的なブランドにデニム生地を供給している（いずれも，2008年時点のデータ，Office of the Textile Commissionerの資料による）。

　このような大規模工場部門の状況に対して，現在のインド繊維産業を支えているのは小規模零細企業である。とりわけ，従業員数が十数人までの動力織機（パワールーム）部門やアパレル部門が繊維産業を牽引しているといえる。インド繊維産業がこのような小規模零細企業を中心とした構造となっている背景として，「生産留保制度」という独特の産業政策が影響している。「生産留保制度」とは，政府が指定した特定品目の生産を小規模零細企業に独占させるという政策である。この政策によってインド繊維産業を小規模零細企業が支えるという産業構造ができあがった。既製服をはじめとする一部の繊維・アパレル製品に関しては，2001年まで留保品目として指定されていた。この関係で，インド繊維産業の近代化・国際化が遅れたといえる。

②インド繊維産業における自由化政策のジレンマ
　近年のインドの繊維産業政策は，規制を撤廃し市場競争を進めようとする色

合いが強くなってきている。世界的な視点から考えてみても，インド繊維産業の自由化は当然の流れと受け止めることができる。その一方で，伝統的な小規模零細企業を保護しようとする勢力も依然として強い。独立後のインドでは，伝統的に貧困削減や農村開発を重視した産業政策が採用されてきた。これには，農村の自立を掲げたガンディーの思想が強く影響しているといえる。小規模零細企業を中心とした繊維産業が，産業基盤の弱い農村の経済を支えてきたことも事実である。世界的なグローバル化の流れのなかで，インドの繊維産業政策は，国際戦略を主眼とした自由化政策と伝統的な小規模零細企業の保護政策との間で大きく揺れている。

③インドを猛追するパキスタン・バングラデシュ・スリランカ

世界の繊維製品輸出において，インド以外の南アジア諸国の存在感は大きくなってきている。これらの国々の繊維産業は，近い将来，国際市場におけるインド繊維産業の強力な競争相手となる可能性がある。

図9-2でみたとおり，とくにアパレル市場においてはバングラデシュの存在感が大きくなってきている。バングラデシュの輸出構成に関しては，2005～06年においてアパレル製品の輸出額が約64億1800万ドルで同国の総輸出額の約74％を占めている。バングラデシュは，EUやカナダなどから一般特恵関税待遇を受けていたことから，MFA撤廃による繊維貿易自由化によってダメージを受けるであろうと懸念されてきた。しかしながら，2005年以降も輸出パフォーマンスの大きな落ち込みは認められない。ただし，バングラデシュの場合は，素材部門である繊維産業の規模が小さいことが懸念材料でもある。

一方，パキスタンは世界でも有数の綿生産国となっており，良質な綿を国内で供給できることが大きな強みである。2005年のパキスタンの繊維輸出総額は約86億ドルであり，同国の総輸出額に占める割合は約68％にも上る。近年パキスタン政府は繊維工場の近代化計画を示し，大規模な設備投資を実施している。

これらの国々の賃金はインドよりも低くなっている。2008年時点の紡織業労働者の賃金（時間当たり）を比較すると，インドは約0.85ドルであるのに対して，パキスタンは0.52ドル，バングラデシュは0.31ドルとなっている（いずれも，Werner Internationalの資料による）。このように，バングラデシュ，パキスタン両国は労働コストの面ではインドに対して強みをもっているといえる。

スリランカは，国の規模こそは他の南アジア諸国と比較して小さいが，2009年に長年続いた内戦が終結し，産業の建て直しを進めている段階である。スリランカもまた，輸出に占める繊維関連製品の割合は高く，2008年においては，総輸出額の約43％を占めている。

以上のように，インドの周辺国においても繊維産業は重要な産業となっており，今後のさらなる成長が見込まれている。

（3） インドと南アジア繊維産業のこれから

①繊維産業の国際戦略

繊維産業の近代化・自由化が遅れていたインドであるが，21世紀に入って大きく巻き返しを図ろうとしている。インド政府は，2000年に繊維産業政策を発表し，グローバル化のなかでのインド繊維産業のあるべき姿を示した。このような流れのなかで，インド国内の各地に繊維産業やアパレル産業の経済特区（Special Economic Zone：SEZ）が設置されている。SEZ内で操業する企業は，法人税の減税や輸出入関税免税などの税制面の優遇を受けることができる。2009年3月時点では，SEZプロジェクトの認可・届出総数は1003件であり，そのなかで繊維・アパレル関連のプロジェクトは44件である（Ministry of Commerce and Industryの資料による）。

一方で，バングラデシュでも各地にアパレル産業の輸出加工区が建設されている。2010年現在，バングラデシュではダッカ，チッタゴンなどに計8カ所の輸出加工区（Export Processing Zone：EPZ）が設置されている。インドのSEZと同じように，EPZ内で操業する企業は，所得税や輸出入税など各種税金の減税・免除，海外直接投資額に関する制約が緩和されるなどの優遇を受けることができるほか，充実したインフラ設備を利用できるメリットがある。2005年の時点で，EPZにおける投資部門総数233件の内，アパレル・繊維関連の部門数は149件と，同産業がEPZ内での主力産業であることが理解できる（Bangladesh Export Proceeding Authorityの資料による）。

このように，インドやバングラデシュでは海外からの投資を優遇し，企業を誘致する政策が積極的に進められている。ただし，2005年時点ではバングラデシュのEPZでは，外資もしくは外資合弁企業の割合が半数以上を占めているのに対して，インドのSEZの多くでは，外資の比率は50％に満たない（Bangladesh Export Proceeding AuthorityおよびMinistry of Commerce and Industryの資料による)。

②繊維産業における児童労働の問題

繊維産業の国際戦略を考えるうえでの深刻な問題として，繊維産業における児童労働の現状について言及しておかなければならない。児童労働の問題は繊維産業にとどまらず，南アジア諸国では大きな社会問題となっている。インドの2001年における5歳から14歳までの児童労働人口は約1300万人で，児童人口の約5％が労働に従事している（Ministry of Labour and Employmentの資料による)。バングラデシュの状況はさらに深刻で，2003年時点で5歳から14歳までの児童労働人口は約500万人と児童人口の実に約14％が労働に従事していることになる（Bangladesh Bureau of Statistics〔2003〕, *Report on National Child Labour Survey 2002-2003*)。とくにグローバル化のなかで国際競争力が求められている繊維産業では，生産コストを削減するために児童労働力を積極的に活用してきた経緯がある。インドやバングラデシュの繊維産業では，Lee-Wright (1995)でみられるような劣悪な環境下で児童が酷使されている。

こうした児童労働の状況に対して，近年は欧米先進国の消費者から厳しい目が向けられている。米国では，児童労働に反対する人権団体がバングラデシュ製衣服のボイコット運動を展開する動きをみせたこともある（詳しくは，例えば村山〔1996〕を参照されたい)。このように，繊維産業が国際市場，とくに先進国での事業展開を進めるうえで，南アジア諸国は児童労働の問題に対処していかざるをえないであろう。

③今後の展望

これまでみてきた通り，2000年代に入って以降，インドを含む南アジア諸国の繊維産業は国際競争のなかに組み込まれつつある。このような状況で，一部の国内企業は国際戦略のなかで大きく飛躍しようとしている。さらに，先進国のアパレルメーカーはインドを生産拠点の1つとして考えている。例えば，マークス・アンド・スペンサーやカルフール，ウォルマートといった欧米系の大手小売店はインドに大規模な生産拠点を構築している。また，近年の大きな話題としては，日本の大手アパレル量販店ユニクロを展開するファーストリテ

イリング社がインド・バングラデシュへの進出を計画しているということであろう。ファーストリテイリング社の事業戦略説明会（2008年9月3日）では，同社の全生産量の約3分の1を中国以外の国で生産する計画が示された。この計画によると，同社は2008年度以降にインドやバングラデシュでの生産の可能性を検討している（ファーストリテイリング社のホームページによる）。このように，近い将来，インドおよび南アジア地域が世界的な繊維産業の集積地として発展する可能性は大いにありえる。

一方で，繊維産業の底辺を支えている小規模零細企業の存在も無視できない。グローバル化の流れのなかで，インドの繊維産業が飛躍する鍵は，外資系を含む大企業と小規模零細企業との有機的な共存関係をいかにして築くかであろう。これに加えて，インドを含めた南アジア全体での繊維産業の構造・産業内ネットワークのあり方について考えることが重要である。

3 インド製薬産業

(1) インド製薬産業の成長とその要因

インド製薬産業は，世界のジェネリック医薬品生産の20～22％を生産しており，世界において，生産量では第4位，生産額では第13位にある。

貿易収支は1970年代末から1980年代初頭にかけて黒字化し，1987年以降，年次変動があるものの黒字幅が増加傾向にある（図9-3）。1980年代後半からインドは医薬品輸出国として台頭し，世界で第17位の医薬品輸出国である。

輸出先は特定地域に偏ることなく多様であり，最大の輸出先は米国である。輸入先は，主として先進国からであり，米欧日からの輸入が全体の半分以上を占めており，近年中国からの輸入が増加傾向にある。

医薬品生産額の40％程度が輸出に向けられている。**表9-2**のとおり，インド主要企業の輸出額も年々増加しており，対売上高輸出比率も高く輸出志向が強い。輸出がインド企業の成長を牽引している。

インド製薬産業の成長を支えるジェネリック医薬品の開発・製造に関する技術力は，1970年代から1980年代にかけて，国内の研究開発を通じて，獲得・改良されてきたものである。

1970年代以来，インド政府は，研究開発を直接的，間接的に促進する政策を

(単位：100万ドル)

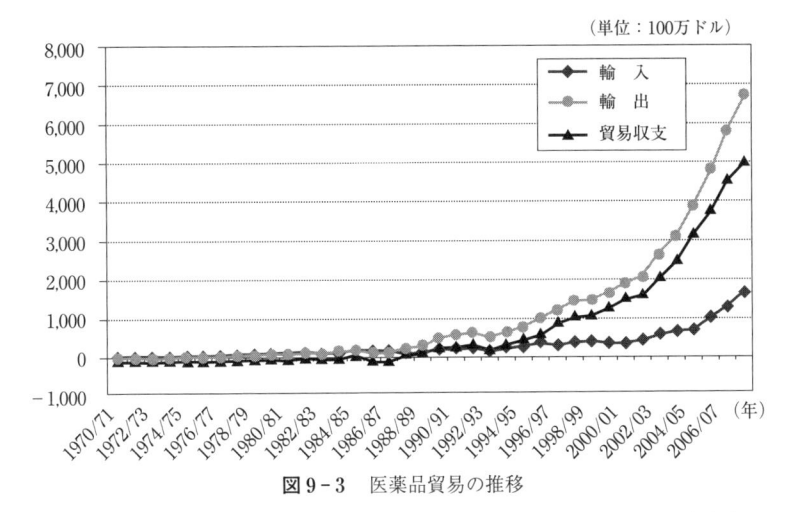

図9-3　医薬品貿易の推移

注：1987／88年度からは、「医薬品の輸出」の項目にファインケミカル製品が含まれるという変更がなされており、それ以前の統計とは連続性がなく、輸出がその分過大になっている。ファインケミカル製品には医薬品原料や中間体等も含まれる。なお、Reserve Bank of Indiaのデータには、2004年以降は、基礎化学品と化粧品も項目に含まれたため、Department of PharmaceuticalsおよびPharmexcilのAnnual Reportの医薬品およびファインケミカル製品のみの輸出データを利用した。

出所：Reserve Bank of India（2009）, *Handbook of Statistics on the Indian Economy 2008-2009* ; Department of Phramaceuticals, *Annual Report 2008-09*およびPharmexcil（2009）, *Annual Report 2008-2009*より筆者作成。

実施してきた。そのなかでも、最も重要な政策が、1970年特許法（the Patent Act of 1970）と1978年医薬品政策（the Drug Policy, 1978）である。1970年特許法の施行以前のインドには医薬品の開発と製造に必要な技術力が不足していた。1970年特許法は物質特許を認めず製法特許のみを認め、特許期間も16年間から7年間に短縮された。1970年特許法は、リバース・エンジニアリング[2]と他国で特許保護されている医薬品の代替的製法の開発を促進した。

1978年医薬品政策は、インドで最初の包括的な医薬品政策で、1990年代までインド医薬品政策の基本的な枠組みとなった。

1978年政策の主要な目的は、医薬品の自給自足の達成で、最大の特徴は、製薬産業における研究開発と技術の役割の重要性を認識し、研究開発の促進を通じたインド製薬産業の技術力の向上を政策目標として掲げたことである。

以上のような制度的枠組みのもと、インドはリバース・エンジニアリングを中心に製法開発を進め、技術の国産化を達成し、1980年代初頭の経済自由化の

表9-2 インド主要企業（売上高上位5社）の輸出額と対売上高輸出比率

(単位：100万ドル)

企業名		2004	2005	2006	2007
ランバクシー・ラボラトリーズ	輸出額	556	547	563	547
	輸出比率（％）	60	59	61	58
シプラ	輸出額	239	340	387	457
	輸出比率（％）	46	50	50	51
ドクター・レッディーズ・ラボラトリーズ	輸出額	200	263	619	491
	輸出比率（％）	53	52	74	66
サン・ファーマシューティカルズ	輸出額	35	27	113	194
	輸出比率（％）	11	9	30	37
ルピン	輸出額	121	172	218	332
	輸出比率（％）	46	46	51	59

出所：Cygnus Business Consulting & Research Pvt. Ltd. (2008), *Company Profile Top 200 Indian Pharma Companies* より筆者作成。

潮流のなかで，輸出志向を強め，1990年代末には全世界に対して輸出超過を実現するに至った。

（2） 転換期のインド製薬産業

WTOの知的所有権の貿易関連の側面に関する協定（Trade Related Intellectual Rights Agreement，以下，TRIPS協定）は，医薬品に物質特許を導入するだけではなく，医薬品の特許保護期間を最低20年間にわたって認めることを加盟国に強制する。インドは，1970年特許法を改正することを義務づけられ，2005年3月，インド製薬産業の成長を制度的に支えた重要な要素である1970年特許法をTRIPS協定との整合性を図るべく改正した。[3]

物質特許は新規化合物自体がクレームされ保護される。新規化合物とは医薬品の基となる物質であり，一般に医薬品1製品は1物質特許で保護される。物質特許の効力は同一物質である限り，製法，用途に無関係にその物質の製造，販売，使用等に及ぶ強大なものである。

他方，製法特許は化合物等を製造する方法に関する特許である。原料となる物質が新しい場合，そして製造における収率が良い場合など，製法に関する技術的効果が顕著であるとき成立する。新規化合物であっても第三者が別の製造方法を用いてそれを製造した場合には，原則として製法特許は成立する。

物質特許を認めず製法特許のみを認める1970年特許法のもとで，インド製薬産業は他国で有効な特許が存在する医薬品をリバース・エンジニアリングし，ジェネリック医薬品として生産し，物質特許が有効ではない市場へ輸出することで，成長を遂げてきた。しかし，当初インド製薬産業は，物質特許体制が導入されることによって，成長が阻害されるとの懸念を抱き，物質特許導入に反対であった。しかし，1990年代末頃から，状況が変化した。インド政府は知識基盤産業を指定し，積極的に育成する方針を打ち出し，製薬産業も知識基盤産業に指定された。1999年には，物質特許体制のもとで，インド製薬産業の研究開発能力の強化を目的とした「医薬品研究開発委員会」が設置された。これを機に，インドは特許保護を梃子に技術革新を促進する方向へと舵を切ったといえる。この方針転換のもと，インド製薬産業はジェネリック事業に加え，①創薬メーカーへの転換，②アウトソーシング先としての展開，③海外でのM&Aの増加，④バイオ医薬品への参入，といった事業多様化を図ってきた。

　①創薬メーカーへの転換
　1995年頃から，インド企業は創薬に向けた研究開発の投資を開始した。インド製薬大手企業は，売上高の8～10％に相当する研究開発投資を行っており，創薬研究への支出の比率が上昇してきた。15社のインド企業が新薬開発に着手し，数多くの新薬候補物質が，前臨床試験あるいは臨床試験の段階にあり，すでに臨床試験を終えているものもある。インドの創薬研究の注力疾病領域は，結核，マラリア等感染症，心臓・血管系疾患，抗がん剤，抗糖尿病薬など代謝系疾患，喘息等呼吸器系疾患，中枢神経系疾患，そしてHIV/AIDS等多岐にわたるが，なかでも多くの企業が注力している分野が，グローバルに展開可能な抗糖尿病薬である。創薬に向けた研究開発活動からも，インド企業の世界市場志向がみて取れる。
　創薬研究に着手して15, 16年程経過したが，インド企業は一定程度の成果を収めてきたものの，新薬の商業化を実現できていない。新薬開発は，15年から20年の長い研究開発期間と1医薬品につき平均で約8億ドル程度といわれる巨額の研究開発費が必要であるうえ，成功率がきわめて低い。現状では，インド企業は開発から商業化までを完遂するために必要な資金力と技術力を十分に保有していない。

以上の事情から，多くのインド企業は，開発した新薬候補物質を外国企業にライセンス・アウトする方法をとっている。しかしながら，インド企業が開発している新薬候補物質の多くは，既存の化合物の誘導体による改良品であるなどの理由から，インド企業の新薬候補物質へのニーズは必ずしも高くなく，提携先をみつけることも容易ではない。また，複数のインド企業が欧米製薬企業と創薬関連の研究開発提携を締結しているが，商業化には至っていない。

　インド政府も，インド企業の資金面と技術面での制約を緩和すべく，研究開発活動に従事する製薬企業に対する減税や産官学連携プロジェクトを立ち上げ，企業の研究開発活動を支援している。

②アウトソーシング先としての展開

　日本をはじめ多くの先進国では，医療費抑制のため医薬品価格の引き下げが求められている一方，医薬品の研究開発費は増加の一途をたどっている。このような状況において，世界の製薬大手企業の間では，資源を新薬開発に集中させ，既存製品の製造を外部企業に委託（アウトソース）する傾向がみられる。世界の医薬品産業全体として，製造および研究開発のアウトソーシングが増加しており，近年インドは有力なアウトソーシング先として関心を集めている。

　1970年特許法は物質特許を認めなかったため，これまで外国企業はインドでの新薬の製造を控える傾向にあったが，近年世界の製薬大手企業はインド企業に既存製品の委託生産を増加させている。2005年の特許法改正による物質特許制度の導入により，インドでも，物質特許が付与されている医薬品を，特許権者の許諾を得ていない企業が模倣製造することができなくなった。したがって，当該医薬品の受託製造を行っているインド企業が，委託者から得たノウハウ等を模倣活動に流用するインセンティブが低くなった。海外の製薬企業の観点からは，特許制度改革によって，インド企業に製造を委託することのリスクが低くなったといえる。

　医薬品のアウトソーシングにおいて最も大きなシェアを占めるのは製造委受託である。インド企業は，コスト競争力と高い技術力を活かし，製造受託に参画している。インドの人件費は米国の10～15％程度で，米国企業よりも40～50％のコストで原薬を製造できるといわれ，圧倒的に製造コストが低い。さらに，多くのインド企業は複雑な分子を合成する能力，および既存の製造方

法を改良する能力も有しており，最近では，バイオ医薬品の製法開発においても進歩を遂げている。さらにインド製薬大手企業の多くが，米国食品医薬品局や世界保健機関の製造管理・品質管理基準に準拠していることも，これらの企業が製造受託することを容易化している。

近年インドでは，製造受託の進化版である研究・製造受託サービスが急成長を遂げており，インド企業の参入も増加し，専業企業も増えてきた。研究・製造受託サービスは，新規化合物を探索・開発から臨床試験そして製造受託までのプロセスの一部を請け負うビジネスである。つまり，インドが1970年代以降のアンチ・パテント体制で培った技術力と1990年代半ばに始まった創薬研究のノウハウの両方を活用することができるのである。また，研究・製造受託サービスからは安定的かつ長期的に収益を確保することが可能であり，製造だけを請け負う製造受託よりもメリットが大きく，今後最も成長が期待される分野である。

③海外でのM&A

インド主要製薬企業は1970年代末頃から海外事業展開をしており，最も海外進出が早かったのは，1977年にナイジェリアで現地企業との合弁事業を始めたランバクシー・ラボラトリーズである。

近年，インド企業による海外でのM&Aが増加してきた（**表9-3**）。日本でも，2007年4月にユニバーサル薬品がザイダス・カディラに，同年11月には共和薬品工業がルピンに買収された。

インド企業が海外でのM&Aから得る利益としては，買収先の製品にアクセスできること，買収先がもつ販売ルートを確保することなどが指摘できる。

このような海外でのM&Aに必要な資金調達の手段として，銀行からの借入れに加え，外貨建て転換社債（Foreign Currency Convertible Bond：FCCB）の発行がある。FCCBは外貨ベースで額面価格が表示された転換社債であり，ロンドン市場やユーロ市場等海外市場で発行される。製薬産業に限らず，インドでFCCBを発行している企業は156社に上るといわれ，近年有力な外貨調達手段の1つとなっている。ランバクシー・ラボラトリーズの2006年の2件のM&Aの資金調達方法もFCCBの発行であった。ランバクシー・ラボラトリーズは2006年3月に総額4億4000万ドルのFCCBを発行し，その当時，製薬産業では

第Ⅱ部　産業と企業経営からみたインド経済

表9-3　インド企業による海外でのM&A

年　月	インド企業	買収企業
2006年3月	ランバクシー・ラボラトリーズ	テラピア（ルーマニア）
2006年10月	ウォッカード	パインウッド・ラボラトリーズ（アイルランド）
2006年12月	ランバクシー・ラボラトリーズ	ビー・タブズ・ファーマシューティーカルズ（南アフリカ）
2006年12月	オーロビンド	ファルマシン・インターナショナル（オランダ）
2007年3月	グレンマーク	メディカメンタAs（チェコ）
2007年4月	ザイダス・カディラ	日本ユニバーサル薬品（日本）
2007年4月	ウォッカード	ネグマ・ルラド・サス（フランス）
2007年6月	ザイダス・カディラ	キミカ・エ・ファルマスーティカ・ニッコホ・ド・ブラジル（ブラジル）
2007年11月	ウォッカード	モートン・グローブ・ファーマシューティカルズ（米国）
2007年11月	ルピン	共和薬品工業（日本）
2008年4月	ドクター・レッディズ	ジェット・ジェネリシィSrl（イタリア）
2008年4月	オーロビンド	TADイタリー（イタリア）
2008年5月	ザイダス・カディラ	ラボラトリオ・コンビクス（スペイン）
2008年6月	ザイダス・カディラ	シマイラ・ファーマシューティカルズ（南アフリカ）

出所：各社年次報告書およびニュースリリースより筆者作成。

最大規模の資金調達であった。

　インド企業による海外でのM&Aが順調に進展しない事例もある。サン・ファーマシューティカルズ・インダストリーズによるイスラエルのジェネリック・メーカー，タロ・ファーマシューティカルズ・インダストリーズの買収である。2007年5月，サンはタロとの間で買収契約に調印したが，2008年5月，タロはサンに対して買収契約の破棄を通告し，タロ買収は法廷闘争にもつれ込んだ。そして法廷闘争から2年後，2010年9月サンが経営支配株式を取得し買収が完了した。

　④バイオ医薬品部門への参入

　インド政府は1980年代以降，積極的なバイオテクノロジー振興政策を実施し，近年バイオテクノロジー産業が急成長している。バイオテクノロジー産業の

70%がバイオ医薬品部門で，約280社のバイオ医薬品企業が存在しており，そのうち約20社が海外に進出している。バイオ医薬品収入は14億ドル程度で，そのうち62%が輸出によるものである。バイオ医薬品部門の成長率は27%前後で，とくにワクチン部門と組み換えDNA治療薬部門が成長を牽引している。ワクチン部門は，最も有力な分野で，総収入の51%を占め，成長率はおよそ30%程度である。A型肝炎ワクチン，B型肝炎ワクチン，ポリオワクチン（注射）などが開発されている。最近では，外資提携も含めインドのバイオテクノロジー企業は新型インフルエンザワクチンの開発を進めている。

組み換えDNA治療薬部門は，市場の12%程度を占め，成長率は13%程度である。研究開発活動は，HIV，ガン，結核，コレラ，デング熱に集中している。

現時点では，インドではバイオ後発品が主流であり，すでに20品目以上の製品が承認されており，欧米市場への参入も期待される。

（3）今後の展望

インド製薬産業は，持続的成長を維持するため，事業の多様化を図り，新しい成長路線を模索してきたが，その中核事業はジェネリック医薬品事業であり，今後も，インド市場を含む新興市場および世界第2位の医薬品市場である日本市場への進出に注力し続ける必要があるだろう。

ジェネリック医薬品事業では，新しい動きがみられる。創薬メーカーである海外の製薬大手企業のジェネリック医薬品事業参入である。2010年前後から，1製品で10億ドル（約1000億円）の売上高をたたき出す大型医薬品の特許が失効し始め，本格的なジェネリック医薬品時代を迎えた。2014年には，売上高で世界の上位10製品の特許が失効する。創薬メーカーは収益の大部分を大型医薬品から得ており，これらの医薬品の特許が失効し，安価なジェネリック医薬品にシェアを奪われれば，創薬メーカーの売上高は激減し，収益性の低下は免れない。特許失効による収益の減少を埋め合わせる目的で，創薬メーカーは本格的にジェネリック医薬品事業への参入を始めている。

欧米の製薬大手企業のいくつかは，インド企業とジェネリック医薬品供給提携を締結し，ジェネリック事業に乗り出した。インド製薬産業にとって，ジェネリック供給提携は新しい事業機会を与えるものであり，今後成長が期待される。

ジェネリック事業参入を目論んだ海外の製薬大手企業によるインド企業の買収も始まっている。2008年，日本の大手製薬企業の第一三共は，創薬事業とジェネリック医薬品事業の両方を展開するため，インド最大手のランバクシー・ラボラトリーズの買収に踏み切った。第一三共は，ランバクシー・ラボラトリーズのジェネリック医薬品事業でのノウハウや製造・開発技術，そして世界49カ国の営業拠点に加え，新薬開発能力を高く評価して，買収を決断したという。[5] 2010年5月，米国の大手製薬企業アボット・ラボラトリーズは，インド大手製薬企業のピラマル・ヘルスケアのインド国内ジェネリック部門を買収，ジェネリック事業に本格参入する。

　相次ぐ外国企業のインド企業の買収により，インド市場における外国企業のマーケットシェアが上昇している。1970年特許法や薬価引き下げ政策である医薬品価格規制（1970年），そして1973年外国為替規制法によって，外国企業のビジネス環境は不利なものとなり，1970年当時，約75％もあった外国企業のマーケットシェアは，その後，縮小の一途をたどり，2007年には15％となった。

　しかしながら，インド大手企業が外国企業に買収され，インド市場の売上高トップ5社のうち3社が外資系となり，そのシェアは25％に上昇する。外国企業のマーケットシェアはさらに上昇するとの見込みもあり，インド市場は，世界で最も競争の激しい市場の1つへと変貌しつつある。

●注
(1) 　ジェネリック医薬品（後発医薬品）とは，有効成分やその製造方法の特許が失効した先発医薬品と同じ有効成分を含み，効能・効果，用法・用量が同じ医薬品を指す。有効成分名を指す一般名（generic name）で処方されるため，ジェネリック医薬品と呼ばれる。
(2) 　医薬品を含む工業製品の分解・解析を通じて，製品の構造を分析し，そこから使用されている技術や製造方法等を調査するプロセスや技術を指す。
(3) 　インドは，途上国特例措置として10年間の猶予期間を認められ，物質特許導入期限は2005年までとなっていたため，遡及して，2005年1月1日を発効日として法改正した。
(4) 　製法特許から物質特許に移行するわけではなく，製法特許は制度として存続す

る。物質特許が満了した化学物質に対して，新しい製法を開発すれば，製法特許を取得することは可能である。
（5） 第一三共でのヒアリング調査（20009年11月5日）による。

●参考文献──────
石上悦朗（2007）「南アジア3か国（スリランカ・バングラデシュ・インド）繊維産業・アパレル産業現地調査について──概要」『福岡大学研究論集B──社会科学編』第2巻。
上池あつ子（2007a）「インド医薬品産業が抱える課題」久保研介編『日本のジェネリック医薬品市場とインド・中国の製薬産業』アジア経済研究所。
上池あつ子（2007b）「インド医薬品産業のアウトソーシングビジネスと知的財産権保護」久保研介編『日本のジェネリック医薬品市場とインド・中国の製薬産業』アジア経済研究所。
久保研介編（2007）『日本のジェネリック医薬品市場とインド・中国の製薬産業』アジア経済研究所。
清川雪彦（2009）『近代製糸技術とアジア──技術導入の比較経済史』名古屋大学出版会。
日本化学繊維協会（2010）『繊維ハンドブック 2010』。
日本貿易振興機構（2004）『多角的繊維協定（MFA）撤廃による南西アジア繊維産業への影響に関する調査』。
村山真弓（1996）「バングラデシュ縫製産業の児童労働問題」『アジ研ワールド・トレンド』第9号。
リーライト，P.（1995）『子どもを喰う社会』さくまゆみこ・くぼたのぞみ訳，晶文社。
Uchikawa, S. (1998), *India Textile Industry : State Policy, Liberalization, and Growth*, New Delhi: Manohar Publishers and Distributors.（内川秀二〔1993〕「インドにおける繊維製品輸出と貿易政策」『常葉学園浜松大学研究論集』第6巻第1号）。

（藤森　梓・上池あつ子）

第10章
財閥と企業

　自由化を契機に，多くの財閥や新興企業家が個性的でダイナミックな経営を展開し，インド経済の高成長の原動力となった。高い志やビジョンをもった企業家たちが，多くの有能な人材を活用しつつ，英語圏の強みを生かしたIT，バイオ，医療ビジネスなどに進出したのである。さらには，成長が見込める小売業，携帯電話，航空，インフラの整備などの分野に参入して大きな成果を上げたものもいる。2000年頃からは，技術の獲得や世界市場へのアクセスを目的とした海外企業の買収を進め，事業のグローバル展開をも加速化させている。世界にネットワークをもつ在外インド人（印僑）の活動も，インド経済の成長をけん引する。

1　自由化と財閥・企業

　今インドが急成長し，その原動力としての財閥や企業の動きに注目が集まっている。インド経済の高成長の原因は，1991年に政府の経済政策が，それまでの企業活動に規制の網をかぶせてきた「計画経済」から，外資導入政策を目玉とした自由化・開放化へ大転換したことによる。これを契機に，それまでその発展を抑制されてきた新・旧多くの財閥や企業が，外資提携を軸に旺盛な事業活動を展開し，それが雇用や消費を一気に拡大させたのである。こうして中産階層が激増し，市場が一気に巨大化した。

　ところで，インドは日本と並んで古くより財閥形成が進行した，アジアでもユニークな国である。財閥とは，特定の家族ないし同族が所有と経営を支配する，大規模なファミリー・ビジネスのことである。

　現在インドの約80の大きな企業グループのうち，外国系の多国籍企業や同族性の希薄な新興グループなどを除いて，約50程度が財閥である。最近の顕著な

第10章　財閥と企業

表10-1　インドの有力財閥

(単位：1,000万ルピー)

財閥名	総資産	出自	主要事業
Tata	237,248	パールシー	総合
Reliance	251,006	グジャラティ	石油化学・採掘
RelianceADA	115,000	グジャラティ	携帯，インフラ開発
Godrej	29,829	パールシー	家電，石鹸ほか
Bajaj	12,740	マルワリ	バイクほか
Essar	6,062	マルワリ	鉄鋼ほか
Jindal	5,349	マルワリ	鉄鋼ほか
Mahindra	5,197	クシャトリア	ジープ，農機ほか
Adani	2,853	グジャラティ	インフラ開発
Aditya Birla	1,754	マルワリ	アルミほか
UB (Kingfisher)	1,197	バラモン	航空，洋酒

出所：ビシュワラズ・カンデル氏の助力により各財閥のホームページや年次報告書をもとに作成。

　傾向として，保守的経営や財閥の分裂によって急速に退勢化する旧財閥が多い反面，新興グループが旺盛な起業家精神を発揮して，政府が重点課題として推進するインフラ部門や急成長が見込める新産業分野にハイテク技術をもって参入し，短期間に急成長するケースが目立つ。

　以下，インドの財閥や企業の歴史的発展過程にも触れつつ，その個性的でダイナミックな活動についてみておこう。なお，表10-1はインドの有力財閥の総資産について示したものである。

2　三大財閥の沿革と動向

(1)　タタ財閥

①創始者による国益重視の企業活動

　タタ財閥は，その昔イスラムに追われてイランからインドに移住したゾロアスター（拝火）教徒の子孫で，インドの最も先進的な小集団（パールシー）に属す。ちなみにゾロアスター教は，古代ペルシャに起こった一神教で，創造神アフラ・マズダを奉じ，善思，善語，善行の3つを宗教倫理の基本として重んじる。ビジネスにおいてもこの倫理を基本とし，利益の社会還元をもって彼らの企業家精神は完成する。ムンバイのタタ財閥本社の玄関ホール正面にも，この3つのモットーが掲げられている。

現在グループ企業は98社。その製品は国民生活の万般に及び，従業員数は約40万人にのぼる。タタは，インド産業化のパイオニアであり140年以上の歴史をもつが，世界最安車ナノの開発をはじめ一貫して挑戦を続け，また古くより社会貢献活動を展開するなど，広く国民の尊敬を集める財閥である。いわばインドのベンチマーク的財閥であるので，少し歴史的考察もしておこう。

創始者のジャムセッジ・N・タタ（1839～1904）は，大学卒業後父が始めた貿易会社に入り，早くより綿花取引などで世界を股にかけて活動した。1874年以降は，4つの綿工業会社を設立し，最新の技術を採用し，労働者用の宿舎を完備するなど，革新的な経営を展開した。当時インドの海運業は，英国のP&O汽船などの独占的支配下にあったため，日本郵船などと組んでボンベイ航路を開設して対抗し，日本政府より勲4等瑞宝章を受けた（1898年）。

また，インド人であるという理由でホテルに入ることを拒否されたことから，1902年インディアン・ホテル（株）を設立し，東洋一豪華なタージマハル・ホテルを建設した。今も，英国王が上陸時に使用したインド門に対峙してそびえ立つ。さらには，インド工業の自立のためには，鉄鋼会社や人材育成のための大学がなければならないという壮大なビジョンのもとに，米国を視察するなど創立の準備を大々的に進めたが，業半ばにして他界した。

その金字塔的事業は，2代目のドーラブ・タタ（1859～1932）らによって1907年にタタ鉄鋼会社として完成された。日本の官営八幡製鉄所に遅れることわずか10年であった。また大学は，1912年にインド科学大学として南インドのバンガロールに設立された。今日バンガロールがインドのシリコンバレーとして大発展を遂げたのは，タタが手掛けた大学がその地にあったからに他ならない。

②比類なき社会貢献

2代目とその弟の業績で特筆すべきは，世界に例をみないほどの大規模な社会貢献活動を組織化したことである。それは，マハトマ・ガンディーの「信託（トラスト）理論」の強い影響を受けている。1915年に南アフリカでの人種差別闘争から帰印したガンディーは，ビルラやバジャージなどの新興企業家層より熱狂的歓迎をうけた。タタ家でも，二男のラタン・タタを中心にガンディーの活動を積極的に支援した。ガンディーは，企業家や地主たち富める者に対して，

概略次のように説いた。神から託された資源を利用して富を蓄積したのだから，浪費などは許されず，富は社会に還元されねばならない。そうすれば，貧富の格差は埋まり，すぐにでも理想的な社会を築くことができる，と（Gandhi 1970）。

　子宝に恵まれなかった二男は，財閥本社の持ち株を含むすべての自分の財産を慈善目的の信託にして，1918年に死去した。二男同様，長男も後継に恵まれなかった。しかも1930年に，愛する夫人は白血病で先立った。そこで彼は，二男にならって，全財産を国家的に重要な研究や救済事業のためのチャリティ信託に付して，1932年に死去した。同時に，亡き妻の名を冠した2つのチャリティ信託を設立した。このようにして財閥本社「タタ・サンズ」の株式の大半（現在66％）をチャリティ信託が所有する体制が確立した。それ以来，グループ企業からの巨額の配当金がこれらのチャリティ信託を経由して，奨学金，病院の建設と運営，後進地域開発，文化支援などに永続的に振り向けられているのである（三上 2008a）。

　3代目当主には，短期のピンチヒッターとして親戚を迎えたが，4代目として半世紀近く財閥を率いたのは，創始者のいとことフランス人女性との間に生まれたJ.R.D.タタであった。彼は，1932年タタ航空会社（現エア・インディア）を，1945年にはベンツとの提携で機関車やトラック・バスを製造する自動車会社（現タタ・モーターズ）を創設するなど，事業をさらに多角化した。しかし，インド独立後は政府の厳しい産業規制により総花的な事業展開を余儀なくされ，また主要企業のトップに古参経営者が居座る「連邦制」的な体制がとられるようになった。

③5代目による財閥改革と新戦略

　経済自由化がスタートした1991年に5代目当主に就任したラタン・N.タタ（1937～，米コーネル大卒）は，大規模な財閥改革を断行し，不採算事業を整理してコア事業に集中投資する戦略を強力に推進した。より具体的には以下のようであった。

　ユニリーバやGEなどの多国籍企業から有能な人材をヘッドハントして登用しつつ，他方では役員定年制を導入して（古参）経営陣を刷新し，自己のリーダーシップをも確立した。そのうえで，本社のなかにGEO（グループ・エグゼ

クティブ・オフィス）という機関を設置し，戦略の立案やグループ企業の評価・再編にあたらせた。具体的には，グループ起業を7つのコア事業（鉄鋼，電力，化学，自動車，IT・通信，ホテル他サービス，紅茶他消費関連）に分類し，採算のとれない石鹸，セメント，化粧品，ペイントなどの事業は売却・整理した。

　また，グループ憲章としての「タタ綱領」を定め，「タタ」ブランドを使用するうえで守るべき条件を提示し，グループとしての結束力やアイデンティティを高めようとした。さらには，事業のグローバル化や買収に備えるために，本社によるグループ企業の株式支配の強化につとめた。例えば，タタ財閥本社によるタタ・スチールやタタ・モーターズの持ち株率は，それぞれ3％弱で，他財閥に比べてはるかに低い水準であったが，当面各社の重要事項の決定に影響を及ぼせる26％を目指すことにした。

　彼は，鉄鋼やIT（両方ともインド随一）などとならんで，自動車を当面の最重点事業として位置づけ，国産主義を掲げて乗用車製造への進出を企図した。タタ財閥は，トラックやバスの最大手として君臨してきたが，乗用車を奢侈品とみなす独立後の政府の政策によって進出の機会を阻まれてきた。また，植民地下1942年にスタートしたビルラ財閥の自動車会社も，その2年後のワルチャンド財閥の乗用車会社も，自由化を契機に大挙して参入してきた10以上の外国メーカーの前に，急速に衰退化しつつあった。

　タタ会長にとって重要なことは，インド人向きにデザインされ，インド人の資本によるワールドクラスの乗用車を生産することであった。その時の乗用車は「あれは日本車，これはドイツ車」というように国籍を示しながら走るものであり，インドの国営会社との合弁によるマルティ・スズキも所詮は日本車であった。彼にとって乗用車は，断じて国産でなければならなかった。そうでなければ，インドは他の途上国同様，先進国の企業のための単なる製造拠点か，アウトソーシングの場でしかなくなる。

　このようにしてタタは，1991年からトラックと乗用車の中間にあたる四輪駆動の多目的車（日本の相撲にちなんだ「スモー」など）を製造する一方，1996年に「国民車（ピープルズ・カー）」構想を公表した。そして2年後にインド初の独自開発乗用車「インディカ」（1300cc，ディーゼル）を生産開始した。このプロジェクトにおいて特筆すべきは，第一に，閉鎖されたオーストラリア日産のプラントを安く買収してコンテナ輸送し，立ち上げコストを大幅に削減したこと，

第二に，部品については各分野の世界のトップメーカーを選定し，それらとの合弁によって供給するユニークなシステムを導入したことであった（三上2003）。

④底辺層ビジネスとグローバル戦略

そうしたなかで2009年，タタは車の価格の常識を覆す約20万円の世界最安車「ナノ」を生産して世界を驚かせた。その開発は，雨で危険な道を一家4人が乗ったバイクが走り去るのをみて，タタ会長自らが決断した。賃金や物価水準の低いインドで，先進国と同じような価格で自動車が販売されるかぎり，底辺層の人々はいつまでも乗用車とは無縁の生活を強いられる。貧困層にとって「ナノ」は，ステイタスと生活の質の向上の両方をかなえてくれる夢の車であったのである。タタは，ナノをインドのみならず，タイ他の途上国にも広く投入予定である。それに加えて，このほど欧米などの先進国にも投入予定であることを公表した。新興国などの低い購買力に合わせた製品は，先進国では価格破壊につながるとの読みによる。

このように，人口の多くを占める低所得者層をターゲットにした戦略的手法は，一般にBOP（ボトム・オブ・ザ・ピラミッド）ビジネスと呼ばれるが，タタは，マイカーに次いでマイホームでも低価格で新たな市場を拡大しようとする。これまで高級マンションを建設してきたタタ・ハウジング・ディベロップメントは，最近約80万円の低価格住宅を売り出した。また，タタ化学ほかは共同で，1500円の格安浄水器を開発した。同じくパールシーのゴドレジ財閥が開発した約5000円の冷蔵庫といい，底辺層での生活革命への期待がかかる。

他方タタ財閥は，2000年頃より買収による事業のグローバル化戦略を本格化させた。タタ・ティーは，2000年に国際ブランドのテトゥレー（英）を買収して世界第2位の製茶企業となる一方，2006年にはエイト・オクロック・コーヒー（米）などを買収し，紅茶に加えて，コーヒーや飲料水を含む国際的飲料メーカーとなった。世界第15位であったタタ鉄鋼は，タイやシンガポールの鉄鋼会社のみならず，2007年欧州鉄鋼大手のコーラス（英・蘭）を巨額買収し，世界の第5位メーカーに急浮上した。この「小が大を呑み込む」大型買収は，インドを離れて短期間で世界の鉄鋼王となったミッタル（後述）に対する買収防御策でもあった。

タタ・モーターズは2009年，最高級ブランドの英ジャガー・ローバーを買収してブランド力を高めつつ，最安車から最高級車に至るフルライン戦略を模索した。タタ化学は2005年に英名門ブランナー・モンド・グループを買収した。ちなみに，タタがかつての宗主国の名門企業を続々と買収することで，タタの本社がロンドンに移ると皮肉る人もいる（Kumar 2009）。

なお，タタ会長は2012年に引退する。彼自身は独身を貫き子供はいない。タタ財閥では，有能でなければ一族であってもグループ企業の役員にもなれないという鉄則を貫いてきた。初の外国人登用も含めて，後継問題も注目される。

（2） ビルラ財閥

ビルラ財閥は，インド北西部の荒涼とした砂漠地帯の，通称マルワリと呼ばれる商業カーストの出身である。彼らマルワリ商人を輩出したところは「死の地方」を意味する過酷なところで，農業には適さず，商人になるか軍人になるかの選択しかないところであった。彼らは，英国支配に伴う経済的機会の発生によって大量に出現し，彼らが来ない町はないといわれるほどに広域的活動を展開した。ちなみに，マルワリ商人出身の財閥としては，バジャージ，ゴエンカ，エサール，モディ，シンガニアなども有力である。

他のマルワリ商人と同様，ビルラ家も長らく商業に従事してきたが，財閥創設者のG.D.ビルラ（1894～1983）は，第一次大戦中に蓄財した富を元手に綿紡績（1916年）やジュート工業に進出した。その後，弟のB.M.ビルラらも加わり，糖業，製紙，繊維機械などへと事業を拡大し，早くも1942年にはインド初の自動車会社（ヒンドゥスタン・モーターズ）をも設立した。彼は，マハトマ・ガンディーの活動を財政的に支援したことで知られるが（ガンディーはビルラ邸で暗殺された），独立後は政府の重点政策を先取りするかたちで，セメント，レーヨン，アルミ精錬などへの多角化を矢継ぎ早に進めた。そして，傘下企業は200社を超え，一時はタタ財閥を凌ぐまでに発展した。しかしながら，合同家族員の数があまりに多くなったため，創始者の引退前後の時期に6系統のサブ・グループに分裂した。ちなみに，1980年代にはマルワリ系財閥を中心に分裂化現象が多発した。モディ，シュリラム，マファトラル，ダルミャ・シャフ・ジェインなどである。男子家族員を中心とした合同家族のもとにビジネスを営むのがヒンドゥの理想であったが，彼らは社会変化のなかで家族内のトラ

ブルがもとで財産を分割して分裂した。骨肉の争いに発展したケースも多い。

ビルラ系のなかで現在最大のものは，創設者のひ孫のクマール・M.ビルラ (1967～) 率いるアディティア・ビルラ・グループである。彼はロンドン・ビジネス・スクールでMBAを取得したが，事業の海外展開を進めた父のアディティア・ビルラが急死したため，28歳の若さで会長職についた。その中核企業でアルミニウムや銅を扱うヒンダルコ・インダストリーズは，2000年にオーストラリアの2つの銅山を買収して，本格的なグローバル展開を始めたが，2006年には米国のアルミ圧延大手ノベリスを60億米ドルで買収し，短期間に世界のアルミ圧延の最大手となった。市場的にも，北米はもとより，南米やヨーロッパなどの世界市場へのアクセスを得て，コカ・コーラやペプシ・コーラのアルミ缶も製造することとなった。中国やインドなどの製造業の高成長に伴うアルミ需要の拡大も，同社の成長要因となっている。また，インドでセメント1位のグラシム・インダストリーズも世界的企業となり，他にアパレル，携帯電話（イデア・セルラー），小売（スーパー）などの事業も存在感を高めている。

G.P.-C.K.ビルラ・グループの中核企業である上記自動車会社は，従来の車を少量生産する一方，日本の三菱自動車との強い連携のもとに，ランサー，パジェロ，アウトランダーなどの完全ノックダウン車を日本から輸入して組み立て生産をしているが，大きな収益改善には至っていない。他に製紙やセメントのオリエント・ペーパー＆インダストリーズ，ビルラ・ソフトなど8社がある。M.P.ビルラ・グループは，ビルラ・コーポレーション（ジュート・セメント），ユニバーサル・ケーブルなど主要7社よりなる。

K.K.ビルラ・グループは，英字新聞のヒンドゥスタン・タイムズ（業界2位）や製糖，肥料，化学，繊維，船舶など幅広い企業よりなる。2006年にK.K.ビルラが死去したため，現在英字紙の副会長兼編集顧問として著名な三女のショバーナ・バーティアと長女の夫が共同で，グループのトップに就く予定である。自由化後にインド人女性企業家・経営者が多数輩出したことで，事業の継承者を男子成員に限定してきた慣行が過去のものとなりつつあることは興味深い。

(3) リライアンス財閥

「人間機関車」と呼ばれたディルバイ・アンバニ (1932～2002) が，一代で築

いた財閥。彼はインド西部のグジャラート州の商業カーストの出身で，マハトマ・ガンディー生誕地の近くの小学校の教師の家に生まれた。出世を夢見て16歳でアラビア半島のイエメンに行き，ガソリンスタンドや貿易会社で働いた。海外での仕事の経験が，その後のアンバニの旺盛な事業展開の起点になった。

　10年後にムンバイに戻ると，貿易会社を設立し，政府のライセンスを巧みに取得しながら蓄財した。まず当時政府が奨励していた国産レーヨン製品の輸出を手掛け，自らのネットワークを活用して実績を上げ，外貨の獲得に貢献した。その実績が評価され，今度はナイロンの輸入ライセンスを得た。その後インドでナイロン製品の国産化が可能となると，その輸出に精力を集中し，「黄金の繊維」としてのポリエステルの輸入ライセンスを獲得したのである。

　1966年にはリライアンス・テキスタイル・インダストリーズ（株）を設立し，合成繊維製品の製造に着手。「ヴィマール」のブランドで製造・販売したサリーやスーツやドレスなどの高級衣料品が，上流階層の間で爆発的にヒットし，繊維業界で不動の地位を確立した。多数のデザイナーを採用して高品質＝高価格のイメージを作り，インド各地にショウルームを設けるなど，それまでのインドにはない革新的な手法をとったのである。

　1977年には株式を公開し，1982年社名を現行のリライアンス・インダストリーズ（株）と改称しつつ，米デュポン社と提携してポリエステル長繊維の生産工場を建設した。1984年には米国のユニオンカーバイド社の工場を買収して本格的な石油化学企業の体制を整備した。1991年にはエンロン社との合弁で石油精製所や発電所を建設するなど，合成繊維から石油化学へ，さらには石油精製・資源探索などへと，川下から川上（原料）への後方統合戦略を矢継ぎ早に進めた。1991年のインドの経済自由化以降は，電力，エネルギー，携帯電話を中心とする通信，ITなどの成長分野へ参入し，短期間に老舗のタタ財閥をもしのぐまでに急成長した（三上 1999）。

　これらの事業が成功するうえで，長男で米・スタンフォード大学MBA（経営学修士）のムケシュ・アンバニ（1957～）と，同じくペンシルバニア大学MBAの二男アニル・アンバニ（1959～）が果たした役割はきわめて大きかった。しかし2002年に父が死去すると，2人の兄弟は経営権をめぐって骨肉の争いを展開した。

　結局2人は事業を分割し，長男は，ムケシュ・アンバニ・グループとして中

核企業のリライアンス・インダストリーズを継承し，石油化学・石油精製に加えて小売のリライアンス・リテールなどの事業を統括する。二男は電力のリライアンス・エナジー，インフラ整備のリライアンス・インフラストラクチャー，携帯電話のリライアンス・コミュニケーションズ，ノンバンク業務のリライアンス・キャピタルなどを経営することとなった。最近では，兄の方はクリシュナ・ゴダバリ沖で油田・天然ガスの開発にも成功し，また世界最大の石油精製所も稼働させた。米国の名門大学に匹敵する私立大学設立計画や，世界水準のスポーツ施設を設立して，有望な若手選手の育成を手掛ける企画も進行中である。弟の事業も，ムンバイ・メトロの第二期工事の受注や，携帯電話などを中心に著しく拡大し，2008年には兄弟そろって世界の大富豪のトップ10に入るほどの急成長をした。分裂が好ましい結果を生んだ数少ないケースといえよう。

3　新興グループの動向と戦略

（1）フューチャー・グループ

　インドの小売業は，従業者数で農業に次いで大きな産業であるが，これまでキラーナと呼ばれる零細業者によって営まれてきた。その小売業界でスーパー・チェーンやハイパーマーケット・チェーンといった近代的小売業態を導入し，圧倒的な強みを発揮するのはフューチャー・グループである。

　創始者キショール・ビヤニは，1961年ムンバイ在住のマルワリ商人の家に生まれたが，リライアンス財閥の創設者のサクセス・ストーリーに大きな影響をうけて育った。大学卒業後の1987年にパンタルーン・リテール社を設立してズボンを中心とした衣料品製造を始めた。1991年には，インドの小売業で初めて株式上場し，1993年からはファッション小売チェーン「パンタルーン」を開いて近代的小売り事業に参入した。2001年以降はハイパーマーケット・チェーン「ビッグ・バザール」やスーパーマーケット・チェーン「フード・バザール」を展開し，「小売王」と呼ばれるようになった。現在ではこれらに加えて，ホームセンターや各種専門店を手掛け，全国71都市を中心に合計1000店以上を展開し，3万人の従業員を雇用するまでに急成長した。彼は，すべてのことを最先端の方法で実行するタイプの革新的起業家であった。創造のためにあえてこれまでのやり方を破壊するという意味での，'Rewrite the rules'というのが，

彼のモットーである（Mohan 2008）。

　彼にとっての最大の関心事は，国土も格差も大きくて，しかも民族・宗教・言語などが多種多様なインドの人々をどうビジネスに取り込むか，ということである。その場合興味深いのは，彼が，元ゴールドマン・サックスの研究員でBRICsの命名者として著名なルーパ・プルショターマンほか，多くの有能な専門家を登用し，強力なプロ集団をブレーンとして経営にあたっている点である。

　ルーパは移民として米国に渡った両親のもとで育ち，エール大学で学んだ才色兼備のエリート・エコノミストである。よく知られているように，彼女が共同執筆したBRICsレポートは，21世紀の前半に，現在の先進国に代わってブラジル・ロシア・中国・インドなどの新興国が世界経済の主役となるというもので，国際的な投資の流れを一変させた。彼女はインドについて，貧困から抜け出して消費を楽しむ中間層が驚異的に伸びるとして，低所得の取り込みや出店計画などについて戦略提言をする。同じくゴールドマン・サックスの元国際部長サミール・サインほかもヘッドハントされて，チームを組んでいる。すぐれたグローバル人材の活用が財閥や企業の発展の鍵を握る。今やインドの企業で，内外のグローバル人材の争奪戦が展開されている状況にある。

　とはいえ，近代的小売業は，インドではいまだ数％を占めるに過ぎない。今やインドの人口は12億人。将来13億人の中国を抜くともいわれる巨大市場。とくに成長が見込める小売業の分野には，3大財閥を含めて多くの企業が参入し，しのぎを削る。

（2）　バルティ・グループ

　インドの携帯電話市場は，このところ世界最速で急成長している。加入件数が1億件を超えたのは2006年11月であったが，わずか4年で7億件弱となった。大手財閥系企業の参入でしのぎを削るこの市場でトップを走るのはスニル・バルティ・ミッタル（1957〜）とその弟らが率いるバルティ・エアテル社であるその累計加入件数は2億に迫る。

　一家は，もともとラージャスターン出身のマルワリであるが，彼の父は政治家であった。彼自身は，小さい頃より起業家になることを夢み，パンジャーブ大学を卒業後，借金して同州ルディアナで小さな自転車部品ビジネスを始めた。

　その後ボンベイ（現ムンバイ）に移り，日本製の移動発電機を販売した。と

ころが，自国産業の保護のために政府がその輸入を禁止したため，彼は1986年にバルティ・テレコム社を設立し，ドイツのシーメンスとの技術提携でインド初のプッシュホン式の電話機を製造した。ファックス機やコードレス受話器の製造もインド初であった。

1991年に電気通信庁による電話サービスの独占が廃止され，1992年に政府が移動電話のライセンス供与を開始した。彼はこれを絶好のチャンスととらえ，いち早くフランスの通信会社と組んで，首都デリー・エリアの携帯電話サービスを供給するライセンスを取得した。そして1995年にバルティ・セルラーを設立し，バルティ・エアテルのブランドで販売した（現在は，バルティ・エアテル社がグループの中核企業）。

同社の参入により，インドの国営通信企業であるMTNLやBSNLの市場独占体制は崩れていった。現在同社の移動通信は，唯一インド国内の全23通信網をカバーしトップを走る。技術レベルにそれほど差がない場合，意思決定のスピードの差がその後の展開に大きな影響を及ぼす。彼はつねに先行しつつ，大手財閥を大きくリードした。最近，バングラデシュの通信会社を買収したのに続き，クウェート最大の通信会社ザイン・グループからアフリカ事業を買収し，15カ国の事業を譲り受けた。

他方，2001年にはシンガポールテレコムと共同で，チェンナイ・シンガポール間を結ぶ，最初の海底ケーブルを敷設した。2009年には，世界50カ国・地域を結ぶ海底ケーブルを通じた通信事業者向けのサービスも開始し，米AT＆Tや英BTグループなどの世界の通信大手に対抗する（The Daily NNAインド版，2009年8月19日）。

ちなみに，日本のNTTドコモが，タタ・テレサービスと資本提携して，2009年6月より「タタ・ドコモ」として事業を開始した。これまでの分単位の課金を秒単位に変えるなど，割安感のある料金体系の導入によって，月間契約者数でトップに立った。タタ系はこれによって6位から4位に順位を上げたが，バルティ他もこうした手法に追随し，熾烈な競争を展開する。

インド電気通信監督局（TRAI）によると，2010年8月末時点の各社の市場シェアは，バルティ21.1%，リライアンス・コミュニケーションズ17.2%，ボーダフォン・エッサール17.0%，タタ・テレサービシズ11.5%，BSNL11.3%，イデア・セルラー（ビルラ系）10.9%，エアセル6.7%などで

あった。

　バルティが力を入れるもう1つの事業は小売業である。バルティは小売世界トップの米ウォルマートと組んで，2009年6月にその1号店をパンジャーブ州のアムリッツァルにオープンした。続いて2号・3号店を同州に開設したが，いずれも現金払いの持ち帰り方式の卸売店で，小売店やレストラン・ホテル向けに幅広い商品を販売する。ウォルマートがインド市場に卸売業態で参入した理由は，インド政府がインドの零細小売業者保護のために，単一ブランドを扱う店（例えばノキアやリーボックなど）を除いて，いまだ外資による小売り事業への単独出資や過半数出資を認めていないことによる。

（3）　UB財閥（キングフィッシャー）

　植民地期に南インドのバンガロールで設立された英国系洋酒会社ユナイティッド・ブリュワリーズ（UB）を，ヴィッタル・マルヤが1947年に買収してスタートした。出自的には，マルヤはバラモンであった。ちなみに，かつての最高位のバラモン出身の有力財閥としては，ほかにキルロスカル（トヨタの合弁相手）やTVSアイヤンガー（バイクでスズキと合弁），オベロイ（ホテル）などが代表的である。より最近では，IT最大手インフォシスの創業者のナラヤン・ムルティや，後述するバイオコン創業者M.ショウらもそうである。当然のことながら，ビジネスの社会的格付けの上昇によって，「ビジネス・バラモン」はすでに話題にも上らないほど一般化している。

　初代が1983年に死去したため，息子のヴィジャイ・マルヤ（1956～）が27歳で後を継いだ。インドでは長い間飲酒が禁止または制限される州も多かったが，解禁に向かうなかでヴィジャイは，内外の洋酒会社を買収して事業を拡大し，多角化を進めた。ビールの「キングフィッシャー」はインドの代表的銘柄として世界60カ国で販売され，日本でもおなじみになっている。高級洋酒志向の高まりのなかで，2007年にはスコッチウイスキー第4位のホワイト・マッケー社を買収し，世界第2位の洋酒メーカーに躍進した。

　他方，彼は自家用機に凝るほどの飛行機好きであるが，それが高じて，2005年にビールと同じ「キングフィッシャー」のブランドで航空業界に参入した。全国から採用したモデル級の客室乗務員に赤いミニスカートを着用させるなど，脚をみせることをタブー視してきたインドの保守的ライフスタイルにも挑戦し，

独自サービスを導入しつつ，旺盛な事業展開をする（三上 2008b）。

　自由化以前は，国際線のエア・インディアと国内線のインディアン・エアラインの2つの国営航空会社しかなかったが，自由化後はジェット・エアウエイズ，サハラ（後にジェットと合併してジェットライトと改名），エア・デカン，スパイスジェット，ゴーエア，などの多くの格安航空会社が相次いで参入し，激烈なシェア争いを繰り広げている。キングフィッシャーは，2008年にはエア・デカンを買収して国内線シェア第2位となり，先発で1位のジェット・エア（ジェットライトを含む）を追う。国際線展開も積極的で，すでに就航中のロンドン，シンガポール，バンコク，ドバイ，香港などに加えて，多くの国や地域への就航を企図している。

（4）　アポロ病院グループ

　医療ビジネスは，今や最も成長が期待できる分野である。アポロ病院はインドだけでなく，ドバイ，スリランカ，アフリカなどにまたがる，アジア最大の病院チェーンである。現在49の総合病院（8500床）と100以上のクリニックを有し，救急車・ヘリコプターによる救急搬送も行っている。また，約270の薬局や生命保険ビジネスも展開している。

　創始者はプラタプ・C.レッディ博士。彼自身長らく米国の病院に勤務した心臓外科医であるが，帰印して1983年にチェンナイ（旧マドラス）でアポロ病院を開設した。インド初の株式会社形態による病院設立のきっかけは，彼の患者の1人が，米国での心臓手術に間に合わずに死亡した経験による。それ以来，インドの医療を整備することが彼の使命となった。先駆的事業は成功し，総合病院のチェーン展開が加速した。

　彼の病院は，毎日膨大な数の患者を診察するが，一般の病院と違うのは，外国人患者用の特別室をもつことである。欧米を中心とする多くの外国人患者が，心臓手術などの高度医療を求めてインドに来る理由は何か。インドが完全な英語圏であることに加えて，次の3点による。第一に，医療サービスが安いこと（心臓手術で欧米の5分の1以下）。第二に，医療の質が高いこと（6万件の心臓手術の成功率は99％で，医師の70％は欧米でメディカルトレーニングを積んでいる）。第三に，待ち時間がきわめて短く，欧米のように数カ月も待つ必要がないこと，などである。

こうした医療ビジネスは，政府もメディカル・ツーリズム産業として積極的にPRする。退院後は付き添い家族とともにインド観光を，というキャンペーンである。これらの民間の総合病院は，フォーティス病院チェーン（旧ランバクシー・ラボラトリーズ創業家経営）などを含めて急増し，年間数十万人もの外国人患者が訪れる。

他方，アポロ病院は，テレビ電話による遠隔地医療（テレメディスン）も数百カ所で実施している。IT機器の活用によって，都市の病院に行けない遠く離れた村人たちにも高度な医療が普及しつつある（レディ 2007）。これは，地方での医師不足に悩む日本でも，有用な医療形態であろう。

このグループの経営上の大きな特徴は，医師としても多忙な創始者を支えるため，4人の娘たちがグループ事業の統括にあたっている点である。長女のプリータ・レッディが社長，二女が財務担当，三女は薬局・保険統括，四女は海外窓口担当重役である。女性ならではの細やかな感性を経営に活かしつつ，父娘が連携してグローバルなヘルスケアー・ブランドの確立に努める。

（5） バイオコン

「バイオの女王」と呼ばれるキラン・マズムダール・ショウ（1953～）が築いた総合バイオ医薬グループである。若い女性が大きな夢を行動に移して大成するとともに，インドの新産業の発展に大きく貢献した例として注目されよう。

彼女は，UBグループのビール会社の支配人をしていた父の影響で，オーストラリアの大学院で醸造・発酵について学んだ。トップの成績を収めて帰国したが，保守的なインドで女性を採用する酒造会社はなかった。

そこで1979年，酵素をつくるバイオコンというベンチャー企業を立ち上げた。しかし，25歳の女性に融資をする銀行もなく，逆境のなかでの起業であった。当初はパンやジュースなどの食用酵素や繊維品などのための産業用酵素を製造して，欧米市場に輸出していたが，1994年以降は子会社を設立して，欧米企業からの受託研究や臨床開発にも力を入れた。会社が立地するバンガロール市はインドのシリコンバレーと呼ばれるようになり，IT業界では受託研究や開発が一般化していた。2001年にはコレステロール降下剤の製造認可を米国で取得し，世界市場へ進出した。そして酵素の製造ノウハウを活用してバイオ医薬品の開発・製造に進出し，2004年に組み換えヒトインスリン「インシュゲン」を

発売した。インド国産のバイオ・ジェネリック第1号であった（日経バイオテク 2008）。

このように同社は，酵素関連の受託生産から導入新薬・ジェネリック（後発）薬の開発・製造へと戦略転換し，短期間にインドを代表するバイオ医薬メーカーに成長した。一般にバイオ医薬品とは，人間のたんぱく質や遺伝子の働きを生かして作る医薬品で，免疫力などの生体能力を利用して病気を治そうとするため，化学物質を合成して作る従来薬と比べて副作用が少ないとされる。インド政府はバイオ・テクノロジー産業をITに次ぐ柱に据えるが，その中核をなすのはバイオ医薬である。最近，欧米から帰国した研究者が陸続とベンチャー企業を設立している。

バイオコンは，コレステロール，糖尿病関連，がんや腫瘍の治療製剤などを中心に幅広く開発にあたっており，若くて有能な1200人の技術集団（55％が修士や博士の学位をもつ）を束ねて，安価で革新的な新薬作りに力を注ぐ。つい最近，世界初となる頭頸部がんの抗がん薬を発表して注目された。このほど，工場をタイに建設して海外進出する計画も公表した。ちなみに，従業員の3分の1が女性で，能力に応じた処遇がなされているという。

2004年株式を上場し，彼女自身多くの自社株を所有するインドで最もリッチな女性の一人となったが，私財を投じての慈善活動でも注目を集める。フォーブズ誌の2009年度の「世界の最も影響力のある女性100人」や，同年度の「日経アジア賞」にも輝いた。

（6） 鉄鋼王ミッタル

世界を股にかけて活動し，本国への送金や投資活動をも展開する在外インド人（印僑）の活躍が目立つ。ヨーロッパを中心に活動するヒンドゥジャ財閥や，東南アジアを中心とするインドラマ財閥などはその典型である。より最近では，ペプシコ初の女性CEOインドラ・ヌーイ，現シティ・グループCEOヴィクラム・パンディットなど，枚挙にいとまがない。その頂点に立つのが，世界の鉄鋼王ラクシュミ・ミッタルである。ロンドンを本拠とする彼は，新日鉄の3倍もの規模の巨大企業「アルセロール・ミッタル」を率い，さらなる拡大を目指す。

彼はインドの荒涼たる砂漠地帯の町で1950年に生まれた。カルカッタ大学を

卒業後，父が創始した鉄鋼会社に入った。当時インドは厳しい規制下にあったため，1976年に父はより自由な海外での事業を目指して，27歳の彼にインドネシアでの鉄鋼経営を任せた。そこでの彼の革新は，くず鉄に代えて，DRIという細かく砕いた鉄鉱石を電炉に直接供給する方法（直接還元法）を導入したことであった。この手法を改良しつつ大成功を収めた彼は，その後世界各地の破産寸前の工場を安値で買収してはスピード再建するという手法で急成長した。

中米の島国トリニダード・トバゴの国営工場は，米国を主要輸出対象として1970年代にDRI方式でスタートしたが，毎年巨額の損失を計上していた。ミッタルは，これを買収し，数十人より成る世界的な専門家集団に問題点を精査させ，巨費を投じて設備を近代化した。そして，短期間に高収益工場に再建した。

つづいて1991年にメキシコの国営工場，1994年にカナダ・ケベック州営工場などを立て続けに買収しては再建した。1995年には，彼にとってDRIの本山ともいうべきドイツのハンブルグ鉄鋼会社までをも傘下に収め，ヨーロッパ進出への足がかりとした。ミッタルの再建で特筆すべきは，人員の大幅削減ではなく，経営陣の刷新と従業員の意識改革を最優先課題としたことである。経営陣については，買収先の経営陣は，経営再建に成功した人材に刷新された。また，従業員の意識改革としては，マルワリ財閥のパルタシステムという慣行が導入された。それは利益・コスト・品質・生産量などについて週・月ごとに報告を義務づけ，従業員のモティベーションを高めた。彼は次第に「病める工場のドクター」とも呼ばれるようになった（三上 2006）。

同年のカザフスタンのカルメットの場合は，高炉一貫メーカーであったが，古いソ連式のもので，しかも労働者のモラルも低く，いかにもリスクが高かった。そのため国内事業に中心を置く父や二人の弟たちに反対され，事業を分割することになった。分裂を機にラクシュミ・ミッタルは，100％自己所有の本社をロンドンに設立し，その2年後にはニューヨークとアムステルダムに株式上場して，米国や東欧などへの拡大戦略を加速させた。1998年には米国第6位のインランド・スチールを買収し，その後もルーマニア，チェコ，ポーランドなどで立て続けに買収を進めた。そして2004年には，米鉄鋼大手のインターナショナル・スチールを併合して世界の頂点に立った。

さらに，2006年には世界第2位のアルセロールの買収を成功させた。アルセロールは，フランス，スペイン，ルクセンブルグの鉄鋼3社が合併して成立し

た巨大企業であった。ミッタルは汎用鋼主体のメーカーであり，自動車用鋼板などの高級鋼材の技術を欠いていた。アルセロールを買収すればその技術の入手が可能となるばかりか，ヨーロッパ市場はもとより，自動車市場の成長が顕著なBRICsなどにおいても優位に立つことができるためである。アルセロール側は当初，ロシアの鉄鋼大手との合併を発表してミッタルに徹底抗戦を続けたが，ロシア企業への不信感をもつ株主の圧力によって，一転して合併が成立することになった。

　このようにミッタルは，独自のビジネスモデルで世界27カ国に拠点をもつ巨大企業アルセロール・ミッタルを誕生させた。「鉄は国家なり」として巨大高炉を他国と競い合った時代を終焉させたのである。ミッタルは，多くの買収を手掛けたが，一貫して企業家であり経営者であった。ちなみに，最近の買収プロジェクトでは，ラクシュミ・ミッタルの長男で有能な若き最高財務責任者のアディティア・ミッタル（米ペンシルバニア大卒）が右腕として果たした役割が大きかった。娘のヴァニシャも要職にある。首脳経営陣についても，当初よりインドコネクションが目立つ。アルセロールの買収は，印僑ファミリー・ビジネスの軍門にヨーロッパの先進連合が下ったという意味においても，いかにも衝撃的であった。しかもこれはさらなるグローバルな鉄鋼再編への幕開けでもあった。

　興味深いのは，ミッタルがかつて日本から多くのことを学ぼうとした点である。かなり最近まで，彼らのグループで最も知名度の高かった企業は，大阪の日本電炉（株）の名を冠したニッポンデンロ・イスパット社であった（現イスパット・インダストリーズ社）。彼らは，「ニッポン」というブランドを長らく社名に使用していたのである。そのミッタルが，内向きであった日本の鉄鋼業界に，買収の脅威とともに，海外進出の課題を突きつけることになった。新日鉄はインドのタタ製鉄や韓国のポスコなどと提携する一方，ブラジルの鉄鋼メーカーのウジミナスを傘下に収めた。他の日本の鉄鋼メーカーも海外進出を加速させつつある。

　ミッタルがグローバル経営で成功した要因は，その驚くべき企業家精神に加えて，彼が民族・宗教・言語の多元的なインドの出身であり，コミュニケーション能力（英語力や交渉力を含む）や共住力に富んでいたことにあろう。

■□コラム□■

アダニ・グループ

　創始者ゴータム・S.アダニ（1962年生まれ）は，大学を2年で中退した後，ダイアモンドの取引やプラスティック原料の輸入などで蓄財した。1988年には兄弟らとアダニ・エンタプライズ社を創立し，自由化に伴う規制緩和のなかで，グジャラート州のムンドラ港の開発に乗り出した。これらの事業は，発電所の建設（Adani Power）や工業団地・経済特区の造成（Mundra Port & Special Zone Ltd.），さらには物流ネットワークの整備にまで発展し，短期間に一大企業グループを築いた。彼の成功は，すぐれた先見性と大胆な企業家精神のもとに，多くのすぐれた人材を登用し（70名以上のMBAや大学院修了者を採用），問題解決的な発想や革新によって，グループ企業のシナジー（相乗）効果を最大限に高めたことによる。

　アダニは，上記ムンドラ港の3つの経済特区を合併して国内最大とし，その経営にもあたるが，他方では，東部オリッサ州の港湾開発事業をも計画している。ムンドラ港の場合と同様，発電所を含む工業団地の造成も計画し，進出する韓国鉄鋼最大手ポスコの専用港も開発予定である。また，同州で採鉱した石炭を船積みして，西部のマハーラーシュトラ州やグジャラート州に運搬する。

　いうまでもなく，インフラの整備がインドの工業化の最大の課題であるが，話題を呼んだ日印の大型共同プロジェクトの「デリー・ムンバイ間産業大動脈」構想がスタートする。これは2つの大都市を高速貨物鉄道で結んで物流の迅速化を図るとともに，それをまたぐ6つの州の沿線に工業団地や経済特区を建設し，インフラの整備を推進する歴史的な大事業である。アダニが本拠を置くグジャラート州も含まれる。積み上げてきたノウハウがこの大事業に生かされよう。また，インフラの未整備を理由に出遅れていた日本企業のインド進出が，これを機に加速することが期待される。

4　注目される今後の動き

　以上に，インドの三大財閥や新興グループのプロフィールを中心に概観した。自由化を契機に，驚くべき起業家精神をもった事業家が多数出現し，柔軟な発想と迅速な意思決定によって様々な産業分野に進出し，インド経済の高成長をけん引したことを明らかにした。もっともここに取り上げたケースはほんの一部である。今後もより広い視野においてインドの財閥や企業の動きに注目したい。

●参考文献

浦田秀次郎・小島眞・日本経済研究センター編（2010）『インド――成長ビジネス地図』日本経済新聞出版社。
絵所秀紀（2008）『離陸したインド経済――開発の軌跡と展望』ミネルヴァ書房。
NHKスペシャル取材班（2009）『続・インドの衝撃』文藝春秋。
小島眞（2008）『タタ財閥』東洋経済新報社。
（財）アジアクラブ（1997）『インド財閥と有力企業グループ』国際経済交流財団。
サーキン，ハロルドL．・ヘマリング，ジェームスW．and バッタチャヤ，アリンダムK．（2008）『新興国発超優良企業』中山宥訳，講談社。
ジェトロ海外調査部編（2007）『インド企業のグローバル戦略』ジェトロ。
日経バイオテク（2008）『世界のバイオ企業2006-2007』752-755頁。
日本経済新聞社編（2007）『インド――目覚めた経済大国』日経ビジネス文庫。
三上敦史（1993）『インド財閥経営史研究』同文舘。
三上敦史（1999）「インドの新興財閥の生成と発展――アンバニー財閥とルイア財閥のケースを中心として」『同志社商学』第50巻第5・6号。
三上敦史（2003）「インドの経済自由化と財閥の動向――自動車産業を中心として」『アジア経営研究』第9号。
三上敦史（2006）「インド人企業家ミッタル　世界の鉄鋼王への軌跡」『世界週報』。
三上敦史（2008a）「インドのタタ財閥の社会貢献活動」大阪学院大学『経済論集』第22巻第1号。
三上敦史（2008b）「インド財閥とライフスタイル」『三洋化成ニュース』第447号。
レディ，サンギタ（2007）「インドのメディカルツーリズム――アポロ病院」『病院』第66巻7号。

Gandhi, M.K. (1970), *My Theory of Trusteeship*, New Delhi: Gandhi Peace Foundation.
Kumar, N. (2009), *India's Global Powerhouses*, Boston: Harvard Business Press.
Mohan, D. (2008), "Future Bright," *Business India*, September 7, 2008.

（三上敦史）

第Ⅲ部

南アジア各国経済論

第11章
パキスタン経済

　独立から今日に至るまで，パキスタンでは民主的に選ばれた文民政権と軍事政権が交互に登場し，経済面では前者での低成長，後者での高成長という結果がみられた。軍事政権下では対外環境が好転するという「運」に恵まれ，その結果，高い経済成長が達成された。1970年代に至るまで工業化政策が功を奏し，製造業が成長する一方で，GDPに占める農業の比率が低下するという工業化への産業構造転換が顕著にみられた。しかしそれ以降，工業部門の発展は政情不安などの問題により停滞している。また農産品の収穫が製造業を中心に経済全体に大きく影響する単線的な構造が存在し，パキスタン経済の脆弱性を物語っている。マクロ経済面では財政赤字と経常収支赤字の構造的問題を抱える。低い歳入能力と硬直的な歳出パターンにより，恒常的な財政赤字が継続している。輸出品が多様化されず付加価値の低い繊維品に特化しており，他の途上国との競争に晒される一方，輸入が着実に増加し，貿易収支赤字を招いている。パキスタン経済はこれまで年平均5％台で成長してきた。しかしこれは途上国にとって決して高いものではない。所得増加は緩やかであり，貧困問題は依然として最重要課題である。

1　パキスタン経済の発展過程

(1)　経済の初期条件

　パキスタンは1947年8月14日に英領インドからイスラム教徒の国として独立した。インドの西側に位置し，人口1億6380万人（2008/09年度推計値：パキスタンの会計年度は，7月1日から翌年6月30日まで）を擁する国である。独立当初，国家はインドを挟んで東パキスタンと西パキスタンに分かれていたが，1971年に東パキスタンがバングラデシュとして独立し，現在のパキスタンが形作られた。2008/09年度の国民1人当たりの所得は1018ドルで，世界銀行（世銀）の

分類では，インドと同じ「低中所得国」に分類され，小麦，綿花，米といった農業部門や，また綿花を使った繊維産業の盛んな国である。

英領インド時代，のちにパキスタンとして独立する地域は植民地政府が敷いた広大な灌漑設備を背景として，主にインド側へ小麦，米といった食糧や，綿花，ジュートなどの原料を供給する農業地帯であり，工業化への産業基盤をほとんど有さない経済的には不利な立地にあった。このようなハンディを背負い，かつ独立直後に建国の父であり，初代総督を務めたムハンマド・アリ・ジンナーの病死，ジンナーの後継者であったリヤーカット・アリー・ハーン首相の暗殺により，立て続けに指導者を失うなど，国家としては逆風と混乱のなかの船出であった。本節では，独立以来のパキスタン経済を政治体制と関連づけながら概観することを目的とする。なお，本章で使用されているデータは，パキスタン政府刊行の*Economic Survey*各号より引用・加工したものである。*Economic Survey*以外のデータ使用に関してはその都度出典を明記した。

（2） 独立からジヤー軍事政権の終焉まで

独立から今日に至るまでのパキスタンの経済成長を概観すると，政治体制との相関がある程度，明確な形で浮かび上がってくる。それは「軍事政権下での高い経済成長，文民（民主）政権下での低い成長」によって特徴づけられるであろう（**表11-1**）。その最初の具体例が1958年から1969年までのアユーブ軍事政権である。

1947年の独立直後は，リーダーシップ欠如のなか，政治的不安定が継続し，また分離独立によるパキスタン・インド間の民族大移動の混乱により（インド側からイスラム教徒がパキスタンへ，パキスタン側から主にヒンドゥー教徒がインド側へ移動），パキスタンでは不安定な経済情勢が続いた。経済政策の面では，1953年に計画委員会が組織され，五カ年計画がスタートし，パキスタン工業開発公社（PIDC）によるインフラ建設や重工業の設立が始まるなど，工業化に向けた様々な施策が導入された。

1958年10月の無血軍事クーデターでアユーブ・ハーン陸軍参謀長が政権の座に就くと，工業化路線を一層強化し，また輸出ボーナス制度など積極的な輸出振興政策を実施した結果，重工業から繊維業などの軽工業に至る幅広い工業化が進展した。この時期，「緑の革命」により農業生産が大幅に向上するなど，

第11章 パキスタン経済

表11-1 政治体制別経済成長率の推移

(単位：成長率%)

	独立・民主制* 1947-1958	軍事政権 (アユーブ&ヤヒヤー) 1958-1971	議会民主制 (Z.A.ブットー) 1971-1977	軍事政権 (ジヤー) 1977-1988	議会民主制復活 1988-1999	軍事政権 (ムシャラフ) 1999-2008
実質GDP	3.0	5.8	3.7	6.3	4.1	5.7
1人当たり所得	0.5	3.3	2.3	3.6	1.1	3.5

注：＊数値は，1949/50年度～1957/58年度の平均値。
出所：Government of Pakistan, *Economic Survey*各号より筆者作成。

農業部門，工業部門の発展による急速な経済成長がみられた。アユーブ軍政時代の前半では，東西冷戦下，米国との同盟関係による経済援助も経済成長を支える一要因であったといえよう。PIDCが立ち上げた公企業を譲り受けるなどして「22家族」と呼ばれる財閥が形成され，民間を主体とした工業化が芽生えつつあり，当時，パキスタンは，「世銀の優等生」と呼ばれるほど勢いのある新興国であった。

一方で，急な経済成長の結果，国民の間で所得の格差は拡大し，とくに経済成長の恩恵を受けない東パキスタン側で不満が爆発し，やがてバングラデシュ独立運動へとつながっていった。アユーブの後，同じく軍人のヤヒヤー・ハーンが政権を継いだが（1969～71年），長期にわたる軍政への反発と東パキスタン側での独立運動により国内は大混乱となった。最終的に東パキスタンはインドの支援を受け（第三次印パ戦争），バングラデシュとして独立，また西パキスタンでは，民衆に支持されたズルフィカール・アリー・ブットー（Z．A．ブットー）率いるパキスタン人民党（PPP）が政権を握り（1971～77年），軍の政治への関与は終焉となる。

格差拡大への不満をもつ民衆の支持を得たZ．A．ブットー政権は，「イスラム社会主義」を標榜し，「すべての国民にパン，服，家を」という公約が示すように大衆迎合の経済政策を導入する。外交面でも米国とは距離を置き，中国との関係を強化するなど，社会主義色を強めていった。具体的な政策としては，小麦粉への補助金など貧困対策向けの支出拡大や基幹産業や銀行などの国有化などが実施された。しかし，これらの経済政策は大失敗に終わった。前者は財政赤字の大幅な増加を招き，今日まで続く財政赤字問題の起点となり，後者は少数の財閥へ富の集中を防ぐという点では成功したが，公的部門の非効率な経

営による基幹産業の生産性低下と民間の投資意欲減退を招いた。とくに国営化政策はアユーブの時代に萌芽期にあった民間部門を主体とするダイナミックな経済発展の芽を摘み取る結果となった。その後，民間投資は低調となり，また製造業などへの長期的な投資より，短期で利益が見込める商業などのサービス部門への投資志向が強まるなど，国内の投資マインドに与えた負の影響は計り知れない。経済運営の失敗に加え，石油危機などの対外環境の悪化も重なり，Z．A．ブットー政権下，パキスタン経済は停滞した。

　1977年7月の軍事クーデターでジヤー・ウル・ハック陸軍参謀長が政権を握り，再び軍が政治に関与することとなる（1977～88年）。ジヤーはZ．A．ブットー政権下での大衆迎合的な政策や国有化政策から，経済自由化・民間部門優遇の方向に舵を切ることで，低迷する経済の回復を試みた。結果として，1988年にジヤーが飛行機事故で死亡するまでの11年間，パキスタンはアユーブ軍政時を超える高い経済成長を達成することができた。農業部門では肥料や農薬の普及により，綿花の収穫が増加し，製造業部門ではこれらの綿花を使用した繊維産業（とくに綿糸産業）が発達した。また輸出リベートや輸出補助金といったインセンティブにより繊維産業の発展は加速した。

　ジヤー政権下の高成長は，経済政策が功を奏したという点もあるが，対外的な要因に負うところも大きい。1つは第一次石油危機以降の中東産油国の好景気である。これらの国ではインフラ整備などの建設ラッシュにより労働者が不足し，距離的に近く，同じイスラム圏のパキスタンから大量の出稼ぎ労働者を受け入れた。出稼ぎ労働者からパキスタンに送られてくる送金（労働者送金）は，マクロレベルでは，貿易赤字を補う外貨源として，また家計レベルでは送金受取家計の貴重な所得となり内需拡大に貢献した。2つ目はソ連によるアフガニスタン侵攻である。ソ連の侵攻により，米国を中心とする西側諸国は，アフガニスタンの隣国パキスタンを共産主義に対する防波堤である「前線国家」と位置づけた。パキスタンは1981年から1987年の間に米国から32億ドルを超える軍事経済援助を受けたが，これは当時イスラエル，エジプトに次ぐ規模の援助額であった。しかし高成長の一方で，財政赤字は増加し続け，ジヤー政権後期には毎年GDP比で8％を超す財政赤字を記録するなど，マクロ経済指標の悪化が慢性化した。ジヤー政権後の暫定政権で財務大臣を務めたマブーブル・ハックは，"国家は破産状態にある"と称したほどであった。

（3） 1990年代の「失われた10年」

　ジヤーの死後に実施された総選挙の結果，パキスタン人民党（PPP）が第一党となり，1988年12月，党首ベーナジール・ブットー（B. ブットー）が首相に就任，1977年以来11年ぶりにパキスタンに民主的な政治体制が復活した。B. ブットーは，1977年に軍事クーデターにより政権の座を追われ，その後，絞首刑となったZ. A. ブットーの娘である。B. ブットー政権のスタートと同時に国際通貨基金（IMF）による構造調整プログラムが導入され（3年間で融資規模は21億ドル），ジヤー政権下で悪化したマクロ経済不均衡の立て直しと経済自由化，市場経済化が試みられた。IMFからの融資はのちに1年延長されることとなったが，融資条件（コンディショナリティー）であった財政赤字比率削減などのマクロ経済指標の安定という目標は達成されずに終わった。その後，1990年代から2000年代初頭にかけて，パキスタン政府はIMFからの融資を幾度となく受けることとなるが，いずれの場合も融資の際に課せられる融資条件を遵守することができず，融資停止に追い込まれる状態が繰り返された。また同時に融資条件によって財政政策などの政策自由度が制約を受けるという状況でもあった。

　就任からわずか1年足らずでB. ブットー首相は，汚職の容疑で大統領によって解任され，1990年の総選挙の結果，パキスタン・ムスリム連盟（PML）のナワーズ・シャリーフが首相に選出される。結局，1988年末の民主政治復活から1999年10月のパルヴェーズ・ムシャラフ陸軍参謀長による軍事クーデターに至るまでの11年間にパキスタン人民党のB. ブットーとパキスタン・ムスリム連盟のナワーズ・シャリーフがそれぞれ2度首相の座に就くという政情が不安定な状態が続いた。両政権ともに経済自由化路線を継承し，外貨預金口座開設など外貨規制の緩和や投資庁設立による投資の促進，公企業の民営化などを積極的に進めたが，マクロ経済と政治の安定を欠いたうえでのこれらの自由化政策は効果的とはいえなかった。

　この間，パキスタンは中東産油国からの労働者送金の低下や湾岸戦争勃発による原油価格の高騰，輸出の伸び悩み，ソ連のアフガニスタンからの撤退による米国からの軍事経済援助の打ち切りなどにより，外貨準備が大幅に減少し，対外債務の返済に困難を伴う状況であった。とくに1998年5月の核実験後には債務不履行（デフォルト）寸前までパキスタンは追い込まれた。

表11-2 1990年代以降の実質GDP成長率の推移

(単位:成長率%)

年 度	実質GDP (要素費用)	農 業	鉱工業	製造業	サービス	政 権
1988/89	4.8	6.9	4.7	4.0	3.8	
1989/90	4.6	3.0	6.4	5.7	4.5	
1990/91	5.6	5.0	6.9	6.2	5.2	
1991/92	7.1	9.5	5.4	4.7	6.8	議
1992/93	2.1	-5.3	4.9	4.4	4.6	会
1993/94	4.4	5.2	3.9	4.5	4.2	民
1994/95	5.1	6.6	4.1	2.5	4.8	主
1995/96	6.6	11.7	4.7	3.7	5.0	制
1996/97	1.7	0.1	-0.3	-0.1	3.6	
1997/98	3.5	4.5	6.1	6.9	1.6	
1998/99	4.2	1.9	4.9	4.1	5.0	
1999/2000	3.9	6.1	1.3	1.5	4.8	
2000/01	2.0	-2.2	4.1	9.3	3.1	
2001/02	3.1	0.1	2.7	4.5	4.8	軍
2002/03	4.7	4.1	4.2	6.9	5.2	事
2003/04	7.5	2.4	16.3	14.0	5.8	政
2004/05	9.0	6.5	12.1	15.5	8.5	権
2005/06	5.8	6.3	4.1	8.7	6.5	
2006/07	6.8	4.1	8.8	8.3	7.0	
2007/08	3.7	1.0	1.4	4.8	6.0	
2008/09	1.2	4.0	-1.9	-3.7	1.6	議会民主制

注:製造業は鉱工業部門に含まれるが,別途製造業のみの成長率も提示。
　ムシャラフ政権下では2002年以降,議会民主制が敷かれたが軍の政治への強い関与があったとし,軍事政権と定義する。

出所:Government of Pakistan, *Economic Survey* 各号より筆者作成。

　度重なる政権交代とマクロ経済の不均衡が継続し,また病虫害や旱ばつで農業生産が低迷するなか,1989/90年度から1998/99年度までの年平均実質GDP成長率は4.1%となり,ジヤー政権下で記録した6.3%を大きく下回る結果となった。とくに1990年代後半(1996/97～2000/01年度),一度も成長率が5%を超えた年度がなく(**表11-2**),これは1950年以降,初めての出来事であり,いかに経済活動の鈍化が著しいかを物語っている。1990年代はパキスタンにとって"失われた10年"であったといえる。1990年代,1人当たりの実質所得は年平均1.0%程度しか成長しておらず,ここに1999年10月のムシャラフ陸軍参謀長による軍事クーデターを国民が容易に受け入れる素地があったといえよう。

(4) ムシャラフ軍事政権の興亡

　1999年10月，ムシャラフ陸軍参謀長による軍事クーデターにより，パキスタンに建国以来３度目の軍事政権が登場となった。ムシャラフ政権の最優先課題は，1990年代の民主政権の下で疲弊した経済の立て直しであった。ムシャラフは就任後，農業の再生，中小企業の活性化などを経済再生の重点分野と定め，貧困削減，税制改革，債務削減案を含む「経済再生プラン」を発表した。しかし長年の経済運営の失敗による巨額の公的債務など負の遺産を引き継ぎ，また旱ばつによる農業生産の低下など，政権初期は低成長が継続した。

　この状況は2001年９月11日に米国で発生したアル・カーイダによる同時テロ事件を契機に大きく転換し，パキスタン経済は短期間ではあるが高成長時代に突入する。この高成長は様々な要因が重なり合ったもので，ある部分，偶然の産物であったともいえる。最大の要因としては，米国の「テロとの戦い」に全面協力を表明したムシャラフ政権を取り巻く対外環境が大幅に好転したことが挙げられる。米国・日本等は1998年の核実験以降，停止していた公的援助を再開し，パリ・クラブ債権国（２カ国間の公的対外債務の返済が困難となった債務国の救済方法を検討する主要債権国の集まり）はパキスタンとの２カ国間債務の実質的な帳消しを含む債務の整理を行った（第３節参照）。その結果，パキスタンの対外債務返済負担が軽減し，外貨準備や財政面での余裕が生まれた。

　さらに同時テロ事件後，米国をはじめとする各国の在外パキスタン人が資産や稼ぎの一部を本国に移転する行為が目立つようになり，銀行などの公式ルートを通じた海外からパキスタンへの送金額は急増した（第３節参照）。流入した資金はパキスタン国内の土地や耐久消費財の購入へと向かった。都市圏の土地価格は急騰し，自動車購入は生産が追いつかず数カ月待ちとなるなど，ある種，パキスタン経済はミニ・バブルの様相を呈した。長年にわたって低迷してきた自動車販売台数は，自動車ローン導入の効果なども手伝って，2002年度の４万台から2006/07年度には20万台を超えるまでに急増した（Pakistan Automobile Manufacturers Associationのホームページ，http://www.pama.org.pk〔2010年３月５日アクセス〕より）。

　このような同時テロ事件を起点とした対外環境の好転に加え，世界経済の好調さもパキスタン経済にとって追い風となった。BRICsに代表される新興諸国への投資が注目を集め，それまでリスクが高いと思われていたこれらの国への

投資が活発となった。パキスタンも例外でなく，海外からの直接投資やポートフォリオ投資が急増した。経済が好転するにつれ，さらに海外からの投資や労働者送金を呼び込み，パキスタン政府の外貨準備は輸入1年分を超えるまでに増加した。その他，天候に恵まれ，農業生産が回復したことも経済成長に貢献した点と指摘される。

　ムシャラフ政権の後半，国内ではタリバンが関与するとみられるテロが多発し，同時に高い成長を維持した経済にも次第に陰りがみられるようになった。政権長期化への国民の不満や飽きがみられるなか，2008年2月に総選挙が実施され，野党であったパキスタン人民党が第一党となり，民主的なプロセスで選ばれた文民政権が復活する。同政権下では国際的な原油価格の急騰を一因とするインフレの進行と経常収支の悪化，財政赤字増加やサブプライム問題に端を発した世界金融危機，国内治安情勢の悪化など国内外の環境の急速な悪化がみられ，経済が冷え込んだ。またインフラ整備の遅れから電力不足が顕著となり，ムシャラフ政権下で高成長をけん引した大規模製造業を中心に成長が著しく低下した。これらの負の要因を反映して，2008/09年度の実質GDP成長率は1.2%という低い数字となった。

　これまでを振り返ると，民主的なプロセスで選ばれた文民政権と軍事政権が交互に登場し，前者のもとでは低い経済成長，後者では高い経済成長という結果がみられる。果たしてこれは軍事政権下での経済運営がすぐれているということであろうか。軍事政権下での政情や治安の安定，意思決定の速さといったメリットは否定できないが，必ずしも軍事政権の経済運営が優れていたとはいえない。むしろ軍事政権下では問題を先送りし（例えばジヤー政権の財政赤字），軍事政権の後に現れる民主政権がその処理に追われ，ゆえに低い成長率にとどまったとも考えることができる。また軍事政権下では対外環境の好転という「運」にも恵まれてきた。これらを考えると，「軍事政権下での高い経済成長，民主政権下での低い成長」は数字上のものであって，必ずしも軍事政権の優位を示すものではないことを理解すべきである。

2　産業・貿易・雇用構造

（1）　産業・雇用構造の変遷

　独立後間もない1949/50年度時点のGDPに占める各産業の構成比は，農業部門52.6％，鉱工業部門8.0％（製造業部門は6.4％），サービス部門39.4％と，前節で述べたように農業を中心とする産業構造であった（**図11-1**）。

　1950年代から1960年代は工業化政策が功を奏し，製造業を中心とする鉱工業部門が成長する一方で，GDPに占める農業の比率が低下するという工業化への産業構造転換が顕著にみられた。アユーブおよびヤヒヤー軍事政権が終わる1970/71年度には，GDPの部門構成は，農業部門38.0％，鉱工業部門20.2％（製造業部門は14.2％），サービス部門41.8％となった。その後，ブットー政権下での国有化政策により，大規模製造業部門を中心に鉱工業は伸び悩み，工業化への転換はみられず，政権終了時の1977/78年度の鉱工業部門シェアはGDP比20.8％（製造業部門は13.7％）と政権スタート時とほぼ同じ比率であった。その後，経済自由化路線を取り入れたジヤー政権下では繊維産業の発展など工業化が進み，1989/90年度の時点で同部門のシェアはGDP比25.6％（製造業部門は17.6％）まで上昇した。しかし，1990年代に入ると不安定な政情下，製造業への投資が伸び悩み，再び工業化は停滞した。同様の傾向が2000年代も継続し，2000年代中盤の高成長期に製造業部門の高い成長がみられたものの，2008/09年度時点の鉱工業部門のシェアは24.3％（製造業部門は17.7％）となっている。これは1980年代末とほぼ同レベルであり，過去20年間，工業化が停止してしまったかのようにみえる。

　一方で，農業部門のシェアは長期的に低下傾向にある。1990年代は大きなシェアの変化がみられなかったが，2000年代に再び減少し，2008/09年度には20％程度にまで低下している。代わって，シェアを伸ばしたのがサービス部門である。サービス部門は多くのセクターに分類されるが，商業，運輸・通信，金融，政府サービスなど全般的にシェアを伸ばした。一般的にいわれる一次産業から二次へ，そして三次産業という産業発展のパターンはパキスタンでは確認できず，二次産業が停滞するなか，一次から三次への転換が起こるという展開である。この背景には，1970年代の国有化政策によりダメージを受けた民間

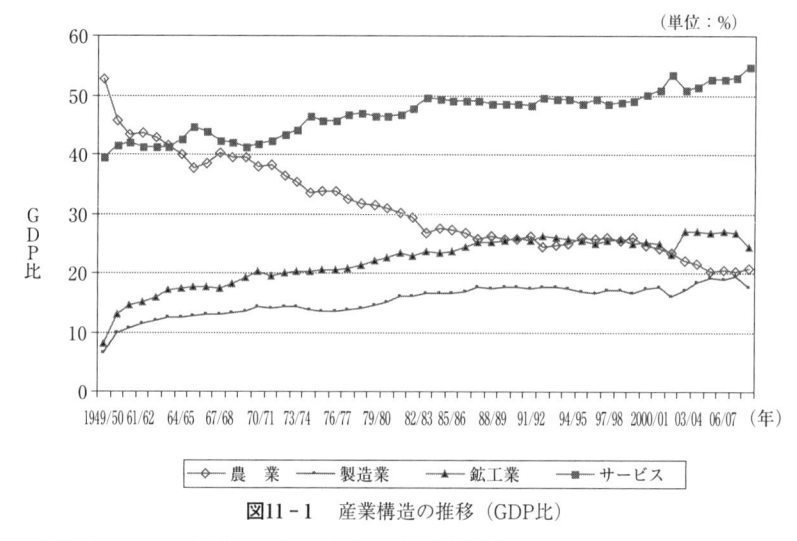

図11-1　産業構造の推移（GDP比）

出所：Government of Pakistan, *Economic Survey*各号より筆者作成。

　の企業家が製造業などの長期的投資に懐疑的であることが1つの要因といえよう。

　雇用構造は産業構造の変化と比較すると同様の推移をみせるが，変動幅は小さい。1963/64年度時点の労働力構成比は農業60.5％，鉱工業15.4％，サービス部門24.1％と農業部門の雇用が全体の6割を占めていた。GDPに占める農業の比率が低下するスピードと比較すると，農業雇用のそれは緩やかに減少し，2006/07年度で44％程度である。同年度の鉱工業部門，サービス部門の雇用比率はそれぞれ20.1％，35.3％となっている。工業化の停滞を反映して，鉱工業部門の雇用比率は微増であり，農業部門の雇用比率の減少は主にサービス部門が吸収している。

　さて，1990年代，GDPに占める農業のシェアはあまり変動しなかった一方で，農業の雇用比率は減少し，2000年代になると前者が減少傾向のなか，後者が変動しないという現象がみられた。1990年代の動きに関して，黒崎（2003）は，農業収入だけでは生計を立てることが困難で，非農業の賃金労働に従事する農村低所得層の兼業農家化が関係している可能性を指摘している。一方，2000年代の状況に関しては，製造業やサービス部門の雇用吸収力が低下し，農

業部門にとどまらざるをえない労働者が増加していることが説明として考えられる。

(2) 単線的経済構造——農業と他部門の関連性

パキスタンはアジア最大の灌漑設備を有し，パンジャーブ州を中心に農業が盛んである。主要作物は小麦，綿花，米，サトウキビなどで，これらの作物はパキスタン国民の主食となり，またパキスタンを代表する製造業である繊維産業や製糖業の原料として利用される。余剰は輸出されることで貴重な外貨源ともなり，主要作物の出来不出来が経済に与える影響は大きい。**表11-3**は1985/86年度，1995/96年度，2005/06年度の製造業全体の付加価値額に占める主要製造業の比率を示したものである。農産品を原材料とした繊維，食品加工産業のシェアの合計が各年度でそれぞれ48.7％，47.8％，40.8％となっている。この2つの産業の合計比率は減少傾向にあるものの依然大きなウエイトを占めていることがわかる。これは農産品の収穫がパキスタンの製造業に与えるインパクトの大きさを物語っており，このような農業と製造業の単線的な経済構造を「食料・繊維（Food and Fiber）システム」と呼んでいる。平島（2003）は1972/73年度から2001/02年度のデータを使った分析から，農業部門1％の成長率増加は製造業部門1.46％の成長につながると指摘している。また綿花の生産変動が農業，製造業のみならず，GDP成長の変動と高い相関性をもつことも併せて指摘し，流通や卸小売といった段階まで農産品の収穫が影響することを示している。食料・繊維システムは，農業部門の生産が好調である場合には，製造業部門やサービス部門の成長も期待できるが，その逆も起こりうることを意味している。総生産に占める農業の比率は低下しているが，依然として農業がパキスタン経済の屋台骨であり，農業に大きく依存するパキスタン経済の脆弱性は高い。安定的な経済成長には，今後，産業の多様化が求められる。

輸出品目構成も，製造業部門と同様に繊維製品，農産品が大きなシェアを占めている（**表11-4**）。1980年代までは米，原綿といった一次産品が主要輸出品であったが（例えば，1980/81年度時点で，米と原綿は，輸出全体の37％を占めた），1990年代以降，綿糸，綿布といった綿花を加工した軽工業品が主な輸出品となっている。2007/08年度の輸出全体に占めるテキスタイル関連製品の比率は50.3％，農産品は13.1％と「食料・繊維システム」が輸出に占める割合は6割

表11-3 主要製造業付加価値生産のシェア

(単位：%)

品目	1985/86	1995/96	2005/06
繊維・アパレル	18.7	24.8	26.4
食品加工（食品・飲料・タバコ）	30.0	23.0	14.4
化学品	8.3	8.5	6.3
石油精製・石油製品	7.5	3.1	5.2
医薬品	4.3	4.8	5.0
非鉄金属	7.4	7.7	4.2
輸送機器（自動車）	2.5	3.5	4.0
製鉄	4.0	4.2	3.5
電子機械	3.4	7.7	2.5
革製品	1.9	1.3	2.3
その他	12.0	11.6	26.3

出所：Government of Pakistan, *Economic Survey* 2001-02 & 2007-08.

表11-4 輸出構成

品目	2007/08年度 金額（100万ドル）	シェア（％）
農産品	2,674	13.1
米	1,585	7.8
原綿	87	0.4
繊維製品	10,268	50.3
綿糸	1,168	5.7
綿布	2,173	10.6
ニットウエア	2,135	10.5
寝具（ベッドウエア）	1,456	7.1
縫製品	1,204	5.9
石油製品	1,331	6.5
スポーツ製品	415	2.0
皮革製品	831	4.1
医療器具	274	1.3
絨毯・ラグ・マット	240	1.2
肥料・化学品・医薬品	666	3.3
その他	3,729	18.3
合計	20,427	100.0

出所：パキスタン中央銀行ホームページ（http://www.sbp.org.pk〔2010年5月16日アクセス〕）より。

を超えている。米・原綿などの原材料輸出から綿糸・綿布，さらにニットウエア，縫製品といった加工品へと輸出構造の変化はみられるが，繊維製品に代表される付加価値の低い軽工業品は，一般に価格競争が激しく，また新規参入も

容易である。よってこの分野に強みをもつパキスタン製造業の輸出競争力の持続は困難である。繊維製品を中心とした輸出拡大，ひいてはパキスタン製造業の発展可能性は限定的であり，今後，より技術水準が高い付加価値産業を育成してくことが経済発展のためには必須である。

3　マクロ経済不均衡——財政赤字と経常収支赤字

（1）　財政赤字の推移と背景

　パキスタンのマクロ経済面での構造的な問題は，財政赤字と経常収支赤字の双子の赤字に集約されるであろう。

　パキスタンの財政は，低い歳入能力と硬直的な歳出パターンにより，恒常的な財政赤字を記録している（**表11-5**）。財政赤字拡大の起点となったのが，Z.A.ブットー政権下での歳出拡大である。歳入が伸び悩むなか，社会主義型の経済を目指した同政権はインフラなどの公共投資や低所得層向けの補助金の導入を行い，歳出が膨れ上がった。1960年代，平均するとGDP比2％程度であった財政赤字は，1974/75年度には，10.3％まで拡大した。続く，ジヤー・ウル・ハック軍事政権下では，国際通貨基金（IMF）の支援のもと，歳出削減に取り組み，一時，赤字比率は低下したが，軍事費の増加や公的債務の利払いの急増により，政権後期には赤字比率は8％台の高い水準となった。利払い増加の一因は，国民貯蓄スキームと呼ばれる高利の債券の導入による。1990年代の民主政権下では，度々，IMFによる構造調整プログラムが導入され，財政の健全化が試みられた。その結果，以前と比較すると赤字水準は低下したものの，根本的な財政改革とはならなかった。2000年代に入ると，ムシャラフ軍事政権下，公的債務の利払いが大幅に減少し（第3節2項参照），財政赤字比率は一時的に2％台にまで低下したが，歳入不足と硬直的な歳出パターンの基本構造は変わらず，2008/09年度には，赤字比率は5.2％にまで増加している。

　財政赤字の主な原因の1つが，税収の低さによる歳入不足である。税収はGDP比で15％を超えたことがなく，かつ1999/2000年度以降は，10％程度の低水準が慢性化している（**表11-5**）。税収の低さは，課税ベース（課税対象）の狭さ，様々な税免除や脱税行為，さらに徴税機関の非効率性などが原因となっている。歳出面における問題は，支出内容の硬直性である。パキスタンの歳出水

表11-5

	1960年代平均	1970年代平均	1980年代平均	1990年代平均	1980/81	1984/85	1990/91	1994/95	1995/96
財政赤字	2.1	5.3	7.1	6.9	5.3	7.8	8.8	5.6	6.5
歳入	13.1	16.8	17.3	17.1	16.9	16.4	16.9	17.3	17.9
税収	−	−	13.8	13.4	14.0	11.9	12.7	13.8	14.4
非税収	−	−	3.5	3.7	2.9	4.5	4.2	3.5	3.5
歳出	11.6	21.5	24.9	24.1	22.9	24.7	25.7	22.9	24.4
経常支出	−	−	17.6	19.4	13.6	17.7	19.3	18.5	20.0
軍事費	−	−	6.5	5.6	5.5	6.7	6.4	5.6	5.6
利払い	−	−	3.8	6.8	2.1	3.5	4.9	5.2	6.3
一般管理費	−	−	1.3	1.9	1.0	1.4	1.3	1.8	2.3
開発支出	−	−	7.3	4.7	9.3	7.0	6.4	4.4	4.4

出所:Government of Pakistan, *Economic Survey*, 2007-08.

準は他の途上国と比較して,決して高くはないが,債務利払いおよび軍事費の負担が大きく,これらは多い時で経常支出の6割以上を占め,支出の調整が困難である。とくに利払いは,1980年代,1990年代に膨らみ,1999/2000年度には経常支出全体の40%以上を占めるに至った。

また表11-5からは,1980年代から2000年代初めにかけて,開発支出水準の減少と利払い水準の増加が確認でき,財政赤字を抑えるなか,金利負担増が開発支出を"クラウディング・アウト"していた様子がわかる。とくに1990年代,開発支出のシェア縮小が加速している。一般に,開発支出は,軍事費,利払い費,公務員給与などの経常支出に比べて,削減の対象になりやすい。1990年代の開発支出水準の減少傾向は,1990年代,IMF構造調整プログラム融資の条件として課せられた財政赤字削減目標達成のために,開発支出を財政調整のバッファーとして利用してきたことによる。行き過ぎた開発支出や教育・衛生などの予算削減は,インフラや人的資本の形成を制約し,将来的な経済成長にマイナスの影響をもたらすことが懸念される。

財政赤字をファイナンスするために,パキスタン政府は国内外から資金を借り入れ,その結果,パキスタンの公的債務(国内債務および対外債務)は増加し,債務比率(GDP比)は1979/80年度末時点の54.5%から1989/90年度末には82.6%まで上昇,さらに2000/01年度末には111.0%に達した。既述の通り,累積債務の拡大による返済負担はパキスタン経済にとって大きな足かせとなって

財政赤字の推移

(GDP比，単位：%)

1996/97	1997/98	1998/99	1999/00	2000/01	2001/02	2002/03	2003/04	2004/05	2005/06	2006/07
6.4	7.7	6.1	5.4	4.3	4.3	3.7	2.4	3.3	4.3	4.2
15.8	16.0	15.9	13.5	13.3	14.2	14.9	14.3	13.8	14.2	14.9
13.4	13.2	13.2	10.7	10.6	10.9	11.5	11.0	10.1	10.6	10.2
2.4	2.8	2.6	2.8	2.7	3.3	3.4	3.3	3.7	3.6	4.7
22.3	23.7	22.0	18.8	17.4	18.3	18.5	16.7	17.2	18.5	19.1
18.8	19.8	18.6	16.5	15.5	15.9	16.3	13.5	13.3	13.6	14.9
5.2	5.1	4.9	4.0	3.2	3.4	3.3	3.3	3.3	3.2	2.9
6.6	7.6	7.5	6.9	6.0	6.0	4.8	4.0	3.4	3.4	4.1
1.9	2.3	2.3	2.4	2.4	2.1	2.1	2.1	2.0	2.1	2.8
3.5	3.9	3.3	2.5	2.1	2.8	2.2	3.1	3.9	4.8	4.2

いる。2001年12月のパリ・クラブ会合において，大幅な対外債務の削減が認められ，公的債務の水準は2002/03年度末には79.8％まで減少，その後の債務削減努力により，2008/09年度末時点で57.1％まで低下している。しかし，依然として歳出に占める利払いの割合は20％を超えており，パキスタン財政に大きな負担であることには変わりない。

(2) 経常収支赤字と対外債務返済

1980年代以降，パキスタンの経常収支は，一時期を除き，貿易収支の慢性的な不均衡により，常に赤字である（表11-6）。名目ドルベースでみた場合，輸出は1980年代後半から1990年代中盤まで繊維産業の発展に伴い，年率10％を超えるスピードで成長したが，その後の成長は低調である。前節で指摘したように，輸出構造が多様化されず付加価値の低い繊維品に特化しており，中国やバングラデシュなどの途上国との競争に晒される一方，工業品，食料，原油などの輸入が着実に増加していることが貿易収支赤字の根本的な原因である。

貿易収支赤字を軽減する役割を果たすのが，海外労働者からの送金である（移転収支の一部として勘定される）。1973年の第一次石油危機以降，中東石油産出国への出稼ぎ労働者が急増し，銀行などの正規ルートを利用した送金額は1972/73年度の1億3600万ドル程度から，1982/83年度にはその年度の輸出額を超える28億8600万ドルまで増加した。その後，中東経済の景気後退や出稼ぎ労

表11-6

	1985/86	1990/91	1995/96	1998/99	1999/00	2000/01
貿易収支	-3,042	-2,483	-1,985	-2,085	-1,412	-1,269
輸出 (f.o.b)	2,942	5,902	8,311	7,528	8,190	8,933
輸入 (f.o.b)	5,984	8,385	10,296	9,613	9,602	10,202
サービス収支	-1,016	-1,790	-3,249	-2,618	-2,794	-3,142
民間移転収支	2,822	2,102	2,378	2,274	3,063	3,898
(労働者送金)	2,595	1,848	1,461	1,060	983	1,087
経常収支	-1,236	-2,171	-4,575	-2,429	-1,143	-513

出所:Government of Pakistan, *Economic Survey*各号より筆者作成。

働市場の飽和,またインフォーマルな手段による送金の増加により減少し続け,1999/2000年度には10億ドルまで低下した。

しかし,2001年9月の米国同時テロ事件の発生により状況は一変し,送金が急増に転じる。その理由としては,①インフォーマルな送金方法がマネーロンダリングやテロ組織の資金ルートとしても世界中で利用されていたとの疑いから,同時テロ事件以降,各国で摘発が強化され,正規の銀行ルートを利用する送金が増加,②米国に住むパキスタン人がイスラム教徒に対する風当たりが強くなるなか,資産をパキスタンに移動させたこと(この結果,米国からの送金が急増した),③正規ルート利用のインセンティブの増加(外貨とルピーの交換レートや受け渡し期間の短縮など)などが考えられる。労働者送金は,テロ事件が発生した2001/02年度には23億9000万ドル程度に増加し,2008/09年度には78億ドルに達した。

労働者送金による外貨収入を考慮しても,貿易収支の赤字は埋めることはできず,経常収支赤字は,海外からの民間・公的な資本流入もしくは外貨準備の切り崩しによって補ってきた。海外からの民間資本流入に関しては,1976年の外国民間投資法以来,外資導入の試みがみられるが,国内外の環境に大きく左右され,安定した資本流入に至っていない。1990年代中盤にはパキスタン電話公社の一部民営化による株式放出や電力部門への民間参入承認(IPPプロジェクト)により,海外からの投資額は急増したが,その後,IPPの電力買取価格契約をめぐるトラブルや核実験後の外貨預金口座凍結により一気に投資家の信認を失い,外資流入は大幅に減少した。2000年代中盤以降の高成長下,再び外資流入が急増するが,国内の政情・治安悪化,世界的な金融危機と景気後退でこ

経常収支の推移

(単位：100万ドル)

2001/02	2002/03	2003/04	2004/05	2005/06	2006/07	2007/08
−294	−444	−1,208	−4,352	−8,259	−9,495	−14,820
9,140	10,889	12,396	14,401	16,388	17,119	20,207
9,434	11,333	13,604	18,753	24,647	26,614	35,027
−2,617	−2,128	−3,594	−5,841	−7,304	−7,968	−10,530
4,249	5,737	6,116	8,440	9,914	10,102	11,048
2,389	4,237	3,871	4,168	4,600	5,494	6,451
1,338	3,165	1,314	−1,753	−5,649	−7,361	−14,302

の状況も長続きはしていない。

　このように慢性的に対外収支赤字を抱え，また多くの対外債務を抱えるパキスタンにとって，外貨を必要とする対外債務返済はつねに悩ましい問題である。対外債務残高はすでに1990/91年度時点で，総額228億3900万ドル，GDP比50％を超える水準にあったが，1997/98年度には62.8％まで拡大した。この時期，外貨預金口座への負債やより短期で高利な融資の比率も増え，元本返済と合わせて，返済負担が増加していった。1998年には核実験に対し，日本や米国などパキスタン支援国は援助を停止し，また外貨流出を恐れた政府が外貨預金口座を凍結したことで国内外の投資家の信頼を大きく損ない，同年11月には輸入のわずか2週間分という水準（4億1500万ドル）までに外貨準備が落ち込み，債務不履行寸前の状況にまで追い込まれた。

　2001年9月の米国同時テロ事件後，対テロ戦への全面協力を表明したパキスタンに対して，すでに述べたようにパリ・クラブ債権国間で大幅な債務見直しが行われ，債務水準は大幅に減少した。対外債務水準は，2001/02年度のGDP比52.1％から2003/04年度には43.0％まで低下し，2008/09年度の水準は32.0％となっている。この間，民間資本流入や労働者送金の増加により，外貨準備は大幅に増加し，しばらくは対外債務返済の困難な状況は発生しないかと思われた。しかし，2007年から2008年にかけての国際的な原油価格高騰や食料品輸入により，貿易収支が過去最大の赤字額を記録，また国内の政情・治安悪化，サブプライム問題に端を発する世界的な金融危機により，純資本流出が起こるなど環境が一気に悪化した。2007年12月末時点で130億6010万ドルあった中央銀行保有分の外貨準備は，2008年10月末には35億3400万ドル，わずか年間輸入額

の1カ月分程度の低い水準にまで低下した。最終的に2008年11月，IMFからの融資（総額76億ドル）受け入れに合意し，現在のところ状況は改善しつつある。

　これらの出来事は対外的な環境の悪化により，一気に債務返済が困難となるパキスタンの不安定な状況をあらためて示し，輸出拡大を中心とする貿易収支の改善の重要性を再認識させるものであった。しかし，前節で述べたように現段階においてパキスタンの輸出品は付加価値の低い繊維製品に集中しており，繰り返しとなるが，今後，いかに技術水準の高い，高付加価値産業を育成していくかが課題である。

4　経済成長と貧困

　独立時のハンディキャップに加え，独立から今日に至るまで，パキスタンは多くの困難に見舞われてきた。3度にわたるインドとの戦争，3度の軍事クーデター，バングラデシュの独立，核実験後の経済・軍事制裁，アフガン戦争中の大量の難民流入，イスラム過激派によるテロ行為，不安定な民主主義政権など，その困難は多様である。しかしながら，パキスタンの長期GDPデータをみる限り，これらの負の要因が極端に経済面に影響を与えるということはなかった。1970年代，1990年代に低経済成長を経験するが，マイナス成長は独立後の混乱期であった1951/52年度のみであり，それを除けば，パキスタンはつねにプラスの成長を維持してきた。平均すると独立から今日に至るまで，パキスタンの実質GDPは5％代の成長率を記録している。しかしながら，人口増加率を考慮すると，途上国経済にとってこの成長は決して高いものではない。所得の増加は緩やかであり，他の途上国同様，パキスタンにおいても貧困問題は依然として重要な課題である。

　パキスタンの2005/06年度の貧困者比率（人口に占める貧困者の割合）は2000/01年度と比較すると10ポイント以上低下し，全体で22.3％である（**表11-7**）（ここでの貧困は「所得貧困」である。これは最低限の生活に必要な所得や消費水準を貧困線とし，それ以下で生活するものを貧困者とする考え方であり，パキスタンの場合，1日当たり成人換算で1人2350キロカロリーの摂取に必要な食糧支出の額を貧困線として設定している）。また貧困の深さや深刻度を示す貧困ギャップ指数や2乗貧困ギャップ指数も減少し，全体的に改善がみられる。しかし，人口の6割

表11-7 パキスタンにおける貧困指標

年度	貧困者比率（％）			貧困ギャップ率（％）			2乗貧困ギャップ率（％）		
	都市部	農村部	全国平均	都市部	農村部	全国平均	都市部	農村部	全国平均
1998/99	20.9	34.7	30.6	4.3	7.6	6.4	1.3	2.4	2.0
2000/01	22.7	39.3	34.5	4.6	8.0	7.0	1.4	2.4	2.1
2004/05	14.9	28.1	23.9	2.9	5.6	4.8	0.8	1.8	1.5
2005/06	13.1	27.0	22.3	2.1	5.0	4.0	0.5	1.4	1.1

出所：Government of Pakistan, *Economic Survey* 2007-08.

が住む農村部の貧困者比率は27％と3割近い人口が貧困状態にあり，依然として貧困問題は深刻であるといえる。

　貧困状況は州ごとにも大きく様相が異なる。例えば2004/05年度のシンド州都市部の貧困者比率が13.6％であるのに対して，ハイバル・パフトゥンハー州（旧北西辺境州）農村部，バローチスターン州農村部の比率は，それぞれ40.7％，34.6％と非常に高い。2007/08年度後半以降の景気後退と物価上昇を受けて，いずれの地域において貧困状況の悪化が考えられる。

　所得貧困は教育や保健衛生などの社会指標とも密接な関係をもち，低所得層ほど十分な教育機会が得られず，また保健医療へのアクセスが限られるという傾向にあり，貧困の問題は複合的である。貧困削減にはマクロ面では経済の成長と安定が前提条件となる。それには治安の安定，インフラストラクチャー整備の充実，また「食料・繊維システム」の単線的な経済構造からの脱出が求められる。またミクロ・レベルでは教育や保健医療へのアクセスを可能として，個人の就業機会や所得獲得能力を高めていく必要がある。病気や失業，また一時的な景気後退等のショックにより非貧困層から貧困層に容易に転落する可能性のある脆弱層に対しては，マイクロインシュランス制度をはじめとする施策が必要となろう。

●参考文献
　黒崎卓（2003）「経済成長と貧困・雇用」『パキスタン国別援助研究会報告書』独立行政法人国際協力機構国際協力総合研究所（現同機構JICA研究所）。
　黒崎卓・子島進・山根聡編著（2004）『現代パキスタン分析――民族・国民・国家』岩波書店。
　小西正捷編（1995）『もっと知りたいパキスタン（第4版）』弘文堂。

平島成望（2003）「農業セクターの役割」『パキスタン国別援助研究会報告書』独立行政法人国際協力機構国際協力総合研究所（現同機構JICA研究所）。
広瀬崇子・山根聡・小田尚也編著（2003）『パキスタンを知るための60章』明石書店。
山中一郎編（1992）『パキスタンにおける政治と権力――統治エリートについての考察』アジア経済研究所。

（小田尚也）

第12章
スリランカ経済

　スリランカ経済は，福祉国家とプランテーション経済という2つの特徴を備えていた。独立後に形成された福祉国家としてのスリランカを支えた財源は，圧倒的にプランテーション部門（とりわけ茶）に依存していた。独立後のスリランカの経済運営は，シンハラ人中産階級の利害を代表する二大政党（統一国民党とスリランカ自由党）間の度重なる政権交代によって特徴づけられる。政権が交代するたびに経済運営方針が揺れ動いたが，1989年に着手された第二次経済自由化政策によって，プランテーション部門に依存した税収構造は終わりを告げた。一方，1983年以来激化した，スリランカ政府とスリランカからの分離独立を求めて武装闘争を続けてきたタミル・イーラム解放の虎（LTTE）との間の内戦が，経済成長の大きな足かせとなった。しかしついに2009年5月，スリランカ政府軍によるLTTEの完全武力制圧という形で，26年に及ぶ内戦が終結した。内戦の経済的原因の1つは，福祉国家としてのスリランカにあった。独立後の経済成長は，教育を受けた青年層に対して十分な雇用機会を創り出すことなく，これが内戦の背景となった。

1　歴史的に形成されてきたスリランカ経済の特徴——1948〜77年

　「インド洋の真珠」と呼ばれてきた「光輝く島」スリランカ民主社会主義共和国（以下スリランカと略称する）は四方を海に囲まれた，人口2000万人の島国である。第二次世界大戦終了後の1948年2月4日に，英国連邦内の自治領として独立した。当時の国名はセイロンであった。面積は6万5610km^{2}で，九州と四国を合わせたものより少し広い。国民の74％がシンハラ人であり，上座部仏教を篤く信仰している。他は，タミル人18％，スリランカ・ムーア人（イスラム教徒）7％，バーガー人（ヨーロッパ人の末裔）1％である。タミル人は，スリランカ・タミル人とインド・タミル人に分かれる。人口の12.6％を占めるス

表12-1 南アジア主要5カ国の人間開発指数

	人間開発指数		出生時平均余命 (2007年)	成人識字率 (15歳以上, %) (1999～2007年)	1人当たりGDP		人口数 (100万) (2007年)	人口増加率 (%)	
	(2006年)	順位			(ドル)* (2007年)	(購買力平価ドル) (2007年)		(1990～95年)	(2005～10年)
スリランカ	0.759	102	74.0	90.8	1,540	4,243	19.9	1.4	1.2
インド	0.612	134	63.4	66.0	950	2,753	1,164.7	2.0	1.4
パキスタン	0.572	141	66.2	54.2	870	2,496	173.2	2.8	2.3
ネパール	0.553	144	66.3	56.5	340	1,049	28.3	2.6	1.9
バングラデシュ	0.543	146	65.7	53.5	470	1,241	157.8	2.1	1.5

注：＊一人当たりGNI. The World Bank, *World Development Report 2009*, Table 1.
出所：UNDP (2009), *Human Development Report*.

リランカ・タミル人は紀元前からスリランカに定住したタミル人であるのに対し，人口の5.6%を占めるインド・タミル人は英国植民地時代にプランテーション労働力としてスリランカに移住してきたタミル人である。両タミル人の間にほとんど交流はない。

　スリランカの経済は，他の南アジア主要国とは大きく異なった2つの特徴を備えている。**表12-1**をみてみよう。2007年の1人当たりGNI（国民総所得）は1540ドル（購買力平価でみた1人当たりGDPでは4243ドル）であり，南アジア諸国のなかでは最も高い。のみならず，所得水準に比較して識字率が高く（90.8％），平均余命が長く（74.0歳），社会福祉がいきわたり，人口増加率も低い。こうした「福祉国家」としての発展パターンは，長い間「スリランカ・モデル」として多くの賞賛と批判とを浴びてきた。「スリランカ・モデル」の宣伝にあたって大きな影響を及ぼしたのは，ノーベル経済学者アマルティア・センの議論である。センによると，スリランカは「社会福祉プログラム，公共配給制度，所得および所得以外の様々な便益の分配の達成」によって人々の生活の質が改善し，貧困の除去に成功したモデルである（Sen 1981）。

　スリランカ経済のもう1つの特徴は「プランテーション経済」であった。「プランテーション経済」の形成は，英国植民地期まで遡る。ドナルド・スノドグラスは古典的名著のなかで，植民地期のスリランカを「古典的な輸出経済」，すなわち「第一次産品の飛び地経済制度」として描き出した（Snodgrass 1966）。スリランカのプランテーション作物の導入実験は1830年代から始まり，

1850年にはまずコーヒーが主要産品となった。しかしコーヒーは葉の伝染病によって1886年までに絶滅し，急速に茶とココナツ，そして1890年代に始まったゴムにとってかわられることになった。プランテーションはおおむね「外国人（イギリス人）経営者・資本家」によって支配され，また雇用された労働者はおおむね「外国人労働者」であった。スリランカが提供したものは，土地とプランテーションに適した気候だけであった。「外国人労働者」を構成したのは，南インドのタミル地方からの移民労働者である。移民労働者の数は，1880年代で20万人，1930年代には40万人，そして独立した1948年時点では80万人（全人口の11％）へと急速にふくれあがった（Bruton et al. 1992：20-21）。タミル地方からの移民労働者は，プランテーション経営者によって雇用された「カンガーニー」と呼ばれる人々によって調達された。

スリランカの気候は湿潤地帯と乾燥地帯とに分かれる。全土のほぼ30％が湿潤地帯であり，残りのほぼ70％が乾燥地帯である。湿潤地帯は南西地域に属しており，海面から海抜7000フィート（2100m強）まで徐々に高度をあげる土地を含んでいる。人口の6割は湿潤地帯に住居を構えており，農村人口の約3分の2がここに住んでいる。茶とゴムはほとんどが湿潤地帯で生産されている。一方，乾燥地帯がカヴァーするのは北部および東部であり，ここでは米と若干の混作，ココナツが生産されている。米の3分の2は乾燥地帯（大規模灌漑設備がある）で生産され，残りの3分の1は湿潤地帯で生産されている。

19世紀後半から，米作中心の小農経済とプランテーション経済（スリランカでは「エステート部門」と呼ばれている）が並存するという農業生産の二重性が顕著にみられるようになった。両部門の間には，経済的だけでなく社会的，政治的，文化的にも，ほとんど接触がなかった。小農経済の担い手であるシンハラ人の主食は米であるが，エステートで働くタミル人労働者の主食は小麦と米である（Kurian 1982：87-93）。シンハラ人の言語はシンハラ語であるが，タミル人労働者の言語はタミル語である。シンハラ人の大半は仏教徒であるが，タミル人労働者の大半はヒンドゥー教徒である。プランテーション部門では食糧を含めて大半のものが輸入され，すべての生産物は輸出にまわされた。また植民地期には，プランテーション部門での収益は英国本国に送金された。

独立後に形成された「福祉国家」としてのスリランカを支えた財源は，圧倒的にプランテーション部門（とりわけ茶）に依存していた。プランテーション

部門の第一の機能は，植民地期にあっても独立後にあっても，外貨の獲得であった。とくに独立後は米作部門への資金移転源として機能した。プランテーション部門に対しては，長い間輸出税と特別税が課せられ，こうして徴収された税金はシンハラ人のための灌漑建設，米の配給，および社会セクターへの補助金にあてられた。ヘンリー・ブルトンが「移転国家」と呼んだ構造である (Bruton et. al. 1992)。

1948年の独立以来，スリランカは議会制民主主義を維持してきた。独立後のスリランカの経済運営は，現在に至るまで，基本的にはシンハラ人中産階級の利害を代表する二大政党——UNP（統一国民党）とSLFP（スリランカ自由党）——間の度重なる政権交代によって特徴づけられる。UNPは親欧米色が強い自由経済政策を選好する中道右派，これに対しSLFPはより民族主義的で社会主義的な路線を選好する中道左派と特徴づけることができる。政権が交代するごとに，経済運営方針が揺れ動いた。

1960年から1965年のSLFP政権時代（S.W.R.D.バンダーラナーヤカ元首相夫人であるシリマボ・バンダーラナーヤカが首相に就任した。世界で初めての女性首相の誕生であった）には，社会主義的色彩の濃い保護主義的な輸入代替工業化戦略が採用された。

これに対し，1965年から1970年にかけてのUNP政権時代（ダドリー・セーナーナーヤカ首相）には，IMF融資を受けるなかで，部分的な経済自由化政策が採用された。貿易・為替統制が緩和され，食糧補助金が削減され，1967年にはポンド・スターリングに対してスリランカ・ルピーの為替レートが20%切り下げられた。またオーストラリア，カナダ，日本，英国，米国からなるスリランカ援助国会議（後年西ドイツが加盟）が結成された。

1970年から1977年まではSLFPが政権を奪回した。1970年の総選挙でSLFPを中核とする左翼統一戦線が圧勝し，シリマボ・バンダーラナーヤカ首相が政権復帰を果たし，ふたたび社会主義的政策を採用した。ところが，1971年に中産階級間での政権交代から排除されていたシンハラ人農村青年の不満が爆発した。彼らはシンハラ民族主義過激派組織JVP（人民解放戦線）を結成し，南部農村中心に武装闘争を行った。さらに1973年の第一次石油危機がスリランカ経済に大きな打撃を与えた。こうした諸事態は，経済への国家介入のさらなる強化へと導いた。為替統制が強化され，国内産業保護を目的とした輸入代替工業化

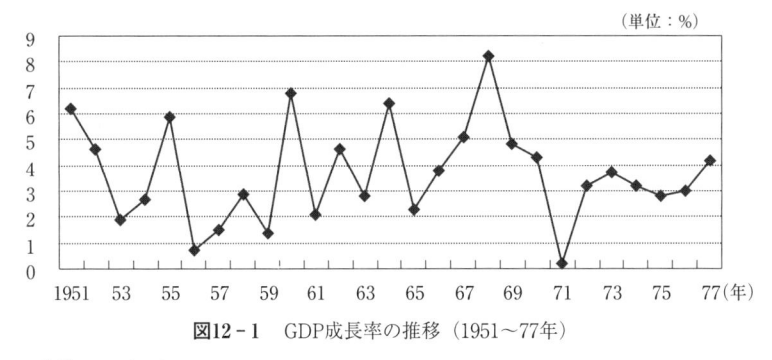

図12-1　GDP成長率の推移（1951〜77年）

出所：CBS（2009），Special Statistical Appendix Table 2.

図12-2　コロンボ市消費者物価の変化率（1953〜2007年）

出所：図12-1と同じ。

戦略が採用された。1975年にはプランテーション部門が国有化され，また経営代理会社，銀行，新聞，卸売り取引，小売取引が国営化あるいは協同組合化された。1972年に制定された憲法ではシンハラ民族優先主義が明確に打ち出され，仏教を保護し育成することが国家の義務であると定められた。また上院が廃止され，一院制の議会制度が採用されることになった。

　1951年から1977年に至るまでの年平均GDP成長率は3.8％である。その内訳は，めまぐるしく政権が交代した1951〜60年（1948〜56年：統一国民党政権，1956〜59年：スリランカ自由党政権，1960年：統一国民党政権）3.4％，1961〜65年（スリランカ自由党政権）3.6％，1966〜70年（統一国民党政権）5.3％，1970〜77

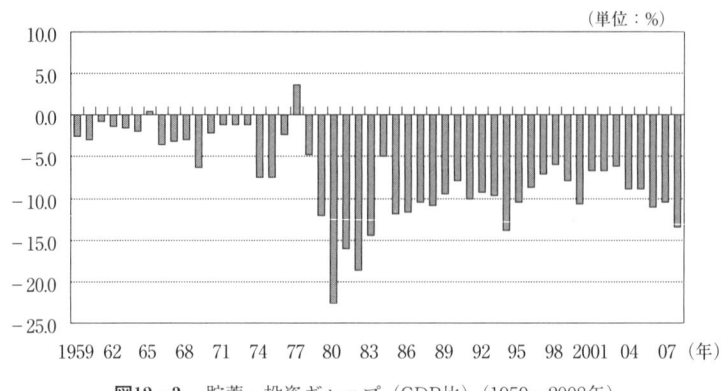

図12-3 貯蓄・投資ギャップ（GDP比）（1959～2008年）

出所：図12-1と同じ。

年（スリランカ自由党政権）2.9％であった。スリランカ自由党が政権を担当した時期には，閉鎖的な経済運営のために成長率が停滞した様子を読み取ることができる（**図12-1**）。また物価（コロンボ市消費者物価指数）をみると，1948～66年の年平均1.2％から1967～76年には年平均6.4％へと上昇したが（CBS 1998：44-45），1953～77年にかけてはおおむね安定的に推移した。唯一の例外は1974年の12.3％であった（**図12-2**）。マクロ経済バランスを示す貯蓄・投資ギャップ（GDP比でみた国内貯蓄率マイナス投資率）も，59年から77年にかけては年平均マイナス2.4％にとどまっていた（**図12-3**）。

2　第一次経済自由化改革とマクロ経済パフォーマンス──1977～89年

　1977年の総選挙でまたまた政権が交代した。UNPが勝利し，J.R.ジャヤワルダナが首相となった。彼は1978年に憲法を改正して，国名をスリランカ民主社会主義共和国と改めた。また国民投票によって行政権を集中する大統領を選出することとし，1982年に第1回大統領選挙が行われ，ジャヤワルダナが就任した。首都がコロンボからスリ・ジャヤワルダナプラ・コーッテへと移された。

　ジャヤワルダナはこれまでの輸入代替工業化戦略を放棄し，経済自由化路線のもとでの輸出志向工業化戦略へと経済運営の基本的方向を大きく転換した。1977年の第一次経済改革は，従来の輸入代替工業化戦略の放棄を目指したもの

であり，「自由な経済環境と公共投資を通じて社会経済インフラを整備し，それによって民間部門の経済活動を刺激する」(Fernand 1985) ことにあった。

　ドルに対する46.2％に及ぶ為替レートの大幅切り下げ，変動為替相場制の採用，関税改革を伴う貿易政策の自由化（輸入数量制限の撤廃，輸入関税による規制システムへ転換），価格統制の撤廃，銀行金利の引き上げ，といった一連の措置が実行に移された。また，輸出志向部門への外資導入を促進する措置が採用された。1978年に大コロンボ輸出委員会が設立され，そのもとで国際空港近郊に最初の輸出加工区としてカトゥナヤケ輸出加工区（KEPZ）が設立された。その後1982年にビヤガマ輸出加工区（BEPZ），1991年にコゲラ輸出加工区（KGEPZ）が設立された。これら輸出加工区では，100％外資出資企業の許可，10年におよぶ完全免税（外国人の報酬，ロイヤリティ，株式配当），輸入関税の免除，助成金による各種工業サービスの提供，国際金融市場金利での外資の無制限借り入れ許可，が特典として与えられた。また投資保護協定および二重課税救済措置が多くの国と締結され，外国企業による収益の本国送金，株式売却収益に対する制限が撤廃された。

　1977年の経済改革では，経済自由化措置だけでなく，大規模な公共投資によるインフラ開発が同時に促進された点に顕著な特徴があった。すなわち，マハウェリ水系開発計画（AMDP）と住宅・都市開発プログラムの実施である。マハウェリ水系開発計画は，乾燥地帯の55％をカヴァーする，住民移転を含むスリランカ最大の多目的灌漑プロジェクトである。これら大規模公共投資の資金源は，外国援助であった。一方，1978年に食糧補助金制度が廃止され，より受給対象者を絞った食糧スタンプ制度が取って替わった。家計への直接的な財政移転である食糧補助金制度は，「福祉国家」スリランカを象徴する制度であった。食糧スタンプ制度への転換によって，その規模は激減した。しかし経済自由化改革によって「福祉関連予算」全体が削減されたわけではなかった。むしろ，歳出総額およびGDPに占める社会サービス（教育，健康，福祉，コミュニティー・サービス）支出額は，とりわけ1976年から1979年にかけて大きく増加した（図12-4）。

　1977年の経済改革以降のマクロ経済パフォーマンスには，次のような特徴がみられた。①GDPの年平均成長率をみると，改革前の1970～77年の2.9％に対し，1978～82年は6％となり，経済改革の効果には著しいものがあった。しか

第Ⅲ部　南アジア各国経済論

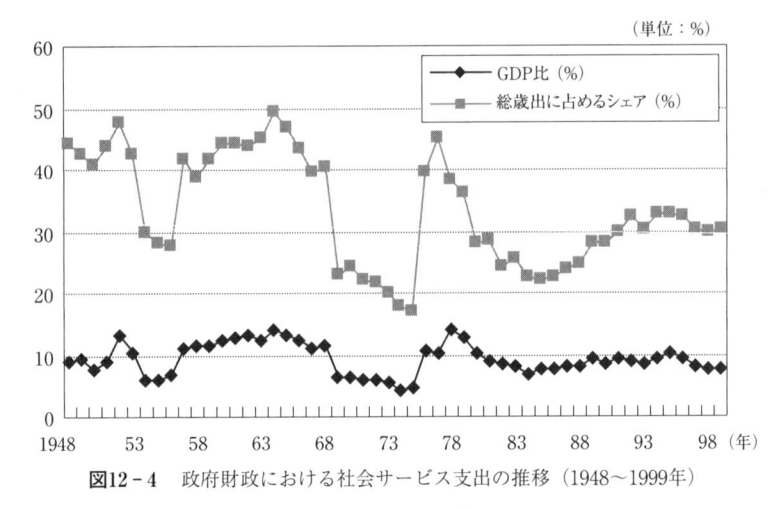

図12-4　政府財政における社会サービス支出の推移（1948～1999年）

出所：CBS（1998），Statistical Appendix Table 21; CBS（2000：95）．

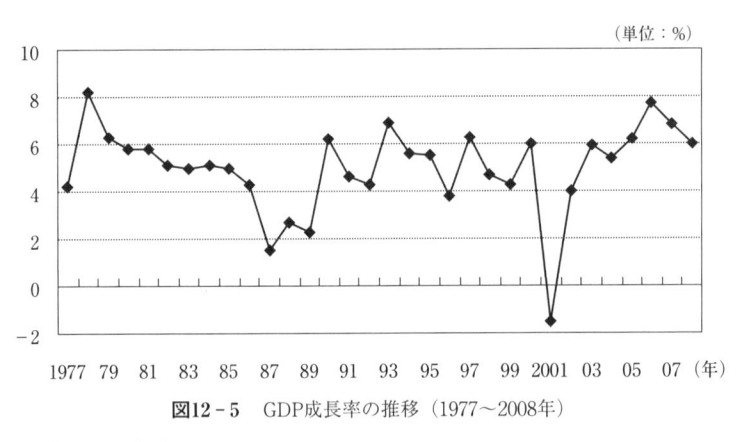

図12-5　GDP成長率の推移（1977～2008年）

出所：図12-1と同じ。

し，1982年以降成長率は鈍化した（**図12-5**）。1983年以来激化した，スリランカからの分離独立を求めるLTTE（タミル・イーラム解放の虎）との内戦が打撃を与えた。さらにLTTEに反発するJVPの武装闘争が激化した1987年から1989年にかけての3年間の成長率は2％程度へと激減した。②GDP比でみた投資率は，1977年の14.4％から1980～83年には30％前後にまで増大した。しかし

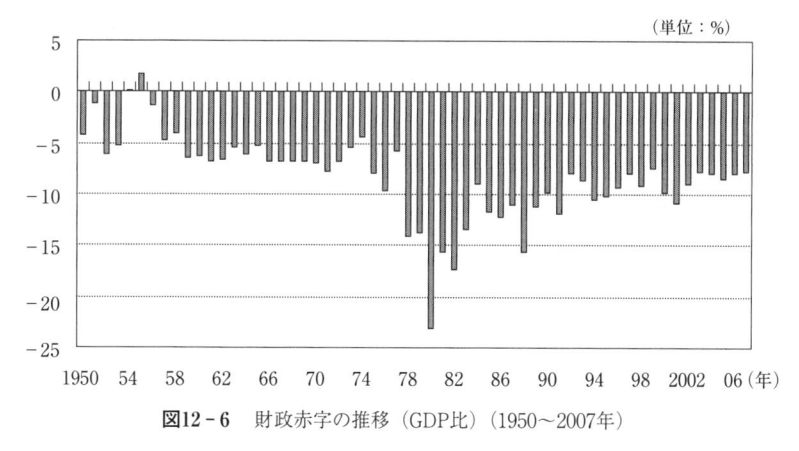

図12-6 財政赤字の推移（GDP比）（1950〜2007年）

出所：CBS（1998：290）；CBS（2009），Special Statistical Appendix Table 5.

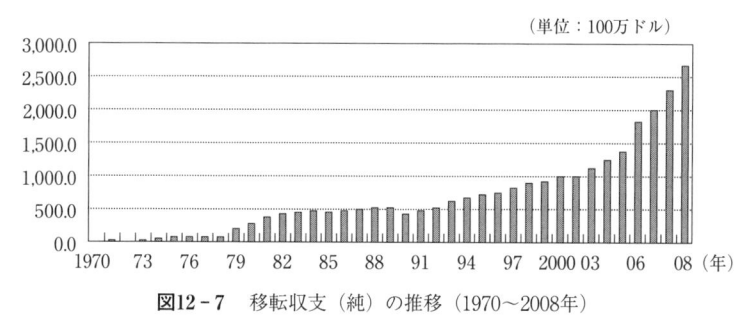

図12-7 移転収支（純）の推移（1970〜2008年）

出所：CBS（2009），Special Statistical Appendix Table 3.

GDP比でみた国内貯蓄率は逆に，1977年の18.1％から1980〜82年には11〜12％へと減少し，その結果貯蓄・投資ギャップ（国内貯蓄率マイナス投資率）が著しく拡大し，マクロ経済の不均衡が進行した。1978年から1989年にかけての貯蓄・投資ギャップは，年平均でマイナス12.3％にまで拡大した。投資の大半は，経済社会インフラ建設にあてられた。1980年代後半になると投資率は漸減傾向をたどり，1989年には21.7％にまで低下した。一方，1980年代後半になっても国内貯蓄率は12％前後で低迷したままであった（前掲図12-3）。③GDP比でみた財政赤字は，1977年の5.8％から1980年には23.1％へと増加した。その後も財政赤字状態が持続したが，1978〜83年の年平均16.2％から1984〜89

年には年平均11.8％にまで縮小した（**図12-6**）。④貯蓄・投資ギャップを埋めるべく，外資とくに政府開発援助への依存が飛躍的に拡大した。国際収支表に記載された移転収支（純）の動向をみてみよう（**図12-7**）。移転収支は，「贈与（援助のうち借款は除かれている）と海外労働者からの送金」からなる。援助だけでなく中東諸国などへの海外出稼ぎ労働者からの送金額も増加した。こうした膨大な外貨流入の影響を蒙って，購買力平価で計測された実質為替レートは，1977～82年間に20％以上も過大評価されることになった（Lal 1985）。実質為替レートの切り上げは，輸出を抑制する効果をもった。⑤1977年以降インフレ率が高まり，コロンボ市消費者物価指数でみた物価上昇率は1980年には26.1％にまで達した。その後も1984年まで2桁インフレが持続し，1985年から1987年にかけてやや安定したものの，再び1988年から1993年にかけて2桁インフレが持続した（前掲図12-2）。

3　第二次経済自由化とマクロ経済パフォーマンス──1989～2001年

　第一次経済改革の成果は当初目覚しいものがあったとはいえ，1980年代に入ると成長率が鈍化し，インフレが定着し，輸出は伸びなやみ，ついに1989年6月には外貨準備金は輸入カヴァー率の3週間分にまで減少した。この危機を乗り切るべく，UNPのR.プレマダーサ大統領のもとで，スリランカ政府はIMF・世界銀行からの構造調整借款に依存しながら，経済安定化・自由化を目指す第二次経済改革に着手した。

　1989年改革では貿易の自由化がさらに進められた。関税負担率（輸入総額に占める関税収入総額の比率）および関税対象品目率（輸入総額に占める関税対象品目輸入額の比率）をみると，1980年代中葉の後退期を例外として，一貫して減少してきた。その結果1990年以降，製造業品の国内価格／国際価格比率はほぼ1になり，国内産業保護によって生じる価格の歪みがほとんどなくなった（Athukorala and Rajapatirana 2000）。スリランカは南アジア地域のなかで最も開放的な経済となった。また外資誘致に向けて，1990年には輸出加工区以外にも設立された外国企業に対する各種規制が緩和され，輸出志向外資企業に対しても輸出加工区内設立企業と同等の各種恩典が与えられることになった。

　さらに第二次経済改革では民営化プログラムが実行に移された。1989年に最

表12-2 投資率と貯蓄率の推移
(1989～2008年)(GDP比)

(単位:%)

	投資	国内貯蓄	国民貯蓄
1989	21.7	12.2	14.6
1990	22.2	14.3	16.8
1991	22.9	12.8	15.2
1992	24.3	15.0	17.9
1993	25.6	16.0	20.2
1994	27.0	13.2	19.1
1995	25.7	15.3	19.5
1996	24.2	15.5	19.0
1997	24.4	17.3	21.5
1998	25.1	19.1	23.4
1999	27.3	19.5	23.5
2000	28.0	17.3	21.5
2001	22.0	15.3	20.3
2002	21.2	14.4	19.5
2003	22.0	15.9	21.5
2004	25.3	16.4	22.0
2005	26.8	17.9	23.8
2006	28.0	17.0	22.3
2007	28.0	17.6	23.3
2008	27.5	14.1	18.2

出所:図12-1と同じ。

表12-3 政府財政の推移(1989～2007年)
(GDP比)

(単位:%)

	歳入	歳出	財政赤字
1989	21.4	32.6	-11.2
1990	21.1	31.0	-9.9
1991	20.5	32.3	-11.9
1992	20.2	28.2	-8.0
1993	19.7	28.4	-8.7
1994	19.0	29.5	-10.5
1995	20.4	30.5	-10.1
1996	19.0	28.5	-9.4
1997	18.5	26.4	-7.9
1998	17.2	26.3	-9.2
1999	17.7	25.2	-7.5
2000	16.8	26.7	-9.9
2001	16.7	27.5	-10.8
2002	16.5	25.4	-8.9
2003	15.2	22.9	-7.7
2004	14.9	22.8	-7.9
2005	15.5	23.8	-8.4
2006	16.3	24.3	-8.0
2007	15.8	23.5	-7.7

出所:CBS (2009), Special Statistical Appendix Table 5.

初の民営化が実施された。1994年に公企業改革委員会が設置されたことによって民営化は第二段階を迎えた。1997年末までに73の公企業が民営化された。民営化の対象となったのは主に製造業分野の企業であるが,サービス業(ホテル,ガス)およびプランテーション分野の公企業20社も民営化された。国民開発銀行(National Development Bank),スリランカ・テレコム,セイロン開発投資会社,コロンボ・ガス会社,エア・ランカ等の株式が民間に放出された。

第二次経済改革後の経済パフォーマンスはどうであったか。1990年代の平均成長率は5%程度を達成した(前掲図12-5)。目覚しい成長率とはいえないが,内戦継続の影響を考慮するならば,それなりに高い成長率であった。

1990年代に入ってからの投資動向をみると,1990～94年にかけて上昇傾向,1995～98年にかけて減速・停滞傾向,1998～2000年にかけて再度上昇傾向がみられる。この傾向の変化は民間部門の投資動向を反映したものである。一方,国内貯蓄率は1989年の12.2%から1999年の19.5%へと確実に増加した。また国

表12-4 経常支出に占める家計への財政移転（GDP比）

(単位：%)

	合計	食糧補助金	年金	特別貧困削減プログラム	その他
1948	4.3	2.7	0.8		0.8
1948～53	4.5	2.8	0.8		0.9
1970～75	6.6	4.3	1.4		0.9
1991～96	4.8	1.0	2.0		1.8
1996	4.4	0.1	2.0	1.1	1.2
1997	4.3	0.0	2.0	1.0	1.3
1998	3.7	0.0	1.9	0.8	0.9
1999	3.4	0.0	1.7	0.7	0.9
2005	4.3	0.0	2.0	0.4	1.9
2007	3.1	0.0	1.9	0.3	0.9

出所：CBS（1998：225）；CBS（2007：99）；CBS（2009：135）．

内貯蓄率に海外からの受け取りをプラスし海外への支払いをマイナスした国民貯蓄率も，1989年の14.6％から1999年の23.5％へと顕著に増加した（**表12-2**）。

財政収支をみると，いくつかの特徴が浮かび上がってくる（**表12-3**）。第一に，歳入が年々減少した。1989年にGDPでみて21.4％であった歳入は，2000年には16.8％にまで減少した。税制改革によって税率が引き下げられたためである。第二に，経常歳出も歳入と同様に減少傾向をたどった。第三に，財政赤字は1990年代を通じて依然として大きいばかりでなく，減少したかと思うと次年度には増加するという不安定な動向がみられた。

政府歳出総額に占める社会サービス（教育，健康，福祉，コミュニティー・サービス）への支出をみると，1990年代に入っても依然としてほぼ30％を占めていることがわかる（前掲図12-4）。長い歴史のなかで定着した「福祉国家」型予算配分は，経済改革が進展した時点でも大きく変わっていない。一方，「福祉予算」の大きさを示すもう1つの指標となる経常勘定歳出に占める家計への補助金の推移をみてみよう（**表12-4**）。家計への補助金は，食糧補助金，年金，特別貧困削減プログラム（ジャナサヴィア計画およびサムルディ計画），その他からなる。GDP比でみた家計への補助金は経済自由化以前の1970～75年には6.6％であった。このうち前述したように，食糧補助金制度は1978年から受益者を特定した食糧スタンプ制度に取って代わられ，1997年には廃止されたが，それでもGDP比でみた家計への補助金は1991～96年間でも4.8％を占めていた。

一方，税収構造は1977年の第一次改革以降，大きく変化した。改革直前の

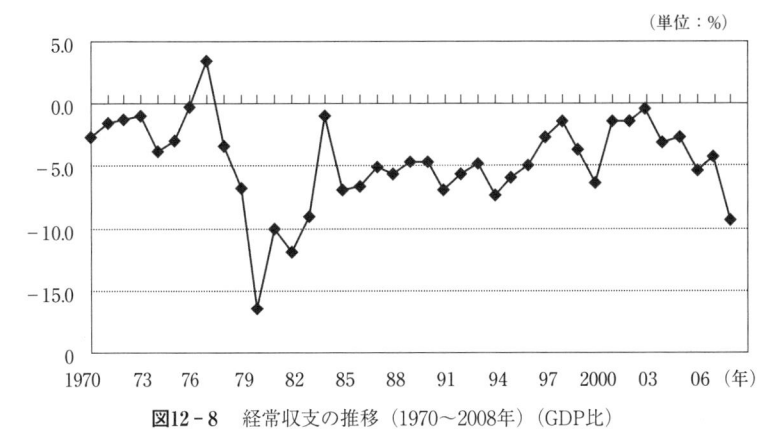

図12-8　経常収支の推移（1970～2008年）（GDP比）

出所：図12-7と同じ。

　1978年には税収総額の62.8％を占めていたプランテーション作物（茶，ゴム，ココナツ）に対する輸出税は，1988年までには5％に縮小し，ついに1992年にプランテーション作物に対する輸出税は廃止された。それにとってかわったのが，輸入関税と売上税・一般消費税等の国内の財・サービスに課せられる間接税である。ここに，「プランテーション経済」を前提とした，かつての「移転国家」としての特徴は完全に消滅した。

　国際収支面をみると，1990年代以降も貿易収支，経常収支ともに赤字が継続している。GDP比でみた経常収支赤字は1991～95年間には6％であった。その後は赤字減少傾向がみられたが，2000年には再度6％を超えた（図12-8）。

4　産業構造と貿易構造の変化

　図12-9は独立後の産業構造の変化をみたものである。独立直後の1950年時点では，GDPに占める農林水産業（第一次産業），鉱工業（第二次産業），サービス業（第三次産業），それぞれのシェアは45.1％，18.7％，36.2％であった。その後農林水産業のシェアは徐々に低下してきたが，鉱工業のシェアには大きな変化はみられず，サービス業のシェアが大きくなってきたことがわかる。鉱工業のシェアが顕著に高まったのは，1969～81年にかけての時期である。このうち前半の1970～76年はSLFP政権下で輸入代替工業化戦略が採用されていた時

第Ⅲ部　南アジア各国経済論

(単位：%)

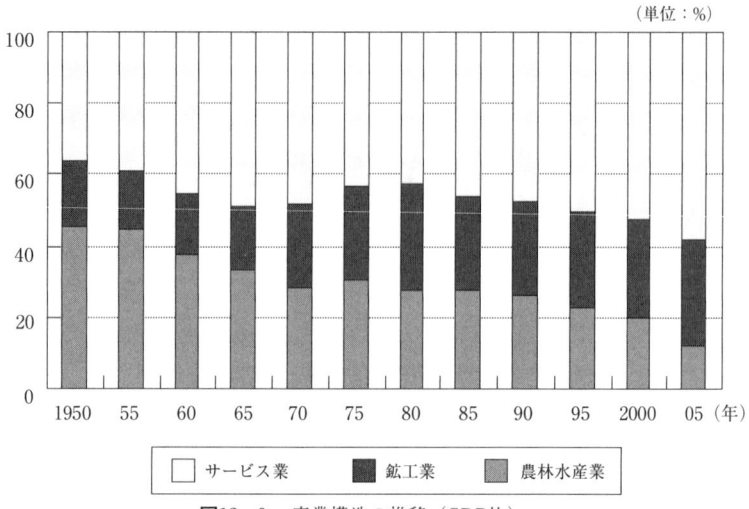

図12-9　産業構造の推移（GDP比）

出所：CBS (1998：278) および表12-5より筆者作成。

表12-5　産業構造の変化（GDP比）

(単位：%)

	農林水産業	鉱業	製造業	建設業	電気・ガス・水道	運輸・通信	商業	銀行・保険・不動産	住居所有	行政・国防	その他サービス	GDP
1960	37.8	0.5	11.2	4.5	0.2	9.3	14.8	0.8	3.4	5.0	12.7	100.0
1970	33.8	0.7	12.2	6.4	0.2	9.8	15.3	1.3	3.4	4.4	12.5	100.0
1975	30.4	1.8	20.1	4.0	0.6	8.1	19.4	1.3	2.5	3.1	8.9	100.0
1980	27.6	2.0	17.7	8.9	1.0	8.5	17.5	2.9	2.3	3.2	8.4	100.0
1985	27.5	2.2	14.7	7.8	1.4	11.1	19.7	3.8	2.8	4.3	4.3	100.0
1990	26.3	2.4	14.9	7.4	1.3	9.9	21.3	4.6	2.5	5.5	4.1	100.0
1995	23.0	1.9	15.7	7.4	1.5	9.9	22.0	7.2	2.1	5.2	4.0	100.0
2000	19.4	1.9	16.8	7.3	1.2	11.7	22.6	8.1	1.8	5.2	4.0	100.0
2005	11.8	1.5	19.5	6.8	2.4	11.7	23.2	8.4	3.6	8.4	2.7	100.0

出所：CBS (2000：21, 24)；CBS (2001), Statistical Appendix Table 1；CBS 2009, Statistical Appendix Table 1.

代であり，後半の1977～81年はUNP政権下で輸出志向工業化戦略が採用された時代である。産業構造の推移を示すデータからは，経済自由化改革の影響を窺うことはできない。

　鉱工業のシェアは1980年に29.6%のピークに達したのち，長期にわたって停

表12-6 輸出構成の変化

(単位:%)

	1950	1970	1977	1996	2000	2007
輸出総額	100.0	100.0	100.0	100.0	100.0	100.0
農産物	93.7	91.7	79.3	23.5	n.a.	n.a.
茶・ゴム・ココナツ	93.7	88.5	74.3	20.2	15.3	16.7
その他	n.a.	3.2	5.1	3.2	n.a.	n.a.
工業製品	n.a.	2.0	14.2	73.4	77.6	78.1
繊維・衣料	n.a.	0.3	2.1	46.4	54.0	43.7
石油製品	n.a.	0.9	9.0	2.5	n.a.	n.a.
その他工業品	n.a.	0.9	3.0	24.5	n.a.	n.a.
鉱産物	n.a.	0.9	4.8	2.3	n.a.	n.a.
未分類	6.3	5.4	1.7	0.8	n.a.	n.a.

出所:CBS (1998:87);CBS (2009), Statistical Appendix Table 64.

滞を続けた。一方,農林水産業のシェアは1977年以降も低落を続けており,2006年には11.3%にまで低下した。かわりに持続的にシェアが上昇したのはサービス業である。サービス業のシェアは1994年に50%を超え,2003年以降は60%近くにまで上昇した。**表12-5**で,より詳細なデータをみてみよう。鉱工業のうち製造業のシェアをみると,1975年の20.1%がピークである。むしろ経済自由化が進展した1980年代には,製造業のシェアは低落したことがわかる。またサービス業のなかで顕著にシェアを上昇させたのは「商業(卸売業・小売業)」と「銀行・保険・不動産」である。商業のシェアは1960年の14.8%からほぼ一貫して上昇し,2005年には23.2%を占めるまでになった。また銀行・保険・不動産のシェアも,1960年の0.8%から2005年には8.4%にまで大きく高まった。

　産業構造をみるかぎり,製造業のシェアは1977年の経済自由化改革以降も停滞を続けた。これとは対照的に輸出構造をみると,工業製品のシェアが顕著に上昇したことがわかる。独立直後の1950年の輸出は,茶を中心とするプランテーション作物が全体の94%を占めていた。1970年時点でもプランテーション作物は輸出総額の92%,1977年時点でも80%を占めていた。これに対し輸出総額に占める工業製品輸出の比率は1970年時点ではわずか2.0%,1977年時点でも14.2%に過ぎなかった。しかし1977年の経済自由化以降,工業製品輸出は最もダイナミックな動きを示し,1978～95年間では毎年32%の成長を記録し,1990年代中葉までに輸出総額に占める工業製品輸出の比率は70%を超え,2007

表12-7 スリランカの輸出国・輸入国上位10カ国の推移（1990年と2007年）

1990年			2007年		
輸出国順位	輸出額 （100万ルピー）	シェア （%）	輸出国順位	輸出額 （100万ドル）	シェア （%）
1 米国	19,732	25.8	米国	1,970	24.5
2 ドイツ	5,075	6.6	英国	1,018	12.7
3 英国	4,613	6.0	インド	515	6.4
4 日本	4,102	5.4	ドイツ	438	5.5
5 ベルギー・ルクセンブルク	3,882	5.1	ベルギー・ルクセンブルク	400	5.0
6 イラン	2,593	3.4	イタリア	395	4.9
7 シンガポール	1,982	2.6	UAE	209	2.6
8 オランダ	1,946	2.5	ロシア	203	2.5
9 フランス	1,750	2.3	フランス	176	2.2
10 C.I.S.	1,662	2.2	日本	160	2.0
輸出総額	76,624	100.0	輸出総額	8,029	100.0
輸入国順位	輸入額 （100万ルピー）	シェア （%）	輸入国順位	輸入額 （100万ドル）	シェア （%）
1 日本	13,035	12.3	インド	2,610	22.8
2 イラン	8,904	8.4	シンガポール	1,119	9.8
3 米国	8,322	7.9	中国	924	8.1
4 台湾	6,243	5.9	イラン	844	7.4
5 英国	5,487	5.2	香港	695	6.1
6 韓国	5,122	4.9	日本	413	3.6
7 中国	4,857	4.6	米国	412	3.6
8 香港	4,822	4.6	マレーシア	358	3.1
9 インド	4,731	4.5	UAE	333	2.9
10 ドイツ	3,361	3.2	台湾	264	2.3
輸入総額	105,559	100.0	輸入総額	11,468	100.0

出所：CBS（2000：55-56）；CBS（2009），Statistical Appendix Table 63, Table 77.

年時点では78.1％にまで達した（**表12-6**）。工業製品輸出は労働集約的な消費財である衣料に集中している。輸出総額のほぼ50％が繊維・衣料である。しかし1980年代後半からは，その他の労働集約財である電子製品，皮製品，靴，玩具，プラスティック製品，宝石等も顕著な増加をみるようになった。

　輸出向け工業製品（とりわけ衣料産業）が抱える問題は，原材料の輸入依存度が高く，また他部門との連関がきわめてうすいことである。輸出向け工業製品の平均輸入依存度は，70％に達している（Athukorala and Rajapatirana 2000）。後方連関産業をどのようにして育成するかが大きな課題である。

　貿易（輸出・輸入）相手も大きく変化した（**表12-7**）。1990年の輸出上位5カ

第12章　スリランカ経済

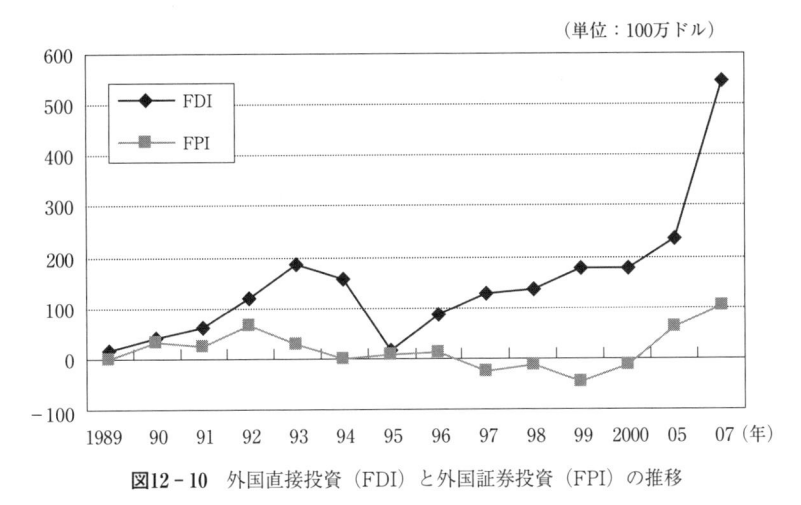

(単位：100万ドル)

図12-10　外国直接投資（FDI）と外国証券投資（FPI）の推移

出所：CBS (2006), Statistical Apendix Table 85；CBS (2009), Statistical Appendix Table 80；Institute of Policy Studies (2003), Table A20.

国は，米国 (25.8%)，ドイツ (6.6%)，英国 (6.0%)，日本 (5.4%)，ベルギー・ルクセンブルク (5.1%) の順であったが，2007年のそれは米国 (24.5%)，英国 (12.7%)，インド (6.4%)，ドイツ (5.5%)，ベルギー・ルクセンブルク (5.0%) となり，日本が10位に転落し，かわりにインドが5位に浮上した。一方1990年時点の輸入上位5カ国は，日本 (12.3%)，イラン (8.4%)，米国 (7.9%)，台湾 (5.9%)，英国 (5.2%) の順であったが，2007年になるとインド (22.8%)，シンガポール (9.8%)，中国 (8.1%)，イラン (7.4%)，香港 (6.1%) へと大きく変化した。日本の順位は6位まで転落した。インドと中国（香港と合わせるとそのシェアは14.2%となり，インドに次いで第2位となる）の台頭が目につく。輸出入ともインドの順位が大きくあがっているが，これは1998年12月にスリランカとインドとの間で二国間自由貿易協定が締結され，2000年3月18日から実行に移されたためである。現在スリランカに対する最大の投資国もインドである。

　また1989年の第2次経済改革によって高金利政策が採用され，当初は外国直接投資だけでなく，外国証券投資をも惹きつけた。しかし外国証券投資は1992年の6700万ドルをピークにして急減し，1999年のそれはマイナス4500万ドルであった。外国直接投資も激しく変動を繰り返しているが，1997年以降は着実な

増加傾向をみせている（図12-10）。

特筆に値する点は，工業製品輸出において外国企業（外国直接投資）が大きな役割を果たしたことである。1985～95年間の工業製品輸出増加分のうち85％が外国企業によるものであった。この比率は，1978～85年間は46％であった。外国直接投資は技術が標準化された消費財（衣料，靴，スポーツグッズ，輸入宝石の研磨）に集中している。とくに集中度が高いのは衣料である。1995年時点で，外国直接投資関連輸出の42％は衣料であった（Athukorala and Rajapatirana 2000）。

5　内戦と開発

1980年代以降のスリランカの経済発展を大きく阻んできた第一の要因が，1983年以来激化した，スリランカ政府とスリランカからの分離独立を求めて武装闘争を続けてきたLTTEとの間の民族紛争＝内戦であることは論をまたない。

タミル人過激派を生んだ背景には，独立後に採用されたシンハラ人優先政策があった。1956年に政府はシンハラ語だけを公用語とする政策を打ち出した。一方，1971年には開発過程から取り残されたシンハラ人農村青年の不満を背景に結成されたJVPによる武装反乱が起こった。1983年に，北部の都市ジャフナでスリランカ政府兵士13名を虐殺する事件が発生した。これに対する報復措置として，南部およびコロンボでタミル人排斥を目的とした放火や略奪があいつぎ，ついにはタミル人の大虐殺へと発展した。これが契機となって，北部および東部地域でタミル人過激派の分離独立国家を求める自爆テロを伴う武装闘争が日常化した。1987年7月にインドのラジーヴ・ガンディー首相とスリランカのジャヤワルダナ大統領との間で「スリランカ・インド和平協定」が締結され，LTTE掃討のためインド政府は平和維持軍をスリランカに派兵した。その数は一時最高7万人を超えた。しかし何らの成果をあげることなく，1990年3月にインド平和維持軍は撤兵した（インドのラジーヴ・ガンディー首相は，1991年5月選挙遊説中に，LTTEの女性メンバーの自爆テロによって暗殺された。46歳の若さであった）。スリランカ・インド和平協定に反対して，1987～89年にかけてJVPによる武装暴力が激しく燃え上がった。

1994年総選挙でSLFPを核とする人民戦線が勝利し，政権が交代した。バン

表12-8 国防費の推移

	100万ルピー	経常勘定歳出額に占める比率（％）	GDP比（％）
1948			0.2
1948～53			0.5
1970～75			1.5
1982	1,100	7.5	1.1
1990	13,339	18.6	4.1
1991	14,941	17.8	4.0
1992	18,048	20.1	4.2
1993	20,781	20.3	4.2
1994	26,444	20.8	4.6
1990～94			4.0
1995	43,140	28.0	6.5
1996	44,187	25.9	5.7
2000		28.0	
1995～2000			5.4
2005	61,498	13.9	2.9
2007	101,856	16.4	4.6

出所：CBS（2007：99）；CBS（2009：136）．

ダーラナーヤカ元首相夫妻の次女チャンドリカ・クマラトゥンガが首相に就任した。そして同年11月の第3回大統領選挙でクマラトゥンガが大統領に選出された。クマラトゥンガ大統領時代の1995年1月にLTTEとの間に停戦協定が結ばれたが，はやくも同年4月に協定は破棄された。1999年12月の第4回大統領選挙で，クマラトゥンガが再選された。2000年10月の総選挙でもクマラトゥンガ大統領が率いる人民連合が勝利し，政権が維持された。

2001年7月，LTTEによる空軍基地およびカトゥナヤケ国際空港での航空機爆破事件が起こった。そして2001年12月の総選挙で野党のUNPが勝利し，R.ウィクラマシンハが首相に就任した。ここに，大統領と政権与党とが異なる政党に属するという「ねじれ現象」が生じることになった。さらにニューヨークの「9.11テロ」の影響で国際的に経済が悪化した。こうした諸要因のあおりを受けて，2001年度は独立後初めてのマイナス成長（-1.5％）を記録した。

政権の「ねじれ現象」が続くなかで，2002年2月LTTEとの停戦が合意された。2002年2月ノルウェーの仲介を経て，スリランカ政府とLTTEとの間で無期限停戦が合意され，同年9月に和平交渉が開始された。約6年ぶりのことで

第Ⅲ部　南アジア各国経済論

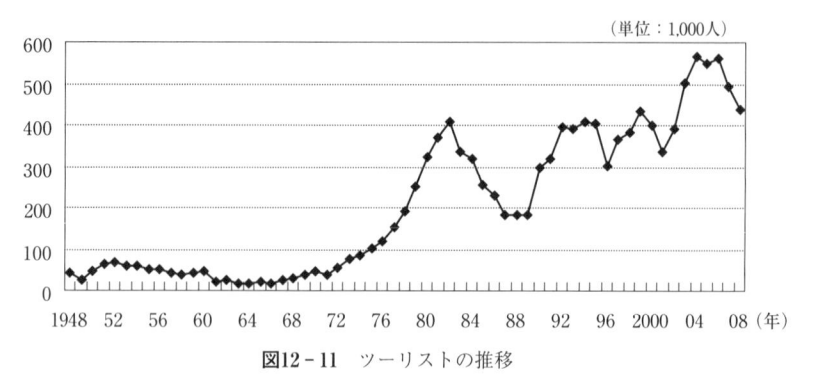

図12-11　ツーリストの推移

出所：CBS（1998：285）；CBS（2000：65）；CBS（2007：85）；CBS（2009：116）．

あった。和平に向けての「今度こそ」という期待が，国際的にも高まった。2003年6月，東京でスリランカ復興援助国会議（世界銀行が議長）が開催された。和平への期待が高まるなかで，4年間にわたる総額45億ドルの資金援助がプレッジされた。しかし停戦協定締結後も，「戦争もないが平和もない」状態が持続した。

2004年4月の総選挙では，人民連合（SLFPを主体とする政党連合）がJVPと組んで統一人民自由連合（UPFA）を結成し，選挙に勝利し，政権を樹立した。2005年11月の第5回大統領選挙で，SLFPのマヒンダ・ラージャパクセが選出された。ここにようやく政治の「ねじれ現象」が解消した。ラージャパクセ新大統領のもと，2006年から再度戦闘が激化した。そしてついに2009年5月19日，スリランカ政府軍によるLTTEの完全武力制圧という形で，25年以上にわたってスリランカを恐怖と苦悩のどん底に陥れてきた内戦が終結した。内戦の終焉による喜びとともに，あまりにも大きな内戦の傷跡を，今後どのように癒し経済復興・開発を進めていくのか，スリランカはあらたな岐路に直面している。

民族紛争＝内戦の影響は多岐にわたった。第一は，財政に対する圧迫である。1983年の紛争勃発以前においては，スリランカの国防費はわずかなものであった。1970年代までは，国防費はGDPの0.5％未満に過ぎなかった。ところが1990〜94年間には4.0％，1995〜2000年間には5.4％まで増加した。政府の経常勘定歳出総額に占める比率も，1982年の7.5％から1995年および2000年には28.0％にまで増加した（**表12-8**）。内戦のコストはあまりにも大きかった。死

第12章　スリランカ経済

■□コラム□■

スリランカの世界遺産

　インドのムンバイ（旧ボンベイ）に留学中の1981年1月から2月にかけての一月あまり，初めてスリランカに足を踏み入れた。1977年の経済自由化の好影響が出始めた頃で，まだ内戦もなく，スリランカは実にのびやかな楽園のような国であった。ムンバイの東京銀行支店のＳさんは，「スリランカに別荘を買いたいなあ」ともらしていたほどである。コロンボの有名なゴールフェースは長い砂浜の海岸で，朝に眺めても昼に眺めても夕方に眺めても，飽きることのない美しい海岸である。スリランカには7つの世界遺産がある。なかでも印象深かったのは前4世紀から8世紀まで古代シンハラ王朝の首都として栄えたアヌラーダプラである。バスを乗り継いでアヌラーダプラに降り立つと，猛暑のなか，原色のオウムたちが奇声を発して飛び回っていた。人気のない空間に聳え立つ3つの巨大な仏塔（ダーガバ）には草が生い茂っていた。アヌラーダプラからシーギリアに行く予定であった。直行バスがないので，途中で乗り換える必要があった。ところが，待てど暮らせど，シーギリア行きのバスは来ない。近くに店もない，誰もいないバス停で，さすがに心細くなって，ついキャンディ行きのバスに乗ってしまった。

　2007年8～9月にユネスコの学生交流プログラム基金の援助を受けて，ゼミの学生たちと一緒にスリランカの世界遺産を訪問した。アヌラーダプラを再訪することができただけでなく，ようやく念願のシーギリアに行くことができた。シーギリア・ロック（5世紀末のカッサパ王の居城）は，まるでマグリットが描く絵のように，天空に浮かぶなんとも幻想的な巨大な岩であった。壁画に描かれた天女たちにも，お眼にかかることができた。スリランカは小さな島であるが，美しい海と，高原地帯に広がる紅茶畑と，無数に点在する仏教遺跡と古代灌漑の跡が残る，ツーリズムの宝庫である。

者の数は7万人以上にのぼり，100万人以上の国内避難民が生み出された。社会経済インフラの破壊，国内避難民に対する支出増加といった直接的な負担だけでなく，間接的にも投資意欲，外国直接投資，ツーリズムに対して多大なマイナスの影響を与えつづけた。

　図12-11は，独立後のツーリスト数の推移をみたものである。観光立国を目指しているスリランカにとって，ツーリスト数の増減は死活問題である。1970年代後半から，とりわけ1977年の経済自由化改革以降1982年に至るまでツーリスト数は順調かつ顕著に増加した。しかしその後ツーリスト数は低迷が続き，ふたたび増加したのは2002年の停戦合意以降のことである。実質的な首都であるコロンボがテロリズムに襲われた年には，ツーリスト数は急減した。とりわけ，1983年7月のコロンボ暴動，それ以降の内戦への拡大，1987年4月のペター・バス・ターミナルでのLTTEによる無差別爆弾テロ，JVPの武装闘争や暗殺がコロンボを中心に激化した1987～89年，1996年1月のLTTEによる中央銀行ビルの爆破（自爆テロ），同年7月コロンボのデヒワラ駅付近での通勤電車の爆破，1997年1月のLTTEによるコロンボ世界貿易センタービル裏手のガラダリ・ホテル駐車場での自爆テロ，2001年7月のLTTEによるカトゥナヤケ空港の襲撃（エア・ランカの航空機3機，空軍機8機の爆破）は，ツーリズムに衝撃的な影響を与えた。また戦闘が再度激化した2007年以降も，ツーリスト数は減少している。

　26年もの長きにわたって人々を恐怖のどん底に陥れてきた内戦の原因は，どこにあるか。逆説的ではあるが，その経済的原因の1つは「福祉国家としてのスリランカ」にある。LTTEとJVPによる「双子の政治闘争」(Abeyratne 2004)は，いずれも社会に不満をもつタミル人とシンハラ人の青年層を中心に展開された。福祉国家のおかげで，独立後の人口は1950年の750万人から1980年には1450万人へとほぼ2倍になった。このうち約半分が20歳未満であった。しかし経済成長ははかばかしくなく，十分な雇用を創出することができなかった。とりわけ教育を受けた青年層の失業問題は深刻である。コロンボを中心とする首都部と地方との所得格差も拡大した。スリランカの戦後復興・開発は，なによりも地域間・民族間・部門間のよりバランスのとれた雇用機会の創出を必要としている。

●参考文献

荒井悦代（2003）「スリランカにおける二大政党制と暴力——1987-89年人民解放戦線（JVP）反乱深刻化の背景」武内進一編『国家・暴力・政治』アジア経済研究所。

絵所秀紀（1999）「『スリランカ・モデル』の再検討」『アジア経済』第40巻第9・10号。

佐藤宏（1998）「スリランカ——シンハラ急進主義とタミル人社会」佐藤宏・岩崎育夫編『アジア政治読本』東洋経済新報社。

内藤俊雄（1990）『イスル・ソヤ——スリランカの海外出稼ぎ事情』同文舘。

中村尚司（2002）「スリランカ」辛島昇他編『南アジアを知る辞典』平凡社。

平島成望（1989）「開発とプランテーション作物——スリランカにおける紅茶生産の事例」平島成望編『一次産品問題の新展開』アジア経済研究所。

三輪博樹（2009）「スリランカ——社会における亀裂の重要性」間寧編『アジア開発途上国諸国の投票行動』アジア経済研究所。

Abeyratne, Sirimal (2004), "Economic Roots of Political Conflict: The Case of Sri Lanka," *World Economy*, Vol. 27 No. 8.

Athukorala, Prema-chandra and Sarath Rajapatirana (2000), "Liberalization and Industrial Transformation: Lessons from Sri Lanka Experience," *Economic Development and Cultural Change*, pp. 543-572.

Bruton, Henry et al. (1992), *The Political Economy of Poverty, Equity and Growth: Sri Lanka and Malaysia*, New York: Oxford University Press.

CBS (Central Bank of Sri Lanka) (1998), *Economic Progress of Independent Sri Lanka, 1948-1998*, Colombo: Central Bank of Sri Lanka.

CBS (Central Bank of Sri Lanka) (2000), *Economic and Social Statistics of Sri Lanka 2000*, Colombo: Central Bank of Sri Lanka.

CBS (Central Bank of Sri Lanka) (2001a), *Annual Report 2000*, Colombo: Central Bank of Sri Lanka.

CBS (Central Bank of Sri Lanka) (2001b), *Recent Economic Developments Highlights*, Colombo: Central Bank of Sri Lanka.

CBS (Central Bank of Sri Lanka) (2007), *Annual Report 2006*, Colombo: Central Bank of Sri Lanka.

CBS (Central Bank of Sri Lanka) (2009), *Annual Report 2008*, Colombo: Central Bank of Sri Lanka.

Fernand, Llyoid (1985), "Planning and Structural Adjustment," The Sri Lanka Association of Economists, *Structural Adjustment and Growth*, Colombo: University of Colombo.

Institute of Policy Studies (2003), *Sri Lanka: State of the Economy 2002*, Colombo: Institute of Policy Studies.

Kurian, Rachel (1982), *Women Workers in the Sri Lanka Plantation Sector: An Historical and Contemporary Analysis*, Geneva: International Labour Office.

Lal, Deepak (1985), "The Real Exchange Rate, Capital Inflows and Inflation: Sri Lanka 1970-1982," The Sri Lanka Association of Economists, *Structural Adjustment and Growth*, Colombo: University of Colombo.

Sen, Amartya (1981), "Public Action and the Quality of Life in Developing Countries," *Oxford Bulletin of Economics and Statistics*, Vol. 43, No. 4.

Snodgrass, Donald R. (1966), *Ceylon: An Export Economy in Transition*, Homewood: Richard & Unwin.

松田哲の国際関係論研究室「スリランカの部屋」(http://web.kyoto-inet.or.jp/people/satoyuki/srilanka〔2010年1月8日アクセス〕)。

（絵所秀紀）

第13章
バングラデシュ経済

　1971年12月16日，9カ月近くに及ぶ激しい独立戦争が終結し，バングラデシュは独立を獲得した。1947年に英領インドから独立したものの，パキスタンの「植民地的」支配を受けていただけに，国民の喜びはひとしおであった。

　しかし，独立戦争でインフラは破壊され，官僚や企業家，技術者らがパキスタンに帰り，独立後の経済政策の失敗に第一次オイル・ショックも加わって，経済は大きく落ち込んだ。1974年には洪水を契機とした飢饉が発生し，多くの人命が失われた。当時は世界食料危機の真っ只中であった。世界中から援助物資が運ばれ，多くのNGOが援助活動に加わった。バングラデシュ＝貧困というイメージは，このとき世界の多くの人々の脳裡に焼きついたのである。

　人口稠密の上のさらなる人口爆発，毎年のように起こる洪水被害，農業国でありながら食料も自給できないこと，天然資源に恵まれないこと，低い識字率等々，マイナス要因ばかりが目立ち，経済発展のための処方箋がみつからない，と多くの専門家が嘆いた。

　しかし，その後40年近くが経過して，バングラデシュは，まだまだ多くの難題を抱えてはいるが，見事に復興を果たし，最近では6％を上回る経済成長率を持続するに至っている。著者も含め，ここまでバングラデシュ経済が良くなるとは，まったく想像できなかったといわなければならない。

　本章では，バングラデシュ経済がいかに発展を遂げ，その成果がどう分配されてきたのか，そして今後の課題は何か，などを中心に記述していく。

1　経済成長と産業構造の変化

　図13-1は，独立後のバングラデシュのGDP成長率と1人当たり成長率である。1970年代の低位不安定な状況からしだいに高位安定的な成長軌道に乗ってきたこと，また人口増加率の急速な低下に伴って，最近では1人当たり成長率

第Ⅲ部　南アジア各国経済論

（単位：％）

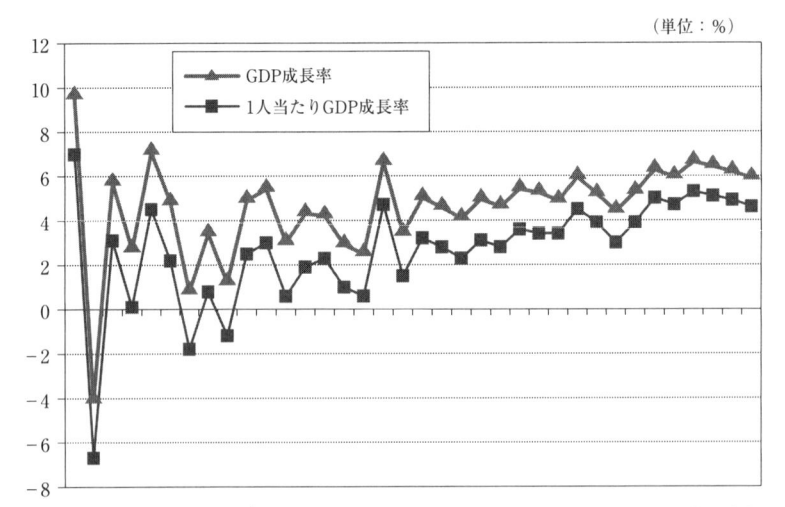

図13-1　バングラデシュにおける経済成長率

注：固定価格表示。基準年は1984/85年（1973/74〜90/91）および1995/96年（91/92〜）。
出所：Bangladesh Bureau of Statistics, 各種データ。

が5％前後に達したことなどがわかるであろう。なお1970年代末までの時期は，独立に伴う経済の疲弊と混乱からの回復過程と位置づけるのが妥当である。米や主要製造業の生産量が独立前の水準に回復するのは1977年のことであり，人口増加の影響が反映する実質賃金に至っては，回復は1980年代半ばまで待たなければならなかったのである。

図13-2は，農林水産業と工業のGDPシェアの動向を示すものである。図13-1にみたような近年のかなり高位安定的な経済成長は，産業構造の順調な変化を伴うものであったことがわかる。ただし，農林水産業と工業以外のいわゆるサービス部門がGDPの半分を占めていることも読み取れるであろう。

2　緑の革命

英領インドの分離独立直後のバングラデシュでは，農林水産業がGDPの65％強を占め，製造業は4％弱でしかなかった。世界商品としてのジュートの

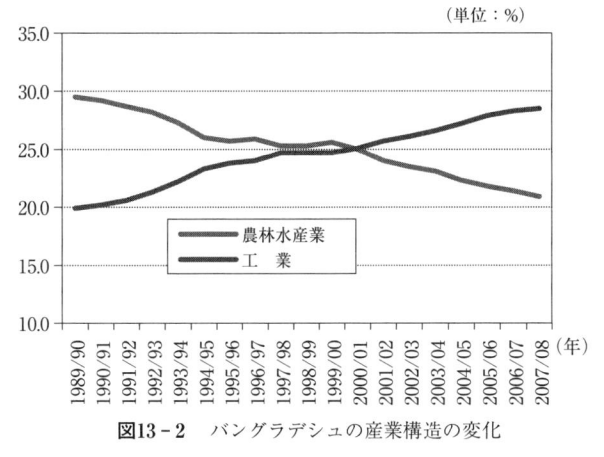

図13-2 バングラデシュの産業構造の変化

注：1995/96年固定価格表示。工業は，製造業，電気・ガス・水道，建設業を含む。
出所：図13-1と同じ。

産地であったが，その加工工場はインド領のコルカタ（旧カルカッタ）周辺に集中しており，バングラデシュは純粋の農業国であった。すなわち，経済発展のためには，大部分の人口が依存している農業の発展なくしてはありえない状況であった。

バングラデシュは，国土の大半が世界最大のベンガル・デルタの上にあり，毎年のように繰り返す洪水の恩恵を受けて農地は肥沃であり，詩人タゴールによって「黄金のベンガル」とうたわれた豊穣の地であった。しかしデルタの水文環境は，水の工学的制御を前提とする農業近代化には適していない。雨期における洪水規模が大きすぎて，現在もなお，制御はほぼ不可能といってよいのである。

しかし，結果的には，バングラデシュは農業近代化に成功した。勝負は乾期にあった。乾期には，水さえ確保できれば，晴天の日が多く植物の光合成が盛んになるので，豊かな農業生産が可能になるからである。また，いわゆる高収量品種（HYV）を植え付け，化学肥料を大量に投入するような生産性の高い稲作や小麦作が可能になるからである。

乾期における水の確保は，当初は低い土地に溜まった地表水の汲み上げによって，後には地下水の汲み上げによって可能になった。農村電化が遅れているバングラデシュでは，動力の約4分の3はディーゼル・エンジンである。ま

第Ⅲ部　南アジア各国経済論

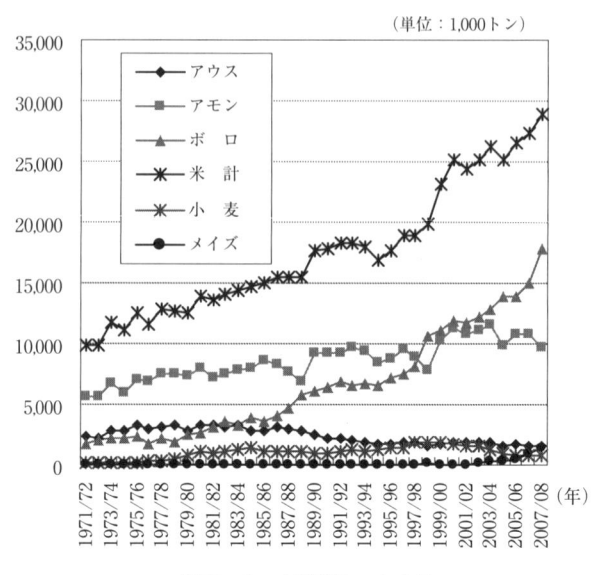

（単位：1,000トン）

図13-3　主要穀物の生産量

出所：図13-1と同じ。

た現在，圧倒的シェアを占めているのは，浅層地下水を汲み上げる浅管井戸（Shdrrow Tube Well, STW）である。

　灌漑の発展により，バングラデシュの農地は高度に集約的に利用されるに至っている。現在，農地面積約780万haのうち，単作地が約280万haに対し，二期作地は380万ha強，三期作地は100万ha強で，土地利用率は180％弱に達した。年に1度でも灌漑されている農地という意味での灌漑率は，およそ3分の2に達したと推計される。

　図13-3は，主要穀物である米（雨期前期のアウス，雨期後期のアモン，乾期のボロに大別される），小麦，飼料用メイズの生産動向を示すものである。米生産は，①独立前の水準に戻った1977年頃から1990年代初頭までの成長期，②1990年代前半の停滞期，③1990年代半ば過ぎ以降の急成長期の3つの時期に区分できる。年成長率は，第一の成長期には2.8％，第三の急成長期には4.2％に達した。急成長期の成長要因は，灌漑拡大によるボロの作付面積の増加よりもむしろ収量の大幅な上昇によるものであり，1ha当たり精米生産量にして，ボロは2.5トンから3.5〜4.0トンへ，アモンは1.5トンから2.0トンへ，アウスも1.2ト

ンから1.7トンへそれぞれ上昇した。ボロの収量増は主に，バングラデシュ稲研究所（BRRI）で開発されたBR28とBR29の２つのHYVの普及に伴うもので，両品種は現在，約60％のシェアを占めるに至っている。

　バングラデシュ政府は1990年頃，米自給宣言を行ったことがある。その後，停滞期を経験して輸入が再開されたが，上記のように，米生産量は過去10年ほどの間，年率４％以上の急増を達成した。しかし現在もなお，少量ではあるが，バングラデシュは米輸入を続けている。１つの要因は，民間輸入が認可されたため，インドとの価格差しだいで輸入が行われるようになったことであるが，もっと根本的な原因は次の通りである。

　1990年頃の米生産量は1800万トンで，種籾用その他損耗分を10％として，当時の人口１億1000万人で割ると，１人当たり年間147kgにしかならなかったことがわかる。これに対して，同じ計算を最近年で行うと180kgになる。1990年頃の米自給は，あくまで当時の米価と国民の所得水準を所与とした時に米に対する有効需要がそれ以上なく，したがって輸入がゼロという意味での自給であったが，最近に至ってようやく，あくまで平均の話で所得分配や貧困の問題は残るが，国民が米を十分に食べることのできる状態までほぼ達した，と解釈されるのである。

3　就業構造

　第１節では，かなり順調な経済成長に伴って，産業構造も大きく変化したことを明らかにした。では就業構造からみるとどうであろうか。表13－1は，それを整理したものである。

　表13－1によると，まず労働力人口の増加率は，過去の人口増加を反映して，1990年代半ばまでは年率３％近い高い値を示した。しかし1990年代半ばから2000年代半ばになると，増加率は1.63％に低下し，労働力人口の増加圧力の問題は軽減されつつある。ただしより深刻な問題は，製造業部門の労働吸収が不十分で，商業・ホテル・飲食，運輸・通信・倉庫などの第三次産業が労働吸収の主要部門となっている点である。後述するような縫製業の発展にもかかわらず，雇用面からみた場合，製造業の役割はまだ小さいのが現実である。

表13-1 産業別就業構造の変化

(単位：万人)

	1974年	シェア	1985/86年	シェア	1995/96年	シェア	2005/06年	シェア
農林水産業	1,684	78.7%	1,746	57.1%	2,060	51.1%	2,277	48.1%
鉱 業	0	0.0%	0	0.0%	0	0.0%	5	0.1%
製造業	103	4.8%	302	9.9%	400	9.9%	522	11.0%
電気・ガス・水道	1	0.0%	4	0.1%	10	0.2%	8	0.2%
建設業	4	0.2%	65	2.1%	100	2.5%	152	3.2%
商業・ホテル・飲食	84	3.9%	383	12.5%	600	14.9%	782	16.5%
運輸・通信・倉庫	35	1.6%	132	4.3%	230	5.7%	398	8.4%
金融・不動産	6	0.3%	37	1.2%	20	0.5%	74	1.6%
公務・サービス	224	10.5%	377	12.3%	610	15.1%	517	10.9%
合 計	2,141	100%	3,046	100%	4,030	100%	4,736	100%
増加率（年率%）	—		3.01		2.81		1.63	

出所：BBS, *Report on Labour Force Survey*, various issue.

4　縫製業の発展と外貨獲得

図13-4は，バングラデシュの輸出額の動向を示す。1990年代半ば以降，輸出額が急増してきたことがわかる。また図13-5は，各年の輸出額を100％としたときの主要輸出品の構成比を示すものである。1980年代初頭には原料ジュート，ジュート製品，茶，皮・皮革製品といった伝統的輸出品が約80％を占める状況であったが，1980年代半ば頃から，まず冷凍エビ・魚が増加し，その後，縫製品が出現して急増を遂げたことがわかる。現在，ニット縫製品と布帛縫製品合計で約80％を占めるに至った。図13-4は，2000年代以降の加速的な輸出額の増加を示しているが，これは主にニット縫製品の伸びによるものであり，多国間繊維協定（MFA）の失効（2005年）以降も，輸出品の重点を布帛縫製品からニット縫製品に移すことによって，バングラデシュは比較的上手く対応してきたのである。

ところでかかる縫製業の発展は，バングラデシュ社会に1つの大きな変化をもたらした。女性の社会進出である。最新の2005/06年労働力調査によると，15歳以上女性人口から学生を差し引いた3874万人のうち，31％に当たる1213万人が労働力人口（ただし85万人は失業者）である。そして，女性就業者1128万人の産業別内訳をみると，農林水産業が最大（66.5％）であるが，次に製造業（11.5％）が来る。また男女合計の製造業就業者522万人のうち，25％に当たる

第13章　バングラデシュ経済

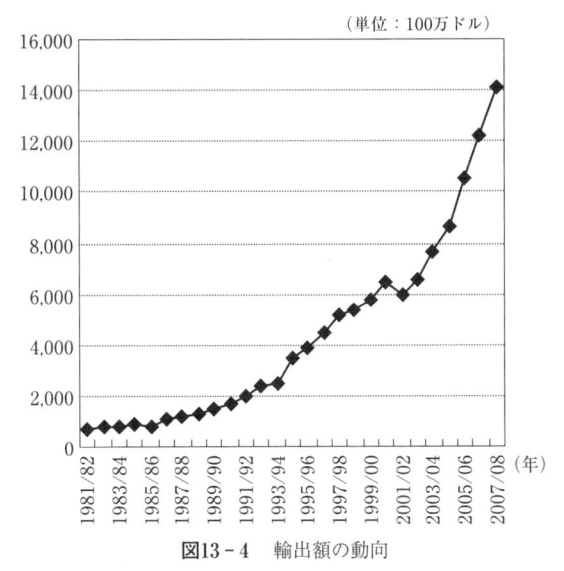

（単位：100万ドル）

図13-4　輸出額の動向
出所：Bangladesh Bureau of Statistics.

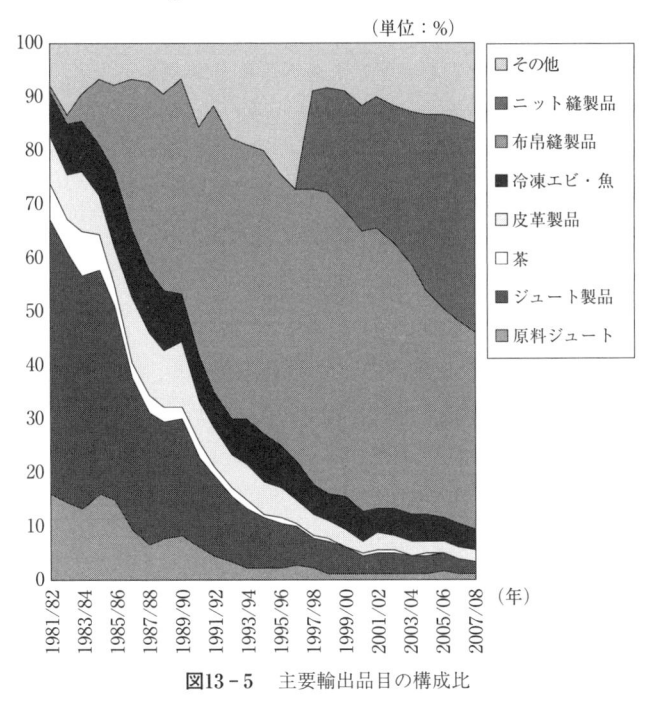

（単位：％）

凡例：
- その他
- ニット縫製品
- 布帛縫製品
- 冷凍エビ・魚
- 皮革製品
- 茶
- ジュート製品
- 原料ジュート

図13-5　主要輸出品目の構成比
出所：図13-4と同じ。

130万人が女性である。さらに別資料によると，縫製業3800社（布帛3150社，ニット製品650社）が抱える約180万人の労働者のうち85％が女性とされている。

縫製工場は首都ダッカにかなり集中しているが，多くの女性労働者は農村からの出稼ぎ労働者である。朝夕には，色とりどりのサロワカミーズを着た若い女性が大勢，歩いて通勤・帰宅する姿がみられるが，女性が家屋内または屋敷地周辺の狭い範囲でしか活動できなかった伝統的なバングラデシュ社会の規範からすれば，このような光景は，少し前までは誰にも想像できなかったことである。事実，1981年国勢調査によると，女性の労働力参加率は5.1％に過ぎなかったのである。

さて，外貨獲得源という意味では，海外出稼ぎ労働者からの送金は，縫製業と並んで，きわめて重要な地位を占めるに至っている。つまり，2007/08年の海外出稼ぎ労働者は98.1万人で，送金は約79億1500万ドルであった。それは，図13-4に示された約140億ドルの輸出総額の55％以上に相当する莫大な額なのである。なお，海外出稼ぎ労働者は，1980年代には数万人程度であったが，1990年湾岸危機から回復して以降急増し，約20～30万人（1990年代以降2000年代半ばまで）でしばらく推移した後，ごく最近，アラブ首長国連邦（ドバイ）への出稼ぎ急増に伴い，2006/07年に56.4万人，2007/08年には98.1万人にジャンプした。なお出稼ぎ先は，中東諸国のほか，マレーシア，シンガポールが多くなっている。

5　実質賃金

さて，では，経済発展の成果がどれだけ底辺層まで及んだかを示す最も基礎的データとして，農業日雇い労働者の実質賃金の動きをみてみよう（**図13-6**）。実質賃金として，ここでは米価でデフレートしたものを用いる。

図をみると，まず米価（名目価格）は，1980年代半ばから非常に緩やかな上昇を示してきたことがわかる。2007/08年以降のジャンプは，世界的な穀物価格高騰の影響がバングラデシュにも及んだことを示しており，2008年後半以降下落し，2009年には20タカ/kg前後に落ち着いている。これに対して農業日雇い賃金（名目）は，1980年代前半に急上昇した後，上昇率が鈍化したが，2000年代以降最近に至るまで，再びかなり急速な上昇を示してきたことがわかる。

図13-6 農業労働者賃金と米価

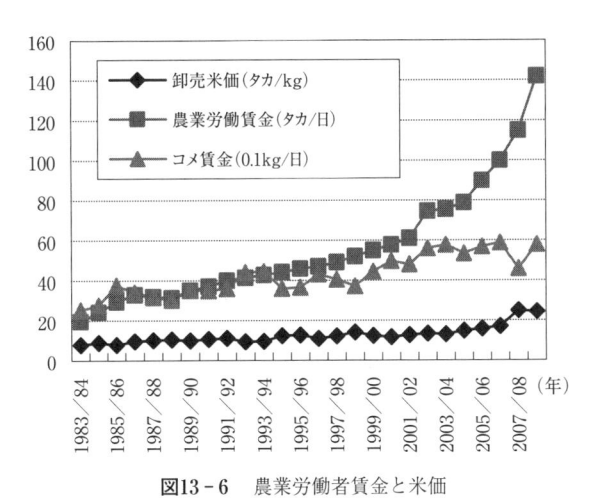

注：農業日雇い賃金は，男子で食事がつかない場合。
出所：図13-4と同じ。

　焦点のコメ賃金（日雇い賃金で購入できる米の量）は，1980年代半ばから1990年代末までは4kg前後でほぼ横ばいであったが，以降2002/03年までの間に6kg弱まで急上昇し，最近に至っていることがわかる（なお図には示されていないが，2009年にはさらに8kg弱まで上昇した）。ちなみに，1980年代半ば以前に言及するならば，独立直後，飢饉に見舞われた1973/74，1974/75年頃に1.3～1.4kgに落ち込んだ後，1980年代初頭までは1.8～2.2kgで推移してきたことがわかっている。

　以上を総合すると，バングラデシュの農業労働者のコメ賃金は，約2kg（1970年代半ば～80年代初頭まで）から始まり，3～4kg（1980年代），4kg（1990年代），5kg（2000年代初頭），6kg（2000年代半ば以降）へとしだいに上昇してきたと結論づけることができよう。なお，余談ながら，英領期の20世紀初頭には，3.7～5.6kg（4～6セール）であったという記録がある。バングラデシュのコメ賃金は，ごく最近，ようやく20世紀初頭のレベルまで回復し，それを上回ったのである。

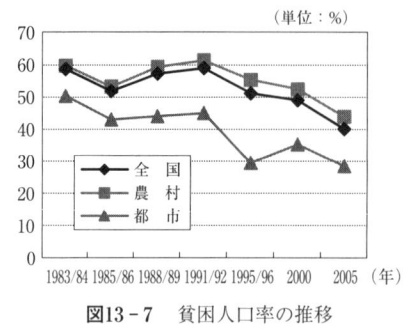

図13-7 貧困人口率の推移
出所：図13-4と同じ。

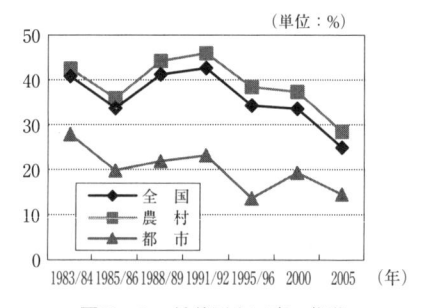

図13-8 最貧困人口率の推移
出所：13-4と同じ。

6　貧困人口率

　図13-7，図13-8はそれぞれ，貧困人口および最貧困人口の割合の推移をみたものである。ここでの貧困の計測基準は，基礎的ニーズを満たすための必要支出額（CBN：Cost of Basic Needs）であり，バングラデシュでは1995/96年家計支出調査から採用されたものである。

　全国を16区分し，各地域における財やサービスの価格差を考慮のうえ，1人当たり支出額を決め，それ以下の人口を貧困あるいは最貧困とするものである。地域によって異なるが，最貧困は，貧困の70〜85％の支出額に決められている。

　図13-7と図13-8をみると，1990年代以降の貧困率の低下傾向が明らかであろう。1980年代には，調査年による変動が激しく，顕著な低下傾向は観察されない。

　しかし，2005年に至っても，バングラデシュの貧困問題はまだ厳しいものがあることもわかる。貧困人口率は40％（農村44％，都市28％），最貧困人口率も26％（農村29％，都市14％）にとどまっているのである。コメ賃金が6kg以上に達したにもかかわらず，相変わらず貧困人口が多い理由は，1つには家計支出に占める米購入費の割合の低下がある。2005年家計支出調査によれば，エンゲル係数は全国で52.3％（農村56.8％，都市44.0％）まで低下し，米購入費だけをとると全国で19.1％（農村22.8％，都市12.2％）まで下がった。すなわち，米の家計費に占める重要性が相対的に下がり，他の支出が多くなったため，コメ賃金の上昇が貧困削減にはあまり効かなくなってきたわけである。

表13-2　バングラデシュの貧困人口割合の地域差

管区	2000年			2005年		
	農村	都市	合計	農村	都市	合計
ボリサル	55.1	32.0	53.1	54.1	40.4	52.0
チッタゴン	46.3	44.2	45.7	36.0	27.8	34.0
ダッカ	55.9	28.2	46.7	39.0	20.2	32.0
クルナ	46.4	38.5	45.1	46.5	43.2	45.7
ラジシャヒ	58.5	44.5	56.7	52.3	45.2	51.2
シレット	41.9	49.6	42.4	36.1	18.6	33.8
全国	52.3	35.2	48.9	43.8	28.4	40.0

出所：BBS（2005），*Report of Household Expenditure Survey*.

表13-3　貧困の農地所有階層間格差（農村のみ）

農地所有面積	貧困率		最貧困率	
	2000年	2005年	2000年	2005年
土地なし	69.7	66.6	53.1	49.3
0.05エーカー未満	63.0	65.7	48.8	47.8
0.05〜0.49	59.3	50.7	41.7	33.3
0.50〜1.49	47.5	37.1	30.6	22.8
1.50〜2.49	35.4	25.6	22.9	12.8
2.50〜7.49	22.8	17.4	12.4	7.7
7.50エーカー以上	9.7	3.6	4.1	2.0
合計	52.3	43.8	37.9	28.6

出所：表13-2と同じ。

　最後に，貧困の地域間格差と農地所有規模間の格差について補足しておきたい。

　まず**表13-2**は，地域間格差である。管区別には，ボリサルとラジシャヒ，そしてクルナで貧困率が高く，逆に低いのはダッカとシレット，そしてチッタゴンである。また問題は，前者の貧困率の高い管区では，2000年から2005年の間にほとんど貧困率の低下がみられなかった点である。

　次に，**表13-3**が農地の所有規模別格差を示すものである。農地所有面積がゼロ，または小さいほど（最）貧困率が高いことが明白である。とくに，土地なしの3分の2は貧困で，50％近くが最貧困という事態は深刻である。さらに，土地なし（0.05エーカー未満を含む）で2000年から2005年の間に貧困改善がほとんどみられなかった点が注目される。

　以上のように，貧困地域そして貧困階層における貧困率の改善が，近年，緩

慢であり，経済発展から取り残されているという点が，大きな問題点として指摘できよう。

7　所得分配

表13-4は，1980年代半ば以降のバングラデシュの所得分配の不平等度をジニ係数の動きで示したものである。これによると，1990年代初頭までは，ジニ係数は農村，都市，全国ともに0.4を下回る水準にあり，所得格差はあまり大きくなかった。しかし1995年に都市でジニ係数が大きく増加し，2000年代に入ってさらに増加している。さらに農村でもジニ係数がじわじわと増加し，かつ都市・農村間の所得格差も拡大している。バングラデシュの経済成長は，貧困層を多く残したまま，所得格差の拡大を結果してきたといえよう。

最近，ダッカを訪れると，やたら羽振りのいい人々が結構いることに驚く。電化製品が一通り揃った高級フラットに住み，自家用車を乗り回し，豪勢なレストランで外食をするような人々の存在が目立ってきたのである。1990年代半ば過ぎまでは，そのような兆候はあったが，よく注意しないとわからなかった。しかし，その後10年くらいの間に，事態は誰の目にも明らかになった。バングラデシュでもインド同様，いわゆる「中間層」が登場したのである。大学も，ダッカ大学やジャハンギルナガル大学といった国立大学のほかに，私立大学が次々に出現し，驚くような高い授業料にもかかわらず，多くの志願者を集めている。これは，銀行はじめ多くの民間企業が育ち，ホワイトカラー職の就職先も豊富かつ多様化したことを示している。

農村においても，土地所有に基づく伝統的な格差構造の質的変化が激しい。従来，土地所有の上位層は，子弟に教育をつけて地元で働く公務員に就職させるか，あるいは定期市で小さな店舗を構える程度で，そう大したお金にはならなかった。しかし最近においては，子弟にダッカで高等教育を施してホワイトカラー職に就職させる道が開け，また農村ないし近くの町で商業や運輸・通信関係，その他雑多なビジネス機会をつかむ人々が増えた。むろん土地所有の下位層も，農外就業への流出が激しい。しかし下位階層の子弟の就業先は，ブルーカラー職やより小規模なビジネスが中心であり，また底辺には建設労働などの単純肉体労働がある。こうして伝統的な土地所有に基づく階層構造は，形

表13-4 ジニ係数からみた所得格差の動向

	1983/84	1985/86	1988/89	1991/92	1995	2000	2005
農村	0.350	0.360	0.368	0.364	0.384	0.393	0.428
都市	0.370	0.370	0.381	0.398	0.444	0.497	0.497
全国	0.360	0.370	0.379	0.388	0.432	0.451	0.467

出所：BBS, *Report of the Household Expenditure Survey*, various issue.

を変えて維持・拡大しているわけである（もちろん例外も多く，伝統的な階層構造が逆転する例も，多々存在する）。

さらには海外出稼ぎがある。海外出稼ぎ者，とくにシンガポールやマレーシアなど条件のよい国への出稼ぎ者は，多くが農村の中上位階層から輩出されており，農村内所得分配の悪化の1つの大きな要因になっているのである。

8　社会開発

独立後バングラデシュの発展は経済面だけではない。むしろ社会開発の成果が目覚しい。以下，人口・家族計画，初等／中等教育，医療保健・公衆衛生の順に記述を進める。

（1）　人口・家族計画

表13-5は，バングラデシュの長期人口動態を示す。人口の急増は1930年代頃に始まり，1960年代から1970年代にかけて年率2.4％でピークに達したが，1980年代から増加率の鈍化が始まり，1990年代には1.6％まで急激に低下したことがわかる。ちなみに，2010年現在の推定増加率は1.3％である。このように，バングラデシュはいわゆる人口転換の最終局面にあり，まだ増加は続くものの，今後さらに落ち着いたペースとなっていくであろう。

その最大の要因は，いうまでもなく合計特殊出生率（TFR）の急激な低下であった。1970年代に6.0を超えていたTFRは，2.4まで低下した。TFRの低下は，女性の初婚年齢の上昇（1970年代の15～16歳から2000年代初頭には20歳，ただしごく最近は再び18歳へ低下）と一定数の子供を確保した後の夫婦による家族計画の普及である。もちろん，政府やNGOの家族計画キャンペーンの効果は大きかったが，より根本的には，産業構造の重心が農業から非農業へ移行するな

表13-5 バングラデシュの人口動態

	人口 (万人)	年増加率 (％)
1901	2,898	—
1911	3,156	0.94
1921	3,325	0.60
1931	3,560	0.74
1941	4,200	1.70
1951	4,417	0.50
1961	5,522	2.26
1974	7,640	2.48
1981	8,991	2.35
1991	11,146	2.17
2001	13,052	1.59

出所：BBS, *Population Census Report*, various issues.

かで，子供に対する教育投資の期待収益率が上がり，高い教育費とあいまって，少数の子供を生み教育をつける方向に人々の意識と行動が変化したのである。

(2) 初等／中等教育

まず小学校（5年制）への就学率は，1980年代初頭には約70％であったが，2006年には85％（男子84.4％，女子85.6％）まで上昇した。また中学校（5年制）についても，1980年代初頭の13％から最近では44％に達している。ただし，途中退学（ドロップ・アウト）の問題は，かなり改善してきたものの，現在もまだ深刻である。2006年には，15歳以上の成人識字率は54％（男58％，女49％）まで上昇した。

(3) 医療保健・公衆衛生

2008年バングラデシュ統計年鑑をもとに最新の主な指標をみると，以下の通りである。出生時平均余命67歳（男66歳，女69歳），妊産婦死亡率34人（1000人当たり），5歳までに幼児が死亡する確率59人（同上），飲料水源が水道または管井戸の世帯（都市100％，農村99％），衛生トイレのある世帯（都市77％，農村46％），電気がきている世帯（都市86％，農村39％）。

9 開発政策と経済発展のメカニズム

　では，以上明らかにしてきたバングラデシュの経済発展は，いかにして可能になったのであろうか。著者なりの考察を加えてみたい。

　まず第一に指摘したい点は，バングラデシュの経済発展が農業部門の比較的高い成長によって下支えされてきた点である。1970年代末から1980年代末頃までの稲作の「緑の革命」の進展に伴う，年率2.6％超のかなり高い農業成長率は，同時期の製造業部門が不振だっただけに，とりわけ有意義であった。この間に米価は実質で約35％低下し，賃金の高騰を抑制して，1990年代以降の緩やかに加速する高位安定的な経済成長（図13-1）を準備したのである。また，付け加えていうならば，年率4％を超える1990年代半ば以降の稲作部門の急成長は，国民1人当たり平均180kgの米供給を可能にし，栄養不良の問題（とくに女性や子供）を解消する可能性を拡大するとともに，今後，農村がこれまで以上に，国内・非農業部門の商品やサービスに対する市場の提供を通じて，内需を支え，国民経済の発展に貢献する可能性を広げたといえるであろう。

　稲作部門を中心とする農業成長は，バングラデシュの豊かな地下水資源を基盤としつつ，浅管井戸に対する農民の投資と，バングラデシュ稲研究所をはじめ試験研究への公共投資によって可能となった。さらに，化学肥料やコメの流通コストを下げる役割を果たした，道路などへの政府農村インフラ投資（大部分はODAを原資とするもの）の重要性も忘れてはならないであろう。

　第二に，1980年代まで，バングラデシュのマクロ経済指標の悪さは際立っていた。その意味で，1990年代前半，バングラデシュ民族主義党（BNP）の政権期に達成されたマクロ経済安定化が果たした役割は，非常に重要であった（**表13-6**）。まず年率10％を超えていたインフレの抑制に成功した。そして実質金利がプラスに転じ，低迷してきた国内貯蓄率が対GDP比15％まで上昇，海外出稼ぎの増大に伴う貯蓄とあわせて1990年代半ばまでには貯蓄率が20％に達し，それが，その後の待ちに待った民間投資の急増につながっていったのである。輸出向け縫製業の発展も，大部分が国内資本による投資によるものであり，貯蓄率上昇の恩恵を受けた。ちなみに現在，国内貯蓄率が20％，海外貯蓄をあわせた国民貯蓄率も30％近くに達し，20％という高い民間投資率を支えているの

表13-6 マクロ

	1994/95	1995/96	1996/97	1997/98	1998/99	1999/00
貯蓄率	19.1	20.0	20.7	21.8	22.3	23.1
国　内	13.1	14.7	15.9	17.4	17.7	17.9
海　外	6.0	5.3	4.8	4.4	4.6	5.2
投資率	19.1	20.0	20.7	21.7	22.2	23.0
政　府	6.7	6.4	7.0	6.4	6.7	7.4
民　間	12.4	13.6	13.7	15.3	15.5	15.6
消費率	86.8	85.3	84.1	82.6	82.3	82.1
政　府	4.6	4.4	4.4	4.7	4.6	4.6
民　間	82.2	80.9	79.7	77.9	77.7	77.5
政府収入	9.8	9.2	9.6	9.5	9.0	8.5
税　収	7.9	7.3	7.9	7.7	7.4	6.8
その他	1.9	1.9	1.7	1.8	1.6	1.7
政府支出	14.4	13.9	13.3	12.9	13.5	14.5
経常支出	6.7	7.0	6.8	7.1	7.5	7.7
年次開発支出	6.6	5.9	6.0	5.4	5.6	6.4
その他	1.1	1.0	0.5	0.4	0.4	0.4
政府財政収支	-4.6	-4.7	-3.7	-3.4	-4.5	-6.0
うち国営企業収支			-0.8	-0.2	-0.3	-0.9
財政赤字補填	4.8	4.8	4.3	3.9	4.7	5.4
海外ファイナンス	3.6	2.8	2.8	2.3	2.5	2.5
贈　与	2.2	1.9	1.7	1.3	1.3	1.5
ネット借入	1.4	0.9	1.1	1.0	1.2	1.0
国内ファイナンス	1.2	2.0	1.5	1.6	2.2	2.9
輸　入	15.4	16.9	16.9	17.1	17.5	17.8
輸　出	9.1	9.5	10.4	11.7	11.6	12.2
貿易収支	-6.3	-7.4	-6.5	-5.4	-5.9	-5.6
経常収支	-1.8	-2.3	-1.3	-0.6	-0.9	0.0
外貨準備（100万ドル）	3,070	2,039	1,719	1,739	1,523	1,602
消費者物価上昇率(%)			4.0	8.7	7.1	2.8
うち食料			3.7	10.5	9.3	2.7
うち非食料			4.5	6.0	4.0	3.1

出所：Ministry of Finance (Government of Bangladesh) (2008), *Bangladesh Economic Review*.

である。

　そういうなかで，バングラデシュの経済成長は，内需依存型からしだいに輸出依存の傾向を強めてきた。それは，**表13-7**の貿易依存率（輸出＋輸入をGDPで除した指標）の推移が示す通りである。表によると，バングラデシュは，マレーシア，タイ，ベトナム，カンボジアをはじめとする東南アジアや韓国，中国など東アジアよりは内需依存が強いが，南アジアのなかでは貿易依存率が最も高い国の1つとなるに至ったことがわかる。また，バングラデシュ経済にお

経済指標の推移

(単位:対GDP比:%)

2000/01	2001/02	2002/03	2003/04	2004/05	2005/06	2006/07	2007/08
22.4	23.4	24.9	25.4	25.8	27.7	28.7	29.2
18.0	18.2	18.6	19.5	20.1	20.3	20.3	20.1
4.4	5.2	6.3	5.9	5.7	7.4	8.4	9.1
23.0	23.2	23.4	24.0	24.5	24.7	24.5	24.2
7.2	6.4	6.2	6.2	6.2	6.0	5.5	5.0
15.8	16.8	17.2	17.8	18.3	18.7	19.0	19.2
82.0	81.8	81.4	80.4	80.0	79.7	79.6	79.9
4.5	5.0	5.4	5.5	5.5	5.5	5.5	5.4
77.5	76.8	76.0	74.9	74.5	74.2	74.1	74.5
9.6	10.2	10.4	10.6	10.6	10.8	10.5	10.8
7.8	7.8	8.3	8.5	8.6	8.7	8.3	8.9
1.8	2.4	2.1	2.1	2.0	2.1	2.2	1.9
14.8	14.9	14.6	14.8	15.0	14.7	14.1	15.6
8.1	8.3	8.4	8.5	9.0	8.8	9.6	9.2
6.3	5.5	5.6	5.7	5.5	5.2	3.8	3.1
0.4	1.1	0.6	0.6	0.5	0.7	0.7	3.3
-5.2	-4.7	-4.2	-4.2	-4.4	-3.9	-3.6	-4.8
-1.0	-0.6	-0.2	-0.2	-0.7	-0.7	-0.6	-1.0
4.8	4.8	3.6	4.6	4.2	4.2	3.5	4.5
2.0	2.1	2.3	2.4	2.4	2.0	1.6	1.9
1.1	1.0	0.8	0.8	0.7	0.6	0.9	0.9
0.9	1.1	1.5	1.6	1.7	1.4	0.7	1.0
2.8	2.7	1.3	2.2	1.8	2.2	1.9	2.6
19.9	18.0	18.6	19.3	21.8	21.5	28.5	24.7
13.7	12.6	12.6	13.5	14.4	16.8	20.4	17.7
-6.2	-5.4	-6.0	-5.8	-7.4	-4.7	-8.1	-7.0
-2.2	0.5	0.6	0.3	-0.9	1.3	1.4	0.9
1,307	1,583	2,470	2,705	2,930	3,484	5,077	6,149
1.9	2.8	4.4	5.8	6.5	7.2	7.2	9.9
1.4	1.6	3.5	6.9	7.9	7.8	8.1	12.3
3.0	4.6	5.7	4.4	4.3	6.4	5.9	6.3

ける海外出稼ぎ労働者からの送金の重要性を考慮すれば，その対外依存の増大傾向はより明らかといえよう。ただし，以前と比較すれば随分と改善したとはいえ，バングラデシュは，十分な海外直接投資（FDI）を引き付けることができていない（**表13-8**）。それは，海外企業家の期待に反するようなインフラ整備の遅れ，また汚職の蔓延や治安の悪さなど，いわゆるガバナンス問題が主な原因であり，低賃金のメリットを十分に生かすことができずにいるのである。

ただし表13-6にみるように，かつてはほとんどを外国からの贈与や借款に

表13-7 アジア主要国の貿易依存率
(単位：％)

	1984	1995	2006
日　本	24.2	15.2	28.2
韓　国	71.9	57.1	71.5
中　国	18.1	39.8	66.0
フィリピン	35.8	84.7	61.8
インドネシア	44.4	43.6	50.0
ベトナム		60.4	138.0
カンボジア			120.5
ラオス		53.1	60.8
タ　イ	42.7	76.2	125.7
マレーシア	104.1	177.9	195.7
バングラデシュ	24.2	33.1	45.4
ネパール	23.9	40.7	35.5
インド	15.1	20.1	33.4
スリランカ	60.8	69.6	63.4
パキスタン	30.5	32.1	36.3

出所：世界銀行，世界開発報告，各年版。

表13-8 アジア主要国への海外直接投資

	FDI(100万ドル)	対GDP比率(％)
日　本	3,214	0.07
韓　国	4,339	0.49
中　国	79,127	2.97
フィリピン	1,132	0.97
インドネシア	5,260	1.44
ベトナム	1,954	3.21
カンボジア	379	5.27
ラオス	28	0.82
タ　イ	4,527	2.19
マレーシア	3,966	2.66
バングラデシュ	802	1.29
ネパール	2	0.02
インド	6,598	0.73
スリランカ	272	1.01
パキスタン	2,183	1.69

出所：世界銀行，世界開発報告，2008年版。

依存していた政府財政赤字の補填については，最近では，国内借入（とくに，インフレを引き起こす中央銀行からの借入よりも，商業銀行やノン・バンクからの借入）への依存度が高まっており，自立性が高まっていることがわかる。

　第三に，バングラデシュはNGO大国であるが，後述のような政府部門の「頼りなさ」のなかで，NGOがその開発に果たした役割は，非常に大きなものがあるといわねばならない。国際NGOのみならず，多くの国内NGOも，1971年の独立直後の経済の疲弊・混乱のなかで生まれ，当初は援助物資の配分に携わったが，緊急援助が必要な段階が過ぎた後は，主に農村の最底辺層である土地なしや貧農を対象とした生業支援（income generation）事業，および諸々の社会開発事業（ノン・フォーマル小学校の設立・運営，成人識字教育，医療保健，トイレ設置を中心とする衛生改善，家族計画など）に深くかかわってきたのである。また今日，世界的に有名になったグラミン銀行を嚆矢とするマイクロ・クレジット（貯蓄や保険機能も含む広義の意味ではマイクロ・ファイナンス）も，その多くが大小様々なNGOによって運営が担われている。マイクロ・クレジットは，それ自体が経済成長を引っ張る役割は期待できないが，経済成長の果実を貧困層まで均霑させるという大変重要な役割を果たしてきた。それはまた，リスク

(自然災害など)やショック(病気,ケガなど)に対する貧困層のレジリアンスを高めるという意味でも,効果的であった。

10　今後の課題

　これまで述べてきたように,バングラデシュは,1971年の独立直後の極度の経済・社会の疲弊と混乱,また発展を阻害する様々な悪条件を克服し,今日までに,顕著な発展を達成してきたといってよいであろう。しかし,貧困率40%という数字に象徴されるように,まだ問題は山積している。以下,残された問題点のうち,主なものについて述べる。

　第一に,いわゆるガバナンス問題の軽減・解消は,非常に重要な課題として横たわっている。その背景には,不安定な政治の問題がある。バングラデシュでは,独立後,重要な政治家の暗殺やクーデターが頻発し,政治の混乱が続いた。1975年8月のアワミ連盟(AL)の党首ムジブル・ラーマン大統領の暗殺,その後混乱を収拾して権力の座につきバングラデシュ民族主義党(BNP)を結成した軍人ジアウル・ラーマンの暗殺(1981年5月)など,がそれである。またその後,政権を奪取した軍人エルシャドは,国民党(JP)を結成して比較的長期の政権を維持したが,野党連合と市民勢力による反政府運動の高まりに抗しきれず,1990年末には,ついに政権の座を明け渡した。

　こうして1991年2月27日,バングラデシュでは独立後初の記念すべき本格的な政党間選挙(主にALとBNPの2大政党間の争い)となったが,BNPが選挙に勝ち,党首カレダ・ジア(ジアウル・ラーマンの妻)政権が誕生したのである。それ以来,現在まで,バングラデシュは「民主政治」を維持している。具体的には,上記2大政党の政権交代が続いており,BNP政権(1991～96),党首ハシナ(ムジブル・ラーマンの娘)率いるAL政権(1996～2001),BNP政権(2001～06),そして中立非政党選挙管理内閣(2007～08)をはさんで,2008年12月の総選挙で誕生したAL政権(2008～)と続いてきた。

　しかし,形式的には「民主政治」ではあるが,その実,とてもそうとはいえないようなひどい政治が続いているといわざるをえないのである(興味ある読者は,アジア経済研究所が毎年出版している『アジア動向年報』の「バングラデシュ」の記事を読み進めばよい)。与野党間の対立は根深く執拗で,かつ国会審議より

もむしろ暴力的手段による応酬が続いている。両政党は，労働組合内の系列組織や学生組織などをもち，殺人などを伴う抗争が絶えない。学生組織の学生らが，民間企業に押し入ってお金を脅し取るといったことも，しばしば起こる。最大の貿易拠点であるチッタゴン港の港湾労働者がしばしば行うストライキも，その背後に政党間抗争がある場合が少なくない。

　与党は，任期切れが近づくと，選挙に有利になるよう高級官僚人事を操作したり，国民受けするような放漫財政を行ったりし，また選挙の結果，野党が政権を奪取すると，今度は報復的な人事や政策が行われがちである。選挙時には，相手政党の有力者に対する爆弾テロなどが多発し，また自党に有利な選挙者名簿の作成，投票所での投票妨害や不正なども日常茶飯事となった。

　また野党は，ホルタールと呼ばれるゼネスト戦略を好んで用いる。ホルタールが宣言されると，主要道路は封鎖され（通行する車などは，最悪の場合，焼き討ちにあう），店舗も，暴徒の攻撃を恐れてシャッターを下ろすので，官庁や学校は休みになるし，民間企業もほとんど活動ができなくなり，経済活動や社会生活が麻痺状態に陥る。外国人など要人は，出国日がホルタールに当たると，救急車を呼び，それに乗って空港まで行くということにもなる（さすがに，救急車を襲うことはないため）。AL，BNPとも，与党になると野党にホルタールを廃止しようと呼びかけるが，自らが野党に転落するとすぐ，またホルタールに打って出るという繰り返しを行ってきたのである。

　近年，バングラデシュ経済が縫製品輸出への依存度を高め，かつかなり高い経済成長を持続するようになるとともに，民間企業家などを中心に，ホルタールの廃止を呼びかける声が日に日に高まっている。幸い，2007年の選挙管理内閣以降は，ホルタールは宣言されていない。2008年12月に誕生したAL政権下でも，選挙がALの圧勝に終わったため（299議席のうち，ALが230議席を確保，BNPはわずか29議席，JPも27議席に終わった），BNP他野党がホルタールを断行しようとしても，国民の支持を得られず，逆効果になるという構図が生まれた結果，ホルタールが影を潜めていると思われる（しかし将来，復活しないという保障はない）。

　もちろん，ガバナンス問題は不安定な政治に起因するばかりではない。バングラデシュは，汚職の深刻度で世界一の汚名を受けている。政治家のみならず，警察や入管をはじめ公務員の間に広がる汚職は，あまりに広範であり，かつ深

刻である。また、公務員（教師や医者を含む）の怠業、とりわけ教師が学校に出てこないという問題（absenteeismと呼ぶ）も、だいぶ改善されてきたが、まだ改善の余地がある。本章で先にバングラデシュの発展にとってのNGOの役割を強調したが、それは、裏返せば、政府がほとんど機能していないことを意味しているのである。

　第二に、広い意味ではガバナンス問題の一部かも知れないが、地方行政の空疎さという住民にとって深刻な問題が横たわっている。バングラデシュでは、英領植民地期に本格的な行政制度の整備が行われたが、英国が重視したのは、徴税（とくに農民からの地税）と治安維持であった。その結果、徴税村（revenue village）が置かれ、県長官（Collector）をトップとする地税徴収のための緻密な制度が発達し、また郡レベルには警察署が置かれ（タナと称された）、村（村評議会であるユニオン）レベルのチョキダール（村警備員）らを監督しつつ治安を維持する体制ができ上がった。しかも、チョキダールの雇用は、別途徴収する住民税で賄おうとしたのである（住民税の不払い率は、当時から高かった）。

　以上のような性格をもつ行政制度を引き継いだパキスタン（および、そこから独立したバングラデシュ）では、農業普及、医療保健、教育をはじめ、徴税と治安維持以外の住民サービスを担当する中央省庁、およびその県（ただし、全国で64を数える新制の県）レベルまでの出先機関が設置され、拡充されたが、それ以下の地方行政制度の整備は遅れた。郡は、相変わらず警察が中心であり、ユニオンは公選の1人の村長と数人の議員、および数人のチョキダールが主なメンバーで、事務職員はわずか1名がいるのみであった。郡を地方行政組織として強化しようとしたのがエルシャドで、1982年、タナをウポジラと改称し、従来は県（当時の準県）レベルにとどまっていた中央省庁からの派遣職員をウポジラまで下ろし、かつウポジラに公選の議長を1人置いて、ウポジラ評議会（議員はユニオン議長が兼任する）を設置した。またエルシャドは、ウポジラ開発資金を拠出し、地方分権の実質化を図ろうとした。

　ウポジラ計画は、明らかに、エルシャド率いる人民党（JP）の地方地盤固めのために行われたものであったが、地方行政改革、特に地方分権化の第一歩としても、歴史的に非常に意味のある改革だったと評価できよう。しかし、1991年に政権についたBNPはあっさりとウポジラ評議会を廃止し（ウポジラ・レベルの中央省庁の役人は残った）、その後紆余曲折をへて、現在まで、ウポジラの地

方行政組織としての強化はほとんど進展していない。

また，BNP政権時には，ユニオンの下に，ジアウル・ラーマンが試みたグラム・ショルカル（村政府の意味）を復活させる動きもあったが，その実，ユニオンの下にあるワード（ユニオン議員の選挙のための選挙区）を若干強化するだけであり，またそれも現在まで，実体のあるものになってはいない。

こうして，タナ（ウポジラ）・レベルの地方行政制度の強化には一定の進展はあったが，ユニオン以下は，英国時代とあまり変わらない状態のまま，放置されてきたのである。その間の人口増加は凄まじかった。20世紀初頭のバングラデシュの人口は3000万人弱（表13-5）であったから，今日までの110年間で5倍に達した。現在，平均的人口規模は，タナ（ウポジラ）で20〜30万人，ユニオンで2〜3万人となっている。20世紀初頭，人口規模がちょうど5分の1だったとすれば，1ユニオン当たり4000〜5000人であったことになる。末端の行政村の人口規模として，当時は，真っ当だったといえるであろう。しかし現在まで，ユニオンの組織的実態は変わらないのに人口だけが5倍になり，かつユニオンの下に行政機構が何もないという状況が続いてきたのである。

こうして今日，1人1人の住民からすると，行政の姿がほとんどみえない，行政側からしても，1人1人の住民を把握し，ケアし，行政サービスを提供することなどとてもできないような状況になってしまった。加えて，すでに述べた行政官の怠業や汚職の問題がある。バングラデシュでは，「小さくて非効率な」政府が問題なのであり，本来政府を補足すべきNGOが，政府を代替して働いているケースが多くみられるのは，以上に基づくものである。

以上指摘した第一と第二の問題点は，それが経済発展を阻害する要因として重要というだけでなく，貧困を経済的貧困から人間貧困（human poverty）に拡張して考えるならば，バングラデシュ国民が人間貧困からの解放を達成するために不可欠な改善すべき問題点に他ならないということである。国民が安心して生活し，また1人1人が人間としての尊厳が尊重されるような社会の構築こそが最終目標だからである。

最後に，以下，経済的課題の主要な点を3点だけ挙げておきたい。第一に，当然であるが，さらなる貧困削減である。コメ賃金はかなり上昇して食料問題は解消されつつあるが，非食料品の必需性が高まっている現在，貧困問題はまだ深刻である。とくに，特定の地域，特定の階層，あるいは女性世帯主世帯の

■□コラム□■

マイクロ・クレジット

　貧困削減の目玉として世界を席巻しているマイクロ・クレジット（マイクロ・ファイナンス）は，バングラデシュが発祥の地である。農村の土地なし貧困世帯，とくに自分の名前すら書けず，また社会規範により行動範囲を著しく制限された女性世帯員に対し，無担保でお金を貸すグラミン銀行は，次のような制度的革新によって成功した。第一に，無担保融資を実現するため，あくまで個人に対する貸付ではあるが，グループ貸付制を導入して緩やかな連帯責任制にした。第二に，一般に銀行の建物の奥で「ふんぞり返っている」銀行員を，彼らが自転車で村を回って業務を行う仕組みに転換した。第三に，融資の際必要な書類は，銀行員や村のなかで字が書ける人が手伝うような仕組みにした。第四に，借りたお金を一気に返すのではなく，毎週分割返済にして１回の返済額を小さくした。第五に，一般に，浪費癖のある男性でなく，家庭を守り，貯蓄倹約の必要をよりよく理解している女性にターゲットを当てた。

　グラミン銀行は，1974年の飢饉の悲惨さを目の当たりにしたユヌス教授が，机上の学問のあり方に根本的疑問をもち，当初はポケットマネーで「実験」的に行った融資が成功し，1984年に正式の銀行に格上げされて以降，急速に発展した。1998年の大洪水の際，返済率低下に苦しんだが，それを教訓に融資や返済をフレキシブルにする改革（グラミンⅡ）を断行し，さらに大きく発展して今日に至っている。グラミン方式を真似たマイクロ・クレジットが他の多くのNGOや政府機関によっても採用され，バングラデシュは，マイクロ・クレジット大国となった。

　しかし，世界中に広がったマイクロ・クレジットは，グラミン銀行のような仕組みだけではない。例えばインドには，SHG（Self-Help Group）がある。貧困世帯の女性15〜20人が集まり，毎月一定額の貯金をし，それを必要なメンバーに貸し付けるというのが基本的仕組みであり，文字通り，自助グループである。しかしSHGの特徴は，グループ活動が一定期間，うまく機能すると，それを支援しているNGOのお墨付きのもとで，金融機関から融資が受けられる点にある。また融資は，きちんと返済されれば，政府がその半額を補助金で戻してくれる（ただし初回の融資のみ）。以上はSHG-銀行連結プログラムと呼ばれ，インドではこの制度のおかげで，多くの貧困層が銀行融資へのアクセスを実現している。

問題などが重要であろう。第二に，輸出品構成が縫製品に著しく偏っている点である。低賃金のメリットをもっと生かすためには，より多様で高度な製造業の発展が必要であろう。しかし海外直接投資の流入を阻害している主要な要因は，上述のガバナンス問題である。解決は，そう容易ではないといわざるをえない。第三に，新たな課題として，所得分配の問題が登場している。著者が最近，農村を歩いている実感では，過剰労働人口の問題はだいぶ解消され，バングラデシュ経済も「転換点」を迎えようとしていると思われる。しかし，少なくとも今後しばらくは，所得分配の悪化が続くと考えられるし，また，いずれ将来のある時点で，クズネッツの逆U字仮説があてはまり，所得分配の改善が進むかどうかは，予断を許さないといえよう。

● 参考文献――――――――

アジア経済研究所編『アジア動向年報』各年版。

Bangladesh Bureau of Statistics (BBS), *Yearbook of Agricultural Statistics*, various issues.

BBS, *Report on Labour Force Survey*, various issues.

BBS, *Report of the Household Expenditure Survey*, various issues.

BBS, *Monthly Statistical Bulletin of Bangladesh*, various issues.

BBS, *Statistical Yearbook of Bangladesh*, various issues.

Centre for Policy Dialogue (CPD), *State of the Bangladesh Economy and Outlook*, various issues.

CPD, *A Review of Bangladesh's Development*, various issues.

Ministry of Finance (Government of Bangladesh), *Bangladesh Economic Review*, various issues.

（藤田幸一）

第14章
ネパール経済

　ネパールは自然環境が厳しくかつ事実上現代的な物的インフラを欠く内陸国である。また人口の約3分の1が貧困線以下にある，後発開発途上国の1つである。農業が経済の中核を占め，それが人口の大部分の生計を支えている。複数政党制による民主政治，10年に及ぶ武装闘争，そして最近では君主制の廃止といった政治変動がここ20年間，社会政治部門に大きなインパクトを与えてきた。それゆえに経済部門は弱く不安定なままである。ネパールは水力および観光などには相当な可能性をもち，これらは近年外国の投資の関心を呼んでいる。しかし，対外貿易と他の部門に対する投資の展望は依然として明るくない。それは経済規模が小さいこと，技術的後進性，遠隔地であり内陸国であるという地理的条件，武力闘争と労働の不安定性そして何より政治的不安定性などが理由にある。

1　一般的背景

（1）　ネパールとは

　14万7181km²の土地と2700万人ほどの人口を有するネパールは，中国とインドに挟まれた，きわめて小さな国である。ネパールは地理的にみるとインドの肥沃なガンジス平野とチベットの乾燥した高原との間に横たわる山地に位置する。大半の物品が中国から流入しているが，陸地に囲まれているネパールは，交通機関や海へのアクセスの面では，ほとんどすべてインドに依存している。
　ネパールでは，240年間の大半をシャハ王朝が統治してきた。すなわち，1769年に中央ネパールの国王（第10代ゴルカ王，プリトゥビ・ナラヤン・シャハ）が，それまで分裂していた国家を統合し，今日の国の形が創られた。その後，シャハ王家は長い歳月の間ネパールに君臨し続けた。だが，1951年までの104年の間は，ラナ王家と呼ばれる他の王族によりシャハ王家は脇に追いやられ，

単なる象徴的な元首の地位にまで没落した。そうであっても、その後、ラナ政権は民衆の受けが良くなかったために、存続することができなかった。それは、インド独立後の国際的圧力の余波とともに、ラナ王家の統治に反対する市民運動の盛り上がりが、ラナ王の独裁的支配を崩壊させ、そしてシャハ王家が復権したからである（トリブバン国王、1951年）。

その一方で、ラナ政権の崩壊後、ネパールの政治体制はより一層独裁的となり、王室は絶対的な支配者となった。政党間の分裂は、1960年には、マヘンドラ国王が民主政治を終焉させ、そして政党のないパンチャーヤット制度を導入させる口実を与えた。国際的な開発援助システムが、国際関係において中心的な位置を占める時代となったにもかかわらず、ネパールはそこから十分な利益を得ることができなかった。その主因は、少数の特権階級だけが、このような国際開発援助システムから大部分の利益を得ていたためである。政府は、一連の5カ年計画を策定してきたが、お決まりの美辞麗句を超えるような将来ビジョンをほとんど示せなかった。この5カ年計画では、インフラ、農業、農村開発、ベーシック・ニーズや貧困削減が、最重要事項としてすべて認識されているものの、これら最重要事項の実施が実際に可能となるような有効なメカニズムは盛り込まれていなかった。その代わりに、少数の特権階級の既得権益および汚職の横行、そして縁故主義が、政府の主導権をうばった。最終的に同政権は、1990年に、主要な政党の連合が主導する、同体制に反対する市民運動の盛り上がりに屈することとなった。ビレンドラ国王はその際にほとんど選択肢を有していなかったものの、「政党の禁止」を撤廃し、かつ憲法から「政党なし」の文言を除くことにも合意したことで、多党制民主主義体制への道が開かれた。

（2） 武力闘争とその影響

1990年の政変後、新民主的政府は、多くの新たな自由主義的経済と開放市場政策を導入し、次に、貿易と産業の許認可手続きの簡素化や、経常収支に対するネパール通貨の交換性などの改革を実施した。さらに、貿易やサービス、ならびに産業部門における公営企業の民営化も実施した。だが、これらの多くの試みは中途半端なものでしかなく、新しく選ばれた政策立案者達は、国家全体の繁栄よりも、彼ら自身の繁栄に関心があった。その結果として、人々は、開

発プロセス全体から疎外されているとますます感じるようになった。貧困削減と，住民の様々な部門・階層における格差の縮小は，机上の空論であったために，国民の不満は急速に増大した。

このことは，民主主義勢力と保守主義勢力，および毛沢東主義勢力との間で繰り返される闘争の最中に，ネパール共産党（毛沢東主義派）が10年にも及ぶ武力闘争（1996～2006年）を開始したこととも関連していた。毛沢東主義派は，軍事ゲリラ戦術と，社会・政治・経済の抜本的な変革を約束するイデオロギーをもとに，民衆動員を広範かつ効果的に結びつけた。他方，長い武力闘争の間，国家の統制は実質的に都市中心部に限定されていたが，その一方で反政府側は，国家が対処できない緊急の日常的な課題に対応するために，高度かつ並列的な統治構造を築き上げた。武力闘争は，とりわけネパールの農村の人々の間で深刻な被害やトラウマを招き，少なくとも1万3000人を超す死者（その大半は市民）をもたらした。また，反政府側と政府側の両方によって行われた広範囲に及ぶ人権侵害や，「行方不明」も同時に起こり，そのいくつかはまだ未解決のままである。

毛沢東主義派と政府間の政治的対話への試みがほとんど失敗した後，国王の積極的な政治への関与のみがネパールの混迷を解決できるであろうとの意見がその当時なされていたこともあり，ギャネンドラ国王は2005年2月に連合政府を解散させ，そして国王の直接支配のもとで新たな閣僚会議を組織した。このような国王の動きはほとんどの政党によって激しく批判されるとともに，またそれが毛沢東主義派と他の主要政党とを団結させる契機となった。その後ただちに，大規模な市民運動の盛り上がりが起こり，最終的に国王は政治への積極的関与の撤回を余儀なくされた。そして，連合政府と毛沢東主義派の間の協議が再開され，ついに2006年の11月に，10年にも及ぶ武力闘争の事実上の終焉および新憲法制定と安定に向けた政治プロセスの開始を定めた包括的和平協定（Comprehensive Peace Agreement：CPA）が双方で調印されるに至った。

その結果，ネパールの歴史上初めて，2008年4月に，制憲議会（Constituent Assembly：CA）の選挙が実施された。長きにわたる君主制は，同会議の第一セッションの間に，公式に撤廃される形で終焉を迎えた。さらに，国名は「ネパール連邦民主共和国」に変更された。しかしながら，ネパールにおける「連邦」の正確な意味や形態は，憲法起草過程において今後協議されるべき課題で

あり，本章の執筆中においても協議は継続中である。

2　ネパール経済──導入

　ほぼ現代的な物的インフラがなく，利用可能な天然資源も限られており，そして小規模な熟練労働者，さらに内陸国という事情から，ネパールでは急速な発展への選択肢がかなり限られている。また，そのような選択肢も不確実なものである。山岳地帯に居住する多くの国民は，脆弱な環境といった不安定なバランスのなかで何とか生活を維持している。人々の経済的充足の総合的な改善をもたらすための11の開発計画（5ヵ年計画）の影響力は非常に限定的であったということ，さらに，既存の短期的な諸問題を打開し，かつ持続可能な長期的な解決策を推進するための経済政策も失敗したことに，ネパールの難しさが端的に表れている。

　計画経済の枠組みを採用した後の過去60年間，人口は800万人（1952年）から2700万人（2009年）と，3倍以上に増加している。食料生産はかなりの成長がみられるものの，1人当たりの穀類の入手可能性は低下し続けている。道路や電力などの物的なインフラの急速な拡張はあるものの，まだ大部分の国民は基盤インフラを利用することができない。公共部門支出は，年々大幅に増加してきたが，大部分の国民のための貧困撲滅と生活水準の改善は満足いくものとなっていない。人間開発指標（Human Development Index：HDI）においても，2006年には0.509（UNDP 2009参照）と，とても低い水準であった（**図14-1参照**）。この人間開発指標を民族別で注意深くみた場合，ネパールにおける101の公認の民族集団のなかで，マデシ・ブラーミンおよびチェトリは0.625と最も高い人間開発指標を示しているが，その一方で，マデシ・ダリトは0.383と最も低い人間開発指標を示している（図14-1参照）。その他の分野における成果がたとえどんなものであっても，すべての階層の生活水準を迅速に改善する必要性から目を背けることはできない。なぜならば，貧困が緩和されずに残り続ける限り，それが環境および社会的な問題の主な原因となり続けるからである。貧困線以下で生活する人々についていえば，たしかにかなりの改善があった。世界銀行の調査によれば，主に出稼ぎ労働者の送金による収入増加のために，1996年に42％を占めていたこの貧困線以下の人口は，2004年には31％に減少し

表14-1 ネパールにおける人間開発指標の地域差（2006年）

	出生時平均余命	成人識字率（％）	1人当たり所得（購買力平価，ドル換算）	人間開発指標
全体	63.69	52.42	1,597	0.509
都市	68.06	72.30	3,149	0.630
農村	63.09	48.35	1,286	0.482
山地	57.91	44.67	1,158	0.436
丘陵	66.48	57.60	1,683	0.543
タライ	62.76	49.02	1,584	0.494

出所：UNDP（2009）．

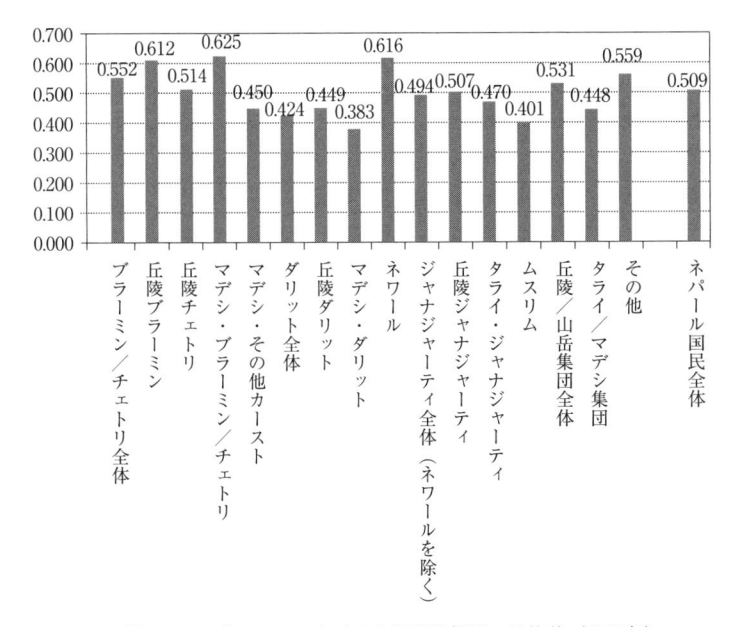

図14-1 ネパールにおける人間開発指標の民族差（2006年）

出所：UNDP（2009）．

た。しかしながら，貧困削減のために，ネパールは，国内成長を加速させることと，そして，この成長の果実をより広範な人々に分配するという2つの両立すべき課題に直面している。異なる地域の間の格差と，異なる民族集団の間の格差は，表14-1と図14-1に示されている。

　農業はネパール経済の頼みの綱であるが，それは人口の4分の3の生計手段

表14-2 ネパール総覧

	2000年	2005年	2007年	2008年
人口（100万単位）	24.42	27.09	28.11	28.58
国内総生産の成長率（1年単位：％）	6.20	3.10	3.30	4.70
インフレ率（1年単位：％）	4.50	6.50	7.70	6.70
農業比率（対国内総生産比％）	41.00	36.00	34.00	34.00
工業比率（対国内総生産比％）	22.00	18.00	17.00	17.00
サービス業比率（対国内総生産比％）	37.00	46.00	49.00	50.00
商品とサービス輸出比率（対国内総生産比％）	23.00	15.00	13.00	12.00
商品とサービス輸入比率（対国内総生産比％）	32.00	29.00	31.00	33.00
総資本形成（対国内総生産比％）	24.00	26.00	28.00	32.00
補助金を除いた歳入（対国内総生産比％）	10.60	11.50	11.90	12.30
貿易取引（対国内総生産比％）	43.30	38.70	36.90	37.00

出所：World Bank（2010）.

であり，そして2008年の国内総生産の約34％を占めている。しかしながら，農業生産は，気象条件や農耕地の不足に影響され続けており，また農業の成長はつねに人口増加と同じペースを保ち続けてきたわけではない。2008年の国内総生産における産業とサービス部門の比率は，それぞれ17％と50％（**表14-2参照**）である。主要な産業には，豆類やジュート繊維，サトウキビ，タバコ，穀類などの農業産品の加工がある。

（1） 最近の傾向と見通し

国際通貨基金の『世界経済の見通し2009年版』によると，ネパールは，南アジア地域の近隣諸国のうちで，最も低い成長率となっている。ここ最近の2008年の世界金融危機が南アジア地域およびその周辺地域のすべての国々に様々な形で影響を及ぼしたのだが，ネパール以外の国は上手く乗り切っており，中には二桁の成長率に達していた国もある（**表14-3参照**）。

ここ数年，ネパールの国内総生産の成長率は，大きく上下に変動しており，しばしば人口増加率よりも下回ることさえある。2008年には4.7％に若干増加したが，2009年にはそれが再度減少することが予想されていた。増加率の変化は，農業生産高の変動によってかなりの影響を受ける。雇用創出と貧困緩和および食料安全保障の重要性を考慮すると，農業生産の実績は満足いくものではない。このような貧弱な実績の理由としては，しばしば，降水量の不足や深刻な洪水，そして不利な気象条件が挙げられる。しかしながら，降水量は農業生

表14-3　周辺諸国の経済成長率

(単位：％)

	2006年	2007年	2008年	2009年	2010年
アフガニスタン	8.2	12.1	3.4	9.0	7.0
バングラデシュ	6.5	6.3	5.6	5.0	5.4
ブータン	8.8	17.9	6.6	5.7	6.6
中　国	11.6	13.0	9.0	6.5	7.5
インド	9.8	9.3	7.3	4.5	5.6
モルディブ	18.0	7.2	5.7	-1.3	2.9
ネパール	3.7	3.3	4.7	3.6	3.3
パキスタン	6.2	6.0	6.0	2.5	3.5
スリランカ	7.7	6.8	6.0	2.2	3.6

注：2009年のデータ，また2010年は見通し。
出所：International Monetary Fund (2009) から筆者作成，Ministry of Finance (2009) を引用。

産高の変動のごく一部を説明するに過ぎず，貧弱なインフラや，投入財の品質と入手可能性，ならびに市場の欠如が，農業生産高の変動において大きな要因を占めている。

(2)　金融・財政政策

　ネパールの金融部門は，1990年の金融自由化後に急速に成長した。その結果として，様々な銀行や，金融機関ならびに非金融機関の設立と操業が大幅に増加した。だが，金融部門の拡張は，絶えず高まり続けるリスクと同時に進行している。2009年7月時点では，ネパール国立商業銀行（Nepal Rastra Bank：NRB）——別称：ネパール中央銀行——が許可した銀行と金融機関の総数は181行あり，その内訳は商業銀行が26行，開発銀行が63行，金融会社が77行，マイクロ・ファイナンス開発銀行が15行となっている（NRB 2009参照）。この銀行の数はネパールのような小規模経済にとっては大きな数であり，大半の銀行は送金や不動産部門への貸し付けで生き延びている。ネパール銀行（Nepal Bank Limited）とネパール商業銀行（Rastriya Banijya Bank）と呼ばれる，2つの大規模かつ老舗の銀行は，ネパールの金融システムの大部分を占めている。これらの銀行の財務状況を改善するための金融改革計画がここ数年前から継続中であるが，マイナスの資本金を伴う大量の不良債権は，適切かつ迅速な処理が必要な問題である。多くの小規模の銀行や金融機関の大半も同様の状況にある。ネパール銀行とネパール商業銀行の不良債権比率は2002年には50％を超え

る高い水準にあったが，その後改善がみられ，2008年にはそれぞれ9.0％と21.6％となっている（Monetary Policy for Fiscal Year 2009/10, Nepal Rastra Bank, Kathmandu）。

　世界中で食料穀物と石油製品の価格が過度に上昇しているため，財政・金融政策は，流動性の管理と維持，また望ましい範囲内に金利を抑えること，そして生産性の高い分野への信用の拡大といった国内的かつ国際的課題に適切に対処できるように，慎重に立案される必要がある。一般的に，消費財の価格高騰とは別に，不動産や株式の急速な価格高騰が，これらの部門への過度な信用の流入という圧力を生じさせ，それが金融部門全体の不安定化をもたらす可能性があるとき，このような慎重なアプローチがさらに重要となる。

　有用かつ健全な金融部門は，効果的な金融政策と経済のダイナミズムを向上させるために不可欠である。不良債権の水準の低下は，金融部門の改革やその維持にとって必要不可欠である。このような緊急性に気づき，そして，金融機関による不動産および住宅ローンに関して，積極的なエクスポージャー（行き過ぎた貸し付け，あるいは行き過ぎた関与）を管理することを目的として，最近，ネパール国立商業銀行は，2012/13年度末までに，このようなエクスポージャーを全投資の25％までに制限することを義務づけた（Republica 2009参照）。ネパール国立商業銀行側のこのような措置は，1つの部門に貸し付けが集中し過ぎることによる組織的なリスクを回避し，急上昇する不動産の価格を是正する措置として実施された。金融機関の到達度評価ならびに金融機関の規制に加え，金融機関の取引の様々な側面において透明性を確保することは必要不可欠である。もしネパールが，急速に変化する世界経済と張り合うことのできる，発展可能で持続可能な金融環境を持ちたいのならば，市場プロセスを通じて，金融市場を競争的にすること，かつその持続可能性も確保することが不可欠であろう。

3　ネパールの将来性のある主要産業

（1）製造業部門

　ネパールにおける製造業部門は，タライ地域において継続中の社会不安や，頻繁に起こるストライキ，停電，石油製品の欠如を主な理由として，近年では

満足のいく結果が出せていない。それでも，製造業はネパールにおいて，かなりの将来性を有するとても重要な部門である。ネパールの主要な製造業は，ジュートや砂糖，タバコ，ビール，マッチ，靴，薬品，セメント，レンガである。輸出産品を目的とした，衣類やカーペット産業は，1980年中葉から急速な発展を遂げたが，その一方でジュート産業は衰退した。政府は土地や建物を工業団地に提供しているが，産業自体はほとんど民間企業である。この部門の魅力は，ネパールに来る多くの海外投資が製造業部門に向かっているという事実によって裏づけられよう（**表14-9**参照）。しかしながら，より生産的で実り多い部門にするためには，この部門の環境改善など，まだまだ課題は多い。

（2） 水力発電

　ネパールの水力発電の潜在能力が8万3000メガワットであることはよく引き合いに出される。水力発電には非常に大きな潜在能力があるにもかかわらず，たった600メガワットを超える程度（NEA 2007参照）という現在の電力生産量は到底満足のゆくものではない。その不活発な水力発電の結果として，人口の多くは，1年を通じて，長時間の停電のもとで生活することを余儀なくされている。とりわけ，乾季ではそのような状況はより悪化する。例えば，2009年から2010年の間の乾季においては，ネパールの人々が1日12時間から16時間の停電に直面したのである。同様に，このような長時間の停電が，国内経済に大きな影響を与えていることは間違いないだろう。電力不足は，同国の経済発展と貧困緩和における主たる制約となっている。だが，何らかの大型プロジェクトを受けることで，輸出用の余剰電力を生成することが可能となるだけでなく，さらに新たな雇用機会を創出することも可能となり，これによって，輸出とともに，国内総生産の規模を増大させることも可能ではないだろうか。しかしながら，それを実現するためには，ネパールにとって最も重要な貿易相手であり，かつ電力生産にとっても最大規模の可能性を秘める市場であるインドと，現実的かつ互恵的な認識を共有しなければならない。もしそれができれば，この部門は，大量の失業者と無職の若者，それと同様に，代替生計手段の選択肢を探している人々を救うことが可能である。

（3） 観光産業

ネパールには，雇用機会の創出と総合的な発展に貢献できる部門としてかなりの将来性が見込まれているその他の部門に，観光部門がある。ネパールは，ここ数十年間，世界中から人気を集める観光地となっている。武力闘争の時期には，ネパールに来る旅行観光客の数は減少したものの，その数は再び増加し始め，2007年から2008年には，初めて50万人超えを記録した（NTB 2008参照）。しかしながら，より大きな好機を創出し，かつ観光を国内と海外の観光客の両方に対してより魅力的なものにするために，政府や民間部門を含む利害関係者によって実施されたことは，ほんのごくわずかである。観光産業は，環境にやさしく，かつ有益な方法で村落を発展させることも可能であり，またそれは新たな雇用機会を創出し，また外貨収入も増加させるため，結果的に同国の地域間の不均衡を減少させることにもつながるであろう。このような将来性はまだ十分に認識されていない。政府は2011年を「ネパール観光年」であると宣言したが，その成功の大部分はこのような問題を解決することにかかっている。

（4） 土地・農業改革

最大限誠実に対応する必要のある問題としては，土地改革が挙げられる。土地は依然として，ネパールにおける経済的および政治的権力の中核であるため，つねに最も紛争の激しい天然資源である。何世紀にもわたり，ネパールは，農業用地の多くを所有する少数の地主と一体となった封建（ないし領地）体制であった。歴史的にみて，人々は多様な土地所有制度を経験してきた。また歴史的にみて，様々な支配者が，自己の支配を強化するために，既存の土地制度を利用してきた。これは他の政治勢力も同様に実施してきた戦略であり，ほとんどすべての者は，権力の座につくときはいつでも，土地改革を，社会経済的変革の手段としてではなく，人気を得るための手段として，スローガン的に用いてきた。

多くのネパール人にとって，土地は，家計や安全の重要な源であると同時に，地位の象徴でもあり，また社会資本でもある。しかしながら，同国の膨大な人口増加に伴い，土地は頭割りの減耗性資産となっている。ここ最近の，平均保有規模は1ha未満であるため，何千人規模の小作農家は，彼らの土地で生計を立てることができなくなってきている。土地の配分についてであるが，人口

表14-4　ネパールにおける土地配分状況

	階層区分	総人口に占める割合（％）
1	土地なし農民	24.44
2	半（semi-）土地なし農民（少なくとも0.20エーカー，もしくは0.08haの借用地）	6.98
3	周辺的耕作者（0.21から1エーカー，もしくは0.084から0.4046haの借用地）	27.59
4	小規模耕作者（1.01から2エーカー，もしくは0.4087から0.809ha）	20.15
5	半（semi-）中規模耕作者（2.01から4エーカー，もしくは0.809から1.618ha）	13.42
6	中規模耕作者（4から10エーカー，もしくは1.659から4.05ha）	6.25
7	大規模耕作者（10.01エーカー，もしくは4.06ha以上）	1.17

出所：UNDP（2004）．

表14-5　1995～96年と2003～04年のカースト／民族別貧困者比率の概観

カースト／民族	貧困線以下（％）1995～96年	貧困線以下（％）2003～04年	土地なし世帯（％）2003～04年
チェトリ／ブラーミン	34	19	6
タライ・ミドルカースト	29	21	11
ネワール	19	14	11
丘陵ジャナジャーティ	49	44	8
タライ・ジャナジャーティ	53	36	20
ダリット	59	47	48
ネパール国民全体	42	31	24.4

出所：Wily et al.（2009）．

のほぼ25％が完全な土地なし（**表14-4**参照）であり，そして5％の地主が耕作可能なすべての土地の37％を保有しており，非対称的である。さらに，カーストおよび民族的な観点から見た場合，総人口の48％はダリットであり，またそのダリットの約50％は貧困線以下にあり，かつ完全な土地なしでもある（**表14-5**参照）。これはネパールにおける土地所有と貧困との相互の関連性を明確に示している。

　土地改革については様々な試みがなされたとはいえ，そのすべては有効たりえずに失敗した。多くの土地改革を目的とした法律はいくつかの抜け穴を含んでおり，そのために多くの地主が土地のほとんどを管理することができ，借地

人の多くは，自身が耕作した土地を所有することが許されなかった。各政権ごとに，土地改革の諸問題を調査し，また適切な勧告を提示するために，土地改革委員会（Land Reform Commissions）が設立された。しかしながら，同委員会は高度に政治化され，権限はほとんど与えられなかった。そのため，同委員会の役割は，勧告を提示することのみに限定された。その一方で，現在，すべての側から土地改革に対する圧力が高まっており，多くの人々は公正で実施可能な土地改革のための強力かつ明確な条項が新憲法に盛り込まれることを真摯に希望している。

4　対外関係の影響

（1）　国際貿易

　歴史的にみて，1950年代以前のネパールの国際貿易はインドとチベットに限定されていた。ネパールの輸出は主に農業産品で成り立っているが，その一方で，国内で生産されていないものはすべて輸入している。それでも，ネパールは，国際的な場において，1950年代から徐々に他国に開放し，貿易量が増加し始めた。この間，工業投入財や，化学肥料，石油などが輸入されるようになった。輸出については，とくに対印輸出の多くが米であるが，その他にもタバコやジュート繊維，植物油などが，肥沃なタライ地域からの余剰農産品として一般的に輸出されている。皮革原材料やハーブ類，布地繊維，金属鉱石などの原材料，ならびに，竹製品や木製家具，繊維商品，カーペット，パシュミナなどの製品も輸出されている。そして輸入は，塩や砂糖，お茶，医薬品，石油製品などの日常必需品，そして化学薬品や機械，セメント，石炭，補修部品などの開発事業に必要なもので成り立っている。インドとの貿易関係では，1950年に初めて，ネパールとインドとの間を往来する物品に対する関税や課税の引き下げを目的とする貿易・通過条約（Treaty of Trade and Transit）が締結された。一連の条約の改正とその更新（とくに，1960年）によって，ネパールとその他の国々との間の貿易のための輸送設備が，インドのコルカタ港に設立された。その後，米国や英国，ドイツ，日本などの国々との貿易が飛躍的に増加し始めた。

　しかしながら，このような貿易の増加にもかかわらず，ネパールの貿易収支はまだ輸入に偏重している。この原因の1つとしては，工業投入財や消費財へ

表14-6　海外貿易の統計

(単位：100万ルピー)

	1998~99年	1999~2000年	2000~01年	2001~02年	2002~03年	2003~04年	2004~05年	2005~06年	2006~07年	2007~08年
総輸出額 本船渡し(FOB)	35,676.3	49,822.7	55,654.1	46,944.8	49,930.6	53,910.7	58,705.7	60,234.1	59,383.1	60,787.5
対印輸出額 (%)	12,530.7 (35.1)	21,220.7 (42.6)	26,030.2 (46.8)	27,956.2 (59.6)	26,430.0 (52.9)	30,777.1 (57.1)	38,916.9 (66.3)	40,714.7 (67.6)	41,728.8 (70.3)	38,626.4 (63.5)
その他の国への輸出額(%)	23,145.6 (64.9)	28,602.0 (57.4)	29,326.9 (53.2)	18,986.6 (40.4)	23,500.6 (47.1)	23,133.6 (42.9)	19,788.8 (33.7)	19,519.4 (32.4)	17,654.3 (29.7)	22,161.1 (36.5)
総輸入額 運賃・保険料込み渡し(CIF)	87,525.3	108,504.9	115,687.2	107,389.0	124,352.1	136,277.1	149,473.6	173,780.3	194,694.6	226,116.0
対印輸入額 (%)	32,119.7 (36.7)	39,660.1 (36.6)	45,211.0 (39.1)	56,622.1 (52.7)	70,924.2 (57.0)	78,739.5 (57.8)	88,675.5 (59.3)	107,143.1 (61.7)	115,872.3 (59.5)	144,524.1 (63.9)
その他の国からの輸入額(%)	55,405.6 (63.3)	68,844.8 (63.4)	70,476.2 (60.9)	50,766.9 (47.3)	53,427.9 (43.0)	57,537.6 (42.2)	60,798.1 (40.7)	66,637.2 (38.3)	78,822.3 (40.5)	81,591.9 (36.1)
貿易収支	-51,849.0	-58,682.2	-60,033.1	-60,444.2	-74,421.5	-82,366.4	-90,767.9	-113,546.2	-135,311.5	-165,328.5

注：1ドル＝70ルピー（2010年4月現在）。
出所：FNCCI（2009）.

の需要が増加し続ける一方で，地元産品への需要が増加していない点が挙げられる。様々な政権が，製品の多様化による輸出収益の増大を試み，また，ネパールが内陸にあるという立地条件を相殺するために，主要な貿易相手国との間で好条件の協定を締結しようと努力した。だが，しばしばインドとの条約上の難局を迎え，ならびにインド経由でのバングラデシュの港へのアクセスに関して合意に至らなかったことは，同国の交渉力の限界を浮き彫りにした。最貧国の1つであるネパールは，一次産品を輸出しているため，世界市場において影響力を及ぼすことができない。したがって，自国貿易の地理的多様性は，幅広い工業製品への転換をも伴うものである必要がある。

　最新のデータでは，2007/08年度には，総貿易額が国内総生産の34.3％となっており，これは昨年の34.9％からわずかに減少している。また，同年の対印貿易は全体の64.3％に達しており，これは62％であった前年度と比べた場合，増加したことを示している（NRB 2009参照）。他方，過去2年間では，ネパールの総貿易額は減少し続けている。国内総生産における輸出の割合は，2007/08年度では7.2％であり，ここ2000年の10年間の前半の8.2％と比べた場合には著しく減少した。他方で，それにもかかわらず，とりわけ2008/09年度には，輸入がいくぶんか増加した。

輸出入両面のインドへの依存は，**表14－6**の統計からただちに明らかとなる。この表からは，1998/99年度から10年間のネパールの海外貿易の傾向を窺い知ることができる。対印関連の輸出入両面の割合が増加していることが，このデータから顕著である。対印貿易量がネパール全体の貿易量のほぼ64％を占めているという事実は，インドへの高い依存度を明確に示している。また，この表は，全体の貿易収支が一貫してマイナス（赤字）となっていること，また，現在までのところ，ネパールは輸出よりも輸入にかなり偏重していることも示唆している。

（2） 送金とその影響

ネパールには，海外雇用に関して長い歴史がある。それは，19世紀前半以前に，インドにおける様々な藩王が所有する軍隊に入隊するために，ネパール人がインドへ移住し始めたことから始まった。様々な条約がインドと調印され，それ以来，両国間の労働者の移動は相互主義のもとに認められた。そのため，ネパール人労働者は，インドにおけるどんな部門であっても，職務に従事する際に許可を求める必要がない。現在，インドにおける様々な部門に，40万人以上のネパール人労働者が就業していると見積もられている。

1985年には，海外雇用法（Foreign Employment Act）という海外雇用に関する国内法が成立した。この国内法は，インド周辺国や，その域外国，とりわけ膨大な外国人労働力の需要がある湾岸諸国への，ネパール人労働者の移住が増加するという結果をもたらした。1996年に毛沢東主義派の武力闘争が始まってからは，何千ものネパール人が国内避難民化し，彼らの多くがよりよい生計手段の選択肢を求めて国境を渡り，インドやその他の国々へと移住した。その結果，ネパール人労働者にとって，海外雇用は生計にとって重要な選択肢となった。労働省の最新のデータでは，2007/08年度内に，雇用のために海外へ渡航した人々の数（インドへの渡航を除く）は，24万2301人にも上り，そのうちの4555人は女性であることが示されている。2008/09年度内における最初の8カ月の間には，6038人の女性を含む，15万327人の人々が海外雇用を求めて渡航した。ネパール政府は，107カ国の国々に対して海外雇用を開放しているが，ネパール人の多くはマレーシアやサウジアラビア，アラブ首長国連邦，イスラエル，クウェート，バーレーン，マカオ，韓国，シンガポールなどで就業して

表14-7　政府予算

(単位：1,000ルピー)

種　類	2007/2008年の会計年度 実費	2008/2009年の会計年度 修正見積もり額	2009/2010年の会計年度 見積もり額
総支出	161,349,894	213,578,374	285,930,000
通　常	92,582,342	112,377,405	135,582,458
開　発（a）	68,767,552	101,200,969	150,347,542
収　入	107,622,481	142,211,330	176,503,750
税収入	85,155,458	116,996,653	150,245,640
非税収入	19,783,843	21,375,301	22,200,110
元金返済	2,683,180	3,839,376	4,058,000
海外無償資金協力（b）	20,320,727	34,570,432	56,955,576
2国間無償資金協力	9,575,640	14,395,764	24,753,834
多数国間無償資金援助	10,745,087	20,174,668	32,201,742
余剰金（＋）欠損金（−）：海外無償資金協力後	−33,406,686	−36,796,612	−52,470,674
赤字財政補填源			
海外有償資金協力（c）	8,979,876	10,405,414	21,560,674
2国間有償資金協力	632,108	740,042	10,309,252
多数国間有償資金協力	8,347,768	9,665,372	11,251,422
国内借入金	20,496,400	25,000,000	30,910,000
現金残高：余剰金（＋）欠損金（−）	−3,930,410	−1,391,198	
a：開発に占める（b：海外無償資金協力＋c：海外有償資金協力）の割合（％）	42.6	44.5	52.2

出所：Ministry of Finance (2009) から筆者作成。

いる（MoF 2009参照）。世界銀行の調査によると，海外からの送金額は，ネパールの国内総生産の約22％を占めているとされる（World Bank 2010参照）。

（3）　海外援助とその影響

　ネパールが海外援助の受け取りを開始して以来，国際社会はますます同国の開発プロセスに関与するようになった。国際社会から受け取った援助額は，開発予算のおよそ80％に相当する支出額を一時期超えるまでに上った（Sharma 2002参照）。そのような高いレベルの援助依存には，必然的に深刻な政治の癒着が存在する。パンチャーヤット時代の過去10年間，国内の政治討論では，同国における支配権力層と海外援助との関係を指摘する風潮があった。政府のプロジェクトが貧困をほとんど削減できなかった時期には，海外援助を通じた開発が，概して，伝統的な権力構造の維持と強化のメタファーとみなされてきた。

表14-8 海外援助の契約 (2007～08年の会計年度)

(単位：100万ルピー)

援助資金供与者（ドナー）	贈 与	借 款	総 額
A　2国間			
1　オーストラリア	643.3	0.0	643.3
2　中　国	857.0	0.0	857.0
3　フィンランド	1,408.4	0.0	1,408.4
4　ドイツ	2,725.0	0.0	2,725.0
5　インド	328.0	6,500.0	6,828.0
6　日　本	261.6	0.0	261.6
7　オランダ	177.6	0.0	177.6
8　ノルウェー	240.7	0.0	240.7
9　サウジ開発基金	0.0	985.5	985.5
10　韓　国	227.5	0.0	227.5
11　スイス	432.2	0.0	432.2
12　英　国	931.4	0.0	931.4
小計（A）	8,232.7	7,485.5	15,718.2
B　多国間			
1　アジア開発銀行	8,526.4	0.0	8,526.4
2　欧州共同体（EC）	2,634.0	0.0	2,634.0
3　国際農業開発基金	270.0	0.0	270.0
4　国際労働機関	194.7	0.0	194.7
5　OPEC国際開発基金	0.0	1,275.0	1,275.0
6　国連開発計画	6,030.9	0.0	6,030.9
7　国連人口基金	1,789.0	0.0	1,789.0
8　国連児童基金（ユニセフ）	4,358.0	0.0	4,358.0
9　世界銀行	16,264.3	0.0	16,264.3
小計（B）	40,067.3	1,275.0	41,342.3
総計（A＋B）	48,300.0	8,760.5	57,060.5

出所：NRB（2009）．

それ以来，政治情勢はいくつかの変遷を経てきたのであるが，それでも海外援助は開発予算のかなり多くの割合を占めて続けている。

表14-7は，2007/08年度における収支の概要である。このデータから明らかになることは，海外援助に対する高い依存度である。無償資金協力のシェアが有償資金協力のシェアよりも一貫して高い状況にあり，2008/09年度では，有償資金協力と無償資金協力から開発支出の45％の額が出資されている。このような莫大な援助の流入にもかかわらず，政府機関を通じた援助は実質的な貧困削減をもたらさず，さらに，援助金の大半が適切に配分されていないことから，多くの人々はそれが悪用されていると感じているようである。たとえ外見

的には農業に対する大規模な援助とさえみなされるものであっても，満足のいく農業生産の成長をもたらしていない（Sharma 2008参照）。

ここで，2007/08年度に調印された海外援助協定（Foreign Aid Agreement）の概観をおさえておきたい。総額483億ルピーの海外無償援助協力が，11カ国の国々と8つのドナー機関との間で，二国間もしくは多国間という形で，個々に締結されている。二国間ドナーとの間では，82億3000万ルピーに相当する無償資金協力の提供が合意されている一方で，多国間ドナーとの間では，400億7000万ルピーに達する無償資金協力の提供が合意されている（**表14-8**参照）。多国間の国際機関のうち，世界銀行は，162億6000万ルピー（無償資金協力の総額の33.7%に相当）の提供に合意している最大規模のドナーである。その後には，アジア開発銀行が，85億3000万ルピー（17.7%に相当）と続いている。

（4） ネパールにおける海外直接投資

ネパールが海外投資へ門戸を開いたのはごく最近になってからである。2005年に政府が海外投資に対していくつかのサービス部門を開放してから，電気通信や民間航空などといった，以前は政府が独占していた部門にも民間経営が認められるという進展があった。ライセンス供与とその規制が簡略化され，現在，いくつかの部門においては，100%の外国人所有さえも認められている。利用可能な最新のデータによれば，ここ10年間の海外直接投資（FDI）のプロジェクトの総数は，およそ10倍に増加している。

ネパールにおける新規の海外直接投資の大半は，合弁企業の形を採っており，最新の直接投資の総数は**表14-9**で示されている。投資の大半は，製造部門や観光部門，ならびにサービス部門である。しかしながら，海外民間投資が，民間部門の触媒となることや，また増加する設備投資のニーズに合致させるということについては，今までのところ，積極的なものとはなりえていないという事実もこの表が明確に示している。その主な理由は，継続する政治上および行政上の不安定さや，十分な基盤インフラの欠如に起因している。政治的および経済的安定の継続と，また，個々の国の直接投資に結びつくような経済的な繁栄および政府の諸政策は，ともに直接投資受入国としての魅力を維持するという効果を発揮するであろう。しかし，ネパールに対して，投資家達はここ数年の間にそのような安定を見出してはいない。確かに政策立案者達はかなり魅力

表14-9 ネパールにおける操業中の合弁企業の国別数（2008年4月半ば時点）

	国 名	部門 農業関連	建築業	エネルギー関連	製造業	鉱業	サービス業	観光産業	総産業数	総事業費 (100万ルピー単位)
1	インド	1			89	1	17	10	118	13,468.21
2	米国	1		1	13		23	12	51	8,924.54
3	日本	4	1		9		10	20	44	1,329.05
4	中国			1	15		7	7	30	1,869.17
5	韓国				11		3	6	20	528.28
6	ドイツ	1			7		4	6	18	278.88
7	英国				6		2	6	15	326.74
8	スイス			1	2		2	4	9	147.24
9	フランス				5		1	3	9	129.47
10	ノルウェー		1	3	1		1		6	6,690.95
11	その他	1	1		38		21	21	81	6,144.04
	総計	9	3	6	196	1	91	95	401	39,836.57

出所：FNCCI (2009).

的な海外投資政策を提示してきたのかもしれない。だが，彼らは，国家に必要なのは，いくらかの効果をもち，かつ潜在的な投資家達を引きつけるような政策の実施に必要な安定的な環境作りであるということに，ほとんど気がついていないように思われる。また投資を持続させるために必要な基盤インフラは，悲しくも不十分である。とくにカトマンズ盆地の外側の地域における電力供給，ならびに水の供給は不十分である。さらに，ネパールは内陸に位置するために，輸送も困難であるという事実は問題をより深刻化させている。このようなインフラの乏しさや高いリスクがあることから，投資に資する市場となっていない。しかしながら，筆者は効果的な海外援助を利用して，必要な変革を行うことや，民間投資をもっと引きつけるような，安定した環境作りは可能であると確信している。海外援助が，その触媒として，またそのような変革を促進するものとして機能する可能性はある。

（5） 世界貿易機関（WTO）への加盟

ネパールは，2004年4月に正式にWTOへの加盟を果たし，その147番目の加盟国となり，また，後発開発途上国として初めて多国間貿易体制に加盟した国となった。ネパールは，後発開発途上国であるため，当然のことながら，加

盟はかなりの好機となると同様に，自国の能力と競争力の向上という課題にも直面することになる。WTOは互恵主義の原則に基礎をおいている。WTO加盟国となったことで，ネパールが自国経済におけるいくつかの不安定な部門を国際競争相手にさらすことになった。ネパールが自国の国内部門の競争力を高めない限り，国際競争相手に圧倒されつつある国内部門を保護することは非常に難しいだろう。

5　今後の課題と可能性

　ネパールの現在の三カ年中間計画（Nepal's Current Three-Year Interim Plan）では，既存の地域とカーストおよび民族などに基づく剝奪と差別の廃絶を通じて，富者と社会的に阻害されている集団との間の格差を削減し，公正な社会を構築していくことが強調された。また，この計画は包括的で，かつ目標を定めた計画を実施するものであることも強調された。実際にそれらの目標の達成に向けて，例えば2007年ネパール暫定憲法や制憲議会の骨組みが採択されたこと，さらに公務員と他の公共機関における包摂的な任用に関する規定の採択などの措置がとられた。しかしながら，今日ネパールが直面している真の課題は，効果的な紛争管理とその強化によって，宣言された和平プロセスに論理的帰結をもたらし，計画を実効的に実施することである。その傍ら，阻害されている集団の貧困撲滅指向のプログラムへのアクセスの確保や，より効果的な貧困撲滅計画の実施，さらに貧困削減に向けたすべての利害関係者による取り組みの調整も等しく重要である。

　現在起草中の新憲法により，おそらくネパールは連邦共和国となるであろう。現在のところ，連邦の構成単位（ユニット）の実際の形状や規模に関する国民的な議論が進行中である。その結果がどうであれ，連邦の再編が，多様な経済主体間で行われる経済活動に対して非常に大きな影響をもたらすことは明らかである。これとの関連で，連邦におけるそれぞれのサブユニットの経済力と財政能力の確保や，歳入徴収の運営，ならびに，そのサブユニット間の財源の割り当てや中央政府との財源の割り当ては，きわめて重要なことである。これは，連邦体制に移行する際に処理されるべき問題である。そのため，その失敗は，ネパールにおける社会的不安定を招くかもしれない。現在の富裕層と貧困層と

の格差および農村と都市との格差に真摯に取り組むメカニズムがない限り，これらの問題は，紛争と開発の両面の観点から，平和と経済復興に影響を及ぼすものとして問題視され続けるだろう。

6　課題克服のための提言

　紛争終結後から復興していくなかで，移行期から変革期へと向かうネパールの旅は，可能性と課題に満ちている。この変革を正しい良識に基づいて実現すること，そして，持続可能かつ発展可能な方法でネパール経済を発展させるという，この２つの問題は決定的に重要である。第一に，ネパール周辺の近隣諸国であるインドと中国の経済発展から利益を得るための，最も可能な方法を練り上げることである。そして第二に，おそらく，これが最も重要であるが，ネパールの持続可能な経済発展と変革を成功に導くための手段として，継続中の和平プロセスに論理的帰結をもたらすことであろう。

　インドと中国の両国は，ここ数年，めざましい成長を遂げている。2008年の中国とインドの成長率は，それぞれ9.0％と7.3％であり（表14－3参照），この傾向は将来あと数年程度続きそうである。上記のように，ネパール経済は解消が不可能なほどインドとつながっている。ネパールの地理的状況，および工業産品の生産に使用される天然資源の欠如は，同国の経済が対印関係の変化に起因する変動に制約を受けることを意味している。他方，ネパールと緊密な政治的関係にある中国は，製品輸入先であり，また海外援助の主な提供者である。中印両国の成長が持続するためには，ネパールの安定と成長もまた憂慮すべき問題となる。しかし，自国の経済発展のために，いかに二つの台頭する経済から利益を得るか，また，いかに波及的な利益にあずかれるかは，ネパールとその政策立案者の腕次第である。

　最後に，平和と安定なしに，いかなる国家も真の成長と繁栄を得ることはできない。とりわけ，過去15年間の大半を紛争で苦しんできたネパールのような国はなおさらである。平和構築は，ネパールの場合，単なる専門的な流行語ではなく，真に必要不可欠のものである。しかしながら，平和は望んでいるだけでは実現しない。経済政策とその計画のすべての側面において，重点的かつ詳細な分析や，意味のある実用的な計画，そして紛争の緩和，さらに好機が何で

あるかを明らかにするための勇気ある行動が求められる。利害関係者とネパール支持者は，このようなアプローチを無視する余裕はないのである。

■ ■ ■

●注
（1） ネパールにおいて，計画開発経済は，第一次五カ年計画（1956年から1961年）の発端を期に，1956年に開始された。今までのところ第十次五カ年計画まで実施されており，現在，第十一次五カ年計画が進行中である。

●参考文献
FNCCI (2009), *Nepal and the World: A Statistical Profile 2008*, Kathmandu: Federation of Nepalese Chambers of Commerce and Industry.

International Monetary Fund (IMF) (2009), *World Economic Outlook Database*, October 2009 (http://imf.org/external/〔2010年2月20日アクセス〕)。

Ministry of Finance (MoF) (2008), *Economic Survey 2007/08*, Kathmandu: Government of Nepal, Ministry of Finance.

Ministry of Finance (MoF) (2009), *Economic Survey 2008/09*, Kathmandu: Government of Nepal, Ministry of Finance.

Nepal Electricity Authority (NEA) (2007), *A Year in Review: Fiscal Year 2006/07*, Kathmandu: Nepal Electricity Authority.

Nepal Tourism Board (NTB) (2008), *Statistics 2008*, Kathmandu: Nepal Tourism Board (www.welcomenepal.com〔2008年年8月1日アクセス〕).

Nepal Rastra Bank (NRB) (2009), *Economic Report 2007/08*, Kathmandu: Nepal Rastra Bank.

Republica (2009), "NRB imposes 25 pc Cap on Realty Loans," *Republica Daily*, December 18, 2009, Kathmandu.

Sharma, S. R. (2002), "The Role of ODA and FDI in the Development of Nepal," *Journal of the Graduate School of Fukuoka University*, Vol. 32, No. 2, Fukuoka University.

Sharma, S. R. (2008), "Role of Foreign Aid in Transformation," *Nepal: Transition to Transformation, 2008* (Eds: Pyakuryal, KN; Upreti BR; Sharma SR), Human and Natural Resources Studies Centre, Kathmandu University and South Asia Regional Coordination Office of NCCR North-South.

UNDP (2004), *Nepal Human Development Report*, Kathmandu: United Nations Development Programme.
UNDP (2009), *Nepal Human Development Report 2009: State Transformation and Human Development*, Kathmandu: United Nations Development Programme.
Wily, L.・Chapagain, D. and Sharma, S. (2009), *Land Reform in Nepal: Where is it Coming from and Where is it Going?*, Kathmandu: DFID.
World Bank (2010) *Nepal Country Overview 2009*（worldbank.org.np/wbsite/external/countries/southasiaext/〔2010年5月15日アクセス〕）。

（サガル・ラージ・シャルマ，訳・中西宏晃）

終　章
現代インド・南アジア経済の課題と展望

　序章において，南アジアの経済成長・人口・人間開発・産業構造・対外開放度・統治体制の6つを取り上げた。終章では，それらの今後の課題を検討する。すなわち，経済成長に対しては生産性・地球環境・経済格差を，人口・人間開発に対してはジェンダー格差を，産業構造・対外開放度に対してはビジネス環境・地域貿易協定・南アジア域内貿易を，統治体制に対しては最近年の水準とその変化を取り上げる。本章の最後では，マクロ経済問題を検討したあと，現代インド・南アジア経済を展望し，本書を締めくくりたい。[1]

1　経済成長の課題

　持続的な高度経済成長を実現するためには，生産性の改善が必要であることがよく知られている。そこで，生産性の問題を検討するために，いま，次のようなコブ＝ダグラス型生産関数を考えることにする。

$$Y = AK^{\alpha}(HL)^{1-\alpha}$$

ここで，YはGDP，Aは総要素生産性（Total Factor Productivity），Kは資本，Hは労働の質（実質的には教育水準を意味する），Lは労働である。弾力性パラメータαはゼロから1の値をとる。ここで，両辺をLで割り算して整理すれば，

$$y = Ak^{\alpha}H^{1-\alpha}$$

が得られる。ここで，y＝Y/L，k＝K/Lである。両辺に自然対数をとって全微分すれば，以下が得られる。

表終-1 成長会計

	期間	1人当たりGDP成長率（%）	成長要因（合計100%）		
			資本・労働比率（%）	教育（%）	総要素生産性（%）
インド	1960~70	1.81	74.0	9.4	16.6
	1970~80	0.70	104.3	47.1	-51.4
	1980~90	3.48	30.5	10.3	59.2
	1990~2003	3.99	37.1	11.5	51.4
	1960~2003	2.59	45.2	13.1	41.7
バングラデシュ	1960~70	2.09	4.8	6.2	89.0
	1970~80	-1.61	45.3	-18.6	73.3
	1980~90	1.07	78.5	16.8	4.7
	1990~2003	2.67	60.3	12.7	27.0
	1960~2003	1.15	46.1	20.9	33.0
パキスタン	1960~70	4.67	80.3	7.5	12.2
	1970~80	1.59	42.8	14.5	42.8
	1980~90	3.55	27.6	25.9	46.5
	1990~2003	1.08	42.6	-7.4	64.8
	1960~2003	2.60	53.5	12.7	33.8
スリランカ	1960~70	2.16	3.7	15.3	81.0
	1970~80	2.25	68.9	17.3	13.8
	1980~90	2.11	97.2	10.4	-7.6
	1990~2003	2.53	43.5	13.4	43.1
	1960~2003	2.28	52.2	14.0	33.8
南アジア	1960~80	1.41	60.3	22.7	17.0
	1980~2003	3.35	34.9	-10.7	75.8
	1960~2003	2.44	41.8	14.3	43.9
中国	1960~80	1.83	43.7	20.8	35.5
	1980~2003	7.77	35.8	4.5	59.7
	1960~2003	4.97	37.4	7.2	55.3

出所：S. Ahmed and E. Ghani eds., (2007), *South Asia: Growth and Regional Integration*, World Bank and Macmillan India, table 2.3 and table 2.4.

$$\hat{y} = \hat{A} + \alpha\hat{k} + (1-\alpha)\hat{H}$$

ここで，ハット（^）は変化率を表す演算子である。すなわち，1人当たりGDP成長率は，総要素生産性，資本・労働比率（労働者1人当たり資本装備率）および教育の3つの成長要因に分解することができる。こうした経済成長の要因分解のことを，「成長会計」（Growth Accounting）という。

表終-1は，世界銀行のエコノミストが行った南アジアと中国の成長会計の分析結果を示している。全ケースで利用可能な1960年から2003年までの成長会

計の結果をみると,すべての国で1人当たりGDP成長率(年率平均成長率)がプラスであることがわかる。最も成長率が低いのがバングラデシュの1.15%であるが,これは,パキスタンからの政治的独立に起因する社会政治経済的混乱によって1970年代に成長率がマイナスに大きく落ち込んだことが主要な原因である。実際,バングラデシュは,1980年代にプラスの成長に転じた後,1990年から2003年にかけては2.67%と成長を加速させている。1960年から2003年の期間でみて,インドが2.59%,パキスタンが2.60%,スリランカが2.28%となっており,南アジア4カ国でみても2.44%と2%を超える成長を実現している。

南アジアの成長率は中国の4.97%という高い成長率には及ばないものの,成長要因に関して,両地域は共通の特徴をもっている。それは,経済成長に対する総要素生産性の改善の貢献度が最大であることである。総要素生産性の貢献度は,南アジアで43.9%,中国で55.3%である。南アジア各国でみてみると,いずれの国も資本・労働比率の貢献度が最大となっているが,総要素生産性のそれも決して低くはなく,インドで41.7%,バングラデシュで33.0%,パキスタンとスリランカで33.8%と3割を超えている。

以上から,南アジアの経済成長にあたっては総要素生産性の改善が果たしてきた役割が大きかったこと,さらに,南アジアが中国のような高度成長を実現するためには総要素生産性の改善が今後ともますます重要になってくることが予想されること,以上の2点を指摘したい。

資本・労働比率の上昇,教育水準の向上や総要素生産性の改善などを通じて,南アジアが経済成長を今後も持続できたとしても,経済成長それ自体が環境問題と経済格差問題という難問題を深刻化させる可能性がある。気候変動に関する政府間パネル(Intergovernmental Panel on Climate Change)の推定によれば,南アジアは全世界の温室効果ガス排出量の13.1%を占めている。1人当たり温室効果ガス排出量(CO_2換算ベース)は米国・カナダが25トン超で世界最大であるが,南アジアはわずか4.2トンと世界でも最も低水準である。しかし,南アジアは購買力平価1ドル当たりでみるとほぼ1トンの水準であり,米国・カナダを上回っている。[2] すなわち,追加的な経済活動で生じる温室効果ガス排出量でみる限り,南アジアの方が相対的に大きくなっており,この点から考えれば,南アジアの経済成長は地球環境に対する負荷をより強めるわけである。[3]

南アジア5カ国(バングラシュ,インド,ネパール,スリランカ,パキスタン)合

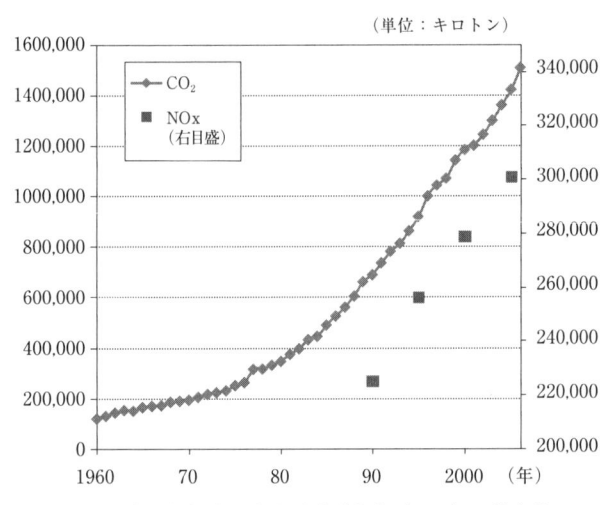

図終-1 インドの二酸化炭素（CO_2）と窒素酸化物（NOx）の排出量

注：CO2の単位はキロトン，NOxの単位はCO2換算でみたキロトンである。
出所：The World Bank (2010), *World Development Indicators & Global Development Finance*, 19 April, 2010.

計でみて，インドの二酸化炭素（CO_2）排出量は2006年で88％，窒素酸化物（NOx）の排出量（CO_2換算ベース）は2005年で70％を占めている（数値は**図終-1**の資料によるものである）。そこで，インドの二酸化炭素と窒素酸化物の排出量の推移を示したのが，図終-1である。図終-1によれば，いずれの温室効果ガス排出量も単調に増加していることがわかる。二酸化炭素は2006年で15億トン，窒素酸化物は2005年で3億トンにまで達している。

自然科学者の間においても，地球温暖化の主要な原因が二酸化炭素の排出増加なのか，地球が本当に温暖化しているのかどうかについても喧しい論争があるが，この論争に立ち入らなくても，経済成長による環境問題の深刻化は動かし難い現実であろう。二酸化炭素はともかく，窒素酸化物の大量排出は大気汚染の原因であり，人体に有害だからである。すなわち，南アジアの経済成長に伴う環境問題や公害問題の深刻化をいかに効果的に食い止めていくのかは，今後の重要な課題である。[4]

次に，経済格差問題を考えたい。経済成長が経済格差にどのような影響を与えるのか，あるいは逆に，経済格差が経済成長に好影響を与えるのか，それとも悪影響を与えるのかについては，経済学においても必ずしも十分に解明され

終　章　現代インド・南アジア経済の課題と展望

(単位：%)

(a) 上位20％の所得シェア

(単位：%)

(b) 下位20％の所得シェア

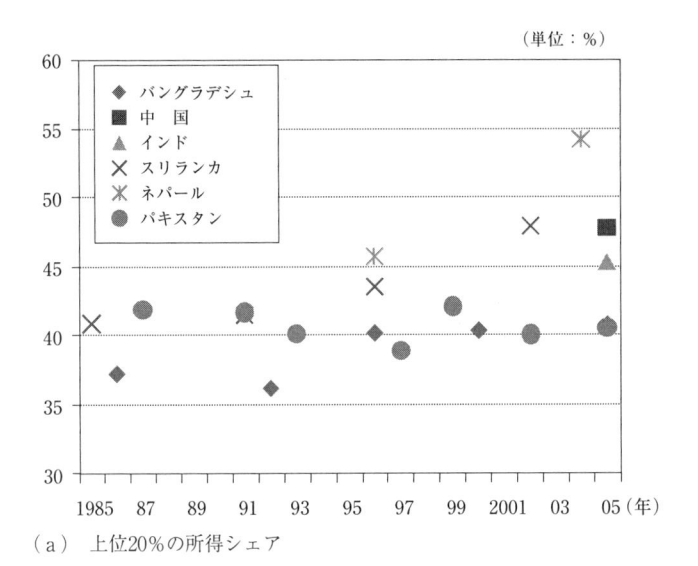

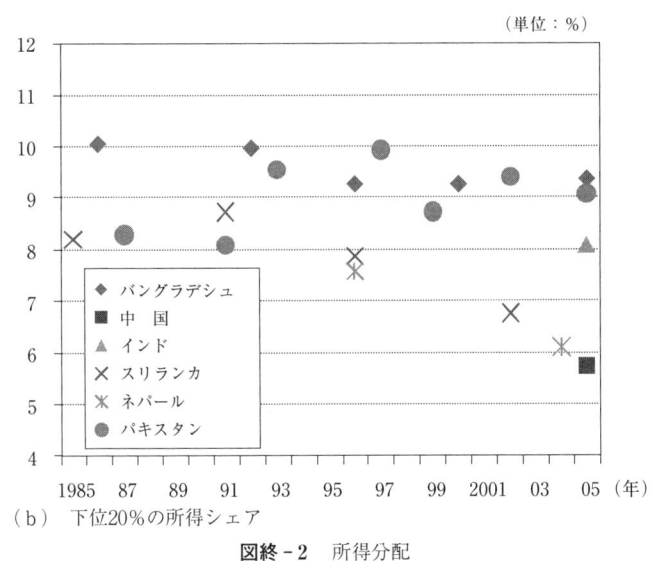

図終-2　所得分配

出所：図終-1と同じ。

ているわけではない。しかしながら，成長に伴う経済格差の拡大は，社会政治的な緊張を高めることは間違いない。それでは，南アジアにおいて，経済格差はどのように推移しているのであろうか。**図終-2**は，上位20％と下位20％の

図終-3 インドのジニ係数

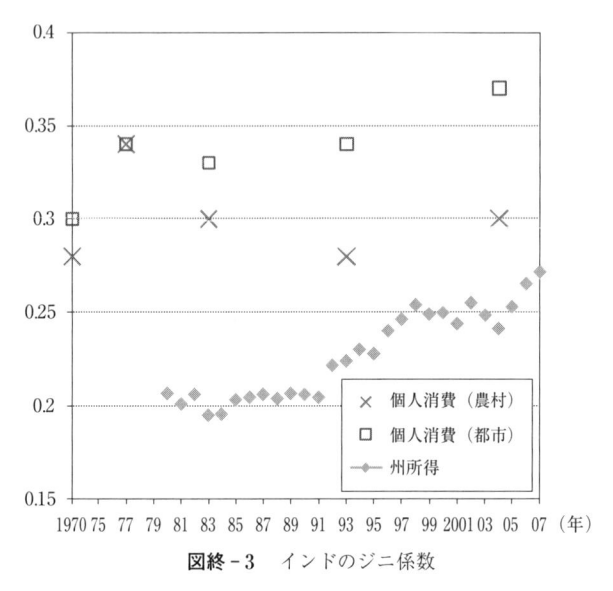

注：ここで利用した個人消費は全国標本調査（National Sample Survey）による1人当たり月額消費額（Monthly Per-capita Consumption Expenditure）を，州所得は1993年価格表示の実質1人当たり州内純生産（Net State Domestic Product）である。

出所：個人消費：Planning Commission (2010), *Data Tables*, No. 21, April 2010, 州所得：Central Statistical Organisation, *State Domestic Product and Other Aggregates*, 1980-81 series, 1993-94 series, and 1999-2000 series.

所得階層が経済全体の所得の何％を占めているのかをみたものである。インドと中国については2005年の数値しか存在しないが，パキスタンを例外として，バングラデシュ，ネパールとスリランカで上位20％の所得シェアが上昇し，下位20％のそれが下落していることがわかる。

インドの経済格差の経年変化をジニ係数でみたのが，**図終-3**である。図終-3は，農村と都市の個人消費（名目額）と1人当たり実質州内純生産（実質値）の性格が異なる2種類のデータから計算されたジニ係数を示している。農村消費のジニ係数が1977年に群を抜いて高いため，農村における経済格差が趨勢的に拡大しているのか，それとも縮小しているのかを断定することはできない。しかしながら，都市消費と州内総生産でみる限り，趨勢的に経済格差が拡大していることが明らかである。とりわけ，興味深いことは，インドで経済のグローバル化が開始された1991年以降，州内総生産でみたジニ係数が急激に上昇

していることである。州内総生産の計測単位は州と連邦直轄地であるので，このことは，インドにおいて地域間（州間）格差が著しく拡大していることを意味する。

　経済格差の深刻化が，今後，どのような社会政治経済的な影響を与えるであろうか。南アジアにおける経済格差問題に，注視する必要がある。

2　人口と人間開発の課題

　序章において，出生時平均余命・乳幼児死亡率・成人識字率などの点で，南アジア各国においても人間開発（human development）が着実に進展していることを確認した。このことはたしかに事実であり，十分評価に値するものであるが，同時に注意しなければならないことは，人間開発の側面におけるジェンダー格差の存在である。

　表終-2は，南アジア5カ国と中国のジェンダー格差をとりまとめたものである。識字率をみると，スリランカを除く南アジア各国において大きな男女間格差が存在していることが確認できる。とくに，2008年のパキスタンの場合，女性の識字率が40％であるのに対して男性のそれが66.8％となっており，26.8％ポイントもの識字率格差が存在している。

　就学率をみると，2008年時点の初等教育ではパキスタンを除くと男女間格差が存在していないことがわかる（ここで利用した就学率は，分母が学齢人口，分子が年齢と無関係な就学者数をとったグロスの就学率である。したがって，就学率が100％を超える場合があることに注意する必要がある）。しかしながら，インド・パキスタン・ネパールでは，中等教育や高等教育では就学率格差が依然として存在している。このことは，教育におけるジェンダー格差がほとんど存在していない中国とはきわめて対照的である。この点において，2008年時点の中等教育において，バングラデシュで就学率の男女間格差が消滅していることは注目に値する（1991年時点のスリランカにおいても，すでに男女間で中等教育の就学率の逆転現象がみられる）。イスラム教徒が国民の多数を占めるバングラデシュにおいて，初等および中等教育におけるジェンダー格差が消滅している。目覚ましい成果である。その理由としては，女性労働力を多数吸収している縫製産業の勃興やグラミン銀行に代表される女性をターゲットにしたマイクロファイナンスの成

表終 - 2　ジェ

		バングラデシュ		中　国		イン
		女　性	男　性	女　性	男　性	女　性
識字率（15歳以上，%）						
	1981	18.0	39.7	51.1	79.2	25.7
	1991	25.8	44.3	68.1	87.0	33.7
	2001	40.8	53.9	86.5	95.1	47.8
	2008	49.8	60.0	90.5	96.7	50.8
初等教育就学率（グロス，%）						
	1991	73.1	85.0	120.7	131.7	80.3
	2001			113.8	110.5	85.6
	2007	96.9	90.8	114.5	110.2	111.2
中等教育就学率（グロス，%）						
	1991	13.6	26.0	34.7	46.1	31.0
	2001	47.0	43.9	61.1	64.2	38.5
	2007	45.3	43.0	75.4	72.8	52.5
高等教育就学率（グロス，%）						
	1991			2.0	3.9	4.2
	2001	3.9	7.5			7.9
	2007	5.0	8.9	22.0	22.1	11.0
乳幼児死亡率（‰）						
	1991					
	2001	28.7	22.5			
	2007	20.0	16.0			12.4
労働力化率（15歳以上，%）						
	1981	56.8	89.7	70.9	87.2	32.6
	1991	62.1	88.4	73.0	84.6	34.2
	2001	55.4	85.8	70.5	81.5	32.8
	2008	58.3	84.0	67.5	78.2	33.1

注：網掛けの数値は，表示年の前後で利用可能なデータを挿入したものである。
出所：図終 - 1 と同じ。

功などが挙げられる。

　次に，乳幼児死亡率を確認したい。乳幼児死亡率が男女間で逆転していることは，南アジアに特徴的なことである。生物学的には，乳幼児段階では，男性の死亡率が女性のそれを上回るはずである。しかしながら，2007年時点でみて，バングラデシュ・インド・パキスタンにおいて，女性が男性を上回っている。とくに，2007年のパキスタンの場合，女性の乳幼児死亡率が22‰であるのに対して男性のそれが14‰となっており，8‰ポイントもの死亡率格差が存在している。

　最後に，女性の労働力化率をみると，インド・パキスタン・スリランカが著

ンダー格差

ド		ネパール		パキスタン		スリランカ	
男 性	女 性	男 性	女 性	男 性	女 性	男 性	女 性
54.8	9.2	31.7	14.8	35.4	82.0	91.3	
61.6	17.4	49.2					
73.4	34.9	62.7	39.6	67.7	89.1	92.3	
75.2	45.4	71.1	40.0	66.8	89.1	92.2	
105.0	83.4	131.5	32.9	63.7	110.6	115.0	
100.6	100.5	119.8	56.4	83.1	106.8	108.2	
114.8	120.9	126.9	76.1	93.0	105.0	105.1	
52.0	20.6	44.7	14.9	31.1	74.9	68.6	
53.6	31.6	44.0					
61.2	40.8	46.0	27.9	36.7			
7.8	2.7	8.2	2.2	3.9	3.1	5.7	
11.6	1.8	6.7					
15.7	1.8	6.7	4.8	5.6			
			36.5	22.0			
	40.2	27.8					
9.0	18.0	21.0	22.0	14.0			
86.5	45.4	87.2	12.3	86.4	40.1	82.9	
84.4	53.2	79.2	13.9	83.9	37.4	78.3	
82.4	60.7	76.3	16.0	83.5	36.3	76.8	
81.4	63.2	75.7	21.2	84.7	34.6	74.1	

しく低いことがわかる。2008年の数値を確認すると，中国が67.5％であるのに対して，最も低いパキスタンはわずか21.2％に過ぎない。南アジアでは，女性の社会的進出を忌避する社会的規範が根強く残っている。また，南アジアのなかでは，バングラデシュとネパールの女性の労働力化率が相対的に高いこともわかる。

　上記で確認してきたジェンダー格差からも理解できるように，南アジアでは，女性の家庭内での地位や社会的地位がきわめて劣悪である。とりわけ，パキスタンや北インドでは，イスラム教に淵源をもつパルダ規範が根強く残っている。パルダ規範とは，男性による女性の囲い込みを意味し，とりわけ既婚女性は外

で働くことや外出すら自由に行うことができない。さらに，インドのヒンドゥー社会ではサティー（寡婦殉死）という伝統が美化されたりしている。サティーとは，未亡人が夫の死後，その葬儀で夫の遺体が焼かれている場に飛び込んでともに死ぬことで，夫に終生の貞潔を誓う，というものである。加えて，インドの一部の地域では，初潮をむかえる前に結婚を行うという幼児婚の悪習も残存している。ダウリー（花嫁持参金）制度の存在も，深刻である。結婚にあたって，妻側の実家が相当な金額のダウリーを夫側の家族に支払わなければならないといわれている。ダウリーが少ない妻は，嫁ぎ先でいじめられることも稀ではないし，社会的な事件としてさらに深刻なことはダウリー目当てで夫やその家族がその妻を殺すという事件が頻繁に起こっていることである。夫とその家族は，自殺にみせかけて妻を殺し，次のダウリーの獲得を狙っているわけである。1961年にダウリー禁止法が成立し，インドでは法的にダウリーは禁止されているが，近年ダウリー関連犯罪が増大傾向にあるともいわれている。インドでは，以上のような女性に対する差別の存在のため，そうした差別が存在しなかったなら生存していただろう数百万人単位の女性の命が喪失していることが明らかにされている[5]。なお，ダウリーや幼児婚はインドに限らずバングラデシュでも問題になっている。

　家族の健康や子供達の教育水準の向上にあたっては，女性の役割が現実的にきわめて重要である。また，女性の社会的進出は労働供給という点でみて経済発展にとっても有意義である。南アジアにおいて，ジェンダー格差が今後，どのように解消されていくかに注目する必要がある。この点で，グラミン銀行がメンバー参加条件の1つとしてダウリーに関与しないことを促していることに注目したい。バングラデシュにおけるジェンダー格差の縮小は際立っており，その教訓を学ぶ必要がある[6]。

3　産業構造と対外開放度の課題

　産業構造と対外開放度の課題を考えるために，ここではまず世界銀行によるビジネス環境調査（*Doing Business*）を取り上げたい。この調査は，183カ国のビジネス環境を，起業・建設許可・雇用・資産登録・資金調達・投資家保護・納税・貿易・契約履行・事業閉鎖，以上10項目について詳細に調べたものであ

る。ここでは，南アジアの代表としてインドを取り上げ，中国と比較したい。インドと中国のビジネス環境を示している**表終-3**によれば，2010年の順位でみて，建設許可・雇用・資金調達・投資家保護の4項目においてインドは中国よりもビジネス環境が相対的にすぐれていると評価されている。とくに，インドは，資金調達では中国の61位に対して30位，投資家保護では中国の93位に対して41位と，かなり優位な位置に立っている。しかしながら，資産登録では中国の32位に対して93位，貿易では中国の44位に対して94位，契約履行にいたっては中国の18位に対して182位，事業閉鎖では65位に対して138位と，中国と比較して著しい差をつけられている。総合順位でも，中国の89位に対して，インドは133位となっている。ビジネス環境という点で，インドは中国の後塵を拝している，と結論できる。

　産業発展という観点からみれば，物的なインフラ整備も重要である。ビジネス環境調査のなかの貿易項目は，物的なインフラ整備状況を反映していると考えられる。そこで，貿易項目を，2010年の数値を中心にして詳しく検討したい。輸出にあたって必要とされる書類はインドが8に対して，中国は7である。大きな相違はない。しかしながら，輸入書類はインドが9に対して中国はわずか5に過ぎない。輸出入にかかわる書類の数という点では，中国の方がインドよりもすぐれている。

　2010年の輸出にかかる日数をみると，インドの17日に対して中国の21日となっており，意外なことにインドの日数の方が少なくなっている。2006年からのインドの輸出日数の経年変化を追うと，2006年の36日から2008年の17日まで著しく減少していることがわかる。同様に，2010年の輸入日数も，インドの20日に対して中国の24日となっており，インドの日数の方が少ない。また，インドの輸入日数は2006年の43日から2010年の20日にまで減少している。データの解釈にあたって，2008年以降の世界同時不況の影響でインドの輸出入が大きく落ち込んでいることに注意したい。輸出入日数の減少は，輸出入の落ち込みによる輸送上の混雑緩和という短期的要因なのか，それとも貿易関係インフラの整備による長期的要因によるものなのかを残念ながら厳密には識別できない。しかしながら，過去3年間で日数が半減していることから考えれば，短期的要因の可能性が高い。そうだとすると，取り上げるべきなのは，世界同時不況直前の2007年の数値である。2007年の輸出日数は27日，輸入日数は41日となって

表終-3 ビジネス環境

	中国					インド				
	2006	2007	2008	2009	2010	2006	2007	2008	2009	2010
総合順位	..	..	..	86	89	..	..	..	132	133
起業順位	..	..	..	152	151	..	..	..	166	169
建設許可順位	..	..	..	178	180	..	..	..	174	175
雇用順位	..	..	..	139	140	..	..	..	102	104
資産登録順位	..	..	..	30	32	..	..	..	92	93
資金調達順位	..	..	..	59	61	..	..	..	27	30
投資家保護順位	..	..	..	88	93	..	..	..	38	41
納税順位	..	..	..	135	125	..	..	..	171	169
貿易順位	..	..	..	49	44	..	..	..	97	94
輸出書類（数）	6	7	7	7	7	10	10	8	8	8
輸出時間（日数）	18	21	21	21	21	36	27	18	17	17
輸出コスト（1コンテナ当たり米ドル）	..	390	390	460	500	..	864	820	945	945
輸入書類（数）	11	6	6	6	5	15	15	9	9	9
輸入時間（日数）	24	24	24	24	24	43	41	21	20	20
輸入コスト（1コンテナ当たり米ドル）	..	430	430	545	545	..	1244	910	960	960
契約履行順位	..	..	..	18	18	..	..	..	182	182
事業閉鎖順位	..	..	..	65	65	..	..	..	142	138

出所：The World Bank（2010），*Doing Business 2009*，June 18, 2010．

いる。中国よりも，それぞれ，6日間，17日間，日数が多くなっている。

輸出入コストでは，中国がインドよりも優位に立っていることがさらにはっきりする。1コンテナ当たりの輸出コストは中国で500ドル，インドで945ドル，1コンテナ当たりの輸入コストは中国で545ドル，インドで960ドルとなっている。インドのコンテナコストは中国のほぼ2倍に達する。その要因としては，コンテナ取り扱いの機械化・大型化・専用埠頭化などの立ち遅れに起因する港湾荷役関係コスト増，さらに港湾施設から陸上輸送に至る過程での行政・通関

終　章　現代インド・南アジア経済の課題と展望

表終-4　地域貿易協定

	発効年月日	バングラデシュ	インド	ネパール	パキスタン	スリランカ
貿易交渉に関する議定書（PTN）	1973年2月11日	○			○	
アジア太平洋貿易協定（APTA）	1976年6月17日	○	○			○
世界貿易特恵制度（GSTP）	1989年4月19日	○	○		○	
経済協力機構（ECO）	1992年2月17日				○	
南アジア特恵貿易協定（SAPTA）	1995年12月7日	○	○	○	○	○
インド－スリランカ	2001年12月15日		○			○
アジア太平洋貿易協定（APTA、中国加盟）	2002年1月1日	○	○			○
インド－アフガニスタン	2003年5月13日		○			
パキスタン－スリランカ	2005年6月12日				○	○
インド－シンガポール	2005年8月1日		○			
南アジア自由貿易協定（SAFTA）	2006年1月1日	○	○	○	○	○
インド－ブータン	2006年7月29日		○			
パキスタン－中国	2007年7月1日				○	
チリ－インド	2007年8月17日		○			
パキスタン－マレーシア	2008年1月1日				○	
MERCOSUR－インド	2009年6月1日		○			
韓国－インド	2010年1月1日		○			
ベンガル湾多分野技術・経済協力イニシアティブ（BIMSTEC）	交渉中	○	○	○		○
EC－インド	交渉中		○			
EFTA－インド	交渉中		○			
日本－インド	交渉中		○			

注：ここで利用した地域貿易協定のデータベースは，WTOに通告しているか，あるいは早期公表されている地域貿易協定のみが対象となっている。このため，例えば，2010年1月に発効したASEANとインドの地域貿易協定や交渉中のタイとインドの地域貿易協定などの重要な協定がカバーされていないことに注意されたい。

出所：World Trade Organization (2010), *RTA Database*, June 10, 2010.

業務などの遅れ，そして最後に道路整備の立ち遅れによる陸送時間増・陸送コスト増などが考えられる。

　以上，中国とインドを比較すれば，物的インフラの整備状況についてインドが中国に対して劣位にあると結論づけることができる。このことは，上のコンテナコストが著しく高いことに表れている。今後，インドが順調な産業発展を実現していくためには，物的インフラの整備をはじめとするビジネス環境の改善（とくに世界順位が著しく低い起業・建設許可・雇用・資産登録・納税・貿易・契約履行などの分野の改善）が重要になってくるであろう。(7)

　南アジアにおける対外開放を考えるうえで無視できない世界経済の潮流は，

世界貿易機関（WTO）主導による多角主義（マルチラテラリズム）から2国間・多国間の地域貿易協定を中心とする地域主義（リージョナリズム）への移行である。南アジアには，南アジア地域協力連合（SAARC）という南アジアの8カ国（インド，パキスタン，バングラデシュ，ネパール，ブータン，スリランカ，モルディブ，アフガニスタン）が加盟している地域協力機関が存在する。SAARCは1985年に設立され，その事務局はネパールのカトマンズに置かれている。**表終-4**は，WTOに報告されている南アジアにおける地域貿易協定をとりまとめたものである。このなかの1995年発効の南アジア特恵貿易協定（SAPTA）と2006年発効の南アジア自由貿易協定（SAFTA）は，SAARCの地域経済協力活動によって実現したものである。

南アジアにおける2国間地域貿易協定で興味深いのは，スリランカの立場である。1947年の分離独立後，何度も戦争や紛争を経験しているインドとパキスタンの両国と協定を締結しているからである。スリランカは，2001年にはインドと2005年にはパキスタンと地域貿易協定を実現している。

それでは，南アジア域内貿易はどのように推移しているのであろうか。**表終-5**は，南アジア5カ国の貿易マトリックスを示している。このマトリックスは，次のように読むことができる。輸入側のバングラデシュの1981年をみると，輸出側のバングラデシュには一切数値が入っていない。自国が自国から輸入することは不可能だからである。その横のインドをみると，64.0という数値となっている。これは，1981年にバングラデシュはインドから6400万ドルを輸入していることを意味する。同様に，同じ行の横をたどっていくと，ネパールから1180万ドル，パキスタンから4650万ドル，スリランカから200万ドルを輸入していることがわかる。一番右端の世界全体をみると，1981年にはバングラデシュの輸入総額は26億5140万ドルとなっている。

今度は，輸出側のバングラデシュの1981年の列をみると，輸入側のバングラデシュには一切数値が入っていない。自国が自国に輸出することは不可能だからである。そこからさらに下に降りて，インドの1981年をみると，13.6という数値になっている。これは，1981年にバングラデシュはインドへ1360万ドルを輸出していることを意味する。同様に，同じ列の下をたどっていくと，1981年でみて，ネパールへ20万ドル，パキスタンへ5130万ドル，スリランカへ240万ドルを輸出していることがわかる。一番右端の世界全体をみると，1981年には

終　章　現代インド・南アジア経済の課題と展望

表終-5　貿易マトリックス

(単位：100万ドル)

輸入側	年	輸出側					
		バングラデシュ	インド	ネパール	パキスタン	スリランカ	世界全体
バングラデシュ	1981		64.0	11.8	46.5	2.0	2,651.4
	1991		189.5	0.1	57.5	4.8	3,421.0
	2001		1,195.5	4.2	85.6	7.9	9,012.4
	2008		3,498.2	87.4	296.5	17.0	23,820.6
インド	1981	13.6		44.5	76.7	55.5	14,549.8
	1991	5.7		19.2	57.6	11.5	19,509.4
	2001	66.9		387.9	72.8	79.2	59,150.9
	2008	295.5		523.3	343.8	420.2	281,467.0
ネパール	1981	0.2	87.4		0.1	0.0	214.0
	1991	12.7	85.0		0.5	0.0	500.1
	2001	2.7	612.4		1.4	4.0	1,566.1
	2008	6.6	1,697.7		3.8	0.2	3,074.0
パキスタン	1981	51.3	2.8	2.2		49.6	5,634.8
	1991	36.9	44.3	4.3		34.4	8,431.5
	2001	25.5	241.1	0.8		27.3	10,166.1
	2008	86.4	1,704.3	4.0		69.6	46,135.5
スリランカ	1981	2.4	76.7	0.0	17.8		1,905.7
	1991	3.9	220.1	0.0	73.7		3,061.1
	2001	2.1	601.5	0.0	73.8		5,730.8
	2008	12.2	2,731.9	0.1	203.3		14,421.2
世界全体	1981	791.4	6,827.3	83.3	2,884.4	1,023.8	
	1991	1,687.5	17,873.8	257.3	6,495.2	1,987.5	
	2001	5,735.6	45,432.6	753.5	9,217.4	4,722.4	
	2008	13,627.6	177,700.0	867.6	21,640.3	8,523.9	

出所：International Monetary Fund (2010), *Direction of Trade Statistics*, CD-ROM, April 2010.

バングラデシュの輸出総額は7億9140万ドルとなっている。

　以上のような貿易マトリックスの読み方を念頭に置き，表終-5を検討したい。まずなによりも，南アジア域内貿易の貿易全体に占める割合が小さいことを指摘しなければならない。例えば，表終-5の数値をもとに計算すれば，2008年のインドの総輸出額に占める南アジア4カ国のシェアは5.5％，輸入にいたってはわずか0.5％に過ぎない。例外はネパールであるが，これは周辺を中国とインドに囲まれている内陸国であるので，インドとの貿易が過半を占めている。インド洋に囲まれている島国であるスリランカは貿易依存度が群を抜いて高いが，その域内貿易比率は2008年の輸出総額の6％，輸入総額の20％程度である。

第二に指摘したいのは，インドとバングラデシュ・スリランカ・パキスタンの２国間貿易が増加傾向にあることである。バングラデシュのインドからの輸入がバングラデシュの総輸入額に占める割合を計算すると，1981年の2.4％から2008年の14.7％にまで増加しているし，スリランカのインドからの輸入について同様の数値をみると，1981年の4.0％から2008年の18.9％にまで増加している。また，意外なことに，パキスタンのインドからの輸入の数値をみても，1981年のほぼ無視できる水準だったのが，2008年には3.7％にまで増加している。また，輸出についても検討してみると，バングラデシュのインドへの輸出は総輸出額でみて，1981年の2.4％から2008年の14.7％にまで増加しているし，スリランカでは1981年の5.4％から2008年の4.9％と一見減少しているようにみえるが，1991年の0.6％と2001年の1.7％を基準に考えれば増加傾向にあるとみなすことができる。パキスタンのインドへの輸出の数値をみても，1981年の2.7％，1991年の0.9％，2001年の0.8％，2008年の1.6％と推移しており，近年，増加していることがわかる。

　すなわち，南アジア域内貿易の相互依存関係は依然として低水準ではあるが，近年，南アジア各国はインドとの貿易関係をより強めつつある，ということである。インドが南アジア経済の中心として機能し始めているといえよう。その一方で，注意したいことは，近年，南アジア各国は中国との貿易関係とくに対中国輸入において関係を強めていることである。インドを除く南アジア各国が中国とインドという両「大国」に挟まれるようにして，中印への輸入依存度（輸出は米欧中心）を高めている。第４章でも言及したように，インドの対中国貿易は，大量の製品輸入を背景に大幅な赤字である。この構図は，近い将来の南アジア各国の貿易構造を示唆するものであろう。

　インドは，最近年になって，南アジア域外地域との地域貿易協定の締結に積極的である。2005年のシンガポールとの協定を皮切りに，2007年のチリ，2009年のブラジル・アルゼンチン・ウルグアイ・パラグアイから成るMERCOSUR（南米南部共同市場），2010年の韓国とASEAN，と次々と地域貿易協定の発効に成功を収めている。こうした動きの背景には，中国と比較すると製品輸出力に劣るインドにとり，資源確保の観点からも貿易相手国の多角化は喫緊の課題であるという事情がある。(8)

　こうした地域貿易協定の締結運動が，どのような経済的影響を南アジア各国

にもたらすのかについては，今後とも注視する必要がある。

4　統治体制の課題

　南アジア各国の統治体制は，インドを例外として民主化の程度が低いだけではなく不安定でもあることを序章においても指摘したし，第11章から第14章までの南アジア経済の各論においてもそのことを歴史的にかつ具体的に確認してきた。南アジア各国が抱える統治体制の問題はきわめて重要であるので，繰り返しを厭わず，あえてこの問題を再度取り上げたい。

　表終-6は，世界銀行が212カ国について作成している世界統治指標から南アジア5カ国を取り出して整理したものである。世界統治指標は，国民の政治参加や表現・結社・報道の自由の程度を示す「ボイスと説明責任」，暴力行為や法秩序の侵害行為によって政府が不安定になる可能性を示す「政治的安定性」，公共サービスの質，公務員の能力，政治的圧力からの中立性や政策の質を示す「政府の能力」，民間部門の発展を促進する政策や規制を実施する政府の能力を示す「規制の質」，当局による法令順守，財産権保護の程度，警察・裁判所などの質，犯罪リスクなどを示す「法の支配」，公権力が私的利益のために行使される程度や少数エリートによる国家の簒奪などを示す「腐敗の抑制」の6つの指標からなる。

　南アジア各国の統治指標をみてまず何よりも驚くことは，2008年でみてインドの「ボイスと説明責任」と「法の支配」を除いて，南アジア各国のすべての統治得点がマイナスになっていることである。また，世界最大の民主主義国としての自負を誇っているインドですら，世界の統治体制のなかの順位は必ずしも高くはない。また，とりわけ懸念されるのは，インドを除くすべての南アジアで「政治的安定性」が1998年から2008年の10年間の間に大きく損なわれていることである[9]。

　このことは，南アジアの統治体制の脆弱性を浮き彫りにしている。統治体制の改善と安定化は，南アジアにとって今後とも重要な課題である。

表終-6

	年	ボイスと説明責任		政治的安定性		政府の
		百分位順位	統治得点	百分位順位	統治得点	百分位順位
バングラデシュ	1998	41.8	−0.25	26.0	−0.52	30.3
	2003	32.7	−0.60	16.8	−1.08	25.1
	2008	30.8	−0.61	9.6	−1.54	22.7
インド	1998	58.2	0.32	18.8	−0.87	52.6
	2003	58.2	0.33	13.9	−1.20	56.4
	2008	58.7	0.45	16.7	−0.99	53.6
ネパール	1998	42.3	−0.23	32.2	−0.31	37.9
	2003	25.5	−0.81	5.3	−1.73	37.9
	2008	25.0	−0.79	7.7	−1.69	24.2
パキスタン	1998	28.4	−0.74	10.6	−1.34	25.1
	2003	13.5	−1.23	6.7	−1.67	34.6
	2008	19.2	−1.01	1.4	−2.61	25.6
スリランカ	1998	44.7	−0.15	11.1	−1.32	50.2
	2003	42.3	−0.14	20.7	−0.91	54.0
	2008	33.7	−0.44	2.9	−2.04	46.9

注:百分位順位(Percentile Rank)は0から100を,統治得点(Governance Score)は99%の確率で−2.5から+2.5
出所:The World Bank (2009), *Worldwide Governance Indicators, 1996-2008*.

5 マクロ経済問題

　2007年に米国でサブプライムローン問題が表面化し,フランス大手金融機関のBNPパリバが同年8月に傘下にあるファンドの解約を凍結し(パリバ・ショック),2008年9月には米国の投資銀行大手のリーマン・ブラザーズが破綻した(リーマン・ショック)。2007年のパリバ・ショックに追い打ちをかけるような2008年のリーマン・ショックによって決定的になった世界的な金融危機が,世界同時不況をもたらした。ブラジル・ロシア・インド・中国などのBRICs諸国をはじめとする新興国経済の内需は堅調であり,先進国における不況の影響を受けないとする「デカップリング論」が流布していたが,即座にそれが誤った楽観論であることが判明した。世界同時不況の影響を被り,新興国経済の景気も急激に悪化したからである。インドをはじめとする南アジアも例外ではなかった。

　図終-4は,南アジア各国の実質経済成長率・インフレ率・国際収支赤字の推移を示したものである。パネル(a)をみると,2008年から2009年にかけて,

終　章　現代インド・南アジア経済の課題と展望

統治体制

能力		規制の質		法の支配		腐敗の抑制	
統治得点	百分位順位	統治得点	百分位順位	統治得点	百分位順位	統治得点	百分位順位	統治得点
−0.61	24.9	−0.59	21.9	−0.82	25.2	−0.73
−0.70	18.0	−0.89	22.4	−0.87	6.3	−1.27
−0.77	20.8	−0.82	27.3	−0.70	10.6	−1.10
−0.16	33.7	−0.39	60.5	0.23	45.6	−0.31
−0.09	41.5	−0.33	55.2	0.07	44.7	−0.35
−0.03	46.9	−0.21	56.5	0.12	44.4	−0.37
−0.43	31.7	−0.42	51.0	−0.14	52.4	−0.18
−0.49	33.2	−0.52	35.2	−0.57	52.4	−0.17
−0.75	26.6	−0.66	24.9	−0.76	29.0	−0.68
−0.65	30.2	−0.47	23.3	−0.73	21.4	−0.83
−0.55	22.4	−0.73	24.3	−0.83	28.6	−0.73
−0.73	34.8	−0.47	19.1	−0.92	24.6	−0.77
−0.21	59.0	0.29	52.4	−0.11	53.4	−0.12
−0.17	57.1	0.13	52.9	0.03	52.9	−0.17
−0.29	44.4	−0.28	54.5	−0.01	54.1	−0.15

の値をとる。いずれの指標もその数値が大きくなれば，統治体制がより優れていることを意味する。

　成長率の大きな落ち込みがみられる。これは，まさに，世界同時不況によるものである（ちなみに2001年の景気の落ち込みは世界的なITバブル崩壊による）。インドを取り上げると，2007年の9％から2009年には6％にまで成長率が下落した。パネル(b)をみると，消費者物価指数で測る限り，世界同時不況下でもインフレ率が必ずしも低下しているわけではない。これは，景気後退によるデフレ圧力よりも，資本逃避による為替レート減価によるインフレ圧力（輸入財価格の上昇）が強いためである。この点は，景気後退がデフレ圧力に直結する先進国とは対照的である。パネル(c)で経常収支赤字をみると，世界同時不況下でパキスタンとスリランカの外需が著しく落ち込んでいることがわかる。対GDP比でみて，両国で4％ポイント以上も経常収支赤字が拡大しているのである。

　全世界的なレベルで実施された拡張的なマクロ経済政策と金融危機対策が奏功し，世界同時不況が世界恐慌にまで発展するという最悪の事態はひとまず回避された。その結果，2010年以降，南アジア諸国も不況からの回復過程にある。それでは，南アジアにとって，世界同時不況の教訓は何であったのだろうか。

　それは，南アジアにおいても経済のグローバル化が進み，さまざまなチャンネルを経由して世界経済の影響を強く受けるようになったことであろう。実際，

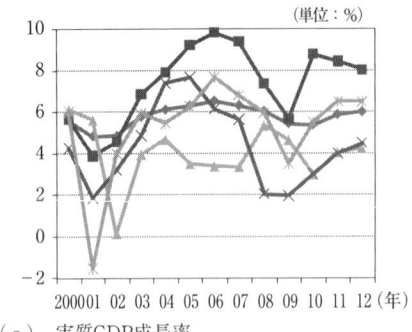

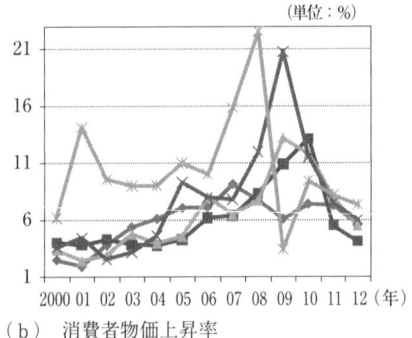

(a) 実質GDP成長率

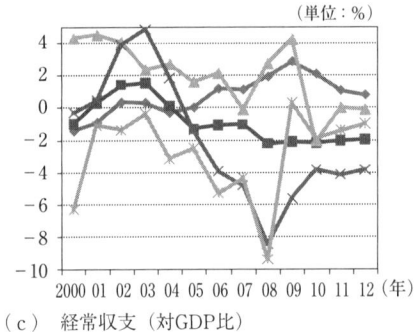

(b) 消費者物価上昇率

(c) 経常収支（対GDP比）

注：(a)(c)ネパールについては2010年以降，その他の国について2009年以降の数値は，IMFによる推計である。(b)ネパールとパキスタンについては2010年以降，その他の国について2009年以降の数値は，IMFによる推計である。

出所：International Monetary Fund (2010), *World Economic Outlook Database*, April 2010.

図終-4　マクロ経済の動向

　世界同時不況から世界経済が回復に向かっている過程で，そのことを強く実感させるような新たな経済危機がヨーロッパの周辺国で発生している。2009年末に表面化したギリシャの財政危機である。

　ギリシャの財政赤字は対GDP比10％程度，公的債務残高は100％程度である。そのギリシャの国債価格が暴落し，債務不履行リスクが著しく高まったのである。これがギリシャの財政危機である。ユーロ導入国における国家財政の事実上の破綻が世界経済に与える影響は，きわめて甚大である。2010年6月時点で，ギリシャだけではなく，ポルトガル・スペイン・イタリアなどの財政破綻すら懸念されるほどであり，ギリシャ危機は世界同時不況からの景気回復に水を差すものであり，ユーロ危機をも誘発している。

　それでは，南アジアはどうであろうか。**図終-5**は，南アジア各国の財政赤字と政府債務残高の推移を示したものである。まず，パネル(a)をみると，パ

キスタンとスリランカの財政赤字が群を抜いて高いことがわかる。対GDP比で6-7%を超える水準である。最近のネパールの数値がわからないが，バングラデシュとインドは2008年に2%を下回り，相対的に低水準である。

次に，パネル(b)をみると，スリランカの政府債務残高が対GDP比80%を超える高水準であり，財政赤字水準自体は高くなかったインドのそれが60%と高いことがわかる。パキスタンの数値はとれないが，パネル(a)で確認したように財政赤字水準が高いことから，政府債務残高もスリランカと同水準かそれ以上の規模にまで膨らんでいることが予想される。ネパールの政府債務残高は減少傾向にあり，バングラデシュもパネル(a)の財政赤字の推移と合わせて考えるとそれほど債務が膨張しているとは考えられない。すなわち，インド，パキスタン，スリランカの3カ国の政府債務残高が相対的に大きいのである。

ギリシャで発生した財政危機が，南アジアで起こらないという保証はどこにも存在しない。こうしたマクロ経済問題にも，今後とも注目する必要がある。

6　インド・南アジア経済の展望

最後に，インド・南アジア経済の今後を展望して本書を締め括ろう。この地域では，2009年から2010年にかけてスリランカにおける内戦の終結およびネパールにおける民主主義体制への本格的移行・制憲議会による憲法制定の動きがみられた。その後の両国の動向をみると，必ずしも安定したものではなく楽観を許すものではないが，インドと南アジア各国は，民主主義と平和の配当により，そしてこの地域独特の産業発展パターンによりいま高成長軌道に乗る可能性を示している。成長会計による要因分解では，教育水準の向上に加えて，総要素生産性の改善や資本・労働比率の上昇が成長の要因であることが明らかにされた。しかしながら，製造業や電力など工業の発展はいまだ限られており，膨大な若年層人口を吸収すべき労働集約的消費財産業の発展も不十分である。そのような発展段階にある南アジアにもグローバル化の波は否応なしに押し寄せている。携帯電話（モバイル）の農村への急速な普及は，国際的にコモディティ化した消費財が比較的貧しい層にも手が届くようになったことを示している。インド北部，ウッタル・プラデーシュ州の農村をフィールドとして長年調査をしているある研究者は，フィールド村の現状を「右手に牛フン，左手にモ

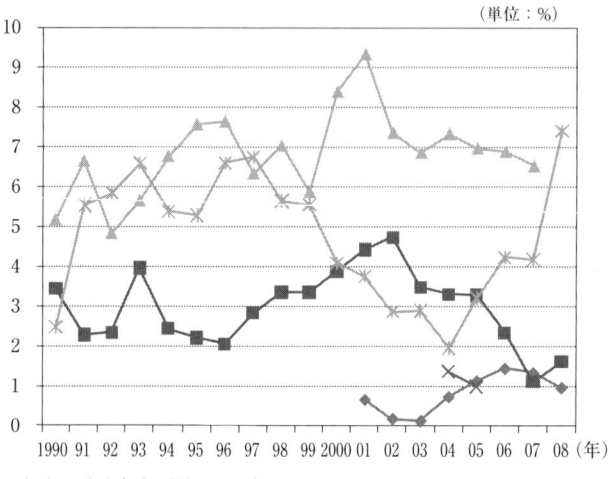

(a) 財政赤字（対GDP比）

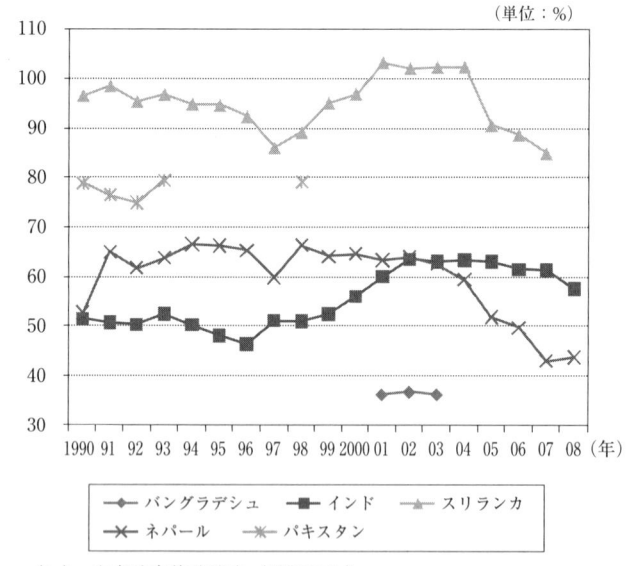

(b) 中央政府債務残高（対GDP比）

図終-5 財政赤字と政府債務残高

出所：図終-1と同じ。

バイル」と１枚のクロッキーに描いてみせた。基礎的インフラの欠如・立ち遅れから，牛フン集めや水汲み仕事はインドの多くの地域で女性や子どもの担当である。家事の手伝いに加え，時間のかかるこれらの作業は彼らの多くを学校教育から引き離してきた。いまや，人々に求められている教育は基礎教育のみではなく少なくとも中等教育レベルであろう。子どもが十分な教育を受けられるようになるためにも，中央政府から村レベルまでのガバナンスの向上が求められる。今後発展が期待される製造業やサービスにおける質の高い労働力として，教育を受けた若者たちが労働市場に参入することが必要である。南アジア各国はマイクロファイナンス，自助グループ活動の発展さらにはBOP（Bottom of the Pyramid）ビジネスなど他の途上国地域に先駆けて注目を集めた事例も少なくない。しかし，この地域および各国の持続的な経済発展には膨大な若年層を吸収しうる産業（製造業であれサービスであれ）を創出する必要があろう。これはきわめて大きな挑戦である。その意味において，南アジア各国は独立以降二度目の開発のスタート地点に立っている。そして，そこではアマルティア・センが繰り返し強調した，民主主義，教育の充実および女性の参加による開発という人間開発重視の開発が実現できるか否か，このことも注目されるのである。

●注
(1) 英語文献ではあるが，南アジア経済全体の諸課題を把握するうえでは，Ahmed and Ghani（2007）とThe Mahbub ul Haq Human Development Centre（various years）が参考になる。本章も，それらを大いに参考にした。
(2) IPCCの議長は，インド人のラジェンドラ・パチャウリ（Rajendra Pachauri）博士である。ここで示した数値は，Intergovernmental Panel on Climate Change（2007），*Climate Change 2007: Synthesis Report*, p. 37によるものである。
(3) 地球温暖化問題についてより詳しくは，パチャウリ・原沢（2008）を参照されたい。
(4) 地球環境問題を経済学の観点から鋭く解明しているのが，ダスグプタ（2007）やダスグプタ（2008）である。先に引用した総要素生産性の成長につき，彼は，

生産要素として自然資本を無視していることから過大評価している疑いがあり，土壌侵食や都市の汚染が進展していることなどから考えると「インド亜大陸では，1970〜2000年の経済発展が持続不可能なものであったと考えざるを得ない」（ダスグプタ 2008：173）と指摘している。こうした考えも，経済成長の問題を考えるうえで決して軽視できない。

（5）ジェンダー格差についてより詳しくは，アマルティア・セン（2000b），アマルティア・セン（2008），マラ・セン（2004）などを参照されたい。

（6）バングラデシュのグラミン銀行の経験については，ユヌス（2008）を参照されたい。

（7）インドにおけるインフラ整備の課題については，カラム・ラジャン（2007：第11章）を参照されたい。

（8）インドの地域貿易協定運動についてより詳しくは，浦田・深川（2007）所収の小島真論文と椎野（2009）を参照されたい。

（9）南アジアの統治体制の性格やその脆弱性を考えるにあたっては，宮田（2009）と猪口（2009）が参考になるだろう。また，近年のインドの政治経済の諸課題を知るうえでは，近藤（2009）とルース（2008）を推奨したい。

（10）八木祐子「右手に牛フン，左手にモバイルの時代に」日本南アジア学会第22回大会，2009年。

（11）BOPとは，「経済ピラミッドの底辺で生活し，1日2ドル未満で暮らしている」（プラハラード 2005：27ページ）人々のことを意味し，その総人口は40億人以上にも達している。少なくない民間企業がこのBOPを市場として開拓し，貧困撲滅に貢献している。詳しくは，BOP概念を提起したプラハラード（2005）を参照されたい。

●参考文献

猪口孝編（2009）『アジア・バロメーター──南アジアと中央アジアの価値観』明石書店。

浦田秀次郎・深川由起子編（2007）『経済共同体への展望』岩波書店。

カラム，A. P. J. アブドゥル・ラジャン，Y. S.（2007）『インド2020──世界大国へのビジョン』島田卓監訳，日本経済新聞出版社。

近藤則夫編（2009）『インド民主主義体制のゆくえ──挑戦と変容』アジア経済研究所。

椎野幸平（2009）『インド経済の基礎知識』（第2版），ジェトロ。

セン，アマルティア（2000a）『不平等の経済学』鈴村興太郎・須賀晃一訳，東洋経済新報社。

セン,アマルティア（2000b）『自由と経済開発』石塚雅彦訳,日本経済新聞社。
セン,アマルティア（2008）『議論好きなインド人』佐藤宏・粟屋利江訳,明石書店。
セン,マラ（2004）『インドの女性問題とジェンダー——サティー（寡婦殉死）・ダウリー問題・女児問題』鳥居千代香訳,明石書店。
ダスグプタ,パーサ（2007）『サステイナビリティの経済学』植田和弘監訳,岩波書店。
ダスグプタ,パーサ（2008）『経済学』植田和弘・山口臨太郎・中村裕子訳,岩波書店。
パチャウリ,ラジェンドラ・原沢英夫（2008）『ラジェンドラ・パチャウリ——地球温暖化IPCCからの警告』日本放送出版協会。
プラハラード,C. K.（2005）『ネクスト・マーケット——「貧困層」を「顧客」に変える次世代ビジネス戦略』スカイライトコンサルティング株式会社訳,英治出版。
宮田律（2009）『南アジア 世界暴力の発信源』光文社。
ユヌス,ムハマド（2008）『貧困のない世界を創る——ソーシャル・ビジネスと新しい資本主義』猪熊弘子訳,早川書房。
ルース,エドワード（2008）『インド——厄介な経済大国』田口未和訳,日経BP社。
Ahmed, S. and Ghani, E. eds. (2007), *South Asia: Growth and Regional Integration*, World Bank and Macmillan India.
The Mahbub ul Haq Human Development Centre, *Human Development in South Asia*, Oxford University Press, various years.

（佐藤隆広・石上悦朗）

資 料

資料1　インド・南

国　名	独立年月日	首　都	人　口 (1,000人) (2008年)	GDP (100万ドル) (2000年価格) (2008年)	1人当たりGDP (購買力平価 [PPP]ベース) (2005年価格) (2008年)	1人当たりGNI (購買力平価 [PPP]ベース) (名目価格) (2008年)	1人当たりGNI (アトラス・メソッド) (名目価格) (2008年)
アフガニスタン	1919年英国保護領から独立	カブール	29,021	..	1,019	1,100	370
バングラデシュ	1971年12月16日 (1947年8月14日東パキスタンとして独立)	ダッカ	160,000	73,940	1,233	1,450	520
ブータン	1907年	ティンプー	687	856	4,395	4,820	1,900
インド	1947年8月15日	ニューデリー	1,139,965	817,937	2,721	2,930	1,040
モルディブ	1965年7月	マレ	305	1,042	5,169	5,290	3,640
ネパール	1769年(1951年王政復古)	カトマンズ	28,810	7,305	1,020	1,120	400
パキスタン	1947年8月14日	イスラマバード	166,111	107,995	2,344	2,590	950
スリランカ	1972年(1948年英領自治領として独立)	スリ・ジャヤワルダナプラ・コッテ	20,156	24,169	4,215	4,460	1,780

注：＊非識字率のデータは，バングラデシュ・ネパール・パキスタン・スリランカについては2008年，イ
出所：国名，首都，独立年月日については，外務省各国・地域情勢 (http://www.mofa.go.jp/mofaj/area/
　　　月28日アクセス])による。

資　料

アジア基本統計

通貨単位	対ドル為替レート(2008年平均)	都市人口比率(%)(2008年)	平均寿命(歳)(2008年)	乳幼児死亡率(1000人当たり)(2008年)	成人識字率(15歳以上)(%)	対外債務GNI比率(%)(2008年)	国民貯蓄GDP比率(%)(2008年)	GDP成長率(%)(1981年~1990年)	GDP成長率(%)(1991年~2000年)	GDP成長率(%)(2001年~2008年)	対外債務GNI比率(%)(2008年)
アフガニー	50	24	44	165	..	..	-8.0				..
タカ	69	27	66	43	55	28	16	3.7	5.0	5.9	28
ニュルタム	44	34	66	54	53	50	51	9.5	5.1	9.3	50
ルピー	44	30	64	52	63	19	34	5.5	6.0	7.8	19
ルフィア	13	38	72	24	98	82	..			7.1	82
ネパール・ルピー	70	17	67	41	58	29	11	4.3	-2.2	3.5	29
パキスタン・ルピー	70	36	67	72	54	29	11	6.1	3.8	5.3	29
ルピー	108	15	74	13	91	38	14	4.0	5.2	6.0	38

ンド・モルディブについては2006年，ブータンについては2005年のデータを利用している。
index.html〔2011年3月28日アクセス〕），その他は世界銀行（http://www.worldbank.org/data/〔2011年3

資料2　インド・南アジア関連年表

年	月	社会の動き
1947	7月18日	インド独立法成立
	8月14日	パキスタン独立
	8月15日	インド独立
1948	1月30日	インドのマハートマー・ガンディー暗殺
	2月4日	英国連邦自治領セイロン成立
	4月6日	インド政府，第1次産業政策発表
	5月7日～12月	第1次印パ戦争開始
	9月17日	インド，ハイダラーバード（ニザーム）藩王国併合
1949	1月1日	インド準備銀行，中央銀行として新発足
	1月	カシュミールで停戦成立
	9月1日	インドでドラヴィダ進歩連盟結成
	11月25日	インド憲法採択
1950	1月26日	インド憲法施行
1951	1月16日	インドのウッタル・プラデーシュ州でザミーンダーリー制廃止法成立
	2月	ネパールで王権が復活
	2月	インド独立後初の国勢調査実施
	4月1日	インドの第1次五カ年計画開始
	10月1日～1952年2月21日	インド連邦議会下院の第1次総選挙が施行，インド国民会議派が圧勝
	11月	ネパール会議派のM.P.コイララ内閣成立
1952		インド，各州で土地改革立法
		ブータン第3代国王にジグメ・ドルジ・ウォンチュックが即位，近代化進める
	6月9日	日印平和条約調印，正式な外交関係樹立（8月27日発効）
1953	2月	インドのネルー首相，「第三世界」の結集を提唱
	10月1日	インドで，初の言語州アーンドラ・プラデーシュ州創設
	12月2日	インド・ソ連五カ年通商協定調印
1954	4月	ネルー＝周恩来会談で平和五原則を声明
1955	1月21日	インド国民会議派大会で社会主義型社会の建設決議
	4月24日	アジア・アフリカ（インドネシア・バンドン）会議で平和十原則採択
	5月18日	インド，ヒンドゥー婚姻法成立
	12月14日	ネパール，スリランカが国連に加盟
1956	3月23日	パキスタン憲法施行，「イスラーム共和国」を宣布
	4月1日	インド第2次五カ年計画開始

資 料

	4月	スリランカ総選挙でスリランカ自由党が勝利，バンダーラナーヤカ内閣成立，シンハラ優遇政策推進
	8月29日	米印間にPL480余剰農産物援助協定成立
	11月1日	インドで，言語別州再編成法施行
1957	2月24日～3月15日	インド第2次総選挙で会議派勝利
		インド・ケーララ州議会選挙では共産党が勝利し，ナンブーディリーパッドを州首相とする政権誕生（～1959年7月31日）
	10月4日	インドのネルー首相訪日
1958	8月28日	ワシントンで第1回対印債権国会議
	10月7日	パキスタンでアユーブ・ハーンがクーデタにより軍事政権樹立
1959	2月	ネパール王国憲法公布，ネパール会議派内閣成立
	3月31日	チベットで反乱，ダライ・ラマ14世がインドに亡命，チベット難民約10万人
	4月3日	ネパールで初の総選挙
	7月31日	インド，ケーララ州に初の大統領統治，州議会解散
	8月1日	インドで，スワタントラ（自由）党結成
	9月25日	スリランカのS.W.R.Dバンダーラナーヤカ首相暗殺
1960	2月12日	ネルー・フルシチョフ会談，経済援助・文化協定締結
	5月1日	インド，ボンベイ州がマハーラーシュトラ州とグジャラート州に分離
	7月1日	スリランカ総選挙でスリランカ自由党が勝利，シリマヴォ・バンダーラナーヤカが世界初の女性首相に就任
	9月19日	印パ間でインダス川水利条約締結
	12月15日	ネパール国王マヘンドラがクーデタ，国王親政開始
1961	4月1日	インド第3次五カ年計画開始
	5月20日	インドで，ダウリー禁止法成立
	9月1日～6日	第1回非同盟諸国首脳会議開催
	10月15日	中国・ネパール国境条約調印
	12月20日	インドがポルトガル領ゴア，ダマン，ディウを併合
1962	2月19日～29日	インド第3次総選挙
	3月1日	パキスタン新憲法施行，アユーブ・ハーンが大統領に就任
	10月20日～11月21日	中印国境紛争
	12月16日	ネパールで新憲法公布，パンチャーヤット制度導入
1963	5月10日	インドで，ヒンディー語に加え英語を公用語とするインド公用語法が施行，同法で1965年1月26日以降も英語の地位は確定
1964	5月27日	インド，ネルー首相死去
	6月9日	シャーストリー内閣発足
	9月	インド・ソ連軍事協定調印
	10月31日～11月7日	インド共産党が分裂，カルカッタでインド共産党（マルクス主義派）の創立大会開催

391

1965	3月	ブータンのジグメ・ドルジ首相暗殺，国王が政権掌握
		インド，マドラス州で反ヒンディー語運動激化
		スリランカ総選挙で統一国民党が勝利，セーナーナーヤカが首相に復帰
	4月	インドとパキスタンの間でカシュミール紛争発生
	7月	モルディブが英国から独立
	9月6日〜22日	第2次印パ戦争へと拡大
1966	1月10日	印パ間にタシケント宣言
		インド，シャーストリー死去，インディラ・ガンディーが後継に就任
	1月24日	インド，会議派のインディラ・ガンディー内閣発足
	6月5日	インド・ルピー36.5%切り下げ
	11月1日	インド，パンジャーブ州をパンジャーブ州とハリヤーナー州に分割
1967	2月15日〜21日	インド第4次総選挙，8州で非会議派政権誕生
	3月2日	インド，西ベンガル州のナクサルバーリーで武装革命派ナクサライトの活動始まる
	3月6日	インド，マドラス州にドラヴィダ進歩連盟政権誕生
1968	1月8日	改正インド公用語法制定
	8月17日	インドで，ドラヴィダ進歩連盟が州名をマドラスからタミル・ナードゥに変更
	11月	モルディブ憲法公布，スルターン制を廃し共和国となる，ナシルが大統領に就任
		インド，この年，緑の革命が導入
1969	3月20日	パキスタンで軍事クーデタ，ヤヒヤー・ハーンが政権掌握
	3月25日	パキスタンに戒厳令
	5月	インド共産党が分裂，カルカッタでインド共産党（マルクス主義派）結成
		インディラ・ガンディー首相訪日
	7月19日	インディラ・ガンディー首相，14銀行の国有化
	11月12日	インド国民会議派，インディラ派と長老派に分裂
1970	5月	スリランカ総選挙で左翼統一戦線が勝利，バンダーラナーヤカ夫人が復活
	12月7日	パキスタン総選挙，東パキスタンではムジブル・ラーマン率いるアワミ連盟が圧勝，西パキスタンではパキスタン人民党（PPP）が勝利
1971	1月25日	インド，ヒマーチャル・プラデーシュ州誕生
	3月1日〜10日	インド第5次総選挙，インディラ派会議派の圧勝
	3月25日	東パキスタンで内戦開始
	4月10日	バングラデシュ人民共和国の独立宣言（12月6日，インド承

		認),ムジブル・ラーマン首相就任
	8月9日	インド・ソ連平和友好協力条約締結
	8月13日	インドとネパール,貿易・通商条約締結
	9月21日	ブータン国連に加盟
	12月3日～17日	第3次印パ戦争開始
	12月20日	パキスタンで,ズルフィカール・ブットーが大統領に就任
1972	1月2日～6日	パキスタンが英国連邦から脱退
	1月12日	バングラデシュで,ムジブル・ラーマンが大統領に就任
	1月20日	インド,メガラヤ州創設
	1月21日	インドで,トリプラ州とマニプル州が誕生
	1月	ネパールで,ビレンドラ国王即位
	3月12日	バングラデシュで,ムジブル・ラーマン首相の暫定政権
	3月19日	インド・バングラデシュ友好平和協力条約締結
	4月	パキスタン,暫定憲法を発布して,戒厳令解除
	5月22日	セイロンで新憲法発布,自治領から「スリランカ共和国」に国名変更,仏教とシンハラ語に特権を与える
	7月3日	印パ間でシムラー協定締結
1973	2月2日	インディラ・ガンディー首相,新経済政策発表
	3月7日	バングラデシュで第1回国民議会選挙,アワミ連盟圧勝
	8月10日	パキスタン新憲法発布,ズルフィカール・ブットーが首相に就任
	8月14日	パキスタン新憲法施行
1974	5月18日	インド,ラージャスターン州ポーカランで初の地下核実験に成功
	6月5日	インド,ビハール州でJ.P.ナーラーヤン率いる大衆デモ
	9月	印パ共同声明,国交正常化へ
1975	1月	バングラデシュで大統領制施行
	5月16日	シッキムがインドへ統合,シッキム州成立
	6月12日	インド・アラーハーバード高裁,ガンディー首相に選挙違反の有罪判決
	6月26日	インドで,インディラ・ガンディー首相,非常事態を宣言
	8月15日～11月3日	バングラデシュのクーデタでムジブル・ラーマン大統領暗殺,陸軍参謀長ジヤウル・ラーマンが全権掌握
1976	1月24日	インド,石油会社国有化
	1月	インド,タミル・ナードゥ州が政情不安のため大統領直接統治下に入る
	3月	インド,グジャラート州が政情不安のため大統領直接統治下に入る
	5月5日	スリランカでタミル・イーラム解放の虎(LTTE)結成
1977	1月23日	インドで,ジャナタ党結成

年	月日	事項
	3月16日～20日	インド第6次総選挙，ジャナタ党が勝利，モラルジー・デサイ内閣発足，30年間にわたる会議派政権の終焉
	4月	バングラデシュで，ジヤウル・ラーマンが大統領に就任
	6月21日	インド，西ベンガル州に左翼戦線政府，共産党(M)のジョティ・バス首相のもとに発足
	7月5日	パキスタンで軍事クーデタ
	7月21日	スリランカ総選挙で，バンダーラナーヤカが敗退，統一国民党大勝，ジャヤワルデネ政権誕生
1978	2月	スリランカで大統領制に移行，初代大統領にジャヤワルデネ就任
	9月	スリランカで新憲法公布
		パキスタンで，ジヤー・ウル・ハックが大統領就任
1979	2月18日	バングラデシュ第2次総選挙，バングラデシュ民族党(BNP)が勝利
	4月4日	パキスタンでズルフィカール・ブットー処刑，全国で抗議行動
	4月	ネパールで反政府デモ
	7月15日	インド，モラルジ・デサイ首相辞任
	7月28日～8月20日	インド，チャラン・シン内閣発足
	11月	モルディブでガユームが大統領就任
	12月	ソ連のアフガン侵攻
1980	1月2日～6日	インド第7次総選挙
	1月14日	インディラ・ガンディー政権復活
	4月6日	インド人民党(BJP)がジャナタ党から離脱して発足
	5月	ネパールでパンチャーヤット体制の是非を問う国民投票，僅差で支持される
	12月31日	インド，後進諸階級委員会（マンダル委員会）が報告書を提出
1981	3月	パキスタン憲法改正
	5月30日	バングラデシュでクーデタ，ジヤウル・ラーマン大統領殺害，サッタルが政権掌握
	10月	スリランカ大統領選でジャヤワルデネ当選，首都移転を提起
1982	1月14日	インド政府，20項目新経済計画発表。ボンベイで20カ月に及ぶ紡績工場ストライキ発生
	3月24日	バングラデシュで軍事クーデタ，エルシャドが全権掌握
	10月2日	インドのマルチ・ウドヨグ社がスズキ自動車と小型乗用車製造協定締結
1983	2月2日	インド，アッサム州で民族暴動発生
	7月23日	スリランカでタミル人暴動
	7月25日	スリランカ・コロンボでタミル囚人の虐殺事件，以後，タミル人過激派と政府軍の武力衝突が続発
1984	6月5日	インド軍はアムリッツァルのシク教黄金寺院（シク教徒過激派）を攻撃・制圧

資　料

	10月31日	インディラ・ガンディー首相がシク教徒護衛兵に暗殺される，長男ラジーヴが首相就任
	11月1日	インド，ニューデリーを中心に反シク教徒暴動発生
	12月3日	インド・ボーパールの米国ユニオンカーバイド社化学工場爆発事故，毒ガス流出，死者1万人以上
	12月24日〜29日	インド第8次総選挙，ラジーヴ・ガンディー首相就任
1985	5月24日	インドでテロリスト・破壊活動（防止）法成立
	12月8日	バングラデシュで7カ国構成の南アジア地域協力連合（SAARC）が発足
1986		インドでシク教徒過激派のテロ激化
1987	1月16日	SAARC常設事務局がカトマンズに開設
	4月16日	インドで，ラジーヴ・ガンディー首相を巻き込むボフォールズ疑獄発覚
	7月29日	インド・スリランカ和平合意協定締結，インド，スリランカへ平和維持軍派遣
		ネパール政府，反政府運動を弾圧
1988	10月11日	インドで，ジャナタ・ダル結成
	11月16日〜12月2日	パキスタン総選挙でパキスタン人民党が勝利，ベーナズィール・ブットーがイスラム世界で初の女性首相就任
	12月	スリランカ憲法改正，タミル語も公用語に加える
	12月20日	スリランカ大統領選挙でプレマダーサが当選
1989	3月	インド，ネパールを経済封鎖
	10月	パキスタン，英国連邦に復帰
	11月22日〜26日	インド第9次総選挙実施，会議派敗北，V.P.シンのジャナタ・ダル政権（国民戦線政権）発足
1990	3月	スリランカからインド平和維持軍が完全撤退
	4月	ネパールで民主化要求運動激化，パンチャーヤット体制終焉，政党政治復活，パッタライが新首相に就任
	8月7日	インド，シン首相，後進的諸階級の留保制度実施を発表，その後，後進諸階級への優遇政策への反対暴動
	8月	パキスタンで，ベーナズィール・ブットー首相解任
	11月7日	インド，V.P.シン内閣総辞職
	11月10日	インド，チャンドラ・シェーカル暫定政権発足
	11月	パキスタンで，ナワーズ・シャリーフが首相就任
	11月	ネパールで新憲法公布
	12月	バングラデシュのエルシャド首相辞任
1991	2月	バングラデシュ総選挙でバングラデシュ民族党が勝利，カレダ・ジア政権発足
	4月	バングラデシュにサイクロン，死者14万人
	5月12日	ネパール総選挙でネパール会議派が勝利

	5月20日～6月10日	インド第10次総選挙，会議派辛勝
	5月21日	インド，総選挙遊説中のラジーヴ・ガンディーがタミル過激派により暗殺
	6月21日	インド総選挙で会議派政権復活，初の南インド出身の政治家ナラシンハ・ラーオが首相就任
	7月24日	インド，経済自由化・新経済政策を発表
1992	4月1日	インド第8次五カ年計画開始
	4月20日	インド，農村・都市のパンチャーヤットの権限強化をする第73・74次憲法改正
	5月14日	インド政府，LTTEを非合法化
	12月6日	インド，アヨーディヤー暴動事件．インド人民党（BJP）勢力により，バーブリー・マスジドが破壊，各地でヒンドゥー教徒・イスラム教徒間の暴動発生
1993	4月13日	南アジア特恵貿易協定（SAPTA）調印
	5月1日	スリランカ，プレマダーサ大統領がLTTEにより暗殺
	7月	パキスタンで，イスハーク大統領，シャリーフ首相ともに辞任
	9月8日	インド，マンダル調査委員会による後進諸階級向けの雇用保留勧告が発効
	9月	インド・グジャラート州でペスト発生
	10月	パキスタンで，ベーナズィール・ブットーが再び首相就任
	12月4日	インド，ウッタル・プラデーシュ州に社会党（SP）・大衆社会党（BSP）連立政権発足
1994	8月	スリランカ総選挙で人民連合勝利
	11月12日	スリランカでチャンドリカ・クマラトゥンガが大統領就任
	11月	ネパール総選挙で共産党統一マルクス・レーニン主義（UML）が勝利
1995	9月	ネパール，ネパール会議派（NC），国民民主党（NDP），国民友愛党（NSP）の連立政権発足
	12月7日	南アジア特恵貿易協定（SAPTA）発効
	12月	スリランカでLTTE（タミル・イーラム解放の虎）との暫定停戦が決裂，内戦激化
	12月	インド，東南アジア諸国連合（ASEAN）の全面的対話相手国となる
1996	1月	スリランカ首都で中央銀行爆破事件，北部での内戦継続
	4月27日～5月7日	インドで第11次総選挙
	5月16日	インド人民党（BJP）A・B・ヴァジパーイ内閣発足，その後崩壊
	6月1日	インド，ジャナタ・ダルのデヴェ・ガウダを首相とする統一戦線政府成立
	6月19日	インド，包括的核実験禁止条約（CTBT）拒否
	6月23日	バングラデシュ総選挙でアワミ連盟勝利，ハシナ政権成立

	8月22日	インド政府が40品目の輸入を自由化
	11月5日	パキスタンで，レガーリ大統領がベーナズィール・ブットー首相を解任
1997	2月17日	パキスタン選挙，シャリーフ首相就任
	4月21日	インド，I. K. グジュラールが首相就任
	4月	パキスタン，第13次憲法改正，大統領の下院解散権削除
	5月	パキスタン，タリバン政権を承認，支援の姿勢明確化
		スリランカ政府軍が大軍事作戦開始
	7月25日	インド，ダリト出身のナーラーヤナンが大統領に就任
	10月	ネパール，ネパール会議派首班の新連立内閣成立
	11月28日	インド，グジュラール首相，会議派の支持を失って，辞任，グジュラール政権崩壊連邦下院解散
1998	2月16日～28日	インド第12次総選挙
	3月19日	インド人民党（BJP）が辛勝，13党からなる連立政権成立
	4月	ネパール，タパ首相辞任．ネパール会議派のコイララ内閣発足
	5月11日	インド・ラージャスターン州でインド人民党政府が地下核実験実施
	5月14日	国連安全保障理事会，インドの核実験非難決議採択，対インド経済制裁発表
	5月28日	パキスタン政府が地下核実験実施
	6月	ブータン，国王が，閣僚の選出，国王信任制度の導入などの国政改革を議会に提出
	12月10日	アマルティア・センがノーベル経済学賞受賞
	12月	ネパール，コイララ首相辞任，NC，UMI，NSPの連立内閣発足
1999	1月，4月，6月	スリランカで州議会選挙，北部で激戦継続
	4月17日	インド，ヴァジパーイ政権，不信任され辞任
	5月9日～7月10日	カシュミール・カールギル地方で大規模な印パ局地戦
	9月4日～10月1日	インド第13次総選挙で，インド人民党（BJP）が第一党となり，ヴァジパーイ首相下で国民民主連合政権成立
	10月2日	パキスタンでムシャラフ統合参謀本部長がクーデタで全権掌握，非常事態を宣言し，首相就任
2000	2月	スリランカ内戦で，ノルウェーが正式に和平仲介に着手，北部での内戦継続
	10月	スリランカ総選挙で，人民連合勝利
	10月31日	インドで，チャッティースガル州誕生
	11月8日	インドで，ウッタラーンチャル州誕生
	11月14日	インドで，ジャールカンド州誕生
2001	1月26日	インド・グジャラート州で大地震発生
	6月1日	ネパール皇太子がビレンドラ国王を射殺し，自殺．国王ら10人死亡

	7月	インド・アーグラーで印パ首脳会談，共同宣言に至らず
	9月~10月	パキスタン，米国の反テロ行動への協力表明，経済支援再開の確約
	10月10日	バングラデシュ総選挙，カレダ・ジア内閣発足
	10月11日	V.S.ナイポール，ノーベル文学賞受賞
	11月23日~26日	ネパールで毛沢東派が大規模な武装闘争開始，非常事態宣言
	12月5日	スリランカ総選挙の結果，統一国民党ヴィクラマシンハ政権成立
	12月13日	イスラーム過激派グループがインド国会議事堂襲撃
	12月	スリランカ総選挙で統一国民党が勝利，ヴィクラマシンハ首相就任
2002	2月22日	スリランカ政府とLTTEが無期限停戦に合意
	2月22日	パキスタンの外貨準備高が50億ドル突破（過去最高額）
	2月27日	インド，グジャラート州・アフマダーバードで列車焼き討ち事件発生，各地でヒンドゥー教徒・イスラム教徒間暴動発生
	4月30日	パキスタンで，ムシャラフ大統領の5年間留任賛否を問う国民投票実施，98％が賛成票
	7月18日	インド，大統領選挙でカラムが当選
	7月29日	パキスタンのムシャラフ大統領がバングラデシュ訪問
	9月6日	バングラデシュで，イアジュッディン・アーメドが大統領に就任
	10月4日	ネパール，ギャネンドラ国王，デウバ首相と内閣を解任し，行政権を掌握．総選挙延期を発表，5日以内の組閣に向け，各政党に総選挙に出馬しない政治家の推薦を求める
	10月10日	パキスタンで，第8次総選挙実施，大統領派の新政党ムスリム連盟カーイデ・アーザム派（PML-Q）が第一党に。選挙連合「統一活動会議（MMA）」結成のイスラム主義6政党が大躍進
2003	1月29日	ネパール政府は，毛沢東主義派と停戦合意
	6月4日	ネパール国王，S.B.タパを首相に指名
	10月21日	インド・スリランカ包括的経済関係協定締結
	11月4日~5日	スリランカ，大統領が，国防相・内務相・情報相ら3閣僚更迭，議会を停止（4日），非常事態宣言を発令（5日）
	11月15日	パキスタン，ムシャラフ大統領はパキスタン・イスラム運動など過激派3組織の活動を禁止
	11月26日	印パ間でカシミール停戦協定発効
	12月1日	パキスタン大統領のインド航空機の領空通過許可を受け，印パ空路連結協定締結
	12月20日	インド外貨準備高が1000億ドル突破
	12月24日	インド・デリーの地下鉄が開業
2004	1月8日	バングラデシュ，第14次憲法改正案を閣議決定，女性に45議席を留保

	4月2日	スリランカ総選挙で統一人民自由連合が勝利
	4月20日～5月10日	インド第14次総選挙で反インド人民党（BJP）勢力が勝利，マンモハン・シン内閣成立
	4月29日	ネパールがWTOに正式加盟
	5月7日	ネパール，タパ首相辞任
	6月2日	ネパール，デウバ首相就任
	6月16日	米国が，パキスタンを非NATO主要同盟国に正式指定
	7月21日	バングラデシュ・ダッカで，ハシナ・アワミ連盟党首暗殺事件。ハシナ党首は無事も，AL前幹事長夫人を含め約200人が負傷
	12月26日	スリランカ，スマトラ沖大地震による津波が東部・南部に襲来し，3万人以上死亡。インドでは，アンダマン・ニコバル諸島，タミル・ナードゥ州を中心に被災，死者約1万750人，行方不明者5640人
2005	1月1日	インド，改正特許法施行。物質特許制度の導入
	2月1日	ネパール国王がデウバ内閣を解散し，全権掌握し，非常事態宣言を発令（4月29日非常事態解除）
	2月7日	スリランカ・パキスタン自由貿易協定に調印
	3月23日	インド，国会で，医薬品・食品等に物質特許を認める特許法改正法案承認（改正特許法は，2005年1月1日に遡及して施行）
	4月1日	インドで，付加価値税（VAT），大半の州で導入開始
	10月8日	インド・カシュミール，パキスタン北部で大地震発生
	11月7日	スリランカ大統領選挙でマヒンダ・ラージャパクサが勝利
2006	1月2日	ネパール共産党毛沢東主義派，一方的休戦宣言を解除
	1月24日	インド，外国直接投資規制の緩和を閣議決定，小売業で出資比率上限51％投資の容認
	2月8日	ネパール，国王政府が厳戒体制下で地方選挙実施
	2月10日	インド，経済特別区（SEZ）法規則を発表
	2月18日	インド・ラージャスターン州ムナバオとパキスタン・シンド州コクラバルを結ぶ鉄道が41年ぶり再開
	3月1日	インド，米国と核協力合意発表
	4月30日	ネパール，コイララ首相就任
	5月3日	ネパール政府，休戦宣言，毛沢東主義派に対する警戒体制およびテロ集団指定解除
	10月13日	バングラデシュのグラミン銀行・ユヌス総裁にノーベル平和賞
	10月28日～29日	スリランカ政府とLTTE，ジュネーブで和平交渉会合
	11月12日	バングラデシュ，アワミ連盟など14政党連合，全国無期限交通封鎖実施。道路，鉄道，水上交通が遮断される
	11月21日	ネパール政府と毛沢東主義派，包括的平和協定に署名
	12月14日	印パ，両国の貨物船の入港・接岸を認める議定書に署名
	12月18日	米国・インド原子力平和協力法が米国で成立
2007	1月1日	インドでウッタラーンチャル州，州名をウッタラカンド州に変

		更
	1月3日	バングラデシュ，アワミ連盟率いる「大連合」，国会選挙ボイコットを発表。同11日，バングラデシュ，非常事態宣言
	2月22日	スリランカ，LTTE，「停戦合意は事実上存在せず民族自決権確保に向けた解放闘争再開」を宣言
	4月1日	ネパール暫定議会，コイララを首相に指名，コイララ内閣発足（ネパール共産党・毛沢東主義派から入閣5人）
	4月23日	インド初の商用衛星打ち上げに成功
	7月1日	パキスタンと中国との自由貿易協定（FTA）発効
	7月21日	インド大統領選開票，プラティバ・パティルが当選。第12代大統領に就任
	10月1日	パキスタン大統領選挙実施，ムシャラフが過半数を獲得
	11月3日	パキスタン大統領，パキスタン全土に非常事態宣言発動。憲法の一時停止，臨時憲法令（PCO）を公布，メディア規制導入
	11月9日	パキスタン，ベーナズィール・ブットーを自宅軟禁（～10日）
	12月15日	パキスタン大統領，非常事態解除，臨時憲法令撤廃，憲法復活
	12月27日	パキスタンで，ベーナズィール・ブットー暗殺，同時に自爆テロにより30人死亡
	12月28日	ネパール暫定議会，「連邦民主共和制国家」条項を含む暫定憲法修正案可決
2008	1月2日	スリランカ政府，停戦合意破棄を閣議決定ノルウェー政府に通達
	2月18日	パキスタン総選挙実施，パキスタン人民党が342議席中125議席獲得，第一党に。同党とパキスタン・ムスリム連盟ナワーズ派，連立政権樹立に合意
	4月10日	ネパール制憲議会選挙，有権者の約60%，1,050万人が投票
	5月28日	ネパール，選挙後初の制憲議会召集，連邦民主共和国宣言（王制廃止）。大統領規定にかかわる暫定憲法第4次修正案可決 ギャネンドラ国王退位
	7月21日	ネパール，制憲議会，大統領にラム・バラン・ヤダヴを選出
	7月23日	ネパール，コイララ首相が大統領に辞表提出
	8月15日	ネパール，プスハ・カマル・ダハール（プラチャンダ）首相就任
	8月18日	パキスタン，ムシャラフ大統領辞任表明
	9月6日	パキスタン大統領選挙実施，ザルダーリー・パキスタン共同議長勝利。ザルダーリー，新大統領に就任（9日）
	10月1日	米国議会，印米原子力協定を承認する法案可決
	10月22日	インド，月探査機チャンドラヤーン1号打ち上げ成功
	11月26日	インド・ムンバイ，鉄道席，高級ホテル，ユダヤ教施設などで無差別銃撃テロ
2009	1月6日	前年末の総選挙の結果を受け，バングラデシュで，アワミ連盟を中心とする連立内閣樹立。首相はアワミ連盟のハシナ総裁

	1月7日	スリランカ政府,停戦合意破棄を閣議決定。ノルウェー政府に通達LTTEの活動禁止発表
	2月23日	インド・ムンバイを舞台とする英国映画「スラムドッグ＄ミリオネア」がアカデミー賞8部門受賞
	4月16日〜5月16日	インド第15次総選挙,統一進歩連合(UPA)勝利
	4月22日	インドで,マンモハン・シン首相内閣発足
	5月4日	ネパール,プスパ・カマル・ダハール(プラチャンダ)首相辞任
	5月19日	スリランカ大統領,議会においてLTTEとの戦闘終結を宣言
	5月23日	ネパール,制憲議会でマダヴ・クマール・ネパールを無投票で首相に選出
	12月9日	インド中央政府内相,アーンドラ・プラデーシュ州からのテーランガーナー地域の分離独立を容認

出所:「南アジア史年表」辛島昇他監修(2002)『南アジアを知る事典』平凡社, 926-929頁,「年表」辛島昇編(2004)『南アジア史』山川出版社, 45-48頁,「南アジア史年表」内藤雅雄・中村平治編(2006)『南アジアの歴史』有斐閣, 344-349頁, アジア経済研究所編(2003, 2004, 2005, 2006, 2007, 2008, 2009, 2010)『アジア動向年報』アジア経済研究所, BBC News-Timeline (http://news.bbc.co.uk/2/hi/south_asia/country_profiles/1160598.stm) より作成。

索　引
（＊は人名）

ア　行

アウス米　318
アウトソーシング　242, 252
　　医薬品の――　242
浅管井戸　318
アジア開発銀行　355
アジア通貨危機　74, 81, 87, 95
アショーク・レイランド（モーターズ）
　　206-207
＊アダニ, ゴータム　266
アドホックTB　77, 79, 85
アポロ病院グループ　261
アモン米　318
アヨーディヤー　396
アル・カーイダ　277
アルセロール・ミッタル　263
アルト　211
アワミ連盟　333, 392, 396
安全な水　42, 43
アンバサダー　207, 208, 210
＊アンバニ, アニル　256
＊アンバニ, ディルバイ　255
＊アンバニ, ムケシュ　256
＊石川滋　176
イスラム教（徒）　34, 35, 38, 39, 44, 271
イスラム社会主義　273
委託生産　242
移転国家　294
1:4支店ライセンス政策　77, 81
＊伊藤正二　177
医薬品
　　――研究開発委員会　241
　　――政策（1978年）　239
インターネットサービス　198

インディカ　208, 221
インド
　　――・スリランカ和平合意協定　395
　　――・ソフトウェア・サービス協会（NASS-
　　　COM）　184
　　――・ソ連平和友好協力条約　393
　　――・タミル人　291
　　――化　149, 159
　　――憲法　19, 21, 390
　　――公用語法　392
　　――準備銀行（RBI）　74, 115
　　――証券取引委員会（SEBI）　74, 90, 93, 115
　　――食料公社（FCI）　132
　　――人民党（BJP）　396
　　――石油公社　106
　　――洋　1
印米原子力協定　400
インフォーマル化　149, 168
インフォシス・テクノロジーズ　164
インフラストラクチャー　64
＊ウィクラマシンハ, R.　309
＊ヴィスヴェスヴァラヤ, M.　206
ウィプロ　164
ウォルマート　260
失われた10年　275
ウッタル・プラデーシュ州　58
ウポジラ　335
ウルグアイ・ラウンド　218, 230
英領インド　271
エクスポージャー　346
エッサール　106, 161
＊エルシャド, フセイン・モハマッド　333, 335
エンゲル係数　324
援助依存　353
塩類集積　138

403

黄金のベンガル　317
大蔵省証券(TB)　77, 92
オースチン　206, 208, 222
オフショア業務　185
オフショアリング　167
オペレーション・フラッド　128
オンサイト　167
温室効果ガス　363

カ行

カースト　349
カールギル　397
海外
　──援助協定　355
　──雇用法　352
　──送金　122
　──直接投資(FDI)　331, 355
　──出稼ぎ　322
　──でのM&A　243
外貨
　──準備　63, 275
　──建て転換社債(FCCB)　243
　──預金口座　275
外国
　──為替規制法(FERA)　90, 104, 209, 211, 212, 216
　──機関投資家(FII)　91, 95, 96, 105
　──投資　103
外資導入　211
開発
　──金融機関　73, 75
　──支出　52
　──独裁　13
開放市場政策　340
化学肥料　136
核実験後　275
家計支出調査　324
カシュミール紛争　392
過剰労働人口　338
家族計画　327

金型　207, 213
ガバナンス問題　331
管井戸　136
灌漑　136
＊ガンディー, インディラ　20, 152, 211
＊ガンディー, サンジャイ　211
＊ガンディー, マハトマ　228, 250
＊ガンディー, ラジーヴ　155, 308
飢餓　323
機械作業請負　137
機会の不平等　36
飢餓輸出　123
起業家精神　249
企業資源計画(ERP)　186
気候変動に関する政府間パネル(IPCC)　363
規制緩和　211
黄の革命　135
逆選択　74
キャナライゼーション　100
＊ギャネンドラ国王　341
ギリシャ危機　380
キリスト教(徒)　34, 35, 38, 39
キングフィッシャー　260
近代的農業技術　135
金融
　──改革計画　345
　──包括　88
　──抑圧　73, 77
＊クマラトゥンガ, チャンドリカ　309
クライスラー　206
グラミンⅡ　337
グラミン銀行　332, 337, 367
グラム・ショルカル　336
グループ間不平等　36
グループ内不平等　36
グルガオン　211, 214
グロー・モア・フード運動　130
グローバル
　──ヒストリー　14
　──化　149, 164

404

索　引

　　　——経営　265
　　　——人材　258
　　　——戦略　253
　　　——預託証券(GDR)　92
軍事政権　272
計画委員会　51, 272
経済
　　　——改革　20
　　　——活動人口　5
　　　——自由化　56, 275
　　　——自由化政策　161
　　　——成長率　23
　　　——特区(SEZ)　156, 236, 399
経常
　　　——勘定支出　52
　　　——勘定における外国為替規制の撤廃　105
　　　——収支赤字　285
携帯電話サービス市場　192
ケーララ州　38, 42
現金準備比率(CRR)　77, 81
言語別州再編成法　391
公企業　151
合計特殊出生率　5, 327
耕作者　127
高収量品種　317
後進諸階級委員会(マンダル委員会)　394
構造調整　56
　　　——プログラム　275
公的債務　284
公的分配システム(PDS)　22
購買力平価　4
後発開発途上国　356
公法480号(PL480)　131, 391
小売業　257
小売チェーン　257
コーラス　117
ゴールドマン・サックス　258
五カ年計画(インド)　20, 51
五カ年計画(ネパール)　340, 342, 359
国際金本位体制　121

国際収支危機　60
国際通貨基金(IMF)　73, 105, 275, 344
国産
　　　——化義務　219
　　　——化政策　209, 213, 216, 221
　　　——化率　203, 207, 213-215
　　　——主義　252
国内避難民　352
国民会議派　60
国民国家　123
国民戦線政権　395
国民総所得　4
国民貯蓄スキーム　283
国民党　333
穀物　133
　　　——在庫　142
国有化　273
互恵主義の原則　357
小作地取り上げ　141
小作農家率　140
国家食料安全保障ミッション　144
国家電気通信政策(1999年)　196
固定相場制度　119
固定電話サービス市場　192
小麦　133
米　133
　　　——自給　319
　　　——と小麦の輸出量　142
コメ賃金　323
雇用
　　　——弾力性　173
　　　——なき成長　168
　　　——保証計画　22

サ　行

サービス産業　189
在外インド人(印僑)　→非居住インド人　263
財政
　　　——赤字　60, 283
　　　——赤字の貨幣化　83, 85

405

――委員会　50
――規律　60
――責任法　67
――責任・予算管理法　67, 83
――の持続可能性　62
――連邦制度　49
財閥　89, 95, 248
――改革　251
債務不履行(デフォルト)　275
サティー(寡婦殉死)　370
サポーティング産業　202, 204, 207, 209, 214, 215, 222
ザミーンダーリー制　390
サン・ファーマシューティカルズ　117
三カ年中間計画(ネパール)　357
産業
――(開発・規制)法(1951年)(IDRA)　151, 207, 209
――許認可(ライセンス)制度　151
――政策決議(1948年)　151, 207
――ライセンス　101
＊ジア, カレダ　333
ジープ　206, 208, 222
ジェネリック(後発)医薬品　238, 263
ジェンダー　ii
識字率　26, 27, 36-39, 41, 42
シク教(徒)　34, 35, 38, 39
自己資本規制　81, 84
自己ターゲティング　22
自助グループ(SHG)　23, 88, 89
持続可能な農業　144
実質賃金　316
指定カースト(SC)　21, 34, 35, 38, 39, 40, 44
シティバンク　115
指定部族(ST)　21, 34, 35, 38, 39, 40, 44
自動車
――国産化政策　202
――政策(1997年)　216, 218
――政策(2002年)　219
――ミッションプラン2006-2016　219, 220

児童労働　237
ジニ係数　24, 25, 31-35, 326, 366
地主制　130, 140
資本
――・労働比率(労働者1人当たり資本装備率)　362
――勘定支出　52
――発行(統制)　90, 91
シムラー協定　393
ジャガー　117
社会主義型社会　151
社会党(SP)　396
ジャナタ・ダル　395
ジャナタ党　393, 394
＊ジャハ, プリトゥビ・ナラヤン(第10代ゴルカ王)　339
シャハ王家　339
シャハ王朝　339
＊ジャヤワルダナ, J.R.　296
＊シャリーフ, ナワーズ　275
重化学工業化　20
就学率　37
州間格差　29, 30
重工業化戦略　150
自由主義の経済　340
州電力庁　65
ジュート　316
州内純生産　366
州付加価値税　68
集約的農業地区計画(IADP)　130
収斂　43, 44
受託製造　242
出生時平均余命　5, 328
出生率　5
＊ショウ, キラン・マズムダール　262
小規模工業(SSI)　79, 85, 151, 153, 178
――への優遇政策　209
――保護政策　175
――優遇政策　221
小規模零細企業優遇政策　203

406

索　引

商業銀行国有化　154
商品分類に関する統一システム(HSコード)　106
情報技術(IT)産業　183
情報通信(技術)産業(ICT産業)　ii, 183
消耗児　40, 41
植民地　123
食用油　135
　──の輸入　141
食料・繊維システム　281
食糧自給　21
食糧スタンプ制度　297
食料増産政策　130
初婚年齢　327
女性　21, 26, 27, 36, 38, 39
　──・男性比率　41, 42
　──世帯主世帯　336
　──の社会進出　320
所得
　──貧困　44
　──貧困アプローチ　24
　──分配　326
＊ジョシー, V.　60
白の革命　128
＊シン, マンモハン　155
シンガポール　114
新規株式公開(IPO)　92, 93
人口　4
　──転換　327
　──爆発　315
新興企業家　248
新産業政策発表(1991年)　216
信託(トラスト)理論　250
新電気通信政策(1994年)　191
＊ジンナー, ムハンマド・アリ　272
新農業戦略　132
新薬開発　241
水力発電　347
スズキ　211, 220
スズロン・エネルギー　117

スタンダード・チャータード銀行　115, 116
スタンダード・モーター　208
ステート・バンク・インディア(SBI)　76, 83, 97
＊スノドグラス, ドナルド　292
スマトラ沖大地震　399
スリランカ
　──インド和平協定　308
　──タミル人　291
　──モデル　292
　──援助国会議　294
　──復興援助国会議　310
スルターン　392
スワタントラ(自由)党　391
生活革命　253
正規雇用(常雇)　172
制憲議会(CA)　341, 400
政策的信用割当　73, 84
政策トリレンマ　119
生産品目留保政策　153
生産留保制度　234
成人識字率　7, 328
製造委受託　242
製造業　173
政体Ⅳ　12
成長会計　362
政党のないパンチャーヤット制度　340
制度金融　145
政府証券　77, 80
製法開発　243
製法特許　239, 240
製薬産業　ii
＊セーナーナーヤカ, ダドリー　294
世界銀行　73, 105, 335
石油
　──天然ガス公社　106
　──化学　256
　──精製　256
＊セン, アマルティア　292, 383
繊維

407

――協定(ATC)　230
　　――産業　ii, 272
　　――産業政策　236
選挙連合「統一活動会議(MMA)」　398
全国
　　――農村雇用保証計画(NREGP)　22, 68
　　――標本調査(NSS)　24
前線国家　274
創薬研究　241
総要素生産性　361
組織部門雇用　169
その他後進諸階級(OBC)　21, 34, 35, 38, 39, 40
粗付加価値成長率　173
ソフトウェアテクノロジーパーク・スキーム　179
ゾロアスター(拝火)教徒　249

タ 行

第一三共　99
第一次経済改革　296
第一次自由化　212
第一次世界大戦　121
第1次五カ年計画　359
対外
　　――開放度　11
　　――経済援助　103
　　――債務　277, 285
　　――商業借款　103
　　――累積債務　60
大企業・外資企業への規制強化政策　203
大企業・外資への規制　209
第3回全国家族健康調査(NFHS-3)　36, 37
大衆社会党(BSP)　396
第二次経済改革　300
ダイヤモンド　106
ダウリー(花嫁持参金)　370
多角主義(マルチラテラリズム)　374
＊タゴール, ラビンドラナート　317
多国間繊維協定　320

タタ
　　――・コンサルタンシー・サービシズ(TCS)　117, 164
　　――・サンズ　251
　　――・ドコモ　259
　　――・モーターズ　206, 208, 220, 221, 224
　　――綱領　252
　　――財閥　i, 95, 249
　　――通信　99
　　――鉄鋼(タタ・スチール)　159
＊タタ, J.R.D.　251
＊タタ, ジャムセットジ N.　250
＊タタ, ドーラブ　250
＊タタ, ラタン N.　251
ダッカ　326
多党制民主主義体制　340
タナ　335
タミル・イーラム解放の虎(LTTE)　298, 393
＊ダライ・ラマ14世　391
ダリト　349, 397
タリバン　278
単圧メーカー　160, 162
段階的国産化政策(PMP)　216, 207
短期金融市場　80
男女の人口比率　41
単線的経済構造　281
地域主義(リージョナリズム)　374
地域貿易協定　107
チェトリ　342
チェンナイ　214
地下水位の低下　138
知識集約・技術者集約的工業　176
窒素酸化物(NOx)　364
地方行政改革　335
チャリティ　251
中央政府補助金　51
中間層　326
中小零細企業　85, 178
直接還元鉄　162
貯蓄率　329

索 引

賃金　173
通信産業　183
定期市　326
低体重児　40, 41
底辺層ビジネス　253
出稼ぎ労働者　274
デカップリング論　378
テキサス・インスツルメンツ　166
デジタル・ディバイド　194
鉄鋼業　159
テレデンシティー　190, 196
テロとの戦い　277
転換点　338
電気通信
　　──機器産業　191
　　──機器市場　190
　　──サービス産業　188, 191
　　──産業　188
伝統的貿易政策原則　100
伝統的輸出品　320
天然資源　315
ドイツ銀行　115
ドイツ証券　116
統一進歩連合（UPA）　170, 401
統一人民自由連合　398
統合政府　60
独占および制限の取引慣行法　101, 209, 211, 216
ドクター・レッディーズ・ラボラトリーズ　117
都市　24, 25, 28, 34, 35, 38, 39, 42-44
土地
　　──改革　22, 33
　　──改革委員会　350
　　──なし　325
特許法（1970年）　239
特許法（2005年）　399
ドッジ　222
トヨタ　99, 217
ドラヴィダ進歩連盟　390
トリックルダウン　20, 23, 25, 44

＊トリブバン国王　340
ドロップアウト　37

ナ 行

内需依存型　330
ナクサライト　392
ナショナル証券取引所（NSE）　91, 94
ナノ　221, 223, 224, 253
ナレッジ・プロセス・アウトソーシング（KPO）　188
西パキスタン　271
二重為替レート制度　118
二重構造　169
22家族　273
日印平和条約　390
日産　99
ニット縫製品　320
乳児死亡率　27, 28, 39, 41, 42
乳幼児死亡率　7
人間
　　──開発　26, 36, 41, 44
　　──開発指標（HDI）　342
　　──貧困　336
妊産婦死亡率　328
ネパール
　　──観光年　348
　　──共産党（毛沢東主義派）　341, 399
　　──銀行　345
　　──国立商業銀行　345
　　──暫定憲法　357
　　──商業銀行　345
　　──中央銀行　345
　　──連邦民主共和国　341
＊ネルー, ジャワハルラル　19, 149, 206, 208, 229
年次工業調査　171
農家　127
　　──の階層構成　139
　　──の自殺　145
農業　137

409

──近代化　317
　　──の機械化　137
　　──労働者　127
　農産物生産費・価格委員会(CACP)　132
　農村　24, 25, 28, 34, 35, 38, 39, 42-44
　　──金貸し　145
　　──雇用保障法　156
　　──電化　317
　農地改革　130
　野村證券(グループ)　99, 116

ハ 行

*バーティア, ショバーナ　255
*バートン, ヘンリー　294
　ハーフィンダール指数　192
　バーブリー・マスジド　396
　バーラット石油公社　106
*ハーン, アユーブ　272
*ハーン, ヤヒヤー　273
*ハーン, リヤーカット・アリー　272
　バイオ医薬(品)　244, 263
　バイオコン　262
　買収　253
　パキスタン
　　──・ムスリム連盟(PML)　275
　　──憲法　390
　　──工業開発公社　272
　　──人民党(PPP)　273, 392
*ハシナ, シェイク　333
　バスマティ米　106
*パチャウリ, ラジェンドラ　383
　発育不全児　40, 41
*ハック, ジヤー・ウル　274
*ハック, マブーブ　274
　パドミニ　210
　パリ・クラブ債権国　277
　ハリヤーナー州　58
　パリバ・ショック　378
　バルダ規範　369
　バルティ・エアテル(最大の携帯電話サービス・

　　プロバイダー)　193, 259
　バンク・オブ・アメリカ　116
　バングラデシュ
　　──稲研究所　319
　　──民族主義党　333
　　──民族党(BNP)　394
　パンジャーブ州　42, 58
*バンダーラナーヤカ, S.W.R.D.　294
*バンダーラナーヤカ, シリマボ　294
　パンチャーヤット　21, 28, 33, 49, 391
　ヒーロー・ホンダ　99
　東アジア諸国　156
　東インド会社　2
　東パキスタン　271
　非居住インド人(NRI)　96, 263
　非居住者インド人預金　103
　非銀行金融会社　75, 81
　ビジネス
　ビジネス・プロセス・アウトソーシング(BPO)
　　　112, 188
　ビジネス環境　371
　非制度金融　145
　非組織部門　232
　　──雇用　169
　　──における企業に関する国立委員会　170
　ビッグ・バザール　257
　ビデオコム　117
　ビハール州　58
*ビヤニ, キショール　257
　ヒュンダイ・モーター　217, 220, 221, 224
　ビルラ(Birla)財閥　206, 208, 254
*ビルラ, G.D.　254
*ビルラ, アディティア　255
*ビルラ, クマール.M.　255
*ビレンドラ国王　340
　貧困
　　──ギャップ指数　31, 33, 35, 44
　　──削減　44
　　──削減政策　21
　　──者比率　24-26, 31-33, 35

索　引

──の成長弾力性　24, 25
──比率　7
──問題　288, 324
ヒンダルコ　117
ヒンドゥー
　　──教(徒)　34, 35, 38, 39
　　──婚姻法　390
　　──的成長率　23, 154
ヒンドゥスタン・モーターズ　206, 208, 210
ヒンドゥスタン石油公社　106
ファーストリテイリング社　237
ファミリー・ビジネス　248
フィアット(Fiat)　207, 208, 217, 222
フォード　205, 206, 217
　　──子会社　207
付加価値税(VAT)　399
不可能な三位一体　119
福祉国家　292
物質特許　239, 240, 399
＊ブットー, ズルフィカール・アリー　273
＊ブットー, ベーナジール　275
部品メーカー育成プログラム　214
フューチャー・グループ　257
プライマリー・ディーラー　75, 99
プランテーション経済　292
武力闘争　341
ブレトンウッズ体制　104
＊プレマダーサ, ナラシンヘ　300
プレミア自動車　206-208, 210
ブロードバンディング化　211
分割・民営化　65
分与税　51
平均寿命　26, 27
米国預託証券(ADR)　92
平和構築　358
平和五原則　390
ベーシック・ニーズ　340
ペティ＝クラークの法則　8
ベンガル
　　──・デルタ　317

──飢饉　130
──湾　1
変動係数　23, 43
変動相場制度　120
貿易
　　──・通貨条約　350
　　──依存度　99, 330
　　──自由化　56
　　──収支　285
　　──マトリックス　374
包括的
　　──核実験禁止条約(CTBT)　396
　　──な成長　68
　　──和平協定(CPA)　341
封建(ないし領地)体制　348
縫製業　320
縫製品　320
法定流動性比率(SLR)　77, 81
ボディショッピング　166
ホルタール　334
ボロ米　318
香港上海銀行　115
ホンダ　217
ボンベイ証券取引所(BSE)　74, 90, 93

マ　行

マイクロ
　　──クレジット　332, 337
　　──・ファイナンス　332
　　──・ファイナンス開発銀行　345
　　──インシュランス　289
　　──クレジット　84
　　──ファイナンス　23, 88, 367
　　──ファイナンス機関(MFLs)　89, 90
マイクロエレクトロニクス革命　12
＊マディソン, アンガス　1
マデシ・ダリト　342
マデシ・ブラーミン　342
マネーレンダー(高利貸し)　84, 88
マハウェリ水系開発計画(AMDP)　297

411

マハラノビスモデル　151
マヒンドラ&マヒンドラ　206, 208
＊マヒンドラ, K.C.　206
＊マヘンドラ国王　340
マルチ　215
　　——・ウドヨグ　212-214, 224
　　——・プロジェクト　211
　　——・スズキ　99, 106, 213, 220, 224
　　——800　211, 224
＊マルヤ, ヴィジャイ　260
＊マルヤ, ヴィッタル　260
＊ミッタル, アディティア　265
＊ミッタル, ラクシュミ　263
緑の革命　20, 65, 132, 272, 329
南アジア
　　——自由貿易協定(SAFTA)　374
　　——地域協力連合(SAARC)　374
　　——特恵貿易協定(SAPTA)　374
民間主要商業銀14行国有化　153
民間投資率　329
＊ムシャラフ, パルヴェーズ　275-277
無償資金協力　354
ムスリム連盟カーイデ・アーザム派(PML-Q)　398
＊ムルティ, N.　165
ムンバイ　205, 214
メディカル・ツーリズム産業　262
メルセデス・ベンツ　217
モーリシャス　114
モーリス　222
モバイルバンキング　88
モラルハザード　74, 79
モルガンスタンレー　116
モンスーン　129

ヤ　行

有効需要　319
融資条件(コンディショナリティー)　275
有償資金協力　354
優先部門　79, 84

誘導炉製鋼　162
ユーロ危機　380
輸出
　　——依存　330
　　——加工区(EPZ)　10, 236
　　——志向　12
　　——志向工業化　73
　　——志向工業化戦略　304
　　——ペシミズム　176
ユニオン　335
ユニバーサルサービス義務化基金(USO基金)　196
輸入
　　——数量制限　101
　　——代替　20
　　——代替工業化　73, 100, 150
　　——代替工業化戦略　202, 294
　　——ライセンス制度　100
＊ユヌス, ムハマド　337
油糧作物　135
油糧種子技術ミッション　135
要因分解　26
幼児婚　370
＊ラーオ, ナラシンハ　155
＊ラージャパクセ, マヒンダ　310
＊ラーマン, ジアウル　333
＊ラーマン, ジブル　333
ライセンス制度　207, 209, 216, 217
ラシュトリヤ・イスパット・ニガム(RINL)　161
ラナ王家　400
ランド・ローバー　117
ランバクシーラボラトリーズ　99, 243
リーマン・ショック　67, 378
利益誘導政治　61
＊リトル, I.M.D.　60
リバース・エンジニアリング　239
リバースレポレート　85
流動性調整ファシリティ(LAF)　85
留保

──政策　21, 35
──品目　209, 213
──品目制度　209
リライアンス　90, 95, 106
　──・インダストリーズ　256
　──・インフラストラクチャー　257
　──・エナジー　257
　──・コミュニケーションズ　257
　──財閥　255
　──シューティカルズ　117
臨時雇用(非常雇)　172
零細化　139
レジリアンス　323
＊レッディ,プラタプ.C.　261
＊レッディ,プリータ　262
レポレート　85
連続鋳造　162
連邦の再編　357
労働
　──集約型産業　179
　──争議法　154
　──力参加率　322
ローバー　208
ロールオーバー　105

ワ 行

ワード　336
ワクチン部門　245
ワルチャンド(Walchand)　206
ワルチャンド財閥　194, 208

A to Z

ABNアムロ銀行　115, 116
ACMA(インド自動車部品工業会)　209
BOP(ボトム・オブ・ザ・ピラミッド)　221, 253
BRICs　378
BSNL(Bharat Sanchar Nigam Limited)　191
CKD　206, 216
CO_2　363
EMS　168
GATT　218
GATT=WTO体制　101
GATT11条国　101
GATT20条　101
GATT21条　101
GM　205, 207, 217, 389
HCL　117
HDFC(Housing Development Finance Corporation)　76
HDFC銀行　81
IBMインディア　165
ICICI(Industrial Credit and Investment Corporation of India)　76, 90, 97
ICICI銀行　81, 83
IIT(インド工科大学)　155
IT　88
IT-BPO　164
ITES-BPO(IT-Enabled Service and Business Process Outsourcings)　112
ITサービス　i, 187
IT製品(パッケージソフトウェア製品など)　187
ITソフトウェア産業　188
JPモルガンチェース銀行　116
JVP(人民解放戦線)　294
KD(Knock Down)方式　205
KDユニット　205-207, 216
MERCOSUR(南米南部共同市場)　376
MFA　229
MOU　216, 218
MTNL(Mahanagar Telephone Nigam Limited)　192
NASSCOM　164
NTTドコモ　99
PNB・ギルツ　116
QCD　221
QCDDM　222
R&D　217-219
S&P CNX Nifty　95
SAIL(インド国営鉄鋼公社)　158, 159

413

SBIグループ　76, 82, 87
SENSEX（インド株価指数）　93, 95
SHG-銀行連結プログラム　337
SKD　206, 216
SLFP（スリランカ自由党）　294
TRIM協定　218

TRIPS協定（WTOの知的所有権の貿易関連の側面に関する協定）　240
UNP（統一国民党）　294
UTI（Unit Trust of India）　76
VSNL（Videsh Sanchar Nigam Limited）　198
WTO　101, 218, 356

《執筆者紹介》（所属・執筆分担・執筆順，＊は編者）

＊石上　悦朗（福岡大学商学部教授，序章・第6章・終章）

＊佐藤　隆広（神戸大学経済経営研究所准教授，序章・第4章・終章）

黒崎　卓（一橋大学経済研究所教授，第1章）

山崎　幸治（神戸大学大学院国際協力研究科教授，第1章）

福味　敦（東海大学政治経済学部准教授，第2章）

二階堂　有子（武蔵大学経済学部准教授，第3章）

杉本　大三（名城大学経済学部准教授，第5章）

スニル・マニ（インド・Centre for Development Studies教授，第7章）

上池　あつ子（国立民族学博物館外来研究員，第7章訳，第9章）

馬場　敏幸（法政大学経済学部教授，第8章）

藤森　梓（大阪成蹊短期大学経営会計科講師，第9章）

三上　敦史（大阪学院大学経済学部教授，第10章）

小田　尚也（立命館大学政策科学部教授，第11章）

絵所　秀紀（法政大学経済学部教授，第12章）

藤田　幸一（京都大学東南アジア研究所教授，第13章）

サガル・ラージ・シャルマ（ネパール・Kathmandu University, School of Arts 准教授，第14章）

中西　宏晃（京都大学大学院アジア・アフリカ地域研究研究科研究員，第14章訳）

《編著者紹介》

石上悦朗（いしがみ・えつろう）
　1951年　栃木県に生まれる。
　1982年　東北大学大学院経済学研究科博士課程単位取得退学。
　現　在　福岡大学商学部教授。
　主　著　『新版・現代工業経済論』（共著）創風社，2000年。
　　　　　『アジア諸国の鉄鋼業』（共著）アジア経済研究所，2008年。
　　　　　『アジアICT企業の競争力』（共著）ミネルヴァ書房，2010年。

佐藤隆広（さとう・たかひろ）
　1970年　大阪府に生まれる。
　1999年　同志社大学大学院商学研究科博士後期課程単位取得退学。
　現　在　神戸大学経済経営研究所准教授，大阪市立大学博士（経済学）。
　主　著　『経済開発論――インドの構造調整計画とグローバリゼーション』
　　　　　世界思想社，2002年。
　　　　　『インド経済のマクロ分析』（編著）世界思想社，2009年。

　　　　　　　　　　　　　　　シリーズ・現代の世界経済　第6巻
　　　　　　　　　　　　　　　　現代インド・南アジア経済論

| 2011年8月30日　初版第1刷発行 | 検印廃止 |
| 2013年10月10日　初版第2刷発行 | |

　　　　　　　　　　　　　　　　　　　　　定価はカバーに
　　　　　　　　　　　　　　　　　　　　　表示しています

　　　　　編著者　　石　上　悦　朗
　　　　　　　　　　佐　藤　隆　広
　　　　　発行者　　杉　田　啓　三
　　　　　印刷者　　藤　森　英　夫

　　　　　発行所　株式会社　ミネルヴァ書房
　　　　　　　　　607-8494 京都市山科区日ノ岡堤谷町1
　　　　　　　　　電話代表　（075）581-5191番
　　　　　　　　　振替口座　01020-0-8076番

　　　　ⓒ 石上悦朗・佐藤隆広, 2011　　　　亜細亜印刷・藤沢製本

　　　　　　　　　ISBN978-4-623-05871-6
　　　　　　　　　Printed in Japan

シリーズ・現代の世界経済〈全9巻〉

A5判・美装カバー

第1巻 現代アメリカ経済論　　　地主敏樹・村山裕三・加藤一誠 編著

第2巻 現代中国経済論　　　　　加藤弘之・上原一慶 編著

第3巻 現代ヨーロッパ経済論　　久保広正・田中友義 編著

第4巻 現代ロシア経済論　　　　吉井昌彦・溝端佐登史 編著

第5巻 現代東アジア経済論　　　三重野文晴・深川由起子 編著

第6巻 現代インド・南アジア経済論　　石上悦朗・佐藤隆広 編著

第7巻 現代ラテンアメリカ経済論　　西島章次・小池洋一 編著

第8巻 現代アフリカ経済論　　　北川勝彦・高橋基樹 編著

第9巻 現代の世界経済と日本　　西島章次・久保広正 編著

―――――― ミネルヴァ書房 ――――――
http://www.minervashobo.co.jp/